U0574427

权威·前沿·原创

皮书系列为

"十二五""十三五""十四五"时期国家重点出版物出版专项规划项目

YELLOW BOOK

智库成果出版与传播平台

中国社会科学院创新工程学术出版资助项目

中亚黄皮书

YELLOW BOOK OF CENTRAL ASIA

中亚国家发展报告（2022）

ANNUAL REPORT ON DEVELOPMENT OF CENTRAL ASIA (2022)

中国社会科学院俄罗斯东欧中亚研究所

主　编／金　哲

执行主编／高焰迅

社会科学文献出版社

SOCIAL SCIENCES ACADEMIC PRESS (CHINA)

图书在版编目（CIP）数据

中亚国家发展报告 . 2022 / 金哲主编；高焓迅执行
主编 . -- 北京：社会科学文献出版社，2023.9
（中亚黄皮书）
ISBN 978 - 7 - 5228 - 2360 - 7

Ⅰ. ①中⋯　Ⅱ. ①金⋯ ②高⋯　Ⅲ. ①社会发展 - 研
究报告 - 中亚 - 2022　Ⅳ. ①D736.069

中国国家版本馆 CIP 数据核字（2023）第 160991 号

中亚黄皮书

中亚国家发展报告（2022）

主　　编／金　哲
执行主编／高焓迅

出 版 人／冀祥德
责任编辑／张苏琴　仇　扬
责任印制／王京美

出　　版／社会科学文献出版社·当代世界出版分社（010）59367004
　　　　　地址：北京市北三环中路甲 29 号院华龙大厦　邮编：100029
　　　　　网址：www.ssap.com.cn
发　　行／社会科学文献出版社（010）59367028
印　　装／三河市东方印刷有限公司

规　　格／开　本：787mm×1092mm　1/16
　　　　　印　张：29.5　字　数：443 千字
版　　次／2023 年 9 月第 1 版　2023 年 9 月第 1 次印刷
书　　号／ISBN 978 - 7 - 5228 - 2360 - 7
定　　价／198.00 元

读者服务电话：4008918866

主要编撰者简介

金　哲　中国社会科学院俄罗斯东欧中亚研究所副所长，俄罗斯近现代史博士，中国中亚友好协会理事。曾先后在中国社会科学院世界历史所、国际合作局工作。主要研究领域为俄罗斯近现代史、中亚问题等，主要研究成果有《俄罗斯历史上的立宪民主党》《华沙条约组织与经济互助委员会》等。

高焰迅　中国社会科学院俄罗斯东欧中亚研究所副研究员，法学博士。在国内外刊物上发表学术论文十余篇，并组织撰写多篇内部要报。研究方向为上海合作组织和中亚外交。

摘　要

本报告由中国社会科学院俄罗斯东欧中亚研究所组织编写。作者均是来自中国中亚问题研究机构的专家和学者，书中的见解和理论具有较高的权威性和可靠性，是读者了解和研究中亚及南高加索地区形势和国际关系的重要参考资料。本报告由总报告、分报告、地区专题、中亚与世界、中亚与中国和国别形势六部分组成。

本年度报告的主题是"稳中求变　共谋发展"，内容具有以下特点。

一是具有鲜明的时代特色。2021 年是中亚国家独立 30 周年。在百年变局和世纪疫情叠加背景下，中亚各国政治和安全总体呈稳定态势，但经济复苏艰难，社会累积性问题多发。

二是重视基础研究。本报告注重利用较为成熟的理论工具，在融会政治学、经济学、社会学等学科研究方法的基础上，尽可能实现跨学科、跨领域研究，着眼构筑具有中国特色的中亚学科体系、学术体系和话语体系，服务于中国中亚学派建设。

三是突出应用研究。2021 年中亚地区热点频发，本报告坚持问题导向、聚焦热点问题，并提出若干引发深度思考的建议。

2021 年，中亚有的国家进行了总统大选，有的国家举行了议会选举，虽有嘈杂之声，但总体平稳顺利进行。各国经济均不同程度地实现了复苏和增长，相关领域呈现一些亮点。在新冠疫情大流行的背景下，全球产业链和供应链遇阻、国际大宗商品价格波动加剧、国际经贸活动锐减，疫情引发的经济衰退导致失业人口和贫困率上升，同时诈骗等社会治安事件增多，并引

发一系列连锁反应。2021年中亚国家未发生重大安全和暴力恐怖事件，但阿富汗的局势仍不稳定，致使区域内毒品走私、恐怖活动、激进极端思潮传播等安全问题有抬头趋势。2021年中亚国家继续奉行多元、平衡、务实的外交政策，积极与大国互动合作，参与地区治理，哈乌共同推进的中亚一体化显露生机。

2022年，中国与中亚国家迎来建交30周年，构建"中国—中亚国家命运共同体"的努力无疑为中亚地区的稳定发展注入了强大动力。刚过而立之年的中亚国家将继续探索权力交接的稳定机制，不断完善国家政治制度、提升治理能力；经济上将继续致力于发展现代工业和制造业，重视绿色发展议程，并积极迎接其带来的机遇；社会安全领域将继续加大执法安全力度，打击"三股势力"和跨国有组织犯罪、毒品走私等，维护稳定和谐的社会环境；外交方面将继续积极进取，在加强地区团结协作的基础上与各大国保持良好合作关系，为自身发展营造良好的外部条件。

关键词： 独立30年　议会选举　经济复苏

目 录 ↘

I 总报告

皮书数据库阅读**使用指南**

总 报 告
General Report

Y.1

中亚五国30年：稳中求变　共谋发展

金　哲[*]

摘　要： 2021年，中亚五国以更加成熟稳定的姿态迎来独立的而立之年。2021年中亚各国均保持了政治稳定，一些国家的总统选举或议会选举总体平稳有序进行；在新冠疫情反复的背景下，中亚国家经济相较2020年仍实现了复苏和增长；阿富汗政局变化对中亚地区形势具有重要影响，其影响程度尚有待观察；中亚国家的社会安全和稳定与阿富汗问题外溢具有一定关联，新旧矛盾交织下，恐怖活动出现新动向，极端主义加大了渗透力度，但总体安全形势可控；中亚国家奉行多元、务实、平衡的外交政策，继续参与由大国主导的多边合作框架，地区国家间团结协作的意识和行动力进一步增强。

关键词： 中亚国家　政治选举　经济复苏　团结合作

---

* 金哲，中国社会科学院俄罗斯东欧中亚研究所副所长。

2021 年中亚国家迎来独立 30 周年。尽管新冠疫情仍在持续蔓延，中亚国家整体上保持了政治和社会稳定，经济在疫情反复中艰难复苏。2021 年中亚国家中有的迎来总统选举，有的迎来议会选举，尽管个别国家在选举进程中伴随有小规模政治抗议活动，但总体平稳进行，选举结果符合国际社会预期。进入而立之年的中亚国家政治体制仍没有完全定型，在权力交接方面仍存在不确定性，但也表现出相对稳定性。中亚国家经济在经历了 2020 年的普遍衰退和下滑后，2021 年均实现了不同程度的复苏和增长。各国保民生、促进中小企业和服务业发展等反危机措施仍在一定程度上持续，相关领域呈现增长亮点，但经济复苏进程也受到国际整体经济形势和新冠疫情反复等因素影响，复苏和增长力度有限。美军撤离阿富汗导致的阿富汗政局变化给地区安全和稳定形势带来冲击。中亚五国中有三个国家与阿富汗接壤，阿富汗政局变化对中亚国家造成的潜在威胁包括难民涌入、恐怖主义和极端主义活跃、毒品走私和有组织犯罪有可能大规模泛滥等。2021 年中亚国家未发生重大安全和暴力恐怖事件，但毒品走私、恐怖活动、激进极端思潮传播等安全问题没有得到有效遏制。疫情状态下经济衰退导致失业人员激增、通货膨胀、贫困率上升、诈骗等社会治安事件增多，这给中亚国家带来新的社会不稳定因素。2021 年中亚国家继续奉行多元、平衡、务实的外交政策，与有影响力的大国积极发展各领域合作，参与新的地区多边合作框架。中亚各国之间的合作更加密切，五国元首不仅频繁开展电话外交，而且元首和重要领导人的互访也得以重启。哈萨克斯坦和乌兹别克斯坦两国总统于 12 月 6 日会晤后宣布将两国关系提升为联盟关系，中亚一体化趋势进一步增强。

一 维护政治稳定 改善国家治理

中亚五国目前都建立了总统制，除吉尔吉斯斯坦，其余四国的总统拥有较大权力，议会内都有一个席位数量占据较大优势的政权党，议会内其他政党基本也是亲政府、亲总统的党，没有真正意义上的反对派政党。哈萨克斯坦"祖国之光"党、乌兹别克斯坦自由民主党、塔吉克斯坦人民民主党、土库曼斯坦民主党目前是各自所在国家议会的第一大党。这四国在总统任期和权力交接机制方面存在一些差异。哈萨克斯坦2007年取消总统连任限制，目前处于"双权力"过渡期。在于11月举行的"祖国之光"党政治委员会扩大会议上，哈萨克斯坦首任总统纳扎尔巴耶夫决定将党主席职位移交给现任总统托卡耶夫，强调该党应由国家总统领导，哈"双权力"结构的走向有待观察。乌兹别克斯坦和土库曼斯坦现任总统均是前总统离世后由两国精英层推出的人选。乌兹别克斯坦总统任期为两届。土库曼斯坦总统可连选连任，土现任总统已执政长达14年。塔吉克斯坦现任总统自1994年以来长期执政，2016年塔举行宪法公投后取消了总统任期限制。当前，土库曼斯坦和塔吉克斯坦后续权力交接问题引发高度关注。吉尔吉斯斯坦在议会制和总统制之间几经摇摆，在2021年1月举行改行总统制的全民公投后，总统制正式确立，吉宪法规定总统任期为一届。

2021年是中亚国家的政治选举年，选举热度全年不减。吉尔吉斯斯坦1月举行总统选举和全民公投，4月举行宪法公投和地方议会选举，11月举行中央议会选举；乌兹别克斯坦10月举行总统选举；哈萨克斯坦、土库曼斯坦分别于1月和3月举行议会选举。

在于1月举行的吉尔吉斯斯坦总统大选中，共有18名候选人参加角逐，最终扎帕罗夫以79.2%的得票率当选新一任总统，选民投票率为38.6%。在就国家政治体制进行的全民公决中，81.2%的投票选民支持总统制，选民投票率为34.3%。当选总统后，扎帕罗夫进行了一系列人事调整，取消总理等职务，其目的在于强化总统权力。上半年吉政局仍时有起伏，反对派组织了数起集会，但规模不大。4月11日吉尔吉斯斯坦举行新宪法公投和地方议会选举，5月5日新宪法生效。新宪法主要的修改内容在于取消议会制而改为总统制，同时将议员数量从120人减少到90人。新宪法草案的公投支持率为79.25%，选民投票率为36.75%。本轮总统选举、全民公决和宪法公投的投票率均创吉尔吉斯斯坦历史新低。当天，扎帕罗夫总统在投票后向选民发出呼吁，希望所有吉尔吉斯斯坦民众不要对国家未来漠不关心，要

用手中的选票做出正确选择。①

11月，吉尔吉斯斯坦举行中央议会选举。根据吉尔吉斯斯坦最新的选举法修正案，此次议会选举采用混合选举制度，即按政党比例代表制选出54名议员，政党获得议会席位至少需要5%的得票率；在单一授权选区选出36名议员，得票最多的候选人获得席位。本轮选举的投票率仍较低，按政党比例代表制的投票率为32.12%，单一授权选区的投票率为34.58%。选举结果显示，故乡党、统一吉尔吉斯斯坦党等6个政党的得票率超过5%，其中得票最多的故乡党获得16.83%的选票。但本次选举过程并不太平。吉安全部门通报说，在选举前夕挫败一起政变阴谋，逮捕了15名参与政变计划的"活跃分子"，其中包括议员和前官员，这些人计划在吉议会选举后，对选举结果提出怀疑，之后让1000名"有攻击性的年轻人"在首都比什凯克组织大规模抗议活动，挑起争端并促使局势不断紧张，以便最后通过暴力夺取政权。在吉尔吉斯斯坦安全部门对计划发动政变组织的办公室进行突击检查中，缴获了枪支、弹药和毒品等。

乌兹别克斯坦于10月举行总统选举。现任总统、自由民主党候选人、64岁的米尔济约耶夫在新一届总统选举中以80.1%的得票率获胜，赢得第二个总统任期，任期5年。统计数据显示，此次选举投票率达到80.4%。

哈萨克斯坦于1月顺利举行议会下院和地方议会选举，政权党"祖国之光"党再次获得议会多数席位，获得71.09%的选票，顺利进入议会下院。同时进入议会下院的还有"光明道路"民主党、哈萨克斯坦人民党。随后托卡耶夫签署总统令，任命马明为新一届政府总理。

土库曼斯坦于3月举行首次人民委员会选举。共有112名候选人竞争48个席位，选民投票率达98.7%。此次选举系土库曼斯坦举行的首次人民委员会选举。根据土库曼斯坦于2020年9月通过的宪法修正案规定，土库曼斯坦设立由人民委员会和议会组成的两院制立法机构。

2021年中亚各国通过完善人权保护、改革基层选举制度、精简机构、

---

① http：//www.siluxgc.com/jejsst/kgPoliticalEconomy/20210412/25639.html.

减少对企业经营的干预、出台反腐败措施等，积极推动国家治理现代化。

完善人权保护。哈萨克斯坦总统托卡耶夫于 2021 年初签署了《旨在废除死刑的〈公民权利和政治权利国际公约〉第二项任择议定书》。根据该法令，政府批准了保护人权的综合计划。这份重要文件为进一步完善哈萨克斯坦的人权保护制度建立了一个长期的体制框架。综合计划通过后，哈萨克斯坦又积极启动了保证性别平等的相关工作，最大限度地支持妇女在社会中应有的经济和政治地位。

改革基层选举制度。7 月 25 日，哈萨克斯坦总统托卡耶夫签署批准了《就选举问题对哈萨克斯坦共和国部分法律和条款进行补充和修改》的法案，其中涉及的改革内容包括：具有重要意义的市、乡、定居点、村级行政单位的负责人将通过相关行政区域单位，在普遍、平等和直接普选的基础上，以无记名投票方式从候选人中选举产生；在所有选举活动的选票中添加"反对所有候选人"选项；政党通过选举进入马吉利斯（议会下院）的选票门槛从得票率 7% 下调至 5%。随后哈萨克斯坦举行了首次乡长直选。托卡耶夫总统在社交媒体中指出："这一事件标志着政治现代化进入了一个新的阶段。"①

精简机构，提升行政效率。乌兹别克斯坦总统米尔济约耶夫于 4 月初签署了《关于优化并减少国家权力和管理机构的工作人员数量》法令。根据该文件，乌兹别克斯坦相关国家机构从 5 月 1 日开始裁员，计划优化管理人员的数量，总共要将 5000 余家单位的约 4.4 万人缩减到约 3.9 万人。此外，各部委副职的人数从 106 人减少到 66 人。比如，乌兹别克斯坦创新部已根据总统法令将副部长的人数从 5 人减为 1 人。②

减少政府对企业经营的干预。7 月，哈萨克斯坦托卡耶夫总统签署批准了《关于就加大突检行为打击力度、保护商业活动免受国家机构和官员的

---

① https：//lenta. inform. kz/cn/article_ a3815284.

② http：//www. siluxgc. com/UZ/20210429/25912. html.

非法干预，以及加强防止贵金属非法贩运措施问题对哈萨克斯坦共和国部分法律和条款进行补充修改》法案。同期，哈萨克斯坦《竞争发展法》草案也提交议会审议。两项法案都强调，必须减少政府对企业经营的干预。《竞争发展法》草案规定要加快推进简政放权，2022年计划减少27项行政审批事项，到2025年行政审批事项将减半。

加大预防和反腐败力度，建设廉洁政府。乌兹别克斯坦高度重视反腐败建设。米尔济约耶夫总统强调指出，乌兹别克斯坦必须加大反腐力度，让国民相信国家有能力遏制腐败，并指示加快实施公务员收入和财产申报制度。[1]乌兹别克斯坦重要权力部门、拥有1万多名员工的税务系统率先出台了重要反腐败举措。根据乌兹别克斯坦国家税务委员会制定的文件草案规定，税务官员必须进行年度收入和资产申报。到9月1日，所有税务部门的员工应提交2020年资产和收入申报表，随后每年4月1日提交年度申报表。税务部门的每位员工需要申报其收入、动产、不动产和其他资产，包括住房类型、位置和车辆品牌、型号及生产年份等具体信息。上半年，乌兹别克斯坦共立案侦查2500余名官员贪污腐败案件，大多数案件发生在卫生、教育、科学和银行等部门。9月，乌成立了第一个反腐败非政府组织"透明乌兹别克斯坦分析中心"。[2]

8月10日，吉尔吉斯斯坦历史上首次实现了包括比什凯克市市长在内的多个地方行政长官大规模轮换。岗位轮换是在国际实践中被普遍认可的措施，也是提高地方当局工作效率、减少腐败和冲突的有效机制之一。

二　抗危机保民生　实现经济复苏

在向市场经济转型的30年中，中亚五国经济发展出现不平衡问题，各国生产率高低不一。总体来看，中亚国家GDP增速较快，根据新冠疫情流

---

① http：//www.siluxgc.com/UZ/20210601/26370.html.
② http：//www.siluxgc.com/UZ/20210507/26034.html.

行前 2019 年的相关统计数据，中亚五国 GDP 增长速度均高于世界平均水平，但在全球价值链分工中，中亚国家尚处于中低端位置，经济结构原料化特征仍较为明显，制造业和服务业占比不高。2020 年新冠疫情大流行对中亚五国经济增长造成很大冲击，各国经济出现不同程度的衰退，外来投资和财政收入锐减，中小企业和服务业受到较大冲击。面对疫情冲击，中亚各国均采取了一系列促投资、保民生和支持中小企业发展的反危机措施。

2021 年中亚地区的疫情形势不容乐观，出现几次反复。3 月，中亚国家疫情大幅反弹：哈萨克斯坦疫情严重，单日确诊病例超过 1000 例；乌兹别克斯坦相对稳定；吉尔吉斯斯坦波动较大。各国均开始大规模接种新冠疫苗。6 ~ 7 月以来，受德尔塔病毒波及，疫情大幅反弹：哈萨克斯坦多地发现德尔塔病毒，单日确诊病例超过 3000 例；乌兹别克斯坦感染人数大幅增加，再次启动了塔什干的几家方舱医院；吉尔吉斯斯坦疫情同样不乐观；塔吉克斯坦也再次出现疫情。由于疫情反复不定，相关国家不时采取较为严格的隔离措施，对经济复苏造成不利影响。

尽管经济复苏步履维艰，但相较于 2020 年，中亚国家均实现了经济增长。截至 10 月底，哈萨克斯坦国内经济增长 3.5%。实体部门生产稳步增长，制造业生产总额增长 5.3%，其中，汽车制造增长 23.4%，机车和货车增长 59%，建筑材料增长 9.3%，医药业增长 33.6%，塑料制品增长 36.5%，服装产品增长 11.4%，家具增长 11.8%，金属成品增长 16.4%。由于逐步放宽隔离限制措施，服务业的商业活动增长 3.4%。[1] 2021 年前三季度，乌兹别克斯坦国内生产总值约为 488.3 亿美元，同比增长 6.9%；人均 GDP 1402.3 美元，同比增长 4.9%。各产业均实现正增长，其中，工业产值同比增长 9%，建筑业同比增长 4.5%，服务业同比增长 19.5%，农业同比增长 4.2%。[2] 2021 年 1 ~ 11 月吉尔吉斯斯坦国内生产总值约为 73.82 亿美元，

---

① https：//lenta. inform. kz/cn/77_ a3815178.
② https：//lenta. inform. kz/cn/2021 - gdp - 6 - 9_ a3854487.

同比增长 2.4%，其中工业产值同比增长 3.4%；农业产值同比下降 4%，固定资产投资总额同比下降 3.9%，批发零售总额同比增长 10.3%。① 塔吉克斯坦 2021 年前三个季度国内生产总值增幅为 8.9%，土库曼斯坦 2021 年前 8 个月国内生产总值增幅为 6.2%。

2021 年中亚国家实现经济复苏和增长得益于各国政府继续实行扩张性财政政策和采取了许多应对疫情、提振经济的有力举措，包括优化营商环境、减少企业税负、提供优惠贷款、吸引外资等。各国逐步放开防疫限制措施带动国内市场趋于稳定、国际大宗商品价格上扬、侨汇收入得到恢复等，也对经济复苏和增长起到促进作用。石油、天然气和金属等出口商品价格上涨对哈萨克斯坦、土库曼斯坦以及乌兹别克斯坦的经济增长起到拉动作用。塔吉克斯坦国家银行 2021 年 4 月公布的数据显示，2020 年底塔吉克斯坦侨汇收入已快速恢复，有力支撑了塔吉克斯坦 2021 年第一季度的经济增长。乌兹别克斯坦央行发布的统计数据显示，2021 年第一季度，来自境外的个人汇款总额约为 14.2 亿美元，与 2020 年同期相比增长 3.36 亿美元。2021 年上半年，吉尔吉斯斯坦侨汇收入为 12.5 亿美元，同比增长 2.76 亿美元。但持续实行扩张性财政政策导致的高流动性正在推高整个中亚地区的资产价格，在食品和原材料价格上涨的影响下，除乌兹别克斯坦，所有中亚国家消费领域的通胀水平都在增长。2021 年哈萨克斯坦通胀率达到 8.5%；1~9 月塔吉克斯坦通胀率达到 5.2%；1~11 月吉尔吉斯斯坦通胀率为 9.2%。

2021 年中亚国家的经济政策重点关注以下几个方面。

一是在 2020 年反危机措施的基础上，持续实施保就业、保民生和促进中小企业发展等有针对性的措施。

根据哈萨克斯坦 2020~2021 年就业保障路线图，至 2021 年 11 月 1 日共新增就业岗位 8300 个。在就业路线图框架下，发放了 170 笔小额贷款用于帮助创业，总额接近 10 亿坚戈。在跨部门委员会例会期间，批准了 40 个

---

① http：//kg. mofcom. gov. cn/article/jmxw/202112/20211203228189. shtml.

总投资为 1000 亿坚戈的农工业综合体发展投资项目清单。①

土库曼斯坦 7 月成立支持中小企业国家委员会。该国家委员会的主要职责在于促进企业经营，支持中小企业为经济、贸易和居民就业发展做出贡献，提升土中小企业在国际市场的竞争能力。

吉尔吉斯斯坦总统扎帕罗夫 9 月签署一项关于为中小企业提供支持的总统令。为进一步支持中小企业的发展，将中小企业社会保险费率从 27.25% 分别降至 22% 和 14%，为期 3 年。吉尔吉斯斯坦还建立了用于支持企业发展的 60 亿索姆的稳定基金，未来目标是将此金额扩大到 270 亿索姆。②

乌兹别克斯坦总统米尔济约耶夫 10 月签署总统令，对服务业领域部分进口商品减免关税，积极发挥关税杠杆作用，进一步促进服务业发展。为进一步加强疫情期间公民社会保障和对贫困家庭的支持、提高人民生活水平，乌兹别克斯坦 2021 年内两次上调最低月工资标准，每次上调幅度为 10%，在米尔济约耶夫总统 8 月签署的总统令中，对多类社会补助标准也进行了相同幅度的调整。③

二是拓展数字经济发展新空间。

近几年，中亚国家高度重视数字经济发展。新冠疫情流行后，中亚国家经济结构的短板更加凸显。疫情背景下数字经济的应用场景快速拓展，对处于工业化进程中的中亚国家而言，积极发展数字经济对于追赶第四次工业革命进程无疑具有重要意义。2021 年，中亚国家加速布局和发展数字经济，尤其重视数字经济基础设施建设和数字经济在国家政务中的应用。

土库曼斯坦政府 1 月召开视频会议商讨与制定《2021～2025 年土库曼斯坦数字经济发展规划纲要》，推动建立"电子政府"系统和加快数字人才培养。乌兹别克斯坦高度重视数字经济发展，并从反腐败和优化国家治理的角度看待数字经济发展。米尔济约耶夫总统强调指出："如果不进行数字

---

① https：//lenta. inform. kz/cn/8300_ a3863223.
② http：//www. siluxgc. com/jejsst/kgPoliticalEconomy/20210905/27580. html.
③ http：//www. siluxgc. com/UZ/20210823/27415. html.

化，那么我们就无法根除腐败。"① 2 月初，乌兹别克斯坦总理阿里波夫宣布，乌计划两年内吸引 25 亿美元资金发展数字基础设施，主要用于建设 3 个数据中心、升级移动通信网络、发展电子政务和培养数字经济人才，并全面覆盖互联网和提高国民的互联网使用率。

哈萨克斯坦总统托卡耶夫 9 月 1 日发表的国情咨文指出，现代世界竞争能力的要素之一是深度数字化。实现现代化数字技术转型和引入工业 4.0 核心元素对哈萨克斯坦至关重要。7 月 1 日，哈最高改革理事会会议批准了旨在实施《2025 年前国家发展规划》和《2025 年前国家优先事项》的 10 个国家项目，其中包含"技术进步国家项目"，旨在实现数字化、创新和科技发展。目前，哈萨克斯坦正在实施"数字哈萨克斯坦"国家规划，财政拟拨款 1087 亿坚戈，其中，2021 年拨款 209 亿坚戈，2022 年将拨款 192 亿坚戈。②

三是加快向绿色经济转型。

在落实《巴黎气候协定》框架和欧盟征收碳税背景下，中亚国家加快向绿色经济转型。哈萨克斯坦领导人多次表示，哈萨克斯坦支持国际社会的气候变化应对措施和为实现《巴黎气候协定》目标而做出的努力。为积极拓展欧洲出口市场，哈萨克斯坦高度重视欧盟征收碳税可能给哈出口带来的负面影响，并采取措施积极应对。哈萨克斯坦已制定 2060 年成为无碳国家的目标，为此，生态部已着手牵头制定《2050 年前低碳经济发展愿景》，以促进可再生能源生产、数字化和可持续经济增长。2021 年底哈萨克斯坦可再生能源装机总量已扩大至 2100 兆瓦。根据国家可再生能源发展规划，2030 年可再生能源在发电中的占比将达到 15%。③

乌兹别克斯坦已设定 2050 年实现电力行业脱碳的目标，并承诺根据《巴黎气候协定》到 2030 年减少温室气体排放。近年来，乌兹别克斯坦高度重视可再生能源发展，接连出台有关政策，大力推进可再生能源发电项目

---

① http：//www. siluxgc. com/UZ/20210601/26370. html.
② https：//www. inform. kz/cn/2025_ a3816283/amp.
③ http：//www. siluxgc. com/UZ/20210601/26370. html.

建设，以期实现能源多样化。4月1日，乌兹别克斯坦在纳沃伊州泽拉夫尚区建造的风电场举行了奠基仪式，标志着中亚最大风力发电项目正式开建。自2019年乌兹别克斯坦能源部成立至今，其已与外企签约新建可再生能源发电站项目18个（其中1个已并网发电），总装机容量7331兆瓦，预计2025年全部建成投产。①

土库曼斯坦总统别尔德穆哈梅多夫在5月25日举行的主题为"采掘业作为可持续发展的引擎"高级别全球圆桌会议上提议，应在联合国框架下制定低碳能源发展战略，并建议将氢能作为能源优先方向之一。他表示，土库曼斯坦准备于近期在专家层面讨论氢能发展的标准问题。别尔德穆哈梅多夫总统此前曾指示政府部门加快在可再生能源和氢能领域的工作步伐，强调氢是未来的燃料，鉴于国际社会对气候变化问题的关注，氢能的开发和生产极为重要。②

三　加大执法力度　应对安全挑战

贫困、不平等和公民对腐败的愤慨成为滋生中亚国家不满情绪的社会基础。而"三股势力"、有组织犯罪和毒品走私等威胁在中亚国家始终不同程度存在。在新冠疫情持续蔓延背景下，中亚各国普遍面临经济衰退导致的生活水平下降、失业激增等社会问题。新旧矛盾交织下，催生了中亚国家激进思想和极端思潮传播的土壤，社交网络平台上有关极端思想的内容大幅增加，为恐怖主义和极端主义组织招募新成员创造了条件。

2021年中亚国家社会安全领域面临以下挑战。

一是恐怖和极端势力策划多起袭击和犯罪事件。

塔吉克斯坦总检察长尤素福·拉赫蒙5月发表声明称，该国极端主义和恐怖主义犯罪数量有所增加。2021年上半年，塔吉克斯坦执法者在境内阻

---

① http://www.siluxgc.com/UZ/20211025/28069.html.

② http://tm.mofcom.gov.cn/article/jmxw/202105/20210503066539.shtml.

止了由伊斯兰复兴党和 IS 组织策划的 3 起恐怖袭击，其中有 2 起计划在南部实施、1 起计划在北部实施。塔吉克斯坦内务部反犯罪司的员工还制止了 2 起恐袭未遂事件，其中 1 起是针对警方的袭击。此外，塔吉克斯坦内务部登记了 526 起恐怖极端犯罪事件，其中有 143 人因涉嫌参与恐怖极端组织被拘留。上半年因参与恐怖活动被拘留的总人数达到了 1000 人。[①]

一些恐怖组织正打着宗教旗号开展活动。4 月初，塔吉克斯坦完成了对被指控参与被禁组织"穆斯林兄弟会"的 100 多人的审判。乌兹别克斯坦执法人员年内多次拘留宗教极端团体成员，这些人或试图帮助叙利亚境内的恐怖团伙，或试图前往叙利亚加入此类团伙。警方从其中一些人的住所搜出极端主义和恐怖组织宣传材料。锡尔河州一地下组织活动被曝光。该组织以"筹资修缮清真寺"为幌子，向叙利亚恐怖分子汇款，并宣传激进思想。

越来越多的迹象表明，中亚国家恐怖分子与中东恐怖分子联系紧密。一些恐怖分子计划在防疫限制取消后前往中东地区作战。吉尔吉斯斯坦安全部门报告称阻止了对某军事单位的恐怖袭击，袭击原本计划由一名与中东极端主义组织有联系的 22 岁奥什居民完成。一名外国公民因试图使用伪造证件通过比什凯克玛纳斯机场前往中东被拘留，另一名犯罪者被发现秘密集资以便向叙利亚恐怖分子汇款。

二是毒品走私和有组织犯罪依然猖獗。

6 月，哈萨克斯坦国家安全委员会捣毁一个跨境贩毒团伙。在国际特别行动框架下，国安委工作人员在阿拉木图成功摧毁从阿富汗非法运输毒品的跨境贩毒团伙，缴获毒品 25 公斤，并抓获一名被俄罗斯联邦通缉的罪犯和一名哈萨克斯坦籍共犯。

8 月 24 日，乌警方在乌兹别克斯坦塔什干谢尔盖地区的一家工厂缴获了 1.35 吨毒品。在乌兹别克斯坦跨部门药物管制委员会成员、联合国毒品和犯罪问题办公室代表以及公众和媒体在场的情况下，这些毒品在塔什干一家企业的高炉中被烧毁。塔吉克斯坦执法机构还曝光了一个庞大的跨国犯罪

---

① http://www.siluxgc.com/tjk/20210809/27254.html.

网，该犯罪团伙长期从事毒品贩运活动，主要是将阿富汗的毒品经中亚转送到欧洲各国。执法机构缴获了近 500 公斤毒品，这是过去 5 年中缉获毒品量最大的一次行动。该跨国犯罪集团的头领是 46 岁的杜尚别居民阿基祖洛·阿卜杜罗耶夫，他曾于 2005 年在俄罗斯因诈骗和贩毒被定罪。[①] 吉尔吉斯斯坦贾拉拉巴德州警方查获近 9 公斤大麻。一名乌兹别克斯坦籍男子 9 月 11日在贾拉拉巴德州交易大麻时被抓获。

三是洗钱风险阴霾不散，网络犯罪案件日益增加。

根据打击跨国有组织犯罪全球倡议的报告，塔吉克斯坦是世界上洗钱和恐怖主义融资风险最高的国家之一。该报告指出，塔吉克斯坦成立了工作组以打击洗钱和恐怖主义融资，但由于现金交易占主导地位、银行系统存在问题以及"影子经济"严重，打击工作收效甚微。此前，国际货币基金组织在其报告中表示，塔吉克斯坦的"影子经济"相当于该国国内生产总值的30% 以上。[②]

网络正成为恐怖主义组织犯罪的新平台。吉尔吉斯斯坦外长鲁斯兰·卡扎克巴耶夫 8 月在接受采访时表示，中亚国家可能存在"基地"组织、"伊斯兰国"以及其他国际恐怖主义组织的"沉睡"分支，致力于宣传极端主义意识形态，网络是这些"沉睡"分支进行宣传鼓动的重要平台。塔吉克斯坦拉什特区一居民因通过互联网传播"伊斯兰国"恐怖组织的资料被逮捕。此外，还有人运用僵尸网络和恶意软件破坏网络安全。根据哈萨克斯坦计算机应急响应组织 KZ – CERT 的统计，2021 年上半年，哈萨克斯坦全国共发生了 1.39 万起旨在破坏网络安全的案件，网络攻击事件同比增长 20%。

四　加强区域合作　拓宽发展空间

2021 年中亚国家仍延续多元、平衡、务实的外交政策，在多向度上深

---

① http://www.siluxgc.com/tjk/20211016/27987.html.

② http://www.siluxgc.com/tjk/20211014/27966.html.

化与大国的合作。地区国家间合作更加密切，中亚五国作为一个整体与大国交往互动的趋势更加显著。近年来，在原有"中亚五国＋美国""中亚五国＋欧盟""中亚五国＋韩国""中亚五国＋日本"对话的基础上，"中亚五国＋印度""中亚五国＋中国"等新的对话模式不断出现。阿富汗政局变化成为2021年中亚地区安全形势中的最大变数。塔吉克斯坦和吉尔吉斯斯坦边境爆发的冲突也再次表明，中亚国家边境划分问题尚未完全解决，这给地区安全与合作带来隐患。

2021年中亚地区形势和五国外交呈现以下特点。

一是阿富汗政局变化给地区安全稳定带来变数。

2021年上半年，美国从阿富汗仓促撤军，塔利班政权在短时间内快速取得武装斗争胜利，使阿富汗国内局势发生重大变化，地区安全变数增加。9月7日，阿富汗塔利班宣布组建临时政府，公布了"阿富汗伊斯兰酋长国"的政权架构。阿富汗是中亚国家的近邻，中亚国家中的塔吉克斯坦、土库曼斯坦和乌兹别克斯坦与阿富汗接壤。阿富汗局势动荡带来人道主义危机，大量难民涌入与之接壤的邻国，中亚国家普遍对恐怖分子随难民涌入，从而使贩毒、武器走私等跨国犯罪威胁加剧感到担忧。

自阿什拉夫·加尼政府倒台后，大批阿富汗难民涌入乌兹别克斯坦，企图非法穿越阿姆河的偷渡者成倍增加。此外，塔吉克斯坦国家安全委员会主席赛穆明·亚季莫夫在10月13日在独联体成员国安全和情报部门负责人会议上称，每天有500~600名难民试图越过阿富汗与塔吉克斯坦的边界，过去两个月内塔吉克斯坦境内来自阿富汗的难民总数已达1.5万人。塔吉克斯坦内务部部长拉西姆佐达9月2日在会见联合国难民事务高级专员公署负责人穆卢盖特·泽夫迪时指出，塔吉克斯坦接收大量难民存在困难。塔吉克斯坦在哈特隆州和戈尔诺-巴达赫尚自治州的一些地区共分配了70公顷的土地用来建设难民营，但没有相关方提供基础设施援助，最需要资金修复和重建的是位于哈特隆州的"难民和寻求庇护者接收和临时登记中心"。①

① https：//lenta. inform. kz/cn/article＿ a3849634.

　　除难民危机，毒品、武器走私和恐怖势力越境等威胁同样令中亚国家感到担忧。根据集安组织的评估，塔吉克斯坦和阿富汗边境局势不容乐观。塔吉克斯坦和阿富汗的边境全长1344公里，接壤的大部分地段位于山区。尽管边境难以进入，但恐怖分子穿越塔阿边境的可能性还是引起塔吉克斯坦当局和集安组织成员国的关注，俄塔201军事基地和塔吉克斯坦国安委的情报机关一直密切监视着边境情况。

　　塔吉克斯坦官员表示，尽管塔利班做出了禁毒承诺，但来自阿富汗的毒品贩运并未减少，武器走私也在增加，以上都需要塔吉克斯坦加强在国界的防护。

　　面对阿富汗的人道主义危机，中亚国家积极向其提供相关援助，并呼吁国际社会伸出援手；面对新生的塔利班政权，中亚国家态度不一，但均表示支持在阿富汗建立有广泛代表性和包容性的政府。

　　哈萨克斯坦总统托卡耶夫在多个场合表示，哈方在阿富汗问题上支持联合国的立场："国际社会应关注该国复杂的人道主义局势。无论我们的政治观点和个人信仰如何，我们不能让阿富汗独自面临这一困难。这方面的主要工作旨在对阿富汗人民提供人道主义援助。""我希望塔利班能够组建一个统一、包容和具有代表性的国家政府，希望阿富汗成为一个稳定的主权统一的国家。"[1]

　　乌兹别克斯坦总统米尔济约耶夫在第76届联合国大会致辞中强调，阿富汗是中亚不可分割的一部分。"不仅我们邻国，而且全世界都对在这个国家建立和平与安宁感兴趣。乌兹别克斯坦始终向阿富汗人民提供一切可能的帮助。我们最近开放了乌兹别克斯坦—阿富汗边境，并首先恢复向这个国家运送必不可少的食品、石油产品和电力。"[2] 乌兹别克斯坦政府9月向阿富汗运送了1300吨人道主义援助物资，包括面粉、油、肉、大米和其他必需品，以及医疗用品和儿童针织品。米尔济约耶夫总统在上合组织杜尚别峰会

---

① https：//lenta. inform. kz/cn/article_ a3849634.
② https：//lenta. inform. kz/cn/article_ a3849634.

上还呼吁与阿富汗新政府对话，并提出应解冻阿富汗在外国银行的资产。

塔吉克斯坦总统拉赫蒙强调，阿富汗需要一个所有少数民族都参与的包容性政府，"特别是阿富汗的塔吉克人，他们占总人口的 46% 以上"①。

吉尔吉斯斯坦总统扎帕罗夫在第 76 届联合国大会致辞中指出，吉尔吉斯斯坦可以为 500 名阿富汗青年提供在吉尔吉斯斯坦大学学习的机会，并为有需要的人提供人道主义援助，特别是来自阿富汗的吉尔吉斯族人。

土库曼斯坦外交部 8 月就阿富汗局势发表声明称，土库曼斯坦主张阿富汗局势早日正常化，并表示相信该国将在法律领域建立新的国家机构，得到居住在阿富汗的所有族裔群体的广泛参与。本着睦邻友好原则，以及两国人民历史、文化和文明的共性，土库曼斯坦将继续深切关注阿富汗内部稳定和安全，关注兄弟般的阿富汗人民的福祉。同时，土库曼斯坦坚定支持通过政治和外交手段和平解决与阿富汗有关的所有问题。

二是吉尔吉斯斯坦和塔吉克斯坦爆发边境冲突。

4 月底爆发的吉尔吉斯斯坦和塔吉克斯坦边境冲突共造成双方 55 人死亡，约 300 人不同程度受伤，数十间房屋和其他物品被毁。塔吉边界之争由来已久且很难解决，两国边界线没有完成划定是苏联时期留下的遗产。一些边境地区的划分仍然存在争议，两国边境地区居民经常发生冲突，边防人员也常会参与其中。2018 ~ 2021 年，塔吉边境地区记录了 9 起重大冲突事件，而小规模的冲突事件已不再被记录。

3 月底，吉尔吉斯斯坦向塔吉克斯坦发表要求将 12000 公顷的沃鲁克飞地交换给吉尔吉斯斯坦巴特肯州的声明。声明发表后不久，塔吉克斯坦总统拉赫蒙对索格特州进行工作访问。作为工作访问的一部分，拉赫蒙来到了沃鲁克村，并就领土所有权发表声明。他表示，沃鲁克永远不会被交换，将继续是塔吉克斯坦的一部分。4 月 29 日，吉尔吉斯斯坦和塔吉克斯坦交界处发生武装冲突，其直接原因是吉方反对塔方在边境地区安装监控设备，最开始是边境居民冲突，随后两国边防军介入，导致冲突升级。当天，两国外交

---

① https：//lenta. inform. kz/cn/article_ a3849634.

机构就边境武装冲突事件达成全面停火协议，从比什凯克时间4月29日20时生效。协议签署后，小规模冲突仍在持续发生。

值得关注的是，吉尔吉斯斯坦与乌兹别克斯坦已就边界争议问题达成一致。3月26日，吉尔吉斯斯坦国家安全委员会主席卡姆奇别克·塔希耶夫表示，吉尔吉斯斯坦已经与乌兹别克斯坦在边界问题上达成一致，所有争议边界的划线问题已全部解决。协议签署后，两国边界将没有争议地区和争议领土。吉乌两国边境线总长度为1378公里。

三是中亚五国合作进一步密切。

中亚五国互动继续保持活跃态势。除开展"电话外交"和"云外交"外，各国元首互访频繁，积极开展抗疫合作，互相提供疫苗、援助和人道主义支持，密切经贸往来，在疫情冲击下充分体现了中亚五国"抱团取暖"、携手应对危机的协作精神。

原定于2020年在吉尔吉斯斯坦举行的中亚国家领导人第三次会议，因新冠肺炎疫情和吉尔吉斯斯坦国内局势变化推迟到2021年8月举办，土库曼斯坦替代吉尔吉斯斯坦成为主办国。会议在土库曼斯坦位于里海海滨的阿瓦扎召开，五国总统出席会议并发表联合声明。联合声明中强调了中亚五国在历史悠久的睦邻友好关系基础上发展区域合作的重要性。各方就进一步扩大和加强包括政策、稳定和可持续发展、经贸、投资金融、交通通信、水能源、信息技术、生态以及文化和人道主义在内的区域合作达成一致意见。针对阿富汗问题，各方认为，尽快稳定邻国阿富汗局势是维护和加强中亚安全与稳定的最重要因素之一。各方表示，愿意为阿富汗实现国内和平与和谐提供一切可能的帮助。各方均指示本国外交部尽快完成2022～2024年区域合作发展路线图草案的批准工作。乌兹别克斯坦总统米尔济约耶夫是中亚一体化的积极推动者，他曾多次表示，发展和加强与中亚邻国间的睦邻友好、互惠互利关系，是乌国外交的优先事项。哈萨克斯坦总统托卡耶夫在中亚领导人峰会致辞中强调，要对中亚地区水资源和生态系统多样性保护问题给予关注。他指出，中亚各国有必要建立一个针对跨界河流资源的联合管理机制，该政策管理机制应本着平等对话、兼顾各方利益和充分履行相互义务的原

则，并表示，水资源应该成为凝聚中亚国家团结之源泉。

12月6日，哈萨克斯坦总统托卡耶夫在努尔苏丹与到访的乌兹别克斯坦总统米尔济约耶夫举行会谈并签署关于两国建立和发展联盟关系的共同宣言。在会谈后举行的新闻发布会上，托卡耶夫总统指出，此次会晤规划了将哈乌关系提升至新水平的路径，就进一步发展多边协作达成诸多协议。米尔济约耶夫总统表示，将双边关系提升至联盟水平是一项具有历史意义的决定，完全符合两国长期利益。他强调，在中亚地区内，乌哈两国互为对方最重要的贸易伙伴。2021年，双边贸易额将近40亿美元，同比增幅约40%。双方政府已决定在未来5年内将双边贸易额提升至100亿美元。另外，两国还签署了近10份双边合作文件，涉及司法、紧急状况应对、和平利用太空空间、海关、跨国基础设施建设等内容。

四是与俄罗斯的关系持续深化。

中亚国家与俄罗斯的政治、安全和经贸合作进一步加强。俄罗斯总统普京多次与中亚国家领导人通电话，吉尔吉斯斯坦总统扎帕罗夫、哈萨克斯坦总统托卡耶夫、乌兹别克斯坦总统米尔济约耶夫在年内对俄罗斯进行了国事访问，塔吉克斯坦总统拉赫蒙与普京在莫斯科举行会晤。中亚成员国元首参加了独联体、欧亚经济联盟、独联体集体安全条约组织峰会。中亚与俄罗斯在总理、议长及部长层面的沟通交流和互访也相当频繁。俄罗斯的新冠肺炎疫苗大量向中亚各国出口，俄罗斯还与乌兹别克斯坦和吉尔吉斯斯坦开展在乌、吉当地生产疫苗合作。阿富汗政局变化以来，俄罗斯与中亚国家在军事领域的互动显著增强，多次共同商讨开展边防合作并举办联合军演。

五是对华合作水平进一步提升。

中国国家主席习近平年内与中亚五国元首均通了电话，擘画双边合作方向。中国国务委员兼外交部部长王毅7月先后访问土库曼斯坦、塔吉克斯坦、乌兹别克斯坦，分别与三国领导人就推动务实合作和阿富汗问题交换意见。5月12日，"中国＋中亚五国"外长第二次会议在西安举行，会议成果丰硕，商定建立"中国＋中亚五国"地方合作机制，设立"中国—中亚农业合作中心"、"丝绸之路考古合作研究中心"和传统医学中心，实施"一国一坊"计划、教育培训计划和减贫惠农计划等。

中国持续向中亚国家提供抗疫物资，并开展疫苗联合生产合作。9月，由中国科学院微生物研究所和安徽智飞龙科马生物制药有限公司共同研发的新冠重组蛋白疫苗由乌制药企业祖拉贝克实验室有限公司正式生产，这是该款新冠重组蛋白疫苗的生产线首次在国外落地。目前这条生产线每天可生产新冠疫苗约30万剂，年产约1亿剂。中国与中亚国家人文交流更加密切。中国社会科学院俄罗斯东欧中亚研究所联同中亚五国权威智库共同启动"中国＋中亚五国"智库交流机制，于11月19日举办首届"中国＋中亚五国"智库论坛。中国驻吉尔吉斯斯坦大使馆设立"逐梦中国"赴华奖学金项目，遴选吉优秀应届中学毕业生前往中国完成全额奖学金本科教育。10月14日，中央民族大学—奥什国立大学"中国—吉尔吉斯斯坦人文交流中心"在北京揭牌。

六是与美国的关系取得一定进展。

拜登政府延续特朗普时期的中亚政策，强化与中亚国家关系。美国国务卿安东尼·布林肯提出，华盛顿将加强与中亚区域和国别的务实合作，包括增加对该地区的投资，支持美国大企业到中亚国家从事商务经营活动。1月，美国与哈萨克斯坦、乌兹别克斯坦宣布建立"中亚投资伙伴关系"（CAIP），乌兹别克斯坦投资与对外贸易部、哈萨克斯坦"阿斯塔纳"国际金融中心和美国国际发展金融公司（DFC）参加了该项目。按照规划，美国承诺在未来5年内对该地区至少投资10亿美元，以支持私营项目发展，扩大美与中亚地区的经济和贸易联系。美国与中亚国家自2015年开启"C5＋1"外长会晤机制以来，已搭建了政治、经济、安全、生态、教育等合作平台。4月23日，中亚五国外长与美国国务卿以视频方式举行第七次"C5＋1"外长会议。各方就进一步加强在经济、地区安全、应对气候变化、促进阿富汗和平稳定等方面的合作交换了意见。

七是"突厥语国家组织"成立，土耳其积极参与中亚事务。

2021年上半年以来，突厥语国家合作进程明显加快。3月31日，突厥语国家合作委员会非正式首脑峰会以视频方式举行，通过了《图尔克斯坦

宣言》，提出为提升突厥语国家合作委员会地位和加强机制建设，有必要将其升级为全面的国际组织。11 月 12 日，突厥语国家合作委员会第八次首脑峰会在土耳其伊斯坦布尔举行，土耳其总统埃尔多安、阿塞拜疆总统阿利耶夫、哈萨克斯坦总统托卡耶夫、吉尔吉斯斯坦总统扎帕罗夫、乌兹别克斯坦总统米尔济约耶夫、土库曼斯坦总统别尔德穆哈梅托夫、匈牙利总理欧尔班出席峰会，哈萨克斯坦首任总统纳扎尔巴耶夫在会议上发表视频讲话。会后发布的公告称该组织正式更名为"突厥语国家组织"。这是突厥语国家一体化进程加速的重要标志，引起各方关注。峰会上各国元首签订了一系列合作文件，并发布了一则包含 121 项条款的公告，通过了由该组织荣誉主席纳扎尔巴耶夫提出的"突厥世界 2040 年愿景"，制定了"2022～2026 突厥语国家组织战略路线图"。在经济合作方面，成立"突厥语国家贸易机构"（TTE）以促进成员国、观察员国之间的贸易和投资；签署《突厥语国家组织成员国间国际混合货运运输协议》，推动跨里海"中间走廊"国际合作项目，简化成员国之间的口岸通关流程。推动"突厥语国家合作委员会现代丝绸之路统一旅游项目"，刺激当地旅游业发展。会议还公布了有关文化、教育、媒体等方面的各种事项和规划。会议同意将突厥语国家组织秘书处设立在伊斯坦布尔。会议接纳土库曼斯坦以观察员国身份加入该组织。土耳其最大通讯社 11 月 13 日发表题为《突厥语国家一体化启程》的社论称，突厥语国家合作委员会第八次首脑峰会对于突厥语国家一体化具有重要意义。

八是与印度合作进一步加强。

在第二次阿富汗邻国外长会和亚信会议期间，印度外长苏杰生与吉尔吉斯斯坦总统扎帕罗夫就进一步在能源、加工业、农业、医药、旅游业及军事、国防等领域开展合作达成共识。吉尔吉斯斯坦外长哈扎克巴耶夫与苏杰生会见时，就印度向吉尔吉斯斯坦提供 2 亿美元优惠贷款达成协议。乌兹别克斯坦外长卡米洛夫在哈萨克斯坦首都努尔苏丹出席亚洲相互协作与信任措施会议第六次外长会议期间，同印度外长苏杰生举行会晤。双方就两国经贸领域合作、国际组织框架下协作、阿富汗问题等交换了意见。印方高度评价双方在各领域合作的积极态势，表示愿同乌在阿富汗问题上深化合作，早日在阿富汗实现持久和平。

五　结语

2021年中亚各国均保持了政治稳定；经济实现复苏和增长；社会安全领域面临新挑战，但未构成严重威胁；外交上继续奉行多元、平衡、务实政策，五国之间合作日益密切，与大国的互动更加活跃。2022年新冠肺炎疫情仍在持续，世界和地区形势仍将面临较大的不确定性。已过而立之年的中亚国家将继续探索形成稳定的权力交接机制，不断完善国家政治制度，提升治理能力；经济上将继续致力于发展现代工业和制造业，重视绿色发展议程，同时也积极迎接其带来的机遇；社会安全领域将继续加大执法安全力度，打击"三股势力"和跨国有组织犯罪、毒品走私等，维护稳定和谐的社会环境；外交上将继续积极进取，在加强团结协作的基础上与各大国保持良好合作关系，为自身发展营造良好的外部条件。

分 报 告
Sub-Reports

Y.2
中亚地区30年政治转型和制度建设

李自国[*]

摘　　要： 重建国家治理体系，探索适合本国国情的发展道路，是中亚各国独立后政治转型的重心。独立30年来，各国顺利完成了民族国家构建，在社会伊斯兰化背景下实现了政治"去宗教化"。国家结构形式均采取单一制，从制度上抑制分离思想的滋生。各国均广泛采用三权分立、多党制，但政治体制最基本特征是强总统制，实践表明该制度符合中亚地区国家的历史传统和基本国情。道路探索虽有成果，但要形成稳定高效的治理模式、确保政治社会稳定，仍然任重而道远。

关键词： 中亚地区　政治转型　制度建设

---

* 李自国，中国国际问题研究院欧亚研究所所长。

30 年来，中亚国家均顺利完成从苏联加盟共和国向独立民族国家的构建，并根据本国国情确立了新的政治体制。政治制度从苏维埃社会主义制度向三权分立的民主制度转型，并进行了多党制、普选制的"装修"。宪法强调"主权在民"，国家不再有阶级性。经济上从单一公有制的计划经济向多种所有制并存的市场经济转变。经过各种制度的尝试，中亚各国殊途同归，均走向强总统制。从 30 年正反两方面的实践看，中亚各国构建的政治体制总体符合地区国家国情，使各国较快地从混乱失序走向稳定和发展。

一　重构适合国情的政治制度

独立 30 年，中亚各国顺利完成民族国家构建，主体民族的政治地位不断巩固，确立了新的政治制度，保证了国家基本稳定。

（一）建立了三权分立的基本政治制度

1991 年苏联解体，中亚各国获得独立，开始从苏联的加盟共和国向独立的单一制民族国家转型。政治体制上，采取了比较流行的三权分立制度，在各国独立后制定的首部宪法中，都规定采用三权分立的政治制度。1992 年 5 月，土库曼斯坦通过首部宪法，规定"土为民主、法治和世俗的国家，实行三权分立的总统共和制"。1992 年 12 月，乌兹别克斯坦通过首部宪法，确定乌兹别克斯坦是主权民主国家，国家权力制度基于立法、行政和司法三权分立的原则。1993 年，吉尔吉斯斯坦和哈萨克斯坦相继通过了本国的第一部宪法，都规定按照立法、行政和司法三权分立及相互制衡的原则行使国家权力。塔吉克斯坦宪法诞生于残酷的内战时期，历经艰辛。1990 年 2 月和 1992 年 8 月先后成立了两个制宪委员会，虽形成草案，但未能公决。1993 年 6 月，塔最高苏维埃批准成立新的制宪委员会，经过激烈博弈，塔吉克斯坦最终于 1994 年底制定了本国第一部宪法，规定国家实行三权分立的总统共和制。此后各国宪法都根据需求不断修订，但三权分立制度一直未变。

（二）明确为世俗国家，政教分离，意识形态多元化

苏联原则上是无神论国家，宗教受到压制，在国家生活中影响甚微。中亚国家独立后，传统的伊斯兰教迅速回归，大量的清真寺如雨后春笋般修建起来，宗教在社会生活中的影响力迅速上升，塔吉克斯坦甚至出现伊斯兰复兴党这样的宗教政党，并一度进入政权机关。但总体上，各国在政治上坚持政教分离，较好地处理了社会伊斯兰化和政治"去宗教化"的矛盾。一是各国宪法均明确本国是民主、世俗、法治国家，政教分离，宗教不得干预政务，不得成立宗教性质的政党等。吉尔吉斯斯坦宪法规定："吉尔吉斯共和国是一个主权、民主、单一制、法治、世俗的国家。……禁止以宗教、民族为基础成立政党。……任何宗教都不得定为国教或强制性宗教，所有宗教及宗教派别均与国家政治分离，禁止宗教团体和神职人员干涉国家机构的活动。"① 土库曼斯坦宪法规定，宗教组织与国家分离，不得干涉国家事务，此外还明确提出："国家的教育体系与宗教组织分离，具有世俗性。"② 乌兹别克斯坦宪法规定："禁止成立以民族或宗教为基础的政党，……宗教组织和团体与国家政治分离，所有宗教组织地位平等，国家不干预宗教活动。"③ 哈萨克斯坦宪法规定，哈萨克斯坦是民主、世俗的法治国家。④

政治"去宗教化"之路走得最艰难的是塔吉克斯坦。1992 年，由于国内政治、宗教、地方利益集团斗争日趋激烈，塔陷入内战。在国际社会的调解下，塔各派力量于 1997 年达成民族和解协议。1999 年 9 月 26 日，塔吉克斯坦通过新宪法，规定塔是世俗、民主、法治国家，但允许成立宗教性质的政党。在 2002 年举行的议会下院选举中，伊斯兰复兴党获得 63 席中的 2 席，进入国家的政治生活。2015 年 9 月，因支持恐怖活动，伊斯兰复兴党被取缔。

---

① Конституция, принята референдумом（всенародным голосованием）11 апреля 2021 года, http：//www. president. kg/ru/konstituciya.

② Констиуция Турменистан в редакции Констиуционных законов Туркменистана от 27. 12. 1995 r. , https：//minjust. gov. tm/mcenter – single – ru/6.

③ Конституция Республики Узбекистан, https：//constitution. uz/ru/clause.

④ Конституция Республики Казахстан, https：//www. akorda. kz/ru/official_ documents/constitution.

在 2016 年通过的宪法中明确规定："塔吉克斯坦共和国是一个主权民主、法治、世俗的单一制国家，……禁止建立具有民族或宗教性质的政党。"[①]

苏联时期，各加盟共和国的意识形态均是以马克思主义为指导的社会主义意识形态，独立后，中亚各国均强调意识形态多元化和非国家性。乌兹别克斯坦宪法规定，任何意识形态都不能被确立为国家意识形态。土库曼斯坦宪法规定，任何政党、宗教组织、社会团体的意识形态都不得对公民产生约束力。哈萨克斯坦宪法则强调意识形态和政治多元化，即不存在国家的意识形态。塔吉克斯坦宪法规定，塔吉克斯坦社会生活基于政治和意识形态多元化，任何政党、社会组织、宗教组织和团体的意识形态都不得视为国家意识形态。

从单一政党走向多党制。苏联的绝大多数时间里，各加盟共和国均只有单一的政党，即共产党。随着苏联解体，中亚国家原有的共产党要么改名，要么退出政治舞台。独立前后，哈、吉、塔等放开对政党和社会团体的成立限制，各类政党纷纷建立，并谋求参与政治生活。独立之初，哈萨克斯坦有多达 300 多个政党，后经分化组合，现在司法部注册的政党只剩下 6 个。塔吉克斯坦政党演变走势与哈类似。土库曼斯坦情况较为特殊，很长时期内事实上只有一个政党，即由前土库曼苏维埃社会主义加盟共和国共产党改组而成的土库曼斯坦民主党。2012 年，土库曼斯坦通过《政党法》，允许成立更多政党，在总统的支持下成立了工业家和企业家党、农业党。乌兹别克斯坦的情况与土有类似之处，最初只有首任总统卡里莫夫创立的人民民主党，1995 年成立了"公正"社会民主党，现有 5 个政党。吉尔吉斯斯坦最为特殊，一直是政党众多，政治力量分化组合快，政客改换门庭快，各政党的地区色彩浓厚，且实力相对平均。

（三）主体民族政治地位更加稳固

在各国政治制度建设的过程中，政治精英逐渐实现了主体民族化。虽然

---

① Конституция Республики Таджикистан（в редакции референдума от 26. 09. 1999г.，от 22. 06. 2003 г.，от 22. 05. 2016г.），https：//www. mfa. tj/ru/main/tadzhikistan/konstitutsiya

各国均强调各民族平等和民族团结，但主体民族政治精英在国家政治生活中占据绝对优势地位。首先，总人口中主体民族的占比上升。1989 年，在哈萨克斯坦，哈萨克族人口为 653.5 万，俄罗斯族人口为 622.6 万，哈萨克族人占比仅有 40%，且哈萨克族人的政治、经济地位和文化教育水平都低于俄罗斯族人。2020 年，哈萨克斯坦总人口中，哈萨克族人占比达到 68%，俄罗斯族人占比下降到 20%，政治精英中已几乎看不到俄罗斯族人的身影。其他中亚国家的情况类似。2020 年，在塔吉克斯坦的总人口中，塔吉克族人占比 80%，而 1989 年仅为 62%；在土库曼斯坦，土库曼族人占比达到 94.7%，1989 年为 72%；在吉尔吉斯斯坦，吉尔吉斯族人占比 73.6%，1989 年为 52.2%。① 主体民族占比上升的原因很多，主要有主体民族的高出生率和俄罗斯族等其他民族人员大量外迁等。另外，在政治民族化的过程中，部分人为了获得更好的就业和升迁机会，在登记注册时将自己的民族属性更改为主体民族，如在乌兹别克斯坦的塔吉克族人登记为乌兹别克族，在土库曼斯坦的乌兹别克族人登记为土库曼族，等等。其次，主体民族的政治地位提升。目前，中亚各国的政治精英主要来自主体民族，特别是高级官员。多数中亚国家的公务员被要求通晓主体民族语言。最后，主体民族的语言、文化恢复，重构历史叙事，提升文化认同。各国的宪法均规定，国家语言为主体民族语言，俄语的地位有所下降。只有吉、哈两国将俄语列为官方语言，且哈在这方面的表述越来越模糊。塔吉克斯坦将俄语列为"族际交流语"。在乌、土两国，俄语被视为一种外语。近年来，吉、哈两国也加快了本民族语言的使用和推广。2021 年底，吉尔吉斯斯坦制定了《国家语言法》草案，准备大力推广吉尔吉斯语。草案规定，电视和广播 70% 的节目必须使用吉尔吉斯语，之前的规定是 50%。国家和市政职员、议会代表等都必须掌握吉尔吉斯语。哈萨克斯坦境内连续出现民族主义者的"语言巡逻"，即检查国家机关工作人员对哈语的掌握情况，因语言问题而导致的社

---

① Всесоюзная перепись населения 1989 года. Национальный состав населения по республикам CCCP，http：//www. demoscope. ru/weekly/ssp/sng_ nac_ 89. php？reg = 11.

会冲突事件在增多。此外，各国注重发展和传播主体民族文化，不断加强对本国历史名人丰功伟绩的弘扬。政治民族化和历史文化重构有助于强化中亚国家单一制政体，提升国家认同。

二　殊途同归走向强总统制

中亚政治体制最突出的特点是强总统制。经过立国初期的政治实践，多数国家政治精英意识到，缺乏统一领导的政治制度并不适合本国国情，因而在国家治理权力划分的选择上最后殊途同归，都走向了总统制或强总统制。

（一）从议会制到总统制的历史进程

独立之初，中亚各国对西方相互制衡的政治体制非常"崇拜"，它们刚刚从党政一体的苏联模式中走出来，对"舶来品"理解不深，对国家管理究竟应采取议会制还是采取总统制认识模糊，只能在实践中探索。最初，哈萨克斯坦实行的并不是总统制，尽管纳扎尔巴耶夫总统的威望很高，政治经验丰富，但在总统与最高苏维埃（议会）之间仍频繁发生权力斗争，在改革方向上难以统一。1995年3月，哈通过新宪法，解散最高苏维埃，明确实行总统制，政治权力逐渐集中到总统手中。塔吉克斯坦是在结束内战后开启总统制的。1993年，拉赫蒙当选塔最高苏维埃主席，其着手组建政府并准备实行议会制。但内战使得国家治理形同虚设，拉赫蒙意识到权力分散的议会制无法应对国家面临的严峻形势，1994年12月，塔进行公投，确定实行总统制。吉尔吉斯斯坦的情况更是一波三折。吉首部宪法确立的是议会制，最高苏维埃为权力中心，这导致最高苏维埃与总统的争斗不断。1995年底，阿卡耶夫高票当选总统后立即着手修宪，并于1996年通过新宪法，总统的权力得到大大加强，从而走向了总统制。2005年，在吉尔吉斯斯坦发生非正常政权更迭后，前总理巴基耶夫成为总统，继续实行总统制，但南北矛盾、总统与议会矛盾交织，总统的权力并不稳固。2010年，吉举行全

民公决通过新宪法，明确实行议会总统制。2020 年，因议会选举舞弊，吉爆发第三次"革命"。痛定思痛，吉政治精英和民众普遍认识到，议会制并不适合吉尔吉斯斯坦国情。2021 年初，吉举行改行总统制的公投，80% 的投票公民赞同国家政体由议会制改为总统制。吉重回总统制宣告了议会制在中亚国家的实验失败。乌兹别克斯坦和土库曼斯坦一开始就实行强总统制，总统大权从未旁落。

不仅是中亚国家，多数后苏联空间国家也选择了强总统制，究其原因有以下几点。一是历史的延承。苏联时期实行垂直的管理体系，中央高度集权，所有中亚国家的第一代领导人都曾是苏共的官员，容易接受和适应权力集于总统一身的政治体制。二是现实需要。苏联解体带来了严重的社会经济和政治危机，危机状态下需要强有力的领导人，只有这样才能凝聚社会力量和政治资源度过危机，并在央地关系、族际关系复杂的背景下保证国家的统一和领土完整。中亚各国普遍存在部族传统和地方利益，一旦实行议会制，议员的部族色彩和地方属性就会显露，并不断放大，部族间的历史"旧账"会被翻出来，影响统一国家的认同。三是反面例证。塔吉克斯坦独立之初的内战、哈萨克斯坦建国初期总统与议会的争权，都表明分权无法迅速完成新的民族国家的构建。吉尔吉斯斯坦更是典型的"反面教材"，议会制期间南北矛盾、族际矛盾更加突出，政府频繁更迭。四是争取国际地位的需要。新独立国家需要在国际舞台上亮相，只有在国内有权威的强有力的国家领导人才可能得到国际社会的认可和尊重，为国家争取更多的利益。如果走马灯式地更换总统，该国也必然不会被世界各国重视。

（二）强总统制的主要表现

1. 总统拥有至高无上的地位和绝对的权威

其一，从选举的角度看，各国总统都以高得票率当选，并没有真正的政治竞争对手。2011 年，在哈萨克斯坦总统选举中，纳扎尔巴耶夫的得票率为 95.55%，2015 年其得票率为 97.75%。2017 年，在土库曼斯坦的总统大选中，别尔德穆哈梅多夫获得 97.69% 的选票。2020 年，在塔吉克斯坦总统选举中，拉赫蒙以91%的得票率当选。新生代领导人的支持率也很高。2016年，首次参加乌兹别克斯坦总统选举的米尔济约耶夫获得88.61%的选票，2021年参加第二次总统选举时其得票率超过80%。2019年，在哈萨克斯坦的总统选举中，托卡耶夫得票率超过70%。

其二，多位领导人获得"国父"的地位。2010年，哈萨克斯坦议会上院通过法案，赋予纳扎尔巴耶夫"民族领袖"地位。为表彰纳扎尔巴耶夫对国家的历史贡献，在托卡耶夫总统的建议下，哈首都阿斯塔纳更名为"努尔苏丹"①。2015年12月，塔吉克斯坦议会通过《民族领袖法》，赋予拉赫蒙总统"和平与民族统一奠基人、民族领袖"称号，表彰其在结束内战、建立独立国家方面做出的伟大贡献。塔媒体在提到拉赫蒙时，通常会冠以民族领袖、奠基人等称号。土库曼斯坦首任总统尼亚佐夫的称号是"土库曼斯坦之父"（土库曼斯坦巴希）和"伟大领袖"，原来里海的港口城市克拉斯诺沃茨克1993年更名为"土库曼斯坦巴希"。现总统别尔德穆哈梅多夫的称号是"庇佑者"和非正式的称号"民族领袖"。这些称号既是对领导人贡献的表彰，也是其位于绝对核心地位的体现。

其三，哈、土、乌的首任总统都可无限期连选连任。塔吉克斯坦总统拉赫蒙、土库曼斯坦总统别尔德穆哈梅多夫也有此权力。从执政时间上看，纳扎尔巴耶夫执政长达28年，拉赫蒙在位已经27年。土库曼斯坦首任总统尼亚佐夫、乌兹别克斯坦首任总统卡里莫夫自独立起就担任总统，直至在总统岗位上去世。

2. 通过频繁的人事调整凸显权威

其一，宪法赋予总统较大权限。土库曼斯坦总统既是国家元首，也是行政首脑和武装力量最高统帅，内阁直接由总统领导，其成员任免均由总统确定。根据2021年全民公决通过的新宪法，吉尔吉斯斯坦总统权限扩大甚多，总统领导内阁，经议会同意后所有内阁成员均由总统任免。塔吉克斯坦宪法规定，总统决定国家的内外政策，组建和撤销国家机构，经议

---

① 纳扎尔巴耶夫的全名为努尔苏丹·阿比舍维奇·纳扎尔巴耶夫。

会同意任免总理及政府成员。哈萨克斯坦宪法赋予总统的权力略小，总统与有关方商议后提名总理人选，经议会同意任免总理。但总统掌握关键要职的任命权，包括对外交部、国防部和内务部部长的任命，其余政府职位由总理提名。乌兹别克斯坦的总理由议会席位占多数的政党或党团提名，由总统认可后交议会批准，但国家安全局局长、地方行政长官的任免权在总统手中。

其二，在实际操作层面，各国总统对各级政府领导和地方要员进行频繁岗位调整，强化总统的权威，清理不胜任或不听话的官员，确保上下同心。仅以2018年为例，纳扎尔巴耶夫任命了新的总统助理、安全会议秘书、对外情报局局长、国防部部长等，体现了总统的权威和布局。米尔济约耶夫任总统后对官员进行了大幅度调整，更换了包括国家安全局局长、副总理、总统办公厅主任、国家投资委员会领导等官员，还有一批地方行政长官被免职。拉赫蒙更换了财政部部长、海关总署署长及反腐败部门和边防部队的领导人，对戈尔诺-巴达赫尚州政府官员进行"大换血"，撤换了州长、副州长及该州的警察局局长、法院院长等。土库曼斯坦总统更换了3位副总理，对教育部、建设部、农业和水利部、劳动和社会保障部、铁路交通部等部门领导人进行了人事调整，新组建了体育和青年政策部，在任免过程中他"痛斥"官员的工作不力，"大家长"意味浓厚。

3. 政党与总统在思想上高度统一

中亚各国均实行多党制，除吉尔吉斯斯坦，其他国家事实上均没有真正意义的反对派，长期保持以政权党为主、以几个建设性反对派为辅的政党格局。政权党在议会中一家独大，同时存在几个亲总统的建设性反对派，作为"民主绿叶"体现政治多元和政党竞争，并提出建设性意见，议会只是将总统意志转化成合法政策的平台。只有吉尔吉斯斯坦情况特殊，各政党力量相差不大，斗争激烈。

政权党成立和发展离不开总统的威望和强有力的支持，政权党在议会中不断扩大影响力，反过来又强化了总统的权力和权威。进入议会的政党有较高的同质性，其政治理念、治国方略与总统的思想比较一致。体制内反对派多没有清晰的有别于政权党的政治纲领，主要靠党的领导人的个人能力和影响力获得选票。由于中亚国家大多不存在真正的反对派，各政党与总统在思想和行动上保持高度统一，保证了政令畅通。而体制内反对派的存在，在一定程度上也对政权党形成某种压力，有利于推进科学决策。

近年来中亚各国政党和议会组成情况如下。2021 年 1 月，纳扎尔巴耶夫领导的哈萨克斯坦"祖国之光"党获得 71.09% 的选票，在议会下院 98 个政党选举席位[①]中获得 76 席，是绝对的第一大党，入围的其他两个政党是哈萨克斯坦人民党、"光明之路"民主党，均为亲总统政党。2020 年 3 月，拉赫蒙总统领导的塔吉克斯坦人民民主党在议会选举中获得议会 63 个席位中的 46 席（政党选举 12 席，单一制选区 34 席），亲总统的经济改革党、农业党、社会主义党和民主党入围，塔吉克斯坦共产党在单一制选区获得 2 席，真正的反对派——社会民主党未能入围，伊斯兰复兴党因支持恐怖活动被取缔。2019 年底 2020 年初，乌兹别克斯坦举行下院选举，乌自由民主党获得 150 个席位中的 53 席、"民族复兴"民主党获得 36 席、"公正"社会民主党获得 24 席、人民民主党获得 22 席、生态党获得 15 席。[②] 虽然在 2021 年的总统选举中，米尔济约耶夫是自由民主党提名的总统候选人，但乌没有明确的政权党，进入议会的各党均为亲总统政党，只是代表不同行业的利益而已。生态党非常特殊，它是根据米尔济约耶夫总统提议在生态运动的基础上组建的，原来在议会中固定分配生态运动 15 个席位，组建政党后其开始参与竞争选举。生态运动虽改称生态党，但仍不是通常意义上的政党，议员没有政治倾向性，主要致力于解决事关社会各阶层利益的生态安全和环境保护问题。2018 年 3 月，在土库曼斯坦议会下院的选举中，土库曼斯坦民主党获得 125 席中的 55 席，根据总统指示组建的工业家和企业家党、农业党各获 11 席，工会组织、妇女协会、青年组织代表等获 48 席。土议会中没有真正的反对派，都是围绕总统组建的政策咨询机构。土所有"体制

---

① 哈萨克斯坦议会下院共 107 席，其中政党选举产生 98 席，另外 9 席由哈萨克斯坦人民和睦大会选举产生，Фракции политических партий，https：//parlam. kz/ru/mazhilis/faction。

② 实际议员人数不足 150 人，Фракции，https：//parliament. gov. uz/ru/structure/fractions/。

外反对派"都流亡国外,包括前外长古力耶夫组建的土库曼斯坦反对派联盟、前副总理阿拉佐夫组建的"祖国党"等。另外,上述四国均实行两院制,部分议员由总统指定,如土库曼斯坦和塔吉克斯坦的总统都可指定8名上院议员,哈萨克斯坦的人民和睦大会可推选9名下院议员。乌兹别克斯坦总统可以指定16名在科学、艺术、文学和生产等领域有杰出贡献的公民担任上院议员。指定议员和特别代表,既是总统对各种亲政权力量的奖励,也可为非政治精英提供参政的渠道。

吉尔吉斯斯坦是另类。由于2020年议会选举结果被取消,2021年11月28日,吉举行了新一届议会选举。根据新宪法,吉尔吉斯斯坦实行一院制,议员由125名减至90名。这次选举中共有6个政党入围,得票率最高的是故乡党,得票率为17.31%;最低的为信仰之光党,得票率为6.14%,没有一个政党具有明显优势。由于吉改行总统制,议会在国家政治中的地位下降,议员身份更重要的是显示社会地位,以谋取未来政治资本。

三 政治领域面临的主要挑战

30年里,中亚各国政治制度建设虽有成果,但影响政局稳定的各种问题,包括制度不成熟、极端和恐怖主义蔓延、民族矛盾、地域矛盾、贪污腐败、生态问题等并未消解。提升国家治理能力和效率、完善政治体制仍是长期而艰巨的任务。

(一)频繁修宪显示政治体制尚未定型

宪法作为国家的根本大法应该是相对稳定的,但独立以来中亚各国的宪法都进行了频繁的修订,这一方面是完善国家管理制度的需要,另一方面也显示其政治体制不完善、不成熟。乌兹别克斯坦是中亚地区政治形势最为稳定的国家之一,即便如此,乌自1992年12月通过首部宪法后,先后进行了10次修订。土库曼斯坦进行了8次修订。哈萨克斯坦宪法修订超过10次。

至 2021 年 4 月，吉尔吉斯斯坦共举行了 8 次宪法公投，国家政体在总统制和议会制之间来回摇摆。不少情况下修宪不是为了完善国家治理，而是成为争权夺利的工具。更值得关注的是，吉尔吉斯斯坦宪法每次公投都获得高票通过，间接说明民众投票被政治家操控，民主尚不成熟。

（二）政权交接缺乏制度性和可预期性

除吉尔吉斯斯坦，迄今中亚地区的权力交接均是顺利的，并没有引发明显的政治震荡。但每次权力交接都是在特殊背景下进行的，尚未形成宪法制度下的正常轮换。乌兹别克斯坦、土库曼斯坦首任总统都是突然辞世，新一代领导人人选是政治精英协商和妥协的结果。2006 年 12 月，土首任总统尼亚佐夫因病去世，土紧急修宪，时任副总理的别尔德穆哈梅多夫被选为代总统并在随后举行的大选中获胜。2016 年，乌首任总统卡里莫夫去世后，根据宪法原本应由上院议长担任代总统，但上院议长表示放弃，改由长期担任总理的米尔济约耶夫担任代总统，之后其又在大选中高票获胜。上述两次政权更替都有其特殊性。迄今为止，在实行总统制的情况下，各国尚没有一次前任到期自动更替的案例。

纳扎尔巴耶夫作为一名睿智的国家领导人，在欧亚地区开创了渐进式权力交接新模式。纳扎尔巴耶夫先是辞去总统职务，后又辞去政权党"祖国之光"党的党主席职务，交由托卡耶夫接任，明显有"扶上马，再送一程"的意味。虽然纳逐渐"退居幕后"，但其在哈国内政治中仍有无上的权威，并担任国家安全会议主席的职务，关键岗位的人事任免托卡耶夫总统仍须与首任总统商量，因此哈的政权交接仍在"进行时"，并未完全结束。这种模式保证了政局稳定，但仍属例外模式。中亚国家政权交接能否顺利从"例外"模式走向例行模式尚需要时间来检验。

塔吉克斯坦和土库曼斯坦有意实行新的权力交接模式，即"子承父业"的阿塞拜疆模式。塔已从法律和人选上做好了准备，现总统拉赫蒙的长子鲁斯塔姆·埃莫马利在不同岗位得到历练，曾任杜尚别市市长等职务。2020 年 4 月，在新一届议会选举中鲁斯塔姆当选上院议长，根据塔宪

法，如果总统辞职或者无法履行总统职务，上院议长将接替总统职务。不排除未来几年，拉赫蒙宣布辞职，由鲁斯塔姆担任代总统，进而成为总统。土库曼斯坦总统别尔德穆哈梅多夫正将其儿子谢尔达尔培养成接班人。谢尔达尔在农业、外交、能源、安全部门及地方政府机构都历练过。2018年3月，谢尔达尔曾代替父亲出席首届中亚元首峰会。他现为国会议员，土媒体将谢尔达尔称为"人民之子"，土接班人安排接近完成。由于疫情肆虐，经济面临困难，交接班延后，而土社会对"世袭制"的接受程度尚待观察。

（三）区域差别仍是潜在风险点

中亚各国都实行单一制，主体民族数量占绝对优势，几乎没有分裂和分离势力活动的空间，但各国情况仍有差别，程度不等地存在氏族和部落传统。"氏族和部落已融入并贯穿于塔吉克斯坦等中亚国家现代政治制度构建的过程，并作为难以舍弃的传统文化因素，制约着政治和社会发展道路的选择。"[1] 最典型的是吉尔吉斯斯坦的南北矛盾，苏联时期为平衡吉南北势力，一直是由南北部族的人轮流担任吉领导人。2005年和2010年的两次"革命"都有明显的南北矛盾掺杂其中，政党和总统的票源更是地区色彩明显。其他四国地域差别和矛盾均在可控范围，但对政治也造成一定影响。卡里莫夫时期，乌兹别克斯坦政治力量有较为明显的撒马尔罕派、塔什干派等，而费尔干纳地区则是宗教极端主义和政治反对派力量较为集中的地区，也是"乌兹别克斯坦伊斯兰运动"的大本营。哈萨克斯坦一直有"玉兹"划分传统，虽然随着政治经济现代化进程，这种传统划分有明显弱化，但仍在政治生活中发挥着潜移默化的作用，哈主要政治精英来自大玉兹。土库曼斯坦是绿洲文化，部族有血缘和地理双重性，政治生活中形成了以地域为主要特征，并混合了血缘、同学、朋友等因素的政治集团。来自阿哈尔捷金部落的

---

① 孙壮志等：《中亚五国政治社会发展30年：走势与评估》，中国社会科学出版社，2020，第365页。

政治精英在国家政治生活中占据重要地位，两任总统均来自该部落。塔吉克斯坦同样保持着氏族群体，全国有四大部族，现总统拉赫蒙来自库利亚布部族。在苏联时期和苏联解体初期塔吉克斯坦一直是胡占德部族的政治精英占据政权的核心地位，包括首任总统马赫卡莫夫、次任总统纳比耶夫。位于戈尔诺-巴达赫尚州的帕米尔部族与其他塔吉克族人在信仰和习惯上有差别，也是治理的难点。区域差别和部落传统并不必然会影响政治社会稳定，但在杂糅了发展不均衡等问题后，在政治社会动荡时往往会成为政治斗争的工具，并对动荡起到叠加效应。

（四）人口、生态面临巨大压力

影响政治和社会稳定的因素很多，最根本的还是民生问题。除发展经济，中亚地区还面临一个难以调和的矛盾，即人口激增与环境容量上限的矛盾。独立30年来，中亚国家人口从1991年的5050万，增长到2020年7750万，增加了2700万人。其中，塔吉克斯坦人口从1991年的540万增长到2021年的960万，增长78%；乌兹别克斯坦人口1991年为2095万增长到2021年的3486万，增长66%，安集延州人口密度达到每平方公里741人，费尔干纳州人口密度为每平方公里561人，纳曼干州人口密度为每平方公里385人。① 在人口激增的情况下，水资源供应却趋于减少，以咸海生态危机为代表的生态问题已经成为影响地区经济发展和社会稳定的重大而无法回避的问题。历史上，中亚地区以河谷文化和绿洲文化为特点，人口"增容"空间有限。要在现有宗教、历史传统和价值观框架下处理好人口激增与有限空间的关系，对政治精英来说是一大考验。人口大幅增加的另一个治理难题是人口结构年轻化，就业压力大，加之社交平台快速普及，新生代对国家治理和政治制度的"发言权"上升，社会治理难度也增大、风险增高。

---

① Демография，https：//stat. uz/ru/ofitsialnaya－statistika/demography.

（五）恐怖主义和极端主义

独立以来，中亚各国均高度重视宗教"去极端化"，加强对宗教的引导和管理，使社会伊斯兰化处于可控状态。为防止宗教被极端组织利用，哈萨克斯坦出台《反对宗教极端和恐怖主义国家纲要》，成立国家宗教事务署，清理整顿宗教组织、宗教场所和出版物。乌兹别克斯坦通过《关于良知和宗教组织自由法》，规范伊斯兰教传播，取缔非法宗教组织。其他国家均有类似的举措。但随着伊斯兰教的快速回归，打着伊斯兰教旗号的各种极端思想泛起，境内外各种极端组织活动猖獗，暴恐事件不断。如2005年乌兹别克斯坦的"安集延事件"、2016年哈萨克斯坦的阿克托别连环恐怖袭击案、2018年中国驻吉尔吉斯斯坦使馆遭遇的恐袭案、塔吉克斯坦的胡占德市监狱恐怖分子暴动事件等。在疫情情况下，虽然暴恐事件有所减少，但宗教极端组织借助互联网传播极端思想的情况则有增无减。

（六）新技术革命带来的发展压力

在2021年6月发布的《哈萨克斯坦国家安全战略》中，哈将科技革命列为国家面临的重大挑战之一，认为"科技革命从根本上改变了经济、劳资关系、社会形态以及信息空间和互动模式"[①]。当前，新一轮科技革命浪潮汹涌，人工智能、新能源、无人驾驶、量子信息、生物技术等蓬勃发展，中亚各国尚处在再工业化阶段，且远未完成，面对第四次工业革命的到来，能否跟上科技时代的步伐对各国政治精英来说也是巨大的考验。科学和宗教是影响人类生存发展的两大因素，如果跟不上科技发展的步伐，民众必然会向宗教求助。一旦有限真理的科学让位于"绝对真理"的宗教，将会进一步影响社会发展和进步。

---

① Глава государства подписал Указ «Об утверждении Стратегии национальной безопасности Республики Казахстан на 2021－2025 годы», https：//www. akorda. kz/ru/glava－gosudarstva－podpisal－ukaz－ob－utverzhdenii－strategii－nacionalnoy－bezopasnosti－respubliki－kazahstan－na－2021－2025－gody－215354.

四　结语

中亚五国的独立大大改变了地缘政治结构。中亚各国的政治制度选择和政体建设不仅决定着各国的政局稳定和长远发展，也影响着地区间国家关系。为应对挑战和威胁，中亚各国均提出了政治现代化的方向，包括增强政党竞争、提升民众参与度、打击腐败等。哈萨克斯坦和乌兹别克斯坦还不约而同提出了构建"倾听民意的国家"的口号。哈制定了"听取人民意见"实施方案，成立了社会信任国家理事会；乌提出"政权要服务于人民，而不是人民服务于政权"。对中亚各国来说，制度建设仍在路上，正如托卡耶夫总统所言："一位强大的总统、一个有影响力的议会、一个负责任的政府，这是我们建设的目标，但还未实现，必须加快步伐。"①

---

① Послание Главы государства Касым – Жомарта Токаева народу Казахстана，02. 09. 2019г.，https：//www. akorda. kz/ru/addresses/addresses_ of_ president/poslanie – glavy – gosudarstva – kasym – zhomarta – tokaeva – narodu – kazahstana .

Y.3
新冠疫情以来中亚宏观经济走势分析：
以哈萨克斯坦为例

徐坡岭　徐建慧*

摘　要： 受新冠肺炎疫情蔓延、外部需求骤减以及能源价格暴跌等不利因素
　　　　影响，哈萨克斯坦 2020~2021 年宏观经济出现剧烈波动。疫情影响
　　　　下经济一度出现负增长，外贸大幅萎缩，失业率上升，汇率持续贬
　　　　值，通胀率居高不下，财政赤字扩大。从部门来看，服务业受疫情
　　　　冲击最为严重，采矿业出现负增长，但农业和建筑业增长迅速。在
　　　　反危机政策的背景下，哈萨克斯坦实施了宽松的财政、货币政策，
　　　　有效降低了新冠肺炎疫情等对经济社会形成的负向损耗。

关键词： 哈萨克斯坦　疫情　宏观经济　通货膨胀　国际收支

　　2020 年，在新冠肺炎疫情全球大流行的背景下，整个世界陷入"大封
锁"状态，全球产业链和供应链遭遇阻断，国际大宗商品价格波动加剧，
国际经贸活动锐减。2020 年，哈萨克斯坦实际 GDP 同比下降 2.5 个百分点，
失业率也较 2019 年略有上升，进出口增速均大幅下降。物价方面，在食品
通货膨胀率走高的影响下，2020 年哈萨克斯坦的整体通胀率为 7.5%。哈萨
克斯坦坚戈对美元汇率呈现大幅贬值，其中 3 月跌幅最大，较 2020 年初贬
值 17.4%，跌至 448.52 坚戈兑 1 美元，创历史最低值。受预算支出增加影

---

* 徐坡岭，中国社会科学院俄罗斯东欧中亚研究所研究员；徐建慧，新疆财经大学国际经贸学
院博士研究生。

响，2020 年财政赤字上升，哈萨克斯坦国际收支经常项目逆差 62.73 亿美元，同比减少 14.02%。[①]

哈萨克斯坦政府和央行为避免经济进入深度衰退，采取了史无前例的经济支持措施，宽松的货币和财政政策并举。一方面，多次降准，广义货币 M2 同比增速 16.86%；[②] 另一方面，增加财政支出，降低企业生产经营成本，进行降税减费改革等。具体包括以下三个方面：一是累计实施三套反危机措施，共投入资金达 6.3 万亿坚戈，约占 GDP 的 9%，主要用于保障就业、为失去收入的居民提供补贴、为受疫情影响严重的中小企业减免税收；[③] 二是实施恢复经济增长的一揽子计划，涉及税收减免、扩大信贷投放、发展基础设施等；三是确保"光明之路""就业路线图""商业路线图""乡村—国家摇篮"等国家重点规划项目建设工作顺利开展，维持就业和恢复商业活力。[④]

总体来看，哈萨克斯坦政府及央行采取的经济支持措施，有效缓解了疫情带来的负面影响，避免出现失业率骤增和企业大面积破产的现象。进入 2021 年，哈萨克斯坦宏观经济呈现企稳回升之势。截至 6 月末，哈出口额为 270.19 亿美元，较 2020 年同期增加 3.4%。2021 年第一季度哈萨克斯坦经济 GDP 增速为 -1.4%，第二季度为 6.3%；哈萨克斯坦央行预测哈全年 GDP 增速将在 3.5% ~3.8%。[⑤]

一　宏观经济整体形势

（一）经济增长从急剧下滑到缓慢回升

2020 年，哈萨克斯坦 GDP 增速骤减，按当年价格计算的名义 GDP 为

---

① 数据来源：中国驻哈萨克斯坦大使馆经商参处网站，http://kz. mofcom. gov. cn。
② 数据来源：CEIC 数据库。
③ 数据来源：中国驻哈萨克斯坦大使馆经商参处网站，http://kz. mofcom. gov. cn。
④ 王海燕：《总统新政与新冠肺炎疫情新形势下的哈萨克斯坦》，《欧亚经济》2021 年第 4 期。
⑤ 数据来源：中国驻哈萨克斯坦大使馆经商参处网站，http://kz. mofcom. gov. cn。

70.65 万亿坚戈，同比增长 1.61%，增幅较 2019 年下滑 10.86 个百分点；按 2010 年不变价格计算 2020 年实际 GDP 为 10.26 万亿坚戈，同比下降 2.5%，较 2019 年下降 7 个百分点。国内生产总值继 2015～2019 年稳步增长后出现急剧下滑，这是哈萨克斯坦进入 21 世纪后首次出现负增长（见图 1），主要受疫情蔓延、油价暴跌以及外需骤减等因素的影响。

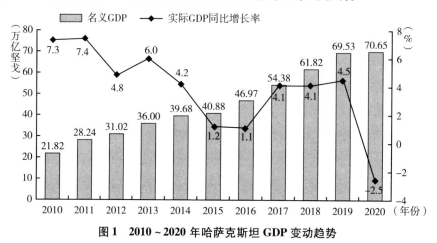

图 1 2010～2020 年哈萨克斯坦 GDP 变动趋势

资料来源：笔者根据世界银行数据计算所得。

2021 年，随着疫情整体可控，防疫隔离措施逐渐放松，国际油价缓慢回升，哈萨克斯坦经济呈现企稳回升。截至 4 月，哈萨克斯坦经济实现自疫情流行以来的首次正增长，增速为 0.7%。上半年，哈萨克斯坦按当年价格计算的名义 GDP 为 32.27 万亿坚戈，同比增长 13.6%；按 2015 年不变市场价格计算，实际 GDP 为 22.88 万亿坚戈，同比增长 2.4%。如图 2 所示，实际 GDP 季度增长率在 2020 年第二季度达到最低后开始回升，2021 年第一季度为 -1.4%，第二季度为 6.3%，第二季度较第一季度增加 7.7 个百分点，这标志着哈萨克斯坦经济正在止跌企稳。

（二）疫情背景下通货膨胀率上升与汇率持续贬值

哈萨克斯坦坚持通货膨胀目标制度和坚戈汇率自由浮动制度。2020 年哈萨克斯坦通货膨胀率为 7.5%，超出哈萨克斯坦中央银行预设目标区间

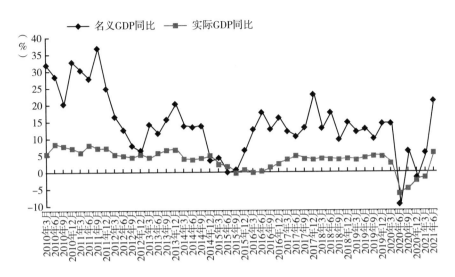

图2 2010年3月至2021年6月哈萨克斯坦GDP季度增速（同比）

资料来源：笔者根据 CEIC 数据库数据计算所得。

4%～6%，并且有持续上升趋势。与此同时，坚戈兑美元汇率持续下跌。哈萨克斯坦政府为应对通货膨胀持续上升，制定了《2021～2024年一揽子反通胀应对措施》草案，涉及扩大商品供应等应急措施和实施进口替代项目，以及保证食品稳定储备以及紧缩货币政策等中期措施。

1. 受疫情影响通货膨胀形势逆转，通胀率居高不下

哈萨克斯坦目前所面临的通胀高于央行预期，且有持续上升压力，居高不下的通货膨胀率成为当前哈萨克斯坦经济平稳回升的一大挑战。2018年哈萨克斯坦央行设定的通胀目标为5%～7%，2019年通胀目标为4%～6%，从表1可以看出，2018～2019年哈萨克斯坦通货膨胀率均在5.5%以内，维持在设定的通胀目标内。2020年哈萨克斯坦的通胀率为7.5%，高于哈萨克斯坦央行设定目标4%～6%的上限，其中食品类通胀率高达11.3%。食品价格不断上涨的原因：一是本币贬值；二是随着疫情蔓延，居民担心食品可能会出现供应不足或断供的情况而大量囤积，造成需求上涨。

表1 2011～2020年哈萨克斯坦年度通货膨胀率

单位：%

年份	2011	2012	2013	2014	2015	2016	2017	2018	2019	2020
通胀率	7.4	6.0	4.8	7.4	13.6	8.5	7.1	5.3	5.4	7.5

资料来源：笔者根据CEIC数据库数据计算所得。

进入2021年，通胀率持续上升。上半年CPI上涨4.6%。截至2021年6月末，哈萨克斯坦通货膨胀率达到7.9%。其中，价格涨幅最大的仍是食品类，通胀率为10.6%；非食品类和服务类相对增幅较小，通胀率分别为6.9%和5.6%。[①] 预计2021年通胀率将超出央行的目标区间值，因此，哈萨克斯坦央行对2021年通胀目标进行调整，由前期的6%～7%上调至7.5%～8.5%。

推动哈萨克斯坦通货膨胀率不断上涨的原因主要有三个：一是消费需求回升，燃油、电力和部分食品价格大幅上涨，多种商品价格涨幅达到两位数；二是主要贸易伙伴国俄罗斯的"输入性通胀"使国内物价面临上涨压力；三是持续的财政刺激和宽松的货币政策为通货膨胀率持续上涨提供了温床。虽然哈萨克斯坦国内通胀形势不容乐观，但在外部通胀压力减轻、全球粮食价格回落的背景下，哈萨克斯坦通胀缓解有望。能够缓解到什么程度，还取决于疫情能否有效控制和全球供应链的恢复情况，以及哈萨克斯坦国内粮食的产量等。

2. 坚戈汇率持续贬值

哈萨克斯坦货币历史上经历多次贬值，油价是影响坚戈汇率走势的主要因素。从坚戈兑美元的年均汇率来看（见图3），坚戈汇率在2008年全球金融危机爆发后直到2016年持续走低，跌到342.16坚戈兑1美元，之后伴随着油价的回升2017年小幅升值到326.71坚戈兑1美元，

[①] 《上半年哈萨克斯坦通胀率加速至7.9%》，中国驻哈萨克斯坦大使馆经商参处网站，http://kz.mofcom.gov.cn/article/jmxw/202107/20210703175872.shtml，最新检索时间：2021年10月3日。

现阶段又进入新一轮的贬值中，直到 2020 年末跌至 412.95 坚戈兑 1 美元。

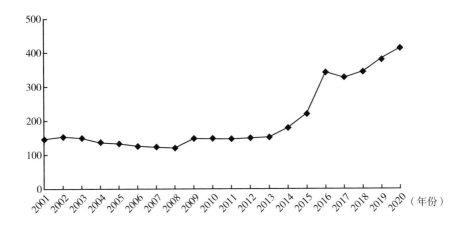

图3 2001～2020 年哈萨克斯坦坚戈兑美元汇率走势

资料来源：笔者根据世界银行数据计算所得。

2020 年初，哈萨克斯坦坚戈兑美元汇率呈现大幅贬值，最低跌至 448.52 坚戈兑 1 美元的历史最低值，到年末有所回升，年均为 412.95 坚戈兑 1 美元。进入 2021 年后，坚戈汇率小幅度回升，但依然高于疫情前水平（见表2）。根据各大机构预测，2021 年哈萨克斯坦坚戈汇率强势回升的可能性不大，主要有以下几个原因：一是国内商业活动逐渐复苏推动进口需求和外汇需求增加；二是德尔塔变异毒株不断蔓延，世界各国防疫措施对贸易的影响依然存在，全球经济增速放缓的压力依然存在；三是全球通胀压力持续增大，美联储等有退出量化宽松政策的倾向，可能导致金融市场波动加剧。

表2 2021 上半年哈萨克斯坦坚戈兑美元汇率变动

日期	2021 年 1 月 31 日	2021 年 2 月 29 日	2021 年 3 月 30 日	2021 年 4 月 30 日	2021 年 5 月 30 日	2021 年 6 月 30 日
汇率	424.22	417.02	424.34	428.75	427.90	427.79

资料来源：笔者根据 CEIC 数据库数据计算所得。

（三）失业率有所上升，居民可支配收入减少

1. 疫情背景下失业率大幅上升，反危机措施一定程度上改善了就业形势

为应对疫情对哈萨克斯坦经济的冲击，政府采取积极支持居民就业的反危机措施，有效地避免了失业率大幅度上升。哈萨克斯坦国家统计局数据显示，2020 年第四季度，哈萨克斯坦失业人数达到 45.3 万人，较第三季度减少 1700 人，环比下降 0.37%，失业率达到 4.9%；较 2019 年同期，失业人数增加 1.16 万人，失业率上升 0.1 个百分点（见图 4）。从性别结构来看，男性失业人数从 20.04 万人增加到 20.95 万人，女性失业人数从 24.1 万人增加到 24.35 万人；从行业分类来看，由于服务业受疫情冲击较为严重，服务业从业人数减少较多，依次为住宿餐饮业、文娱休闲业、运输仓储业，截至 2020 年底分别下降 12.1%、5.8% 和 3.7%。

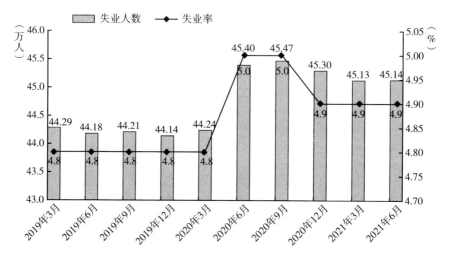

图 4　2019 年 3 月至 2021 年 6 月哈萨克斯坦季度失业人数及失业率

资料来源：笔者根据 CEIC 数据库数据计算所得。

为缓解就业压力，降低失业率，哈萨克斯坦政府于 2020 年 3 月批准《2020～2021 年就业路线图》。一方面计划通过实施公共基础设施建设和普通居民住房建设与改造项目，为居民提供更多就业机会；另一方面通过提供与农业和服务业相关的培训，引导民众就业或者自主创业。但从目前看，就业保障措施效果不大，2021 年第二季度失业人数为 45.14 万人，较 2020 年同期减少 2600 人，较 2021 年第一季度增加 100 人。哈萨克斯坦就业形势依然严峻，欧亚经济委员会发布数据显示，欧亚经济联盟成员国中登记失业人数增长最快的是哈萨克斯坦。截至 2021 年 6 月底，哈萨克斯坦劳动就业机构登记失业人数为 22.35 万人，同比增长 20.9%。其余四个成员国中，登记失业人数增幅较大的依次是吉尔吉斯斯坦和亚美尼亚，分别增长 2.4% 和 2%。俄罗斯、白俄罗斯失业状况有较大程度的好转，其中，俄罗斯登记失业人数 120 万人，同比减少 57.6%；白俄罗斯登记失业人数 7900 人，同比减少 21%。①

2. 疫情发生以来居民实际可支配收入降幅较大

哈萨克斯坦国家统计局发布的数据显示，2020 年第四季度，哈居民人均收入高于 12.5 万坚戈。进入 2021 年后，居民收入持续下降，1 月，居民人均收入较 2020 年 12 月减少 4000 坚戈，环比下降 3%；直至 6 月，居民人均收入略有增加，达到 12.3 万坚戈，较 2020 年同期增长 11%，但尚未恢复到 2020 年末的水平。

2020 年第四季度哈萨克斯坦月均名义工资为 233136 坚戈，较 2019 年同期增加 14.35%，扣除物价因素，实际增长 6.5%。2021 年，哈萨克斯坦月均名义工资依然呈上涨趋势，其中，第一季度，哈萨克斯坦月均名义工资为 230829 坚戈，较上年同期增长 15.87%，扣除物价因素，实际增长 7.4%；第二季度为 251545 坚戈，名义和实际同比增速均有所增加，分别是 18.63% 和 10.4%（见表 3）。按行业统计，平均名义工资最高的行业依次为金融保险业（472555 坚戈）、采矿业和采石业（461789 坚戈）、科学和技术活动专业（356753 坚戈）、信息和通信业（338643 坚戈）；平均名义工资最低的行业依次为供水及废弃物处理业（146531 坚戈）、农林渔业（145621 坚戈）等。

---

① 《哈萨克斯坦失业人口增速居欧亚经济联盟首位》，中国驻哈萨克斯坦大使馆经商参处网站，http://kz.mofcom.gov.cn/article/jmxw/202108/20210803183911.shtml，最新检索时间：2021 年 10 月 3 日。

表3　2020年第一季度至2021年第二季度哈萨克斯坦月平均工资

单位：%

季度	2020年 第一季度	2020年 第二季度	2020年 第三季度	2020年 第四季度	2021年 第一季度	2021年 第二季度
名义	18.23	13.67	6.91	14.35	15.87	18.63
实际	11.5	6.5	9.9	6.5	7.4	10.4

资料来源：笔者根据CEIC数据库数据计算所得。

2020年，食品支出占家庭消费支出的比重由2019年的49.4%升至54.2%，创历史新高。① 2020年第二季度，哈萨克斯坦平均每户居民家庭消费支出约为56.63万坚戈，较上年同期增长4.2%。其中，食品支出30.11万坚戈，占居民消费支出的比例高达53.2%；2020年第四季度，哈萨克斯坦平均每户家庭食品消费支出为31.94万坚戈，较上年同期增长15.8%。哈萨克斯坦恩格尔系数较高，说明居民实际收入主要用于购买食品，故用于储蓄和投资的收入占比相对较少。

（四）财政收支形势恶化，财政赤字扩大

1. 抗疫反危机政策使得财政支出大幅增加

虽然受到疫情影响，经济形势严峻，但是哈萨克斯坦2020年依然超额完成预算收入计划。全年实现国家预算收入14.56万亿坚戈，较上年增长13.82%。扣除转移支付，哈萨克斯坦财政收入为9.8万亿坚戈，完成预算计划102.7%。其中，中央预算收入6.6万亿坚戈，地方预算收入3.2万亿坚戈，分别完成预算计划的100.3%和108%。2020年，哈萨克斯坦共计实现税收收入8.56万亿坚戈，占国家预算收入的58.95%，同比增长7.1%；非税收入1.1万亿坚戈，占比7.58%；金融资本收入1267亿坚戈，占比

---

① 《肉类产品占哈萨克斯坦居民食品消费支出近20%》，中国驻哈萨克斯坦大使馆经商参处网站，http://kz.mofcom.gov.cn/article/jmxw/202103/20210303048732.shtml，最新检索时间：2021年10月3日。

0.9%；获得转移支付 4.77 万亿坚戈，占比 32.85%。

2021 年上半年国家预算收入 7.24 万亿坚戈，较 2020 年同期增长 1791 亿坚戈，同比增长 2.53%。其中，税收收入 4.86 万亿坚戈，占总收入比重 67.03%，同比增长 13.84%；非税收入 1674 亿坚戈；金融资本收入 828 亿坚戈；获得转移支付 2.13 万亿坚戈。

2020 年哈萨克斯坦国家预算支出达到 16.73 万亿坚戈，同比增长 23.56%。2020 年，哈萨克斯坦国家预算支出主要用于社会救助和社会保障领域，共计支出 3.78 万亿坚戈，占总支出的 22.60%；用于教育和医疗的预算支出分别为 3.14 万亿坚戈和 1.96 万亿坚戈。其他支出较多的领域还包括住房和住房设施（1.4 万亿坚戈）、运输和通信（1.08 亿坚戈）以及公共秩序、治安和司法机构（1.02 万亿坚戈）。预算支出增长最快的领域为教育支出，从上年的 2.3 万亿坚戈增加到 3.14 万亿坚戈，同比增长 36.5%。

2021 年上半年，哈萨克斯坦国家预算支出 8.14 万亿坚戈，同比增长 10.07%；其中，预算支出最多的是社会救助和社会保障领域，共支出 2.01 万亿坚戈，占总支出的 24.69%；其次为教育和医疗护理支出，分别为 1.82 万亿坚戈和 9757 亿坚戈。

2. 财政赤字规模大幅上升

2020 年第一季度财政收支基本平衡，但是随后三个季度出现持续增加，最终赤字规模达 2.2 万亿坚戈，较 2019 年同期增长 1.43 万亿坚戈，同比增长 185.71%。进入 2021 年后财政赤字仍有扩大趋势，第一季度财政赤字为 5300 亿坚戈，截至第二季度末财政赤字规模达到 8900 亿坚戈，较 2020 年同期增长 5600 亿坚戈，同比增长 169.7%。

2020 年财政赤字上升，如图 5 所示，财政赤字占 GDP 的比重 3.14%，超出近 10 年最高值（2017 年预算赤字率 1.69%）1.45 个百分点，较 2019 年增长 2.02 个百分点。疫情对哈萨克斯坦经济冲击严重，预算支出的增加主要用于对弱势群体的社会救助、实施就业计划缓解就业压力以及扶持中小企业发展等。

2020 ~ 2021 年，为向反危机措施提供资金支持，哈萨克斯坦政府被迫

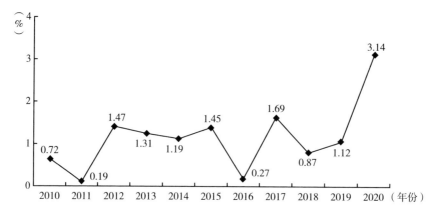

图5　2010~2020年哈萨克斯坦财政赤字占GDP的比重

资料来源：笔者根据CEIC数据计算所得。

扩大财政赤字和举债规模，2021年后期，哈政府计划逐步缩减预算赤字规模，从而减缓举借外债速度。哈萨克斯坦议会在2021年9月1日审议通过《2022~2024年哈萨克斯坦中央预算法案》和《2022~2024年哈萨克斯坦国家基金保障性转移支付法案》，意在限定国家基金向中央预算保障性转移支付的规模，直至2024年将保障性转移支付规模降至2万亿坚戈；同时控制财政支出的规模和使用效率，预计到2024年将预算赤字率降至2.5%。[①]

（五）国际收支形势良好，金融风险总体可控

2020年，哈萨克斯坦经常项目逆差收缩，资本和金融项目逆差扩张，国际储备显著增加。进入2021年后，国际收支继续保持良好的发展态势，总体状况在哈萨克斯坦中央银行预期范围之内。

1.2020年以来国际收支有所改善

2020年，哈萨克斯坦国际收支经常项目逆差62.73亿美元，同比减少14.02%；同时，资本和金融项目逆差162.39亿美元，较上年同期增加

[①] 《哈议会下院通过"2022-2024年中央预算法案"》，中国驻哈萨克斯坦大使馆经商参处网站，http：//kz. mofcom. gov. cn/article/jmxw/202109/20210903194289. shtml，最新检索时间：2021年10月3日。

238.69%；年末实现国际储备356.38亿美元，较上年同期增加23.07%，其中黄金储备235亿美元，较上年同期增加24.94%。

首先，经常项目逆差减少。经常项目逆差占国内生产总值的比重略有下降，为3.69%，低于国际认可的合理标准4%。根据国际收支统计口径，2020年哈经常项目下的货物贸易实现顺差105.06亿美元，较上年减少76.24亿美元，同比下降42.05%。货物贸易额大幅下降，主要是受国际油价影响，哈萨克斯坦原油和凝析油出口额减少引起。服务贸易逆差略有下降，逆差额为30.64亿美元，较上年减少6.53亿美元，同比下降17.56%。国外净收入逆差149.3亿美元，较上年同期减少78.22亿美元，同比下降34.38%，这是国际收支经常项目逆差缩减的主要原因。来自国外的经常转移净额13.1亿美元，较上年同期增加2.65亿美元，同比上涨25.36%，① 综合来看，哈萨克斯坦国际收支逆差得到改善，主要是受疫情影响，支付给外国投资者的收益明显下降，降至139亿美元，同比下降34.6%。②

2021年上半年，由于经济活动增加和进口需求增长，哈萨克斯坦国际收支经常项目赤字达到17亿美元。贸易顺差94亿美元，同比下降5.9%，其中，出口商品269亿美元，同比增长3.4%，原油和凝析油出口较上年同期减少16亿美元，下降10.8%，预计随着下半年油价的回升会有所改善；进口商品175亿美元，同比增长9.2%，主要是消费品进口增长12亿美元，同比增长27.3%，主要是非食品类商品进口11亿美元，增长36%。此外，外国在哈直接投资收益95亿美元，同比增长42.8%。总体来看，2021年上半年，哈国际收支状况符合央行预期。③

其次，资本和金融项目逆差大幅增加。2020年资本账户逆差0.44亿美元，较上年同期的1.94亿美元下降77.32%。金融账户逆差161.94亿美元，较上年同期增加112.06亿美元，同比上升224.66%。非储备性金融账户逆差

---

① 数据来源：世界银行。

② 数据来源：CEIC数据库。

③ 《哈总统托卡耶夫听取央行工作报告》，中国驻哈萨克斯坦大使馆经商参处网站，http://kz. mofcom. gov. cn/article/jmxw/202108/20210803187482. shtml，最新检索时间：2021年10月3日。

共计153亿美元，同比下降4.4%，其中，对外投资净额逆差为59.05亿美元，较上年同期增加4.07亿美元，同比增长7.4%。证券投资由2019年的顺差51.27亿美元转为逆差76.76亿美元。[①]

2. 金融风险整体可控

受国际原油市场价格下跌和新冠肺炎疫情影响，哈萨克斯坦经济增长放缓，实际产出减少，导致对外部市场融资需求上升。截至2020年底，哈萨克斯坦外债总额为1633.6亿美元，较2019年底增加47.98亿美元，同比增长3%；外债总额占国内生产总值比重为96.19%，较上年同期增加8.91个百分点。其中，短期外债99.99亿美元，长期外债1533.6亿美元，分别同比增长13.6%和2.4%。2020年哈萨克斯坦政府债务增加15亿美元，主要来自哈财政部为应对新冠肺炎疫情而向亚洲开发银行的贷款，以及发行的卢布债券和此前发行欧洲债券的升值。

2021年第一季度末，哈萨克斯坦外债总计1641.13亿美元，较2020年同期增加92亿美元，同比增长5.94%；其中，长期外债总额1528.21亿美元，同比增长4.49%；短期外债112.92亿美元，同比增长31.81%。短期外债虽然增幅较大，但占储备总额的比重不高，2020年底为28.06%，较2019年同期下降近2个百分点，远低于国际公认的安全线，哈萨克斯坦外债风险总体可控。

（六）国际储备增加

哈萨克斯坦国际储备包括两部分：一是央行外汇储备，即通常意义上的国际储备；二是哈萨克斯坦国家基金中的外汇资产。本部分着重分析的是央行的国际储备，截至2020年底，央行国际储备共计356.38亿美元，较上年度同比增长23.07%，远超近5年平均增速（4.7%），预计可保证支付9.7个月的商品和服务进口。其中，哈萨克斯坦央行黄金外汇储备达到235.82亿美元，连续7年创历史新高，较上年同比增加24.94%。黄金储备保持连

---

① 数据来源：CEIC数据库。

续增长态势，且在国际储备中占比连续 2 年超 60%，这得益于哈萨克斯坦自 2015 年起增持黄金，加上疫情蔓延和国际能源市场不确定性较大，黄金储备更受哈萨克斯坦青睐。2020 年底，哈外汇储备 112.62 亿美元，自 2014年持续下滑以来首次出现增长，较上年同期增加 19.42 亿美元，同比增长20.84%（见图 6）。

图 6　2010～2020 年哈萨克斯坦央行国际储备变化趋势

资料来源：笔者根据 CEIC 数据库数据计算所得。

2020 年哈萨克斯坦经济遭受巨大冲击，但是得益于哈国家基金资产投资收益和黄金价格上涨，哈国际储备不减反增，增幅较大。充足的国际储备有利于哈萨克斯坦在后疫情时代稳步恢复经济。

截至 2021 年 6 月末，哈萨克斯坦国际储备 350.49 亿美元，环比减少14.19 亿美元，主要原因是美元走强导致黄金价格下跌。6 月，金价由 1892美元/盎司跌至 1758 美元/盎司，环比下跌 7.08%，为 2015 年 11 月以来单月最大跌幅。黄金在哈央行国际储备中占比 62%，受金价影响，黄金资产估值减少 28.78 亿美元，近期黄金价格仍在继续波动。①

---

① 《6 月哈央行国际储备和国家基金资产双双下降》，中国驻哈萨克斯坦大使馆经商参处网站，http://kz.mofcom.gov.cn/article/jmxw/202107/20210703175629.shtml，最新检索时间：2021年 10 月 3 日。

二 疫情以来哈萨克斯坦的宏观经济政策

（一）2020年以抗疫反危机为经济政策基本主线

2020 年 3 月 13 日，哈萨克斯坦境内首次发现新冠肺炎感染病例。自此之后，哈萨克斯坦疫情防控措施开始升级，从重点防止境外输入转向严格的"自我隔离"。托卡耶夫 3 月 15 日发布总统令，宣布国家从 3 月 16 日至 4 月 15 日进入紧急状态，后期又将紧急状态延至 5 月 11 日。紧急状态期间，哈萨克斯坦停止各类人员聚集类活动，大型商场关闭，中小学停课，大学改为网上授课。哈萨克斯坦这一轮的国家紧急状态本应于 5 月 11 日宣布结束，但鉴于疫情形势依然严峻，隔离限行措施根据各地实际情况分阶段解除。第一波疫情尚未得到完全控制，哈萨克斯坦在 11 月又迎来了第二波疫情，哈政府宣布 2020 年 12 月 25 日至 2021 年 1 月 5 日是哈萨克斯坦强化防疫期，在这一期间内禁止举办群众文艺和体育活动。2021 年，疫情在哈萨克斯坦多次出现反弹，8 月的形势最为严峻，单日最高新增确诊病例达 7899 例，包括首都努尔苏丹在内的几个大城市多次重启严格的隔离限行措施。

新冠肺炎疫情大流行后，防疫隔离措施使经济活动陷入停顿状态。为缓解疫情对哈经济造成的负面影响，哈萨克斯坦政府一方面通过隔离限行措施防止疫情进一步扩散；另一方面启动稳定经济增长和救助居民的反危机计划。2020 年，哈萨克斯坦政府共实施了三套反危机措施，投入资金累计达6.3 万亿坚戈，约占 GDP 的 9%，其中，1.7 万亿坚戈用于支持居民收入和就业；1.6 万亿坚戈用于为企业提供优惠贷款和促进内需；1.1 万亿坚戈用于开展远程教育、实施防疫措施和保证公共安全；1.9 万亿坚戈用于弥补中央和地方预算收入损失。[①]

---

① 《2020 年哈萨克斯坦反危机支出达 6.3 万亿坚戈》，中国驻哈萨克斯坦大使馆经商参处网站，http://kz.mofcom.gov.cn/article/jmxw/202106/20210603127675.shtml，最新检索时间：2021 年 10 月 3 日。

为应对疫情冲击，哈萨克斯坦政府于 2020 年 3 月 23 日首次宣布推出总额为 4.4 万亿坚戈的一揽子反危机计划。主要致力于支持中小企业，防止企业倒闭和稳定就业，并推动哈萨克斯坦抓住此次疫情的机遇实现生产的本地化。紧接着，哈萨克斯坦政府于 2020 年 5 月 19 日审议通过《2020 年底前关于恢复经济增长的一揽子计划》，将实施包括激发企业活力、支持就业和提高居民收入水平等多项系统性和行业性措施。

（二）2021年为恢复经济增长确定长期规划

进入 2021 年后，哈萨克斯坦宏观经济政策从临时性紧急救助措施逐步转向为经济恢复制定长期规划。哈萨克斯坦政府于 2021 年 5 月对《2020 年底前关于恢复经济增长的一揽子计划》进行更新，增加了 60 余项针对中小企业的扶持措施，主要涉及减税降费、放宽税务检查、提高优惠贷款可及性、简化政府采购程序、减少对企业经营活动干预等。2021 年 3 月 9 日哈萨克斯坦总统托卡耶夫签署总统令，批准《2025 年前国家发展规划》，旨在消除新冠肺炎疫情危机的不利影响，确保在新的经济条件和全球经济复苏的趋势下实现经济可持续、包容和高质量的发展。同时，托卡耶夫总统签署了《2025 年前国家优先事项》的总统令。《2025 年前国家优先事项》包括三个方向共有十项任务，三个方向分别是居民福祉、机构质量和建设强有力的经济；十项任务包括公平的社会政策、便利有效的医疗卫生体系、高质量教育、保障公民权利的公平高效国家、新型国家管理模式、培养爱国主义价值观、巩固国家安全、建设多元化创新型经济、积极开展经贸外交、地区平衡发展。①

（三）宏观经济政策规则整体趋向宽松

1. 疫情以来财政政策从保守和平衡性政策向积极和宽松政策转变

疫情发生之前，哈萨克斯坦长期实行稳健的财政政策。财政政策目标是

---

① 《哈萨克斯坦批准通过〈2025 年前国家发展规划〉》，中国驻哈萨克斯坦大使馆经商参处网站，http：//kz.mofcom.gov.cn/article/jmxw/202103/20210303042780.shtml，最新检索时间：2021 年 10 月 3 日。

保持国家财政的平衡性和社会经济发展的稳定性，注重提高财政资金使用效率。2020 年受疫情影响，能源价格剧烈波动，哈萨克斯坦财政政策逐渐转向宽松。哈政府一方面实施大规模税收激励措施，覆盖企业和个体户超 70 万家，旨在减轻中小企业税负，优化税费缴纳流程；另一方面通过调整预算支出为恢复经济增长提供资金支持。为防止财政赤字规模进一步扩大，国家基金以保障性转移支付的形式为财政提供资金支持，这对于稳定国家财政意义重大。

2. 货币政策从稳定导向的保守政策向复苏经济导向的刺激性政策转变

哈萨克斯坦货币政策趋于宽松。2020 年，哈萨克斯坦央行对基准利率进行过三次调整。3 月 10 日，针对油价暴跌、OPEC + 减产协议前景不明，以及新冠肺炎疫情全球大流行等情况，哈萨克斯坦央行为了维持坚戈汇率，稳定通胀预期，将基准利率大幅上调至 12%。3 月下旬，哈萨克斯坦政府为实施反危机措施，大幅增加财政开支，继续维持基准利率高位不利于激发经济活力，于是哈萨克斯坦央行于 4 月 3 日和 7 月 20 日两次下调基准利率，分别下调至 9.5% 和 9%。截至 2021 年上半年基准利率一直维持在 9%，扣除预期通胀率后的实际利率处于 1% ~ 1.5% 的扩张区间，而中性基准利率水平一般为 3% ~ 3.5%。这说明，目前央行正在实施扩张性货币政策。但在财政政策持续刺激的背景下，经济增长和消费回暖共同引发通货膨胀加剧，为防止通胀螺旋式上升，确保到 2022 年通货膨胀率回落至 4% ~ 6%，预计 2021 年下半年，哈萨克斯坦货币政策将趋于紧缩，以确保经济平稳恢复。

三　哈萨克斯坦经济增长的结构特征与未来前景

（一）经济增长动力不足是哈萨克斯坦经济的主要问题

首先，消费对经济的拉动乏力。哈萨克斯坦国家统计局数据显示，2020 年，现价最终消费支出为 46.41 万亿坚戈，同比增长 8.68%，较 2019 年同期下降 5.64 个百分点；其中，占 GDP 比重将近 52% 的家庭消费的年增长率为 2.95%，较 2019 年同期下降将近 10 个百分点；2020 年 1~11 月，社会消费品零售总额 10.102 万亿坚戈，同比下降 5%，其中，市场和个体经营者零售额同比下降 10%，下降幅度较大。至 2021 年第一季度，最终消费支出 10.37 万亿坚戈，同比增长 12.64%，增幅较 2020 年同期下降 7.2 个百分点；家庭消费支出同比增长 11.98%，较 2020 年同期下降不到 1 个百分点。家庭消费支出的增长主要是高通胀率所致，而非主动消费增加。2020 年哈萨克斯坦的整体通胀率为 7.5%，食品通货膨胀率为 11.3%，食品类物价上涨幅度较大，导致居民必需的消费支出增加。①

其次，固定资产投资下降严重。据统计，2020 年固定资产投资减少 2230 亿坚戈，近 5 年来首次出现下滑，同比下降 3.4%。按资金来源统计，企业自有资金投资减少 1.3 万亿坚戈，同比下降 14%；国家预算投资增加 8640 亿坚戈，同比增长 58%。按投资行业统计，油气开采业投资额和矿山采掘业投资额均有较大幅度下降，分别同比下降 30% 和 26%；农业、房地产业、运输仓储业和加工业投资额有所上升，分别同比增长 15%、33%、5% 和 3%。非原材料部门成为哈萨克斯坦扩大固定资产投资的新引擎，实际投资规模同比增长 14.8%。② 进入 2021 年后，固定资产投资出现持续下滑，第一季度为 2.1 万亿坚戈，较 2020 年同期下滑 9.6%；4 月固定资产投资出现反弹；③ 截至 6 月底，哈萨克斯坦固定资产投资 3.849 万亿坚戈，较 2020 年同期下降 1.8%，下降幅度较第一季度明显收窄；投资主要集中在采掘业、房地产和制造业，分别占比 32.2%、19.9% 和 13.7%。④

---

① 数据来源：CEIC 数据库。
② 《哈萨克斯坦固定资产投资 5 年来首次出现下滑》，中国驻哈萨克斯坦大使馆经商参处网站，http://kz.mofcom.gov.cn/article/jmxw/202101/20210103032811.shtml，最新检索时间：2021 年 10 月 10 日。
③ 《一季度哈萨克斯坦固定资产投资下降 9.6%》，中国驻哈萨克斯坦大使馆经商参处网站，http://kz.mofcom.gov.cn/article/jmxw/202104/20210403052474.shtml，最新检索时间：2021 年 10 月 10 日。
④ 《上半年哈萨克斯坦固定资产投资下降 1.8%》，中国驻哈萨克斯坦大使馆经商参处网站，http://kz.mofcom.gov.cn/article/jmxw/202107/20210703175878.shtml，最新检索时间：2021 年 10 月 3 日。

最后，受全球经济低迷、外需减少以及能源价格暴跌的影响，哈萨克斯坦 2020 年度出口规模严重下滑。哈萨克斯坦国家统计局数据显示，2020年，哈萨克斯坦出口总额为 469.5 亿美元，同比下降 19.14%。其中，原油和天然气凝析油出口额降为 237 亿美元，较 2019 年减少 98.6 亿美元，同比下降 29.38%；石油产品出口额为 6.41 亿美元，同比下降 36.7%，主要是受哈萨克斯坦 2020 年加入 OPEC + 减产协议和国际原油价格暴跌的影响。进入 2021 年，出口额缓慢回升，截至 6 月末，出口额为 270.19 亿美元，较2020 年同期增加 3.4%。

2021 年第一季度主要经济指标仍然表现不佳，持续下行，国内生产总值同比下降 1.4%，固定资产投资同比下降 9.6%，出口总额同比下降19.7%。第二季度之后经济有回暖趋势，多项经济指标呈增长态势，固定资产投资同比增加 7.85%，出口额同比增加 31.76%。得益于防疫限制措施放开、国际油价的回升以及原油产量的增加，2021 年哈萨克斯坦经济逐渐企稳回升。哈萨克斯坦央行、欧亚开发银行、亚洲开发银行、国际货币基金组织以及世界银行等机构上调了对 2021 年哈萨克斯坦经济增长的预期。哈萨克斯坦央行认为，疫情对哈萨克斯坦经济造成的负面影响正在递减，因而将哈萨克斯坦经济增长率预期上调为 3.5% ~ 3.8%；国际货币基金组织和世界银行相对较为保守，对哈萨克斯坦 2021 年经济增长的预测为 3.2%。[1]

（二）服务业产出大幅下降，实体经济在疫情下呈现韧性并实现增长

2020 年，哈萨克斯坦商业活动低迷，实际 GDP 下滑 2.6%。万德数据库数据显示，哈萨克斯坦服务业同比大幅下降 5.3%。尽管面临全球和区域经济不确定性，采掘业受损导致工业生产总体下降 0.7%，但 2020 年哈萨克斯坦实体经济总体呈增长态势，成为带动经济增长的新动力，其中，建筑业同比增长 11.6%，农业同比增长 5.9%，制造业同比增长 3.9%。

---

[1] 数据来自中国驻哈萨克斯坦大使馆经商参处网站，http：//kz. mofcom. gov. cn。

1. 受疫情影响，服务业严重下滑

受疫情防控措施的影响，哈萨克斯坦服务业在 2020 年出现严重下滑。Wind 数据库统计数据显示，2020 年哈萨克斯坦名义服务业增加值为 39.64 万亿坚戈，同比增长 2.6%，然而实际增速为 -5.3%，较 2019 年明显下滑。其中，运输仓储业受疫情影响最为严重，同比下降 22.7%；住宿和餐饮服务业次之，同比下降 19.1%；批发和零售业务及机动车辆和摩托车修理业务相对下滑幅度较小，同比下降 3.3%。得益于疫情期间经济和社会活动向线上和移动端转移，信息和通信业发展较快，较 2019 年增长 10.5%。

2. 实体经济在疫情冲击下呈现韧性，甚至实现增长

农业增长显著。受益于哈萨克斯坦政府制定的农业政策和反危机措施的实施，2020 年哈农业补贴金额增加至 3660 亿坚戈，同比增长 13%，为 2016 年的 1.6 倍。2020 年哈萨克斯坦农业总产值达 6.3 万亿坚戈，同比增长 5.7%，领先欧亚经济联盟其他成员国。其中，全年食品生产同比增长 4%，农业固定资产投资同比增长 15%，食品生产领域投资同比增长 13.5%。农工综合体总投资达 6772 亿坚戈，高出计划目标 1542 亿坚戈。2021 年上半年，哈萨克斯坦农业生产总值为 1.517 万亿坚戈，依然呈增长态势，同比增长 3.2%，其中畜牧业同比增长 3.4%，种植业同比增长 0.2%。①

制造业逆势增长，2020 年，哈萨克斯坦制造业占 GDP 的比重为 13.1%，自 2004 年以来首次超过采掘业（12.5%）。2020 年采掘业增长受阻主要是因为履行 OPEC + 减产协议，原油产量下降 5.4%，降至 8570 万吨。制造业中机械制造实现产值 1.81 万亿坚戈，同比增长 16.3%。其中，汽车工业是机械制造业的增长点，占制造业的比重提升至 33.9%。② 哈萨克斯坦汽车制造业实现产值 6128 亿坚戈，同比增长 70.4%；生产各类车辆

---

① 《哈萨克斯坦农业总产值超 6 万亿坚戈》，中国驻哈萨克斯坦大使馆经商参处网站，http://kz.mofcom.gov.cn/article/jmxw/202106/20210603070713.shtml，最新检索时间：2021 年 10 月 3 日。

② 《哈总理马明向议会做 2020 年政府工作报告》，中国驻哈萨克斯坦大使馆经商参处网站，http://kz.mofcom.gov.cn/article/jmxw/202106/20210603127676.shtml，最新检索时间：2021 年 10 月 3 日。

7.74 万辆，同比增长 53.5%。疫情期间，汽车工业成为拉动哈萨克斯坦工业乃至整体经济增长的新的主要驱动力。哈萨克斯坦汽车产业的快速发展主要依靠引进大型跨国公司、提高本地化含量和扩大产能。此外，制药业同比增长 47%，金属制造业同比增长 20%。[①]

（三）哈萨克斯坦经济增长的未来前景

2021 年上半年，实体经济复苏依然是推动哈萨克斯坦国内生产总值由负转正的关键因素。据统计，哈萨克斯坦医药行业同比增长 31.1%，机械制造业同比增长 22.1%，建筑材料行业同比增长 19.5%，服装业同比增长 19.5%，家具行业同比增长 19%。依靠畜牧业 3.4% 的同比增幅，农业产值也同比增长了 3.2%。哈央行对企业开展的问卷调查显示，实体经济情况正在好转。6 月，商业活动指数达到 51.6，较上月增长 0.5 个百分点；投资活跃度下滑速度趋缓，上半年固定资产投资同比下降 1.8%，跌幅远低于第一季度的 9.6%。[②]

2020 年哈萨克斯坦经济结构发生了一些变化。其中，加工业在工业中的占比增加了 9.4 个百分点，达 48.8%。另外，疫情期间电子商务快速发展，行业规模扩大 6%，无现金支付额增长约 1 倍。哈萨克斯坦食品加工业产值约为 1.9 万亿坚戈，同比增长 4%，其中面粉产量超过了 332 万吨，同比增长 1.6%。

基于大宗商品需求复苏、油价回升，以及政府实施一系列经济复苏计划，哈萨克斯坦上半年经济发展势头较好。哈萨克斯坦政府预计全年 GDP 增速将达到 3.5%～4%，居民实际收入预计提高 5%，预计将为 120 万人提供就业机会，新建学校 200 所和医疗机构 30 所，年底前完成 6000 公里公路

---

① 《汽车行业成为哈萨克斯坦经济新的增长点》，中国驻哈萨克斯坦大使馆经商参处网站，http：//kz. mofcom. gov. cn/article/jmxw/202101/20210103035406. shtml，最新检索时间：2021 年 10 月 3 日。

② 《哈萨克斯坦央行上调基准利率至 9.25%》，中国驻哈萨克斯坦大使馆经商参处网站，http：//kz. mofcom. gov. cn/article/jmxw/202107/20210703180812. shtml，最新检索时间：2021 年 10 月 3 日。

的改造和建设。①

各大机构对哈萨克斯坦未来经济持乐观态度。2021 年 9 月，亚洲开发银行上调了哈萨克斯坦经济增长预期，相比 4 月做出的预测，亚洲开发银行将哈 2021 年经济增长预期由 3.2% 上调至 3.4%，同时将 2022 年增速预期由 3.5% 上调至 3.7%。但严重的干旱天气对 2021 年哈萨克斯坦农业发展影响较大，食品类通胀有进一步恶化的风险。亚洲开发银行将哈萨克斯坦 2021 年通胀预期由 6.5% 上调至 6.9%，将 2022 年通胀预期由 6.2% 上调至 6.4%。② 哈萨克斯坦央行认为疫情对哈经济造成的负面影响正在递减。预测 2021 年哈 GDP 增速为 3.5% ~ 3.8%，2022 年增速为 4.1% ~ 4.4%。由于部分食品价格飙升，燃油、建材及部分居民有偿服务价格上涨，通胀预期持续攀升。哈萨克斯坦央行将 2021 年通胀预期目标区间由此前的 6% ~7% 上调至7.5% ~ 8.5%。③ 标普的预测与哈萨克斯坦央行较为接近，标普预计 2021 年哈经济将增长 3.5，主要原因是非石油部门保持增长、放开防疫限制措施带动商业活动恢复、投资增长，以及哈主要贸易伙伴国商业活动持续复苏；预测 2021 年哈通胀率将达到 8.5%，通胀率上升的主要原因是实行财政刺激政策、进口商品价格上涨，以及允许居民提前支取个人养老金储蓄。④ 欧亚开发银行发布的最新宏观经济报告对哈萨克斯坦 2021 年和 2022 年经济增速的预期分别为 4% 和 4.4%；通胀率预期分别为 6.7% 和 5.7%；预测哈 2021 年将维持 9% 的基准利率

---

① 《哈总理马明向议会做 2020 年政府工作报告》，中国驻哈萨克斯坦大使馆经商参处网站，http：//kz. mofcom. gov. cn/article/jmxw/202106/20210603127676. shtml，最新检索时间：2021 年 10 月 3 日。

② 《亚行上调 2021 年哈萨克斯坦 GDP 增速至 3.4%》，中国驻哈萨克斯坦大使馆经商参处网站，http：//kz. mofcom. gov. cn/article/jmxw/202109/20210903201189. shtml，最新检索时间：2021 年 10 月 3 日。

③ 《哈央行上调 2021 年通胀预期》，中国驻哈萨克斯坦大使馆经商参处网站，http：//kz. mofcom. gov. cn/article/jmxw/202109/20210903198309. shtml，最新检索时间：2021 年 10 月 3 日。

④ 《标普维持对哈萨克斯坦主权信用评级》，中国驻哈萨克斯坦大使馆经商参处网站，http：//kz. mofcom. gov. cn/article/jmxw/202109/20210903195211. shtml，最新检索时间：2021 年 10 月 3 日。

以实现通胀和经济增长的平衡；2021年和2022年坚戈兑美元的汇率分别为423.1∶1和427.7∶1。①

虽然各大机构对哈萨克斯坦未来经济形势普遍看好，但是哈萨克斯坦经济复苏面临的风险依然较大。一方面，德尔塔变异毒株不断传播，而哈萨克斯坦疫苗接种速度较慢，这迫使政府出台新的疫情防控措施，不利于商业活动的复苏；另一方面，哈萨克斯坦加工工业和轻工业相对落后，日用消费品主要依赖进口。

哈萨克斯坦经济要想取得长足发展，当前最紧要的任务是建立新型经济结构，实现农业现代化以增强自给自足能力，培育有竞争力的非原材料行业，改善国内投资环境以吸引高质量投资，同时，积极融入区域、全球价值链。

---

① 《欧亚开发银行维持2021年哈 GDP 增长预期》，中国驻哈萨克斯坦大使馆经商参处网站，http://kz.mofcom.gov.cn/article/jmxw/202108/20210803186140.shtml，最新检索时间：2021年10月3日。

Y.4
经济复苏背景下中亚国家的
对外政策：务实与多元[*]

强晓云[**]

摘　要：　对于中亚国家而言，2021 年是一个重要的值得纪念的年份。
1991 年，苏联解体，中亚国家纷纷获得独立。30 年来，中亚各
国都经历了社会、经济、政治等各领域的转型和变革，一些领
域的变革甚至可以用天翻地覆来形容。2021 年，全球依然处于
新冠肺炎疫情的阴影之下，中亚各国政府的工作重心正在从应
对疫情、管控疫情逐渐转到谋划疫情常态化下的经济复苏。因
此，2021 年，为实现经济复苏努力创造良好的外部环境成为中
亚各国的外交重心。

关键词：　中亚国家　多元外交　大国平衡　"一带一路"

从地缘政治角度看，2021 年中亚地区并不平静。2021 年夏，美国和北
约从阿富汗全面撤军，塔利班开始执掌阿富汗政权，中亚地区的安全环境发
生了令人瞩目的变化。与此同时，拜登政府上台后，美国与中国、俄罗斯的
战略博弈不断升级，亚洲一些中等国家与中亚的务实合作步伐开始加速，中
亚成为世界大国、地区中等强国所关注的重要地区。地缘政治环境的变化推

* 本文系国家社科基金冷门"绝学"和国别史等研究专项"新中国成立以来中国与哈萨克斯坦
的跨国移民史研究"（项目批准号：2018VJX099）的阶段性成果。
** 强晓云，上海国际问题研究院俄罗斯中亚研究中心主任，研究员。

动中亚各国采取更加务实的外交政策。多元务实外交成为 2021 年中亚国家对外政策的一个显著特点。

一 中亚国家的对外政策进入新阶段

2021 年，中亚国家的对外政策进入了一个崭新的阶段。首先，中亚各国的国内政治发展进入了一个新的时期，为其对外政策的开展奠定了较为稳定的国内政治基础。经过 30 年的政治转型，中亚各国已基本形成稳定的政体，国内政治局势整体趋于平稳。中亚大多数国家的国内政治进程正在进入完善本国政治制度建设、提升国内治理水平的新时期。

其次，中亚各国的国内社会经济发展进入了一个新的时期。经过 30 年的发展，中亚各国进行了一系列社会经济转型改革，国民经济水平逐步增长。2020 年中亚五国的 GDP 分别是 1990 年的 2～16 倍；1990 年中亚五国 GDP 的总和为 471 亿美元，2020 年这一数字为 2838.8 亿美元，是 1990 年的 6 倍。[①]

2021 年，中亚国家努力克服新冠肺炎疫情的负面影响，推动复工复产，各国经济陆续开始企稳回升。数据显示，哈萨克斯坦的各项经济指标已全面恢复到疫情前的水平。从第二季度开始，哈萨克斯坦经济实现正增长。2021 年 1～8 月，哈萨克斯坦的国内生产总值增幅达到了 3%。[②] 统计数据表明，2021 年前三个季度，乌兹别克斯坦的国内生产总值增幅达到了 6.9%，塔吉克斯坦国内生产总值增幅达到了 8.9%。欧洲复兴开放银行预测，2021 年中亚五国国内生产总值的平均增幅或达到 4.9%。[③] 再如，乌兹别克斯坦的对

---

① 根据 Word Bank, IMF World Economic Outlook（2021）以及 Н. Зиядуллаев, Центральная Азия и Южная Азия：внешнеторговые и транспортно - транзитные инициативы, Российский внешнеэкономический вестник, №8, 2021. 数据整理。

② Экономика Казахстана достигла допандемического уровня — А. Мамин, 14 сентября 2021, https：//primeminister.kz/ru/news/ekonomika - kazahstana - dostigla - dopandemicheskogo - urovnya - a - mamin - 1485155, 最新检索时间：2021 年 11 月 1 日。

③ 《中亚五国经济持续复苏》，《人民日报》2021 年 11 月 16 日。

外贸易合作也稳中有升。2021 年前 10 个月，乌兹别克斯坦的对外贸易总额为 326.57 亿美元，同比增长 8.5%。[①]

在新的发展时期，提升人民福祉、完善产业布局和经济结构、实现疫情常态化下的经济复苏、深刻融入世界经济成为中亚国家新的经济任务。为此，其对外政策也需要满足国内社会经济发展的诉求，并为国内经济发展争取更多的海外投资、先进技术、优秀人才等资源。

最后，中亚各国所处的地缘政治环境也出现了一些新变化。一是阿富汗局势的突变对中亚各国安全产生了一系列连锁影响。阿富汗安全问题外溢的效应凸显，导致中亚地区的传统安全、非传统安全挑战上升和扩大，给中亚各国的边境安全带来直接影响。阿富汗局势的变化打乱了中亚各国各领域转型和地区一体化的节奏，同时，美国从阿富汗撤军后地区大国在中亚的博弈态势加剧，进一步增加了中亚地区安全的不确定性。

二是俄罗斯与美西方的对立在中亚乃至整个欧亚地区有加剧的趋势。美国拜登总统上台后，持续加大向中亚地区的价值观输出，鼓励该地区"去俄罗斯化"，俄罗斯在中亚地区与美西方的对抗进一步升级。

三是世界主要国家的欧亚（中亚）合作倡议、中亚战略之间的竞争性有加剧的趋势。有中亚学者指出，欧亚经济联盟、"一带一路"倡议、"新丝绸之路"计划是俄、中、美三国各自在中亚的主要合作模式，但中美、俄美两组双边关系的对抗性特征极大地阻挠了这三种合作模式在中亚的对接。近两年来，美国、欧盟均分别出台了新版的中亚战略。美国一直将中亚视为其地缘政治影响区和遏制中俄的前沿地区，而欧盟长期以来都将中亚地区列为自己大周边战略的重要一环。2018 年 9 月，欧盟委员会与欧盟对外行动署联合发布了《连接欧洲和亚洲——对欧盟战略的设想》政策文件，全面阐述了欧盟"更好地连接欧亚"愿景的战略，显示出其致力于在中亚地区打造欧盟版互联互通模式的决心。2020 年初美国也出台了新版的中亚

[①]　Внешнеторговый оборот Узбекистана достиг 32, 6 млрд долларов, https://kun.uz/ru/news/2021/11/22/vneshnetorgovyy-oborot-uzbekistana-dostig-326-mlrd-dollarov, 最新检索时间：2021 年 11 月 29 日。

战略，对与中亚的合作提出新的愿景和目标。2021 年阿富汗局势发生突变后，俄罗斯也在逐步调整自身对中亚地区的政策。

可以说，2021 年中亚国家的对外政策发展进入了一个新阶段。疫情常态化背景下，为经济复苏创造有利的外部环境是这些国家对外政策的重点。同时值得注意的是，世界主要国家的欧亚合作倡议以及其对中亚战略的共存乃至竞争也为中亚国家的对外合作提供了多元选择。

二 中亚内部合作稳中有升

近年来，中亚地区内部的合作逐步加强，各国都将发展与邻国的友好关系作为本国外交政策的重要优先方向之一。哈萨克斯坦、乌兹别克斯坦等国都积极开展与中亚邻国的务实合作。自米尔济约耶夫成为乌兹别克斯坦总统并得以连任以来，巩固与地区国家的联系、拓展国际合作一直是乌兹别克斯坦对外政策的优先方向。把中亚打造成为"无限可能的地区"，在乌兹别克斯坦周边建立"睦邻、安全、稳定带"成为乌兹别克斯坦近年来周边外交的主线。

新冠肺炎疫情席卷全球以来，中亚各国更加深刻意识到"抱团取暖"的必要性，合作应对新冠肺炎疫情、合作促进经济复苏的双边和多边行动逐渐增多。

在双边领域，中亚国家之间的合作不断深入。哈萨克斯坦与乌兹别克斯坦的战略伙伴关系升级到同盟关系。2012 年 12 月 6 日，乌兹别克斯坦总统米尔济约耶夫对哈萨克斯坦进行国事访问期间，与哈萨克斯坦总统托卡耶夫共同签署了《同盟关系宣言》。作为中亚的两大重要国家，哈萨克斯坦与乌兹别克斯坦同盟关系的建立对保障整个中亚地区的安全和稳定具有重要意义。哈萨克斯坦与乌兹别克斯坦的双边贸易额约占中亚地区国际贸易总额的 70%。2021 年 1 ~ 9 月哈乌两国双边贸易额为 29 亿美元，同比增长 28.5%。据预测，2021 年乌兹别克斯坦极有可能成为哈萨克斯坦的前五大贸易伙伴之一。① 目

---

① Узбекистан может войти в топ – 5 торговых партнеров Казахстана, 26 ноября, 2021, https://ru. sputnik. kz/economy/20211126/18766064/Uzbekistan – mozhet – voyti – v – top – 5 – torgovykh – partnerov – Kazakhstana. html，最新检索时间：2021 年 12 月 1 日。

前，哈乌两国正在边境接壤地区建设"中亚国际经贸合作中心"。两国的边贸合作也将成为"新的经济增长点"。

为拓展融资与经贸合作，乌兹别克斯坦与吉尔吉斯斯坦两国在 2021 年 3 月签署了《关于成立乌吉发展基金的协议》。该发展基金的注册资本为 5000 万美元，后续乌方还将增资至 2 亿美元，以便为吉尔吉斯斯坦的经济优先发展项目提供融资支持。[①]

2021 年 10 月，土库曼斯坦总统访问乌兹别克斯坦，乌土两国总统在扩大贸易规模、开拓第三方市场、深化产业合作、推动过境运输合作等领域达成共识。在此期间，两国共签署了 23 份合作协议，涉及交通运输、通关便利化和植物保护等领域。

哈萨克斯坦与吉尔吉斯斯坦的经贸合作也有所提升，2021 年 1~9 月，哈吉贸易额达 6.8 亿美元，同比增长 9%。[②] 2021 年 12 月，两国还签署了《吉尔吉斯共和国采购哈萨克斯坦共和国国产汽车备忘录》，进一步拓展了哈吉双边贸易的合作领域。

中亚国家之间还在抗击新冠肺炎疫情方面加强合作。例如，乌兹别克斯坦政府筹措资金，援助建设塔吉克斯坦新冠肺炎病患分流中心，以帮助塔吉克斯坦快速将确诊病人分流至其他医疗机构。

疫情背景下，中亚国家之间的多边合作也在有序开展。2021 年 8 月 6 日，第三届中亚五国元首磋商会议在土库曼斯坦举行。前两届会议分别在 2018 年、2019 年举行，2020 年因新冠肺炎疫情流行，会议延期至 2021 年举行。在此次会议上，中亚各国元首均认为应采取措施激活区内贸易，培育

---

① Президент утвердил соглашение о создании Узбекско - кыргызского фонда развития, https：//kun. uz/ru/news/2021/11/04/prezident - utverdil - soglasheniye - o - sozdanii - uzbeksko - kyrgyzskogo - fonda - razvitiya，最新检索时间：2021 年 11 月 10 日。

② Токаев принял главу Кабмина Кыргызстана, Казахстанская правда, 8 декабря, 2021. https：//www. kazpravda. kz/news/prezident2/tokaev - prinyal - glavu - kabmina - kirgizstana? utm_ source = yxnews&utm_ medium = desktop&utm_ referrer = https%3A%2F%2Fyandex. kz% 2Fnews%2Fstory%2FKazakhstan_ vyrazil_ gotovnost_ okazat_ vsestoronnyuyu_ podderzhku_ Kirgizii - - 430f70e8fa8bea81ce2d1dd2126da75d，最新检索时间：2021 年 12 月 10 日。

新的经济合作模式，推进新冠肺炎检测结果和疫苗接种证书互认进程，加强生态保护与绿色能源领域的合作，尽快恢复区内交通，促进旅游合作等。在本次会议期间，首届中亚国家女性领导人对话会议、中亚国家经济论坛等其他多边领域的合作机制也同期举行，这充分表明营造稳定、繁荣的中亚符合本地区各国的共同利益。

欧亚经济联盟和独联体是中亚各国开展多边经济合作的重要机制。2021年，欧亚经济联盟成员国间的相互投资开始逐步恢复。数据显示，2021年第一季度欧亚经济联盟成员国间的相互直接投资额为6.63亿美元，相当于2020年同期的93%，白俄罗斯和哈萨克斯坦是接受投资额最大的两个国家，分别为5.01亿美元和1.37亿美元，而俄罗斯是最主要的投资来源国。① 欧亚经济联盟国家和独联体国家约80%的境外直接投资来自俄罗斯。哈萨克斯坦是中亚地区主要的投资受益国之一，俄罗斯对独联体其他国家直接投资的30%流向哈萨克斯坦。

随着各国经济持续复苏，欧亚经济联盟成员国之间的对外贸易额也在逐渐增长。例如，根据吉国家统计委员会数据，2021年前三季度吉与欧亚经济联盟成员国间的贸易额为23.52亿美元，同比增长29%。② 乌兹别克斯坦与欧亚经济联盟成员国的合作也在不断加深。乌兹别克斯坦政府与欧亚经济联盟的合作备忘录谈判进入最后阶段，乌兹别克斯坦的企业已经可以参加欧亚经济联盟国家间电力机械工程计划，为落实乌的绿色经济战略奠定了良好的基础。同时，乌兹别克斯坦还在与欧亚经济联盟共同制定《2021～2023年联合行动计划》。此外，根据国际货币基金组织的最新预测，独联体各国的经济预计在2021～2022年可以恢复到疫情前水平。2021年，独联体成员国之间的经贸合作也在恢复性增长。例如，2021年前8个月哈萨克斯坦与

① Взаимные инвестиции государств - членов ЕАЭС, Экспресс информации ЕЭК , 21 сентября 2021, http：//www. eurasiancommission. org/ru/act/integr_ i_ makroec/dep_ stat/fin_ stat/express_ information/Documents/mutual_ investments/express_ mi_ 1Q2021. pdf，最新检索时间：2021年11月12日。

② Товарооборот Киргизии со странами ЕАЭС вырос почти на треть, 25 ноября, 2021. https：//regnum. ru/news/economy/3433315. html，最新检索时间：2021年12月1日。

其他独联体国家的双边贸易额达到 200 亿美元，同比增幅为 27%。① 塔吉克斯坦经贸部公布的数据表明，2021 年 1～10 月塔吉克斯坦与独联体其他国家的双边贸易额约 24 亿美元，同比增幅为 26.4%，占塔吉克斯坦对外贸易总额的 47.9%。②

在 11 月举行的独联体国家政府首脑理事会视频会议上，尽快恢复经济、加强创新经济合作成为与会政府首脑重点讨论的议题，并通过了《独联体国家关于在信息通信网络合作领域保护版权及相关权益的协定》《2021～2025 年落实〈2023 年前独联体国家创新合作规划〉的一揽子行动计划》《2030 年前宽轨国家铁路运输发展战略纲要》等重要文件。

为尽可能降低阿富汗局势突变可能给中亚带来的负面影响，中亚国家还积极就阿富汗问题开展双边与多边层面的磋商及合作。不论是在 9 月举行的上海合作组织、集体安全条约组织元首峰会上，还是在 10 月举行的亚洲相互协作与信任措施会议外长会议上，中亚国家的元首和外长都表示支持阿富汗通过谈判达成政治解决方案，恢复和平与发展，希望阿富汗与周边国家和睦相处，打击恐怖主义，确保中亚地区的安全与稳定。

2021 年，集体安全条约组织成员国多次召开有关阿富汗问题的特别会议，为应对阿富汗变局可能带来的安全威胁，还在中亚地区举行了数次军演和反恐演习。中亚国家将合作应对来自阿富汗变局的安全挑战，重点防范恐怖主义和极端主义的外溢与蔓延，打击非法武器和毒品贩卖，防范非法移民和难民涌入中亚地区，加强中亚国家与阿富汗的边境安全，等等。为协助阿富汗尽快走出政治社会危机，哈萨克斯坦总统托卡耶夫还提议在阿拉木图设立联合国区域枢纽，联合地区国家与国际力量为阿富汗人民提供人道主义援助。

作为阿富汗的邻国，在阿局势甫变的 8 月中旬，乌兹别克斯坦外交部就

① Казахстан будет председательствовать в СНГ в 2022 году, 12 ноября, 2021, https：//primeminister. kz/ru/news/kazahstan－budet－predsedatelstvovat－v－sng－v－2022－godu－12101425，最新检索时间：2021 年 11 月 20 日。

② Объем торговли Таджикистана со странами СНГ увеличился на 26，4%，3 декабря，2021. https：//khovar. tj/rus/2021/12/obem－torgovli－tadzhikistana－so－stranami－sng－uvelichilsya－na－26－4/，最新检索时间：2021 年 12 月 5 日。

发表声明，承诺维护乌与阿富汗的传统友好睦邻关系和不干涉邻国内政的原则，支持阿富汗组建包容性政府。10月中旬，乌兹别克斯坦副总理兼投资和外贸部部长乌穆尔扎科夫与阿富汗临时政府代理副总理阿卜杜勒·萨拉姆·哈纳菲举行会谈，商讨维护乌阿边境安全以及经贸与人文领域合作等事宜。双方认为，落实从乌兹别克斯坦连接阿富汗、巴基斯坦的铁尔梅兹—马扎里沙里夫—喀布尔—白沙瓦铁路等基础设施项目的建设，将会有助于阿富汗的经济恢复。

阿富汗的另一邻国塔吉克斯坦不仅加大了对与阿富汗接壤地区的管控力度，还恢复了与阿富汗的经贸合作。根据塔吉克斯坦统计局的数据，2021年前8个月塔吉克斯坦与阿富汗的双边贸易额达到6450万美元，比2020年同期增长了22%，其中电力出口占一半以上。① 最新数据显示，2021年1～9月，塔吉克斯坦向邻国出口了价值8940万美元的电力，同比增长3610万美元，阿富汗和乌兹别克斯坦是塔电力出口的主要对象国。②

2021年，在新冠疫情常态化背景下，中亚地区各国之间的合作意愿不断提升，维护地区稳定与经济复苏的合作实践也逐渐深入。在安全领域，主要是合作应对阿富汗变局所引发的各种安全挑战；在经济领域，合作重心则放在扩大地区内贸易与投资规模、发展地区内产业合作与供应链网络、促进中亚地区运输物流一体化等方面。

三 中亚国际合作愈趋多元

新冠肺炎疫情的持续与阿富汗局势的突变给中亚地区的安全与发展态势

---

① Таджикистан за последний месяц поставил Афганистану продукцию на ＄12，2 млн，27 сентября，https：//asiaplustj. info/ru/news/tajikistan/society/20210927/tadzhikistan － za － poslednii － mesyats － postavil － afganistanu － produktsiyu － na － 122 － mln，最新检索时间：2021年10月25日。

② Таджикистан выручил за счет экспорта электричества около 90 миллионов долларов，26 октября，https：//asiaplustj. info/ru/news/tajikistan/economic/20211026/tadzhikistan － viruchil － za － schet － eksporta － elektrichestva － okolo － 90 － millionov － dollarov，最新检索时间：2021年11月5日。

带来深远的影响，大国地缘战略博弈持续升级。一方面，中亚地区正在成为世界主要国家开展竞争与合作的重要地区；另一方面，这也促使中亚国家在不同国家之间展开新一轮的多元平衡外交。

在中亚的地缘战略博弈中，俄罗斯具有极为特殊的地位。近年来，俄罗斯在地区合作中的地位"正在从欧亚合作的领袖转变为欧亚一体化的组织者"。一方面，西方制裁与新冠疫情叠加造成俄经济实力大幅下滑，使其难以维系对盟友的长期援助；另一方面，其他成员国的全方位外交政策取向又在不断侵蚀着其与俄罗斯的盟国关系。与此同时，俄罗斯似乎陷入新的地缘政治困局，在中亚（欧亚）地区主导合作的地位正在遭遇挑战。2020年白俄罗斯和吉尔吉斯斯坦的社会动荡凸显俄罗斯对后苏联空间国家的国内政治进程已难以完全掌控，纳卡冲突的反复爆发映射出俄在处理复杂地缘政治关系时的纠结和无力。在美欧频繁掣肘的同时，土耳其等国强势介入后苏联空间，成为俄罗斯新的地缘政治对手，俄对欧亚地区的掌控力有所下降。然而，2021年8月，阿富汗局势的突变改变了俄罗斯在中亚的战略博弈地位。美国与北约盟军从阿富汗撤军后，俄罗斯作为中亚安全"保护者"的角色作用又有所增强，俄所主导的集体安全条约组织及欧亚经济联盟框架下的多边合作也有所深入，俄罗斯在中亚的影响力出现回升的态势。

同时，美国从阿富汗撤军并不意味着美国从中亚的完全撤出，尽管美军撤出阿富汗会在很大程度上影响到2020年出台的美国新版中亚战略的实施前景，但是，美国新版中亚战略依然具有一定的地缘战略意义。

一是该战略具有明确的目标，即在促进阿富汗、巴基斯坦与中亚一体化的基础上，加强美国在中亚地区的影响力，减少中亚国家对俄罗斯、中国的依赖，减轻美国在阿富汗事务上的压力，使美国成为中亚地区的"代表性"存在。

二是该战略具有较强的地缘政治竞争内涵。该战略表明，美国试图重塑中亚的地缘政治版图，削弱俄罗斯、中国与中亚的地缘政治和地缘经济联系。此外，中亚国家与阿富汗地理上的相邻也使美国不得不重视中亚。该战

略试图从地缘经济上使阿富汗融入中亚，进而借中亚来缓解美国在阿富汗的压力。值得注意的是，中亚国家一直关注阿富汗问题，但又都不愿意陷入阿富汗的"泥沼"，也并不完全认同美国解决阿富汗问题的理念和举措。同时，中亚国家的整体经济总量和消费市场规模对美国资本的吸引力也比较有限，美国与中亚国家的经贸合作在美国经济中的比重并不大，因而在可预见的未来，美国还难以在中亚地区获取巨大的经济实惠。

三是能源合作是落实美国新版中亚战略的一个重要手段。美国越来越致力于以能源外交手段实现地缘政治目标。美国强调以环保技术和私人资本的援助方式在中亚国家推广新能源低成本发电和绿色能源，这与中亚部分国家发展绿色经济的目标相吻合。同时，美国也继续鼓励中亚国家实现油气出口的多元化，但其重心在一定程度上已由力推 TAPI 管道项目向支持跨里海天然气管道建设回归。此外，美国的能源外交与水外交正在中亚地区加速融合，推行能源—粮食—水纽带相关联的治理模式已成为美国新版中亚战略的重要组成部分。

拜登政府上台后，其中亚政策在延续中有所调整，迎合和顺势是其中一大特点。在中亚国家独立 30 周年之时，美国的中亚政策显示出其迎合中亚部分国家"去俄罗斯化"的呼声和强化民族国家认同的倾向，支持中亚国家建立集体认同。当然，试图通过"软实力"手段弱化俄罗斯对中亚的掌控力和影响力始终是美国对中亚政策的主要意图。

欧盟在中亚的"再次回归"既是落实其新中亚战略，更是有应对美国从阿富汗撤军后恐怖主义外溢影响的考量。2019 年欧盟新中亚战略的出台在一定程度上迎合了欧盟"战略自主"的需要。特朗普总统执政以来，美国与欧盟的关系出现了一系列分歧，欧盟意图寻求更加自主的外交政策。2019 年 9 月，欧盟委员会主席容克在其"盟情咨文"中指出，欧盟应当成为国际关系中更具主权色彩的行动者，应提升欧盟在外交和安全政策上的"真正实力"，发挥更积极的全球作用，要成为国际事务积极的参与者和塑造者。而巩固和维护包括中亚在内的大周边是彰显其战略自主、发挥其全球作用的重要内容，在亚欧互联互通中争取足够影响力、担当亚欧互联互通的引导者也是欧盟在地区主导力的体现。拜登政府上台后，开始修复美欧关系，但欧盟对中亚战略的整体目标依然存在，且随着阿富汗局势的突变，欧盟对中亚在人员撤离、反恐、防毒等非传统安全领域的合作诉求有上升的趋势。

从中亚国家的角度看，现阶段中亚国家外交政策的主要目标和基本任务也促使各国将对欧盟外交作为本国对外政策的优先方向之一。独立30年来，尤其是近年来，中亚各国国内政治经济转型的持续推进以及地区一体化进程的加快，使得中亚国家与欧盟有了更广阔的合作空间，这既为欧盟对中亚新战略的落实奠定了基础，更为中亚与欧盟的合作提供了动力支持。

2020~2021年，在中亚地缘政治板块中值得关注的现象是一些地区中等强国与中亚国家的互动愈加频繁。其中，土耳其、韩国与中亚国家的交往合作较为典型。

语言、宗教信仰和文化习俗的相似性为土耳其与中亚的交往奠定了人文基础。冷战期间，由于土耳其属于北约国家，其与中亚国家之间的交往一度中断。苏联解体后，中亚国家相继独立，伊斯兰宗教信仰和突厥民族的传统习俗得以恢复，由此拉近了土耳其与中亚大多数国家的关系。此外，近年来，土耳其与西方之间日趋凸显的矛盾进一步刺激土耳其的外交转向更为进取，谋求扩大地区影响力成为土耳其外交的一大特色。而中亚各国对外政策也有提升在次区域乃至全球影响力、提升主体民族自豪感的追求。同时，对中亚国家而言，发展与土耳其的多领域合作还可以为其国家安全和经济发展带来新的保障和活力。

韩国与中亚国家的交往则由来已久。历届韩国政府对中亚地区都较为关注。韩国与中亚相距遥远，但中亚地区丰富的石油、天然气及矿产资源，其地处欧洲和中东桥头堡的地理位置，以及不断壮大的新兴市场等因素，都持续提高了其在韩国对外战略中的定位，促使历届韩国政府克服自身对中亚地区缺乏影响力的先天不利因素，不断加大对中亚的关注力度与投入。另外，在中亚的朝鲜人是韩国与中亚合作的重要依托。定居在中亚地区的数十万名朝鲜人，成为韩国在中亚地区拓展软实力外交的重要"帮

手"。目前在乌兹别克斯坦境内，朝鲜人占总人口的 0.7%，约有 23 万人。韩国政府通过降低朝鲜人来韩短期劳动移民的门槛，改善他们的居住和工作环境等政策，在中亚各国国内赢得了较好的口碑，提升了韩国在中亚地区的国家形象。

值得注意的是，实用主义是韩国与中亚国家合作的基本特点。韩国对中亚"新北方政策"的出发点是服务于韩国的国家利益，尤其是经济利益。而对于不在其地缘政治直接影响范围内的国家，中亚国家也更倾向于以实用主义与其开展各领域的务实合作。可以说，中亚外交政策中的实用主义在与韩关系中表现得最为明显。从贸易和经济伙伴多样化角度出发，韩国始终是中亚国家的兴趣所在。

中亚地区地缘战略博弈的持续升级也在不断促使中亚各国采取更为多元平衡的对外政策。现阶段多元外交至少包含以下内容。

一是对外合作对象的多元化。中亚国家的对外合作对象由传统的中美俄欧等大国及国家集团拓展到与土耳其、韩国、日本等地区强国的积极合作。二是对外合作方式的多元化。除了双边外交，多边外交也是 2021 年中亚外交的突出特点。可以看到，2021 年，"C5 + 1"模式成为中亚国家与域内外国家开展合作的最主要多边方式。C5 + 美国、C5 + 中国、C5 + 欧盟、C5 + 韩国、C5 + 日本、C5 + 印度等多边会晤纷纷举行。中亚的四个突厥语国家还在突厥语国家合作委员会（11 月更名为突厥语国家组织）框架下开展经济、人文领域的合作。三是对外合作的目标多元化。服务于疫情后经济复苏固然是中亚国家外交政策的首要目标，但同时，应对阿富汗变局带来的安全外溢风险也是未来一段时期内中亚外交的一个重要目标。

中亚与俄罗斯。中亚国家与俄罗斯除了在传统的政治安全领域加强合作，也十分注重在经贸领域的合作。如前文所述，俄罗斯是中亚国家最重要的对外投资来源国、重要的贸易伙伴。2021 年，中亚国家与俄罗斯的经贸合作大多已经恢复到疫情前的水平。数据显示，2021 年 1 ~ 7 月，塔吉克斯坦与俄罗斯的双边贸易额为 6.4 亿美元，同比增长了 7400 万美元。投资合作是俄塔双边经贸合作的重要内容，2007～2021 年俄罗斯对塔吉克斯坦的投资总额为 16 亿美元。① 12 月，俄罗斯驻哈萨克斯坦大使博罗达夫金指出，2021 年俄罗斯与哈萨克斯坦的双边贸易额将会达到 230 亿美元，这是俄哈双边贸易历年来的最高水平。2020 年俄哈双边贸易额为 182 亿美元。俄罗斯还是哈萨克斯坦的外资重要来源国，截至 2021 年 12 月，俄罗斯对哈累计投资额达 430 亿美元。目前，俄哈在建筑、医药、石化和轻工等领域的 30 个大型联合项目正处于落实阶段，总投资额约为 53 亿美元。② 乌兹别克斯坦与俄罗斯的能源合作是乌俄经贸合作的一大增长点。俄罗斯的卢克石油公司是乌兹别克斯坦能源行业的主要投资方，对乌累计投资近百亿美元。另外，俄罗斯国家发展集团、天然气工业银行等机构还为乌兹别克斯坦的能源项目提供融资支持。2021 年 10 月，俄罗斯天然气工业银行向乌兹别克斯坦天然气运输公司提供 3 亿美元的资金，用于修建天然气运输管道。③

新冠疫情背景下，抗疫合作是中亚国家对俄罗斯外交的一个重要方向。主要是俄罗斯对中亚国家的疫苗援助和合作生产。2021 年初，俄罗斯研发生产的卫星五号新冠疫苗完成在土库曼斯坦的注册，土也成为中亚首个正式使用卫星五号新冠疫苗的国家。以乌兹别克斯坦为例，2021 年乌从国外共获得 4804 万剂新冠疫苗，其中从俄罗斯获得卫星五号新冠疫苗和 Sputnik Light

---

① Товарооборот между РФ и Таджикистаном достиг в январе – июле 640 млн долларов, 15 сентября, 2021. https：//news. ati. su/news/2021/09/15/tovarooborot – mezhdu – rf – i – tadzhikistanom – dostig – v – yanvare – iyule – 640 – mln – dollarov – 165200/，最新检索时间：2021 年 10 月 28 日。

② Товарооборот России и Казахстана по итогам года может достигнуть ＄23 млрд, 10 декабря, 2021, https：//regnum. ru/news/economy/3447600. html，最新检索时间：2021 年 12 月 11 日。

③ "Газпромбанк" выделит 300 млн долларов на модернизацию газотранспортной системы Узбекистана. Это особенно важно в преддверии холодов, 11 октября, 2021. https：//www. podrobno. uz/cat/uzbekistan – i – rossiya – dialog – partnerov –/gazprombank – vydelit – 300 – mln – dollarov – na – modernizatsiyu – gazotransportnoy – sistemy – uzbekistana – eto – osob/，最新检索时间：2021 年 11 月 14 日。

新冠疫苗共 300 多万剂。① 而且，乌兹别克斯坦药企朱拉别克实验室（Jurabek Laboratories）已开始批量生产俄罗斯卫星五号新冠疫苗。

即使在疫情之下，中亚与俄罗斯的人员往来也没有完全停滞。来自中亚的移民尤其是劳动移民，一直在俄罗斯的外国移民中占据多数。俄罗斯内务部 2021 年 12 月的数据显示，目前在俄的劳动移民中，来自乌兹别克斯坦的劳动移民数量最多，2021 年前 9 个月有超过 300 万名乌兹别克斯坦公民赴俄工作；塔吉克斯坦是俄外国劳动移民的第二大来源国，约 160 万名塔吉克斯坦公民赴俄工作；吉尔吉斯斯坦是俄第三大劳动移民来源国，有 60 万名吉尔吉斯斯坦公民赴俄工作。② 移民汇款从另一个侧面反映出中亚国家与俄罗斯经贸联系的恢复。吉尔吉斯斯坦中央银行的数据显示，2021 年上半年吉尔吉斯斯坦的侨汇收入达到 12.5 亿美元，同比增长 2.76 亿美元，其中，来自俄罗斯的侨汇收入占比 97% 以上，为 12.2 亿美元。③ 2021 年上半年吉尔吉斯斯坦的国内生产总值为 32 亿美元，其侨汇占比为 39%。另据俄罗斯中央银行网站公布的数据，2021 年 1~10 月塔吉克斯坦劳动移民从俄罗斯向塔国的汇款达到 7.55 亿美元，其中 7.52 亿美元通过汇款系统汇出。④

中亚与美国。 多边层面，中亚五国与美国通过"C5 + 1"的模式开展政治、经济对话。2021 年 4 月 23 日，哈萨克斯坦、吉尔吉斯斯坦、塔吉克斯坦、土库曼斯坦、乌兹别克斯坦五国外长与美国国务卿布林肯出席中亚五国和美国"C5 + 1"外长视频会议。除讨论巩固地区安全、加强经济合作、应

① Узбекистан получил 200 тыс. доз вакцины Sputnik Light, 10 дкабря 2021, https：//www.uzdaily.uz/ru/post/65862？utm_source＝yxnews&utm_medium＝desktop&utm_referrer＝https%3A%2F%2Fyandex.ru%2Fnews%2Fsearch%3Ftext%3D，最新检索时间：2021 年 12 月 11 日。

② Третьи по численности. МВД России о числе мигрантов из Кыргызстана, 14 декабря, 2021. https：//24.kg/obschestvo/217106_treti_pochislennosti_mvd_rossii_ochisle_migrantov_izkyirgyizstana/，最新检索时间：2021 年 12 月 14 日。

③ Переводы мигрантов в Кыргызстан выросли на $270 млн — итоги полугодия, 12 августа, https：//ru.sputnik.kg/economy/20210812/1053518128/kyrgyzstan-perevody-dengi-rekord.html，最新检索时间：2021 年 10 月 29 日。

④ 《2021 年塔劳动移民已向国内汇款 7.55 亿美元》，中国驻塔吉克斯坦共和国大使馆经济商务处网站，http：//tj.mofcom.gov.cn/article/jmxw/202110/20211003208189.shtml。

对气候变化等议题，中亚五国外长还与美方就促进阿富汗局势的和平稳定交换了看法。为提升中亚地区的国际贸易水平，2021 年 10 月，美国国际开发署宣布启动一项资助总额为 1900 万美元的五年项目，以改善中亚五国的国际贸易环境。具体内容包括：改善海关和出入境程序，以减少通关成本和时间；促进政府和私营部门的合作，以吸引更多投资，扩大中亚地区的跨境贸易。

双边层面，中亚主要国家都与美国在抗疫合作、应对阿富汗局势方面开展了一系列双边会晤和磋商。例如，2021 年 10 月，在美国常务副国务卿舍曼访乌期间，双方就新冠疫苗合作、推动阿富汗民族和解进程达成共识。2021 年，美国国际开发署还向乌兹别克斯坦提供了价值 40 万美元的 131 吨粮食援助，以帮助乌新冠肺炎检测机构、医疗卫生机构、精神病院、幼儿园及贫困家庭等，惠及 130 多个机构、3 万多人。① 此外，乌兹别克斯坦还与美国商讨共同建设铁尔梅兹—马扎尔谢里夫—喀布尔—白沙瓦铁路线的可能性。该项目对于促进南亚和中亚的互联互通、助力地区可持续发展具有重要意义。此外，哈萨克斯坦与美国在航空运输领域的开创性合作也值得关注。2021 年 11 月，哈萨克斯坦议会下院批准了《哈萨克斯坦政府与美国政府关于航空运输的协定》。这是哈萨克斯坦历史上签署的首个"开放天空"协定。根据该协定，哈萨克斯坦的航空公司可以不受航班次数和通航城市的限制，开通哈美两国任意城市之间的客运直航，以及美国任意城市和其他国家之间的货运航空。

中亚与欧盟。2021 年，中亚对欧盟外交的重点在于共同应对新冠肺炎疫情、加强后疫情时代的贸易和投资活动、合作应对阿富汗变局的外溢效应等。在务实合作方面，中亚更关注与欧盟在发展"绿色经济"、环境治理（改善咸海地区沙漠化）、科技创新及可持续农业战略等领域的合作。多边层面，"欧盟—中亚"外长会议及"欧盟—中亚经济论坛"是 2021 年中亚对欧盟外交的主要多边方式。2021 年 11 月，"欧盟—中亚"第十七次外长

---

① США передали Узбекистану 131 тонну продовольственной помощи, 1июля, 2021. https：//www. gazeta. uz/ru/2021/07/01/aid/，最新检索时间：2021 年 11 月 2 日。

会晤在塔吉克斯坦举行。欧盟委员会副主席兼欧盟外交与安全政策高级代表何塞普·博雷利、中亚五国的外长都出席了会议。同月，首届"欧盟—中亚经济论坛"在吉尔吉斯斯坦举行。欧盟委员会执行副主席东布罗夫斯基斯表示，欧盟将为中亚国家后疫情时代经济复苏提供系统性支持。

双边层面，中亚各国与欧盟的合作也在具体国家与欧盟扩大伙伴关系协议框架下进行。2021 年，乌兹别克斯坦与欧盟的合作有了重大突破。自 2019 年 2 月以来，乌兹别克斯坦与欧盟就《扩大伙伴关系与合作协议》的谈判工作已经开展了 9 轮，该协议将有助于深化乌欧合作、吸引欧盟向乌投资和引进高新科技。另外，欧盟委员会还计划在 2021～2024 年向乌兹别克斯坦提供 8300 万欧元的专项无偿援助，以促进欧盟成员国与乌兹别克斯坦在咸海地区发展领域的金融技术合作。①

对欧盟外交是哈萨克斯坦对外政策的一大优先方向。2021 年 11 月，哈萨克斯坦总统托卡耶夫对欧盟委员会进行了访问。独立 30 年来，哈欧双方在《扩大伙伴关系与合作协议》框架下开展了富有成效的合作。目前，哈萨克斯坦是欧盟在中亚最大的贸易伙伴和投资目的国。2021 年哈萨克斯坦与欧盟的双边贸易额为 240 亿美元。② 哈萨克斯坦国民经济部的数据表明，独立 30 年来，哈萨克斯坦累计吸引外资约 3700 亿美元。主要的外资来源国为荷兰（2000 亿美元）、美国（900 亿美元）与瑞士（558 亿美元）。2021 年上半年，哈共吸引外国直接投资 111 亿美元，同比增长 30%，从国别来看，荷兰对哈投资占到在哈外资总量的 29.6%；美国次之，占比 18.8%；瑞士、俄罗斯和英国也是哈萨克斯坦外资的主要来源国。从领域来看，吸引外国直接投资最多的产业部门是采矿业，占比高达 50%；其次是制造业，

① Еврокомиссия выделит для Узбекистана 83 млн евро целевых грантов，https：//kun.uz/ru/news/2021/11/04/yevrokomissiya – vydelit – dlya – uzbekistana – 83 – mln – yevro – tselevyx – grantov，最新检索时间：2021 年 11 月 8 日。

② Президент Касым – Жомарт Токаев провел переговоры с Президентом Европейского Совета Шарлем Мишелем，26 ноября，2021，https：//www.akorda.kz/ru/prezident – kasym – zhomart – tokaev – provel – peregovory – s – prezidentom – evropeyskogo – soveta – sharlem – mishelem – 26102033，最新检索时间：2021 年 12 月 1 日。

占比约 19%。①

此外，阿富汗局势突变后，部分中亚国家采取措施，积极协助一些欧盟国家从阿富汗撤侨。例如，乌兹别克斯坦就协助德国公民经乌领土从阿富汗撤离。

中亚与土耳其。 突厥语国家合作委员会是中亚与土耳其间的重要外交机制，中亚的突厥语族对突厥语国家一体化有较强的认同感。2021 年，突厥语国家一体化实现了从理念到实体的转变。在土耳其的积极参与和主导之下，突厥语国家一体化获得迅速发展：从 1992 年首次召开突厥语国家首脑会议到 2009 年成立突厥语国家合作委员会，至 2021 年突厥语国家合作委员会已召开了八届元首峰会。2021 年 11 月的第八届元首峰会后，突厥语国家合作委员会更名为"突厥语国家组织"，土库曼斯坦成为观察员国，成员国从初始的四国扩容到"5＋2"（土耳其、阿塞拜疆、哈萨克斯坦、吉尔吉斯斯坦、乌兹别克斯坦五个正式成员国及匈牙利、土库曼斯坦两个观察员国）。

客观地讲，"突厥语国家一体化"理念顺应了独立之初中亚国家实现民族国家构建的战略目标。苏联解体后，阿塞拜疆、哈萨克斯坦、吉尔吉斯斯坦、土库曼斯坦、乌兹别克斯坦五国出于民族国家构建、巩固主体民族地位的考虑，开始对突厥民族历史、文化加以重视和挖掘。当前，突厥语国家一体化进程在一定程度上也拓展了中亚国家对外政治、经济、人文合作的模式，中亚国家与土耳其的合作，尤其是经贸合作水平得以逐步提升。以乌兹别克斯坦为例，乌兹别克斯坦与土耳其的关系升级至战略伙伴关系后，两国多次举行多方位合作协调委员会会议，投资贸易合作不断增加。2021 年 1～10 月，在乌兹别克斯坦新注册的外资企业中，土耳其企业占据总数第一，为 321 家；其次为俄罗斯与中国在乌的合资企业，分别为 296 家与 219 家。②

① Какие страны больше всего инвестируют в экономику Казахстана, 29 Ноября, 2021, https：//www. inform. kz/ru/kakie－strany－bol－she－vsego－investiruyut－v－ekonomiku－kazahstana_ a3868240，最新检索时间：2021 年 12 月 1 日。

② Турция лидирует по количеству иностранных предприятий, созданных в Узбекистане, https：//kun. uz/ru/news/2021/11/11/tursiya－lidiruyet－po－kolichestvu－inostrannyx－predpriyatiy－sozdannyx－v－uzbekistane，最新检索时间：2021 年 11 月 29 日。

截至 2021 年 11 月 1 日，在乌兹别克斯坦的所有外资企业中，俄罗斯企业总数第一，共计有 2335 家；中国企业总数位于第二，有 1942 家；土耳其企业总数位于第三，有 1830 家；哈萨克斯坦企业数量为第四，有 1056 家；韩国企业总数为第五，有 928 家。①

中亚与韩国。 哈萨克斯坦与乌兹别克斯坦是韩国在中亚的主要合作伙伴。2021 年 8 月，哈萨克斯坦总统托卡耶夫对韩国进行了国事访问，哈韩两国元首发表了《关于扩大战略伙伴关系联合声明》，对扩展双边合作、提升双边关系具有重要意义。经贸合作是哈韩关系的基础。韩国是哈萨克斯坦在亚洲的第二大贸易伙伴，韩国也是哈前十大投资来源国之一。韩国较为发达的高科技和创新产业对哈萨克斯坦和乌兹别克斯坦具有一定吸引力。韩国还是乌兹别克斯坦的第四大贸易伙伴，韩国对乌兹别克斯坦的投资额已经超过 70 亿美元。② 另外，韩国还对中亚国家提供抗击疫情方面的援助。2021 年韩国政府向乌兹别克斯坦提供总计 500 万美元的援助，用于落实 "2021 年消除新冠肺炎疫情快速反应综合计划"，其中 450 万美元投入医疗部门。③

中亚与中国。 2021 年，中亚国家与中国的合作稳步开展，并出现新的突破。2021 年 5 月，中亚五国外长与中国外交部部长王毅在西安会晤。这是在中亚国家获得独立 30 年之际，中亚五国与中国举行的重要活动。对中国而言，也是新冠肺炎疫情流行以来，首次在中国境内举行的线下多边外交活动，这对巩固和发展中国与中亚国家的合作具有深远意义。中亚国家与中国还在上海合作组织、亚信会议等多边地区框架下积极沟通，加深共识。

加强抗疫合作、巩固 "一带一路" 框架下的合作项目是中国对中亚国

① Госкомстат РУ: Количество предприятий с иностранным капиталом в разрезе лет. 1 декабря, 2021. https://www.stat.uz/ru/press – tsentr/novosti – goskomstata/14936 – xorijiy – kapital – ishtirokidagi – korxonalar – soni – yillar – kesimida – 5，最新检索时间：2021 年 12 月 3 日。

② Л. Якобова, Рассмотрен ход инвестиционного и торгово – экономического сотрудничества с Японией и Республикой Корея, 21 апреля 2021. https://yuz.uz/ru/news/rassmotren – xod – investitsionnogo – i – torgovo – ekonomicheskogo – sotrudnichestva – s – yaponiey – i – respublikoy – koreya，最新检索时间：2021 年 10 月 25 日。

③ Южная Корея выделила $5 млн на борьбу с ковидом в Узбекистане, 13 октября, https://www.gazeta.uz/ru/2021/10/13/oda – korea/，最新检索时间：2021 年 10 月 26 日。

家外交的重点。2021 年，中国向中亚五国提供了多批次的抗疫物资援助。以乌兹别克斯坦为例，2021 年，乌共从国外获得 4804 万剂疫苗，其中 197 万剂为中国科兴疫苗。中乌两国还开展疫苗临床实验及联合生产，使其成为中亚国家抗击疫情的生力军。中欧（中亚）班列成为疫情常态化下转运物资、中外合作抗疫的主要载体。据统计，仅霍尔果斯口岸，中欧（中亚）班列的开行数量就由最初的年开行数量不足千列，扩展为 2021 年的 6000 余列。① 中亚国家与中国的双边贸易额也开始恢复性增长。以中哈贸易为例，中国海关的数据显示，2021 年前 10 个月中国与哈萨克斯坦的货物进出口总额为 207.7 亿美元，同比增长 13.9%。②

四 结语

综上所述，经过 30 年的发展，中亚国家的外交更加自信，外交政策服务于国家利益、服务于国内社会经济发展的趋势愈加明显。进入新的历史时期，为实现经济复苏努力创造良好的外部环境成为中亚各国的外交重心。2021 年，新冠肺炎疫情的持续流行与阿富汗局势的突变给中亚地区的安全与发展带来深远的影响，在大国地缘战略博弈升级的背景下，中亚地区正在成为世界主要国家开展竞争与合作的前沿，这也促使中亚国家在不同国家之间展开新一轮的多元平衡外交。中亚国家的对外政策更加多元、均衡，地区主义的特点也愈加突出。注重本地区内国家间的合作、平衡世界大国与中等强国在中亚外交的作用和效能或可是未来一段时期中亚国家外交的主要特征。

---

① 《今年新疆双口岸进出境中欧（中亚）班列超 11500 列》，中国驻哈萨克斯坦使馆经商处网站，http://kz.mofcom.gov.cn/article/jmxw/202112/20211203228227.shtml，最新检索时间：2021 年 12 月 14 日。

② 《1～10 月中哈贸易继续保持快速增长势头》，中国驻哈萨克斯坦使馆经商处网站，http://kz.mofcom.gov.cn/article/jmxw/202112/20211203225892.shtml，最新检索时间：2021 年 12 月 10 日。

Y.5
2021年中亚安全：复合型安全挑战上升

苏　畅*

摘　要： 2021年中亚国家安全形势总体稳定，未发生有重大影响的安全事件，但非传统安全威胁持续积累，且带有复合型特征。可以说，中亚五国内外挑战增多，处于政治风险较高、经济衰退、民生困难的时期。上述问题投射到安全领域，表现为民族主义运动活跃，并与恐怖主义和极端主义相呼应，社会安全问题凸显。同时阿富汗变局成为影响中亚安全的重大因素。

关键词： 中亚国家　安全挑战　阿富汗变局

2021年中亚国家处于形势变动期、控局关键期。中亚各国未发生重大安全事件，但潜在的不安定因素增多、加深，新冠肺炎疫情持续严重，中亚国家仍处于政治风险较高、经济衰退、民生困难的时期。上述问题投射到安全领域，表现为民族主义运动活跃，并与恐怖主义和极端主义相呼应，社会安全问题凸显。2021年地区形势的重大变化对于中亚国家来说既有挑战，也有机遇，尤其是阿富汗变局令地缘政治格局发生变化，中亚地区重要的地缘战略地位再次凸显。

一　中亚安全30年

2021年是中亚国家独立30周年。30年来，地区安全形势由乱到治，维

---

* 苏畅，中国社会科学院俄罗斯东欧中亚研究所战略研究室研究员，中国社会科学院中俄战略协作高端合作智库办公室副主任。

持了长期的基本稳定，中亚各国内部的政局变动、经济发展与社会问题是影响地区安全形势的关键因素，地区内各种问题突出也造成了安全形势易受外部影响的局面。

多年来中亚国家为维护地区与国家安全稳定做出了很多努力。一是维持了基本稳定，这是中亚国家独立30年的最大成就。对于年轻的中亚国家来说，在30年间保持国家局势基本稳定，需要克服很多困难、付出不懈努力。在传统安全方面，中亚国家不断增强军事安全力量，除塔吉克斯坦，其他四国均未发生大规模内战，同时各国抵御边境军事冲突的能力不断提高；在非传统安全方面，打击恐怖主义和极端主义取得突出成效，各国安全形势基本可控。二是安全合作的内容不断增多。中亚国家的安全合作有很多内容，包括中亚安全共同体等域内机制建设的尝试、共同反恐去极端化、与独联体集体安全条约组织和上合组织等加强区域安全合作，以及对重大安全威胁采取积极应对的立场。三是增强国家发展共识。以哈萨克斯坦、乌兹别克斯坦为主要大国的中亚国家领导人长期着力淡化部族意识，强调国家认同，平衡国内政治集团关系，对中亚地区整体的政治社会稳定起到重要作用，防止发生类似塔吉克斯坦内战和吉尔吉斯斯坦民族冲突的情况。

二 2021年中亚安全形势

2021年中亚地区安全形势总体可控、可防，吉尔吉斯斯坦和塔吉克斯坦边境爆发的军事冲突，在各方的努力下很快得到有效控制。同时也应看到，地区安全总体处于风险和挑战上升期，恐怖主义暗中积蓄力量，极端思想在虚拟空间广泛传播，阿富汗变局对中亚安全的影响还处在酝酿阶段。

（一）政治风险推动民族主义运动活跃，易被外部势力利用

2021年是中亚国家的大选年，各国继续为权力交接做准备。吉尔吉斯斯坦分别在1月和11月举行了总统大选和议会选举，哈萨克斯坦在1月举行了议会选举，乌兹别克斯坦在10月举行了总统大选。这些重要选举均平

稳完成。塔吉克斯坦和土库曼斯坦继续巩固政党执政基础。这一年中亚各国未发生大的政治动荡，但受内外部因素影响，政治思潮仍暗流涌动，最突出的是民族主义情绪抬头，激进的社会运动增多。

2021年8~10月，哈萨克斯坦发生"去俄语化"抗议，吉尔吉斯斯坦发生殴打说俄语儿童事件，这些事件均被两国领导人和社会各界、外界关注。一些民族主义者组成"语言纠察队"，殴打说俄语的哈萨克族人。10月27日晚，阿拉木图州潘菲洛夫区皮吉姆村哈族和维吾尔族之间发生斗殴。皮吉姆村人口约5000人，民族构成为哈萨克族和维吾尔族，比例大致相同。冲突起因是哈萨克族和维吾尔族两名青年打架，继而演变成大规模冲突。

哈萨克斯坦总统托卡耶夫呼吁对民族主义采取"零容忍"政策。10月28日，托卡耶夫在哈萨克斯坦人民大会上表示："针对各种民族傲慢表现，无论其来自何方，以何种理由存在，只要其企图破坏公共秩序，并影响到国家的内部稳定，都必须依法严厉进行打击。"①

分析中亚国家民族主义抬头的原因，主要是一些社会思潮被国内政治利益集团和外部势力利用，推波助澜，操纵民意来达到反政府和扶持亲西方力量的目的。同时，各国独立30年来意识形态对立冲突不断，也是社会精英对民族建构和国家发展道路不断思考和选择的一种体现。

（二）吉尔吉斯斯坦和塔吉克斯坦发生独立以来最严重的边境冲突，这是2021年中亚重大传统安全事件

2021年4月29日，吉尔吉斯斯坦和塔吉克斯坦边境发生武装冲突，原因是4月28日塔吉克斯坦村民在位于乔尔库赫乡霍扎伊—阿罗村附近伊斯法拉河上游的"果洛夫诺伊"水量分配站电线杆上安装监控设备。吉方村民赶来阻止并要求拆除已安装的监控设备，进而发生冲突，双方村民互掷石块。29日边境冲突升级，双方边防军人介入，使用了武器，造成重大人员

① Президент Казахстана Токаев призвал проявлять «нулевую терпимость» к национализму, https：//stanradar.com/news/full/47132 - prezident - kazahstana - tokaev - prizval - projavljat - nulevuju - terpimost - k - natsionalizmu.html。

伤亡和财产损失。5月1日，吉尔吉斯斯坦总统扎帕罗夫签署命令，宣布5月1~2日为全国哀悼日，纪念4月28~29日在吉塔边境武装冲突中的死难者。5月3日，吉尔吉斯斯坦卫生部发布消息说，在边境冲突中吉受伤人数为183人，死亡人数为36人。① 5月5日，受塔吉克斯坦总统拉赫蒙委托，塔吉克斯坦索格德州州长和边防军司令看望了在塔吉边境冲突中死难者的家属。据索格德州政府数据，在塔吉边境冲突中，塔方死亡19人、受伤87人。② 吉塔两国拥有986.7公里长的共同边界，自2002年以来，通过100多次谈判，目前已划定了519.9公里的边界。③

自独立以来，吉尔吉斯斯坦和塔吉克斯坦边境冲突不断，主要集中在几个飞地。中亚国家间的飞地是苏联遗产。大多数飞地位于吉尔吉斯斯坦。随着苏联的解体，所在国居民与飞地居民之间的争执往往导致冲突甚至流血事件的发生。2018~2021年，塔吉边境地区记录了9起重大冲突事件，而小规模的冲突已不再被记录在案。

近年来，吉塔双方在领土争夺上的冲突不断升级，主要集中在沃鲁赫飞地（今吉尔吉斯斯坦境内，属于塔吉克斯坦）土地和水资源的利用等问题上。3月中旬，吉尔吉斯斯坦国家安全委员会主席卡姆奇别克·塔希耶夫开始与塔吉克斯坦国家安全委员会主席亚季莫夫在古利斯顿进行谈判，但谈判进行得并不顺利，双方不满逐渐升级。4月9日，塔吉克斯坦总统拉赫蒙抵达沃鲁赫，间接地表达了抵制吉方提议的立场。随之摩擦不断加剧，终于爆发独立以来最严重的边境军事冲突。尽管吉塔两国已达成在未划定边境地区联合执勤，但两国边境居民间的冲突并未停止。

---

① Конфликт на границе. Число погибших кыргызстанцев возросло до 35, http://www. kabar. kg/news/chislo – pogibshikh – kyrgyzstantcev – vo – vremia – konflikta – na – granitce – s – tadzhikistanom – vozroslo – do – 35/.

② Таджикистан официально подтвердил гибель 19 человек в таджикско – кыргызском конфликте, https://asiaplustj. info/ru/news/tajikistan/power/20210506/tadzhikistan – ofitsialno – podtverdil – gibel – 19 – chelovek – v – tadzhiksko – kirgizskom – konflikte.

③ Пресс – центр Пограничных войск ГКНБ РТ сообщает, https://khovar. tj/rus/2021/06/ press – tsentr – pogranichnyh – vojsk – gknb – rt – soobshhaet – 3/.

（三）恐怖主义和极端主义"休眠细胞"继续被唤醒，与激进民族主义运动相呼应

中亚地区内的恐怖主义、极端主义体现出明显的跨国、跨地区特点，恐怖主义"休眠细胞"进入被唤醒期。域内恐怖主义有活跃迹象，跨地区（中亚—南亚—俄罗斯—中东—欧洲）恐怖主义组织继续联通，一些本土恐怖组织实力有所增强，疫情下极端思想传播频繁，加之阿富汗安全形势恶化，中亚面临的挑战增多。

一是受中东和南亚恐怖活动的影响，中亚国家的恐怖组织有所增多。主要分三类：一是老牌恐怖组织，如乌兹别克斯坦伊斯兰运动、伊斯兰解放党、"安拉战士"，其主要在中亚国家与阿富汗边境地区、费尔干纳地区活动；二是由中亚激进穆斯林自发组建并计划到叙利亚参加"圣战"的恐怖组织，如"一神圣战营"①（在俄罗斯、乌兹别克斯坦、吉尔吉斯斯坦活动）、"伊斯兰发展中心"（主要在吉尔吉斯斯坦的奥什地区活动）、"伊斯兰战士"（主要在乌兹别克斯坦活动）；三是本土内生的恐怖组织，如"阿多拉特联盟"（主要在乌兹别克斯坦的纳曼干活动）、"土库曼斯坦解放党"等。

2021年6月，乌兹别克斯坦执法机关逮捕了在塔什干市和塔什干州秘密活动的25名"神教和圣战"国际恐怖组织成员。这些人均是乌兹别克斯坦公民，受到在叙利亚的"神教和圣战"国际恐怖组织中的乌兹别克斯坦武装组织的影响，计划去叙利亚参加"圣战"。7月，乌方再次破获"一神圣战营"恐怖组织，拘捕11名成员。该组织本准备3月赴叙利亚参加"圣战"，但受疫情隔离政策影响未能成行。同月，乌警方抓获38名极端分子，这些人参加"圣战者"极端组织活动，他们受俄罗斯极端分子影响，号召

---

① "一神圣战营"，"伊斯兰国"中亚武装组织，该组织曾于2017年4月3日制造彼得堡地铁恐袭，以及在吉尔吉斯斯坦和瑞典的恐袭事件，领导人为乌兹别克斯坦人 Абу Салаха，В Ташкенте разоблачили ячейку «Единобожия и джихада» с 19 - летним террористом во главе，24.06.20，https：//fergana. news/news/119444/。

当地居民参加恐怖组织并资助在叙利亚的"圣战者"。在中东的乌兹别克族恐怖组织"信主独一和圣战"（Организация единобожия и Джихад），定期发布威胁世俗政权并鼓励其他人加入组织的信息视频。8月，乌兹别克斯坦内务部在塔什干的大型反恐行动中逮捕了94人，他们涉嫌通过网络与叙利亚恐怖组织联系。

二是中亚恐怖分子在欧洲、俄罗斯从事恐怖活动。2021年5月7日，波兰警方抓获了4名塔吉克斯坦籍"伊斯兰国"人员，他们主要在波兰进行招募活动。

三是与2020年相比，吉尔吉斯斯坦恐怖活动增多，其原因与吉持续不断的政治冲突、社会动荡有关。其突出特点有以下几点。其一，境内外联动，由境外国际恐怖组织通过网络遥控吉境内组织成员（这些人往往是在本土被招募的），针对特定目标进行独狼式袭击或从事其他相关破坏活动。如2021年1月2日吉尔吉斯斯坦安全部门在南部奥什成功阻止了一起恐怖袭击，国际恐怖组织指挥当地青年人组成的团伙，企图对奥什的军事基地实施恐怖袭击。再如从吉方抓获的本土恐怖分子情况看，他们的活动资金多为境外恐怖组织募集，境外恐怖组织还从国外通过网络传播极端思想。

其二，团伙作案，精心筹划恐怖袭击。2021年3月，吉尔吉斯斯坦安全部门阻止了一起由吉本土和外国恐怖分子共同策划的袭击行动，这些恐怖分子在叙利亚接受培训，计划使用自制爆炸装置和枪支进行自杀式袭击。

其三，中亚恐怖组织流窜到吉尔吉斯斯坦。2021年3月吉内务部抓获"一神圣战营"成员，该组织主要在俄罗斯和中亚国家活动，2020年7月乌兹别克斯坦也在境内抓获多名该组织成员。该组织活动范围较大（俄欧亚地区、南亚地区），曾成功实施过暴恐袭击并造成重大伤亡（彼得堡地铁袭击案），是近年来中亚本土内生恐怖组织中具有代表性、发展势头较快的一个组织。

（四）塔吉克斯坦安全形势堪忧

塔族恐怖势力的队伍在欧亚地区不断扩大。以塔吉克族成员为主的

"安拉战士",原本仅在阿富汗北部和塔境内活动,2021年其在俄、哈的恐怖活动增多。从2020年塔族恐怖分子在德国、波兰和俄罗斯企图制造恐袭事件来看,近年来塔族恐怖势力在不断扩大。2021年上半年塔吉克斯坦安全部门抓获了不少零星恐怖分子,2021年4月破获了"萨拉菲"极端组织,以及从俄返回的由塔、乌劳工组成的恐怖团伙。据2021年2月塔吉克斯坦内务部公布的数据,2020年塔吉克斯坦安全部门成功制止了2起恐怖袭击,共发现并处罚了1091起涉及恐怖主义和极端主义的违法行为,这一数字比2019年增长了5%。8月,塔吉克斯坦内务部部长在新闻发布会上公布,上半年塔方在境内阻止了3起恐怖袭击。

(五)社会安全形势日趋复杂

中亚各国社会安全形势基本良好,重大社会安全事件较少,突出的问题主要包括道路交通事故、火灾、偷窃等,同时网络诈骗案件明显增多,有组织犯罪集团活动仍在严打之列,但因民生问题的集会抗议较少。

其一,交通安全问题几乎在中亚各国都较为突出,常有恶性、重大交通事故发生,这已成为各国社会安全的重要问题。

吉尔吉斯斯坦最近十年交通事故造成的死亡人数高达10万人,平均每天有2人死于交通事故,其中80%的交通事故是司机的责任,其次是行人不遵守交通规则;哈萨克斯坦每年约有2500人死于交通事故,2020年这一数字有所下降,死亡2000人左右,但交通安全形势并不乐观;根据世界卫生组织数据,塔吉克斯坦是中亚国家中交通事故死亡人数最多的国家,事故的主要原因是超速和对交通违法行为处罚过轻。[1]

2021年,中亚国家交通事故依然多发。据哈萨克斯坦总检察院发布的数据,前8个月哈全国共发生8307起交通事故,同比增长10.2%;造成1258人死亡,同比增长17.7%;交通事故问题最严重的是阿拉木图市。12

---

① Центральная Азия: Как снизить человеческие потери от ДТП? https://stanradar.com/news/full/47041 - tsentralnaja - azija - kak - snizit - chelovecheskie - poteri - ot - dtp.html.

月 25 日，吉总统扎帕罗夫在政府工作会议上称，吉交通事故非常严重，前 11 个月交通事故共造成 780 人死亡、10000 多人受伤。有的家庭全部死于交通事故，特别是造成儿童伤亡的交通事故同比上升了 43%。最近 3 年，吉交通事故共造成 127.61 亿索姆的经济损失。事故发生的原因是超速、酒驾、逆行和不正确驾驶等。

其二，刑事犯罪，主要包括有组织犯罪集团实施的重大犯罪活动、金融诈骗、盗窃抢劫等，但总体可控，未影响到社会稳定。

首先，各国严打有组织犯罪团伙。2021 年，吉尔吉斯斯坦和哈萨克斯坦分别破获了有组织犯罪团伙，这些团伙突出的特点是成员的跨国性，有来自南高加索国家、俄罗斯、中亚其他国家犯罪分子共同组成的团伙进行作案。如吉尔吉斯斯坦抓获的"乌兰乌尊"犯罪集团，在哈萨克斯坦被抓获的由格鲁吉亚和塔吉克斯坦籍公民组成的团伙等。犯罪集团主要从事抢劫、敲诈勒索企业家等，这对中亚国家的营商环境造成不良影响。

其次，严查非法武器问题。哈萨克斯坦查获了多处非法武器藏匿点、生产武器和简易爆炸装置的地下生产车间，这些大多为犯罪集团所有。此外，哈执法机构也抓紧回收居民手中的非法枪支。2021 年 4 月哈萨克斯坦内务部发布数据，1～4 月全国共缴获非法枪支 663 件。哈每年都会开展打击非法持有武器的专项行动，号召居民主动上交非法武器，并给予一定奖励。

最后，加大打击诈骗案的力度。疫情下全球各国金融诈骗、电信诈骗、网络诈骗案件均大幅增加。2021 年中亚国家诈骗案件中，大额案件增多，如 1 月吉尔吉斯斯坦警方查获了涉及 35 万美元的诈骗案。假币案件增多，2021 年在哈萨克斯坦和乌兹别克斯坦都出现过此类案件。网络诈骗大幅增加，哈萨克斯坦内务部称，随着数字技术的发展，哈网络诈骗案急剧攀升，2019 年发生 7700 起，2020 年发生 14000 多起，增幅将近 1 倍，2021 年前 10 个月发生 17800 起。

其三，火灾时有发生，这与电路老化、防火意识不强，以及企业生产事故有关。吉尔吉斯斯坦紧急状况部称，2021 年前 11 个月吉共发生 2801 起火灾，同比增加 12.2%；共造成 33 人死亡、44 人受伤；其中居民住宅火灾

1820起，占比65%。哈萨克斯坦紧急状况部称，2021年1～8月全国共发生450起火灾，同比增长17%；火灾共造成36人死亡，同比增长29%；火灾还造成1.74亿坚戈损失，同比增长近3倍。大部分火灾发生在私人住宅，主要原因是不规范用火，特别是在冬季，天气寒冷，居民使用采暖炉时间长，却忽视了消防安全。

另外，哈萨克斯坦军火库发生两次爆炸事故，造成重大伤亡。8月26日，哈萨克斯坦江布尔州拜扎克区的军事基地仓库发生火灾，之后发生不明物体爆炸，爆炸形成巨大冲击波，造成13人死亡、98人受伤。10月10日，由于上次爆炸案中遗留的弹药被触发，再次发生爆炸，此次爆炸未造成人员伤亡。

其四，因民生问题引发抗议，多发生在吉尔吉斯斯坦。1月25日，新冠肺炎死亡者的亲属在吉尔吉斯斯坦首都比什凯克卫生部大楼前集会，要求惩治失职官员和医护人员，罢免卫生部部长和治疗肺炎首席专家。3月17日，塔拉斯州当地居民在"杰卢伊"金矿附近举行集会，要求了解该金矿年产量、投资者情况，以及给当地提供就业的情况。4月8日，比什凯克内务部门前聚集上百人，反对抢婚恶习，要求内务部部长辞职。4月15日，楚河州15名单身母亲威胁要自焚，要求政府免除贷款利息。

其五，自然灾害，包括地震和泥石流、山体滑坡等，凸显中亚国家基础设施落后陈旧问题。5月14日，吉尔吉斯斯坦南部地区发生地震，震中6级左右，无人员伤亡。5月，塔吉克斯坦多地大雨引发泥石流、山体滑坡、河流水位大幅上涨，居民区被淹。5月7日，乌兹别克斯坦安集延州汉纳巴德市大雨致700多间房屋遭受水灾。5月10日，哈萨克斯坦东哈州里德尔市附近发生森林大火，受灾面积达310公顷。

（六）中亚安全形势变化原因分析

第一，从地区内因看，受疫情影响，中亚国家经济普遍陷入了缓慢增长或倒退，刺激社会矛盾增多。在经济不景气的状况下，各种社会矛盾更易发酵、升级。

第二，从外部因素看，阿富汗局势变化带来影响。2020年阿富汗恐怖主义风险指数为9.592，属于最危险国家的等级。阿富汗长期面临的战乱、恐怖主义、毒品、难民等问题难免会外溢到周边中亚邻国特别是塔吉克斯坦，造成恐怖主义加速发展的态势。

三　阿富汗变局对中亚安全的影响

2021年5月，美军开始撤出阿富汗。8月15日，阿富汗塔利班进入喀布尔，阿富汗局势发生变化，给周边各国带来强烈震动。对于中亚国家而言，阿富汗战乱是中亚安全最大的外部威胁，从1979年苏联入侵阿富汗到中亚国家独立以来，阿富汗战乱对中亚安全有四次深刻影响：一是在苏联入侵阿富汗期间，中亚激进主义在阿富汗萌生；二是在塔吉克斯坦内战时阿富汗为其反对派武装提供了活动基地，塔内战持续了整整5年才结束；三是推动了"乌伊运"等极端组织兴起，"乌伊运"以阿富汗为主要活动地区，在1999年和2000年从阿富汗入境向乌兹别克斯坦、吉尔吉斯斯坦、塔吉克斯坦三国交界的费尔干纳谷地发动武装袭击，给中亚安全带来严重威胁；四是美军撤离阿富汗，加之国际恐怖势力的搅乱，使阿富汗形势更加复杂，对中亚安全的威胁处于上升期。

关于当前阿富汗形势对中亚安全的影响有两个基本判断。其一，阿富汗安全外溢效应突出，包括传统安全和非传统安全，中亚国家面临的挑战上升。一是使中亚国家国内问题增多，经济衰退、极端主义和民族主义抬头等；二是对中亚边境安全和恐怖活动外溢带来直接影响；三是大国博弈加剧中亚安全的不稳定性和复杂性。其二，虽然安全挑战加大，但中亚局势仍可控，发生大的安全动荡的可能性不大。中亚国家独立30年来国力增强，重视反恐去极端化工作，地区内的恐怖势力被打压，此外，中俄大国也能在中亚地区起到非常关键的稳定局势的作用。

具体而言，当前阿富汗变局给中亚地区安全带来以下挑战。

第一个挑战是阿富汗北部原有的恐怖主义组织对中亚地区的威胁越来

大。一是国际恐怖势力在新的形势下有条件进行新的整合，整合后的组织呈现去民族化、去国籍化、追随"伊斯兰国"的极端残暴倾向。中亚的"休眠细胞"继续被唤醒，在阿富汗境内的中亚恐怖组织成员继续向"国际化"过渡，"伊斯兰国"招募新成员，传播极端思想，渗透周边地区，参与贩毒，阿富汗有可能再次成为全球恐怖主义组织集中之地。

二是原来在楠格哈尔省活动的"呼罗珊伊斯兰国""安拉战士"等以塔吉克族为主要成员的中亚武装组织可能会坐大成势。目前在阿富汗北部主要有"安拉战士"（以塔吉克斯坦恐怖分子为主）、"乌伊运"和"东突厥斯坦伊斯兰运动"，以及车臣恐怖组织。这些恐怖势力试图创建一条通过里海和高加索地区到欧洲的走私毒品路线来控制全球鸦片市场，以便恢复"伊斯兰国"在叙利亚的势力。

三是阿北部的国际恐怖势力要把中亚打造成"恐毒流通中间地带"，建立"中亚武装分子运输走廊"，建立"阿富汗—里海—高加索—欧洲"走私毒品新路线。具体方法是阿富汗北部的"伊斯兰国"及以中亚籍成员为主的恐怖组织与贩毒集团合作，通过运毒通道回流中亚。

第二个挑战是边境安全问题进一步突出。与阿富汗北部毗邻的塔吉克斯坦和土库曼斯坦边境地区形势更加复杂，尤其是塔吉克斯坦，除了原有的恐怖主义、极端主义、毒品贩运、有组织犯罪等问题，受阿富汗变局影响，塔阿边境安全状况趋于紧张，2021年9月，塔利班和塔吉克斯坦政府分别向边境地区增兵。有消息称，恐怖组织"安拉战士"将向塔吉克斯坦发动恐袭。"安拉战士"仇恨拉赫蒙政权，亦有信息显示"安拉战士"受美英情报部门资助，多年来主要在阿富汗北部活动，是塔利班的亲密战友，并曾承担一部分在阿富汗北部与当时的政府军对抗的任务。

第三个挑战是把中亚国家推到大国博弈最前沿。在复杂的国际与地区形势中特别是在经济困难时期和权力交接时期，中亚国家可能面临更多的政治风险。多年来美西方在中亚扶持反对派，策划"颜色革命"，煽动中亚民族主义和极端主义，推动中亚各国反政府的抗议活动并以遏制中俄和反对中亚现政府为明确目标，这大大增加了中亚各国的政治风险和社会风险。

第四个挑战是难民问题。30 年来，中亚国家均高度重视阿富汗难民问题，主要是防范难民潮。本次阿富汗突变产生的难民问题让中亚国家陷入两难境地，作为阿富汗邻国的中亚国家，接收难民方便，但难民入境后可能带来的安全隐患、疫情扩散、经济负担等都是重大问题。

四 2022年中亚安全形势研判

2022 年中亚国家面临的挑战增多、压力加大，2021 年的各类问题将延续，中亚各国仍处于形势变动期、控局关键期。挑战来自三个方面：内部安全（政治风险、社会冲突），外部安全（阿富汗局势、国际恐怖主义）和复杂的地缘政治形势。

第一，当前影响中亚安全的重大因素包括以下几个方面。首先，政治稳定仍是 30 年来中亚国家安全的核心之核心。国家发展道路之争曾引发塔吉克斯坦内战；政治力量不平衡曾导致一国地区之间的冲突，包括塔吉克斯坦央地矛盾和吉尔吉斯斯坦南北之争；权力交接更是影响国家稳定的长期性重大问题，核心领导人既是整个国家的重要稳定因素，也是重要的不稳定因素，同时还是被内外部力量企图利用的因素。其次，社会思潮问题和民生问题。外部的和本土的、传统的和现代的、伊斯兰的和非伊斯兰的各种社会思潮混杂；对国家发展道路的争论，仍然以复杂和矛盾的形态充斥在中亚社会。最后，复合型安全危机发生的可能性。在外部引导下发生的政治动荡极有可能带来复合型安全危机。奥什族际冲突就是典型的复合型安全危机案例，未来，哈、吉、塔都有可能出现社会经济形势恶化引发政治动荡而带来的复合型安全危机挑战。

第二，研判 2022 年基本安全走势，中亚国家发生大规模动荡、重大安全事件的可能性不大。但鉴于地区内外形势的变化，中亚五国的安全形势具有明显的复合型特征，其安全问题的内涵已不再包括传统安全和非传统安全，而是与其政治、经济、社会形势以及外部因素相互交织影响。

其一，哈萨克斯坦政治稳定仍是关注的重点。哈是中亚实现权力平稳过

渡的"样板"。权力交接以来,哈实现了政治稳定,平稳度过了敏感期。2021年,民族领袖纳扎尔巴耶夫将民族大会主席和政权党——"祖国之光"党主席职务交给现总统托卡耶夫,托卡耶夫执政基础进一步稳固。但哈萨克斯坦"双核政权模式"没有改变,政治稳定仍是外界关注的重点。

其二,塔吉克斯坦复合型安全挑战突出。权力交接尚在进行时,未来拉赫蒙长子接任领导人将会面临很多挑战;疫情下的社会民生是大问题,也是爆发民怨的最大隐患,社会存在不稳定因素;此外,来自戈尔诺 – 巴达赫尚地区的分离倾向,以及阿富汗局势突变导致的边境安全、恐怖主义风险,一并构成塔吉克斯坦复合型安全挑战。

其三,阿富汗恐怖主义外溢。阿富汗安全形势可能继续恶化,恐怖主义将进一步外溢到周边地区;中亚各国不同程度地参与阿富汗事务,与阿富汗国内各派的关系也较为复杂;围绕阿富汗的大国博弈也令中亚国家传统安全风险上升。

地区专题
Regional Subjects

Y.6

中亚国家所有制改革30年

赵常庆*

摘　要： 所有制是产权关系的反映，是生产关系的核心，也是经济制度的基础，其变化会影响到国家的方方面面。中亚国家所有制变化始于苏联后期，独立后延续了改革进程。独立最初两年初步完成了商业、服务业、地方工业小企业、农业和住宅等的私有化改造。此后，由于各国国情不同，改革的方式和进程也存在差异，其中以哈萨克斯坦改革最具代表性。本文探讨了中亚国家所有制改革的进程、原因以及对国家各方面的影响，指出所有制改革对国家发展具有拉动作用，同时指出其负面影响。迄今，中亚国家所有制改革仍未终结，其动向值得关注。

关键词： 中亚国家　所有制改革　私有化

*　赵常庆，中国社会科学院俄罗斯东欧中亚研究所研究员。

2021年是中亚国家独立30周年，各国都举行了隆重的庆典，并借国家独立30周年之机，对自身发展做了回顾与总结，高度评价已取得的成就，并表达了对未来发展的愿景。国际社会对中亚国家30年的发展变化也进行了探讨，既肯定其成绩，也指出了它们面临的挑战。

在中亚国家诸多变化中，不能不提到所有制的变化。由于所有制内涵和外延广泛，在很多研究中提到的所有制大多是指生产资料所有制，本文也是如此。所有制是产权关系的反映，是生产关系的核心，是经济制度的基础，决定着分配、交换和消费关系。所有制变化是中亚国家独立30年来经济领域中变化最大的内容之一。中亚国家独立前也就是苏联时期，长期实行的是生产资料甚至包括某些生活资料的国有制和集体所有制。独立30年来各国在所有制改革方面所做的工作就是将国有资产和集体资产非国有化或私有化。这项工作并非是在中亚国家独立后开始的，而是始于苏联戈尔巴乔夫执政后期，只是中亚国家独立后不同程度地将所有制改革的进程加快了。这是一项有关根本经济制度的改革，影响广泛，既涉及一系列原有法规政策的修改，也覆盖到国内各个领域和阶层，与每个人的切身利益紧密相关。因此，改革难度很大，很难一步到位。30年来，所有制改革工作一直在陆陆续续地推进，直到今日还在进行。

30年间，中亚五国启动所有制改革的时间大体相同，但发展进程并非同步。中亚五国独立后基本都实行了"大总统、弱议会、小政府"的体制，各国总统对所有制的改革，就像对待"休克疗法"一样，有不同的理解和看法，从而形成改革进程有先有后、有快有慢，每个时期改革的重点也不完全相同的局面。但中亚国家的所有制改革均先从制定法规开始，先是出台各种私有制法，再将所有制多元化写入宪法，从而使私有制合法化。

各国独立初期的所有制改革是从商业、服务业、小工业企业、农业和住房开始的。中亚国家对这些领域的改革进程大体相似，只有塔吉克斯坦因为发生内战改革进程稍晚一些。中亚国家在基本完成上述领域的改革后，在对与经济命脉关系重大的领域和企业进行改革时，进展情况就有所不同了。相对来说，采用"休克疗法"治理经济的哈萨克斯坦和吉尔吉斯斯坦两国步子迈得大些，采用渐进改革的乌兹别克斯坦和土库曼斯坦两国相对谨慎一些。在改革的具体做法上各国也不尽相同。例如，哈萨克斯坦是通过向居民发放"库邦"（即私有化证券）的形式进行私有化，或者说是采用"无偿赠予"的方式推进私有化。乌兹别克斯坦则反对这种做法，其采用的是出售方式。相对来说，国内大中型企业多一些的国家，例如哈萨克斯坦，改革要复杂一些。其他中亚国家也并非原地不动，特别是乌、土两国在老总统离世、新总统继任后明显加大了所有制改革的力度。30年来中亚国家所有制改革的基本方向是将国有资产和集体资产私有化，还将一些大型或特大型的国有企业通过IPO方式改成混合经济体制。不过，各国并没有完全放弃国有经济，例如，哈、乌两国计划将国有经济占比保持在15%，以将经济命脉控制在国家手中。土库曼斯坦的天然气部门则完全由国家掌控。

一　独立初期延续苏联后期制定的所有制改革政策

1985年戈尔巴乔夫上台，苏联开始进行大规模的改革。为改变经济发展停滞甚至后退的局面，戈尔巴乔夫执政时期推出了一系列经济改革政策，明令将长期实行的指令性计划经济体制改为市场经济体制，为此，制定了一系列法规和政策。1990年2月。苏联最高苏维埃通过了《合作社法》《租赁法》以及与本文有直接关系的《所有制法》，其中《所有制法》决定改变苏联长期存在的国有企业占90%以上的情况，参照西方国家的一些做法，将所有制形式和所有制主体实行多元化。除国家所有制和集体所有制，从法律上也允许公民所有制存在，也就是肯定了私有制的合法性。该法还规定，苏联允许存在外国公民和外国法人所有制，以及本国公民、法人和国家与外国企业联合办企业，这就是说，合资企业与外资企业也都是合法的。苏联《所有制法》还规定："国家为各种不同所有制形式创造必要的发展条件，并保证它们受到保护。"[①] 这就为外资进入苏联和成立合资企业创造了条件。

---

① 陈之骅、吴恩远、马龙闪主编《苏联兴亡史纲》，中国社会科学出版社，2004，第695页。

稍后，以沙塔林院士为首的一批苏联激进派经济学家制订了 500 天改革计划。其主要内容包括：政府必须放开对经济的监管，价格由市场确定，国有资产实行私有化等，并用 500 天时间完成由计划经济体制向自由市场经济体制的转变。苏联政府的这些措施对 1989 年已经宣布独立的波罗的海三个共和国不起作用，对当时大闹独立的格鲁吉亚等共和国也作用不大，但对仍支持莫斯科中央政府的中亚国家影响很大。中亚国家遵照苏联政府的决定，开始对所有制进行改革。各国在 1990 ~ 1991 年先后仿照苏联《所有制法》制定了本国的《所有制法》《非国有化和私有化纲领》等法律文件，为独立后所有制改革奠定了初步的法律基础。

1991 年 12 月苏联解体，中亚国家独立。但中亚各国并没有与苏联时期制定的政策包括所有制改革政策完全切割，而是延续了在国内已经开始实施的一些做法。除独立前制定的一些关于所有制改革文件，各国从 1992 年起根据本国国情制定了一系列与所有制改革有关的法律和政策。以哈萨克斯坦为例。该国 1992 年 1 月 3 日出台了《关于价格自由化措施的法令》；同年 2 月 3 日出台了《关于农工综合体农业、采购、加工和服务业企业资产私有化的紧急措施的总统令》；4 月 28 日出台了《关于加速物资生产部门资产非国有化和私有化工作措施的总统令》；7 月 4 日出台了《保护和支持个体经营法》。1993 年 3 月 5 日出台了《关于将国营企业改造为股份公司措施的总统令》；同日还出台了《关于 1993 ~ 1995 年（第二阶段）国家非国有化和私有化纲领的总统令》；6 月 28 日出台了《关于加速国有住房私有化和保障非国有化和私有化进程措施的总统令》。在国内对所有制改革众说纷纭并遭到反对派强烈抨击的情况下，哈政府推出的这些法律和具有法律效力的总统令为所有制改革确定了改革方向并提供了法律依据。

其他中亚国家，例如乌兹别克斯坦，于 1991 年制定了《所有制法》后，1992 年 2 月 10 日发布了《组建国家资产和私有化管理委员会的总统令》，由该委员会领导全国非国有化和私有化工作。该国先后制定了《国有住房私有化法》等文件。土库曼斯坦也于 1992 年 3 月制定了《国有资产非国有化和私有化法》。吉尔吉斯斯坦于 1992 年发布了《非国有化、私有化和企业主活动法总则》《关于国有资产和公共财产非国有化和私有化紧急措施的总统令》等文件。独立最初两年，各国非国有化和私有化进展都很迅速，改革对象基本是生活服务业、商业、公共饮食业、地方小工业企业、农业企业和住房等。1993年，乌兹别克斯坦基本完成了对上述领域的所有制改造。乌当时有11000个国有企业和组织实现了非国有化和私有化。已经有私营企业7600家，合资企业900家；国营农业企业基本改制，或改为合作社集体所有制，或改为个体农户所有制。当时乌兹别克斯坦私有化进程的特点是改小不改大，改农少改工，开始引进外资，建立合资企业。但对与国计民生关系重大的大型国企并未进行改制，一直将这些大企业控制在国家手中。这种做法在中亚国家中很有代表性。哈、吉两国非国有化和私有化情况也与乌大体相似。例如，至1993年底，哈有6889家企业实现了非国有化，其中商业和服务性企业4762家，工业部门1368家，基本都是地方小企业，农业部门972家，由此诞生了1.56万个农户经济，也就是个体农户。吉尔吉斯斯坦国有企业总数为2358家，其中已经私有化的生活服务业企业1231家，占企业总数的52.21%，其中商业和饮食企业811家，而工业企业只有117家，仅占5%。到1992年底，吉已经建立私人农场8600个，拥有土地34.17万公顷，每个私人农场平均拥有土地43.5公顷（约合中国的650亩）。

二 20世纪90年代中期以后的所有制改革进程

20世纪90年代后半叶，大多数中亚国家经济度过了独立初期最困难的时期，开始步入恢复阶段，所有制改革工作继续进行。这里主要以中亚国家中经济体量最大、国有大中型企业最多、制定了系统改革纲领的哈萨克斯坦为例，说明20世纪90年代中亚国家所有制改革的进展情况，同时对其他中亚国家也略做介绍。

哈萨克斯坦紧跟苏联政府，在1990~1991年就制定了《所有制法》《非国有化和私有化纲领（第一阶段）》等法律文件，拉开了所有制改革的大幕。

1991年底哈萨克斯坦独立，从1992年起，该国发布了《关于加速物资生产部门资产非国有化和私有化工作措施的总统令》《哈萨克斯坦共和国〈所有制法〉的修改与补充法》《关于加速国有住房私有化和保障非国有化和私有化进程措施的总统令》《关于1993~1995年（第二阶段）国家非国有化和私有化纲领的总统令》等指导性法规，基本方针是逐步将国有资产和集体资产实行非国有化和私有化。首任总统纳扎尔巴耶夫在其著作《哈萨克斯坦之路》中是这样描述哈将国有资产私有化的初衷："这是为哈萨克斯坦造就高效率的、具有创造精神私有者的历史进程，他们创造了成千上万的经济增长点，私有化为新的经济关系和社会关系开辟了新天地。"他还指出，哈萨克斯坦从实行"休克疗法"开始就不再支持那些亏损的企业。[1]

为指导国有企业非国有化和私有化进程，哈政府先后制定了三个"非国有化和私有化纲领"。第一个《非国有化和私有化纲领（第一阶段）》是独立前1991年6月22日制定的。这个纲领重点放在对小型企业的改造上，通过出售或无偿将小型商业和服务性国有企业转让给劳动集体，将住宅无偿转让给住户等实现非国有化和私有化。1993年3月5日，哈又推出了第二个即《关于1993~1995年（第二阶段）国家非国有化和私有化纲领的总统令》。该纲领规定了1993~1995年所有制改革的任务。这个纲领与第一个纲领不同之处是，本轮私有化更注重明晰产权关系，改革对象扩展到大型和超大型工业企业。当时采用"小私有化""大众私有化""个案私有化"三种形式，前两者针对一般性大中型企业，后者适用于超大型或关系到国计民生的具有垄断性质的企业，"个案私有化"是将哈一些企业交给外国公司管理。第三个《非国有化和私有化纲领》出台于1996年，规定了1996~1997年所有制改革的任务。哈国家统计分析委员会提供了自1997年全国已经私有化的企业数量。当时，哈全国已完成非国有化和私有化企业6777家，其中"小私有化"5590家，"大众私有化"1122家，"个案私有化"47家，

---

① 〔哈〕努·纳扎尔巴耶夫：《哈萨克斯坦之路》，民族出版社，2007，第133页。

国有农业企业18家。如果将企业改制前后情况进行比较，1991年哈萨克斯坦国企占90%，而到了1997年，私企已经占到80%。所有制已经发生根本性的变化。在各类经济部门中，除工业、交通、邮电等行业，其余行业私有化企业已占多数。私营部门产值占国内生产总值的比重已经超过50%，99%的农业产品由私人部门提供。①

2012年末，哈发布了具有历史意义的总统国情咨文《哈萨克斯坦—2050健全国家的新政治方针》，声称哈已经提前完成了2030年进入世界发达国家50强的任务，进而提出到2050年进入世界发达国家30强的宏伟目标。为实现这个目标要掀起第二轮大规模私有化浪潮。为此，在总统国情咨文发布后不久就出台了《2016~2020年私有化综合计划》。这轮私有化主要针对国家控制的大企业，规定国家只保留资源垄断型和具有战略意义的企业。哈本轮私有化并非一售了之，而是通过出售和股份化两种方式进行，这意味着哈本轮私有化除将部分企业出售，更重视将重要企业转变为股份制，将现有的国有企业改造为混合所有制企业。哈规定的目标是将国有企业产值减少到占国内生产总值的15%。

2021年1月12日，哈财政部部长贾马乌巴耶夫在政府工作会议上说，哈已经完成了2016~2020年国有资产私有化计划，并就近一两年准备私有化的项目做了说明，其中包括哈邮政公司、阿斯塔纳航空公司、哈铁路公司等。

在新一轮私有化过程中，最引人注目的是萨姆鲁克—卡泽纳基金旗下的企业私有化。该基金拥有铁路、石油天然气资源及其运输、广播电视、传媒、电力、原子能工业领域的大型公司和国有航空公司，其资产相当于哈国内生产总值的一半，拥有雇员35万人。通过私有化该基金由2015年拥有600家企业减少到2017年的320家。哈原计划2019年将阿斯塔纳航空公司、哈石油天然气公司和哈国家原子能工业公司三大国企通过IPO方式出售，纳入私有化计划的还有哈农业股份公司等。因受新冠肺炎疫情影响，一些企业

---

① 赵常庆编著《列国志·哈萨克斯坦》，社会科学文献出版社，2015，第88~89页。

的私有化工作受阻。① 哈总统托卡耶夫在第七届议会第一次会议上发言时说:"我们需要减少国家作为所有者和监管者的作用,应该继续并完成早先制订的私有化计划。"

哈首任总统纳扎尔巴耶夫任职期间,一直在努力推进私有化进程。2019年托卡耶夫继任哈总统后,仍将私有化作为经济改革的重点之一。哈参议院议长阿什姆巴耶夫说,截至2021年1月1日,哈私营企业数量达到了140万家,几乎是2005年的3倍。哈为实现至2050年战略目标,正在制定《竞争发展国家项目》,其重要任务之一就是实现"非国有化"。哈财政部部长贾马乌巴耶夫2021年2月说,哈将实施《2021~2025年私有化计划》,其私有化规模将达到5万亿坚戈(约120亿美元),主要目标是吸引外国战略投资者和提高劳动生产率,确保私营企业健康发展。

哈萨克斯坦企业改制后,在一定程度上解决了资金不足、技术落后、生产效率不高和与市场经济地位不相匹配等难题,使哈的经济增长速度加快。哈经济改革的做法引起其他中亚国家的关注和效仿,这在别尔德穆哈梅多夫领导的土库曼斯坦和米尔济约耶夫领导的乌兹别克斯坦最为明显。

应该说,土库曼斯坦是中亚国家中经济改革起步较晚的国家。尽管该国1992年3月就出台了《国有资产非国有化和私有化法》等文件,但时任总统尼亚佐夫认为,独立初期大规模推行非国有化和私有化的做法是行不通的,只会引起社会动荡,给国家经济和社会发展造成严重损害。② 不过土并没有完全拒绝所有制改革,而是采取"小步慢行"的方式。至2020年,共有2000家国有企业实现了私有化,其中商业和公用事业企业占32%,生活服务业企业占65%,约90家大中型工业企业实行了股份制改造。③ 与中亚其他国家相比,步子确实慢些。别尔德穆哈梅多夫继任土总统后,逐渐加快了经济改革的步伐。他在2016年6月13日召开的一次会议上要求加快私有化进程,减少国有企业的数量。2020年9月,别尔德穆哈梅多夫总统批准

① 李凤林主编《欧亚发展研究(2018)》,中国发展出版社,2018,第215页。
② 施玉宇编著《列国志·土库曼斯坦》,社会科学文献出版社,2005,第96页。
③ 施玉宇编著《列国志·土库曼斯坦》,社会科学文献出版社,2005,第97页。

将土库曼斯坦人民银行等国有银行变为股份制银行。2021 年土政府还从国家预算中拨出专项资金用于推进私有化进程。据报道，自 2010 年至 2021 年 2 月该国对 557 家企业实行了私有化改造，采用股份制和出售两种形式完成；2020 年私营企业产值在 GDP（油气产业除外）中已占到 70%。近 5 年土私营企业提供的工作岗位占新就业人数的 75%。

为鼓励私营企业参加国家建设，土政府还将造价数亿美元的钾肥厂项目和阿什哈巴德—土库曼巴什高速公路建设项目交给私营企业建设。2016 年，土政府开始允许私人企业从事出口业务，而此前这项业务基本由国家垄断。土在私有化过程中允许国内外企业和个人购买股份，但油气企业除外。油气企业是土经济命脉，至今仍由国家掌控。可以出售的企业多为经济实力不强的中小企业。不过，与独立最初的 10 多年相比，土在所有制改革方面已有明显的进展。为激励私营企业参与外贸，土还自 2022 年 1 月 1 日起取消了私营企业的出口关税。

中亚另一个大国乌兹别克斯坦经济的特点是中小企业较多。独立初期，担任乌总统的卡里莫夫反对实行"休克疗法"，也不赞成将国有资产无偿转让给个人。他认为经济改革应采取渐进方式，对所有制改革也相对谨慎，所有制改革主要是在中小企业进行。米尔济约耶夫继任总统后，其在经济改革方面的步伐明显加大，逐步打开国门，欢迎外资进入。与此同时，也开始对国家大型企业进行私有化。米尔济约耶夫认为，以往以国家参股方式改造企业效果并不理想，2965 家国有参股企业中多数企业效率低下，管理方式陈旧，缺乏竞争力。2020 年 5 月米尔济约耶夫总统下令将 500 多家企业交给私人经营，乌政府还将 14 万个国有资产项目列入私有化计划。2021 年 5 月 27 日，乌国有资产管理署与世界银行等联合举办了"国有企业转型与私有化：经济改革新阶段高级别国际论坛"，讨论乌经济改革形势，评估未来挑战。在论坛上乌副总理兼经济发展与减贫部部长库奇卡罗夫和世行等与会人员做了发言。库奇卡罗夫介绍了乌确定的 2025 年和 2030 年经济发展目标。他特别指出，乌计划使人均国内生产总值从目前的 1700 美元提高到 2025 年的 2500 美元，2030 年进一步达到 4200 美元。为此，年国内生产总值的增

速必须达到 6% ~7%。为实现上述目标，国家必须大幅度减少经济中的国有成分，启动国有企业转型和加快私有化进程，乌计划在未来 5 年使国有资产减少 75%。米尔济约耶夫总统希望国际社会能在这项工作中提供帮助。早在 2019 年，乌就对拥有 100 多家企业的国家建筑材料公司实行了股份制改造，使其成为乌第三大股份制企业。另两家大型股份制企业分别为乌农业公司和乌油气公司，迄今乌共有股份制企业 687 家，市值约 109.3 亿美元。

吉尔吉斯斯坦也在积极推进所有制改革工作。这项工作在阿卡耶夫执政时期进展很快，至 1998 年私营企业在工业、商业、建筑业和运输业中所占比例分别为 87%，97%、57% 和 55%。① 尽管吉国内发生几次动乱，但吉并未停止招商引资脚步，希望建立外资企业与合资企业，加快所有制多元化。2021 年 5 月，吉财政部公布了国家资产管理改革的方向，其中包括对经济效益差的国有企业执行清算和私有化。这是扎帕罗夫任吉总统后试图扭转经济下滑而采取的一项改革举措。

吉国内最大的外资企业是加拿大公司经营的库姆托尔金矿。该企业对吉经济影响很大，其产值约占吉国内生产总值的 5%。近年来因涉及产权和腐败问题有关库姆托尔金矿的归属一事一直闹得沸沸扬扬，吉政府欲将其收归国有，加拿大公司表示反对。该案已被提交至国际法庭，至今仍没有结果，这是近年来中亚国家在所有制问题上发生的最大官司之一。

塔吉克斯坦是受内战影响较大的国家，国有资产私有化进程起步较晚，1993 年制定了《关于国有资产非国有化和私有化法》。到 2001 年，国有经济和集体经济分别占经济总量的 27.8% 和 19.3%，私营经济占 47.1%。该国是农业国，农业收入占国家经济收入的"大头"。结束内战后，国家大力推进农业领域所有制改革，解散了亏损的国营农场和集体农庄，将 5 万多公顷土地分给农民，大力发展私人农户经济。2000 年私人农户经济占农业经济的 66%，2010 年这一比例增长到 91%。② 自 2021 年起塔允许私人从事金

① 刘庚岑、徐小云编著《列国志·吉尔吉斯斯坦》，社会科学文献出版社，2005，第 124 页。
② 参见刘启芸编著《列国志·塔吉克斯坦》，社会科学文献出版社，2018，第 108 页。

矿开发，这也是对国家垄断行业的一个重大的突破。

所有制改革也包括作为资源所有制之一的土地所有制改革。独立前，中亚国家农业用地基本归国营农场和集体农庄所有。大多数农业主体处于亏损状态，靠国家"输血"过日子。中亚国家独立后，纷纷将国营农场和集体农场解散，建立了合作经济和个体农户经济。不过，在农业经济部门改制后中亚国家的农业发展仍然缓慢。

中亚国家中哈萨克斯坦的土地最为辽阔，农耕土地和牧场很大，但由于资金缺乏和农业技术落后，农业效率不高，大片耕地处于闲置状态。该国已对农用土地能否对外国人出售或出租争论多年，出于多种因素考量，该国最终做出了既不允许将土地出售给外国人，也不允许本国公民与外国人合资从事种植业的决定。

三　中亚国家所有制改革的原因

中亚国家进行所有制改革有历史原因、现实因素、领导人的作用、外力推动及中亚国家间的相互影响等多种原因。

其一，历史原因。独立前各国缺乏自主权，实行的经济政策基本由苏共中央和苏联中央政府决定。《所有制法》也好，"休克疗法"也罢，都是莫斯科制定出来的，各加盟共和国只能照章办事。苏联时期中亚国家是"最听话"的加盟共和国，在所有制改革上也是如此。

其二，现实因素。这与经济困难有关，如需要筹措资金、改善经营环境、解决就业问题等。中亚国家独立前的经济状况与苏联其他加盟共和国一样不景气，其也希望换一种体制来改变现实。例如，哈萨克斯坦的田吉兹油田开发问题，在苏联时期曾与外商谈了多年，最终无果。哈独立后，根据本国《所有制法》，马上与美国谢夫隆公司就开发油田事宜达成协议，引进了外资和设备，在哈萨克斯坦独立初期百业凋敝的情况下，唯独石油工业一枝独秀，在20世纪90年代田吉兹油田为哈国家复兴贡献了第一桶金。中亚各国通过企业转制、出售或实行募股的方式，特别是借助外资，解决了国家发

展亟需的资金短缺问题，为推进经济现代化筹集了一定数额的资金。如，哈独立后引进外资达3650亿美元，对于一个人口只有1800多万的国家来说，这是一笔巨资。塔吉克斯坦2007～2020年共引进外资103亿美元，涉及矿业开发、电力、建筑、通信、金融等诸多领域。塔国内生产总值自2000年后年均增长5%以上，这与外资的引进分不开。各国在依靠外资和合资企业获得资金的同时，还关闭了不少亏损企业，特别是甩掉了亏损严重的国营农场这个包袱。

中亚国家国有企业普遍经营不善，效率不高，这个问题长期得不到解决。哈总统托卡耶夫在2020年国情咨文中说，"去国有化"将为发展公平竞争发挥重要作用。哈目前约有7000个国有设施的所有权归属中央政府、地方政府或国有控股企业，托卡耶夫总统认为："国家不是最好的所有者。"他在另一处讲话中说："塑造系统性的经济增长率需要依靠私营企业，因此应该把国有企业在经济中的比重降下来。这将为私人投资和中小企业发展注入动力。"哈、乌等国领导人都认为本国国有企业太多，国家也管得太死，要通过私有化降低国家的作用和强化市场机制，认为这会有利于国家的长期稳定和经济高效率发展。

各国通过私有化扶持私营企业和个体经济发展，也有利于解决就业问题。中亚国家特别是乌、吉、塔三国人口增长迅速，国家对日益增多的剩余劳动力无法安置，除允许到国外去做"劳务移民"，也希望通过所有制多元化来解决就业难问题。长期以来，中亚国家私营企业不发达，对国家经济的贡献率也不高。推行私有化政策能为私营企业特别是中小企业的发展带来新动力。此外，中亚国家也希望通过此举能像欧洲一些国家一样形成相当数量的中产阶级，这对维护国家稳定有利。

住宅私有化后，各国都允许房地产自由买卖，希望以此解决苏联时期住宅长期供应不足、住房拥挤、排队等房的难题。这项改革收到一定效果，各国房地产业是增长最快的经济部门之一，住房私有化尤其受到年轻人的欢迎。

其三，领导人的作用。哈首任总统纳扎尔巴耶夫说，哈所有制改革是自上而下推动的，中亚国家情况也大致如此。独立后，中亚国家领导人决定放弃长期执行的计划经济体制，转为市场经济体制，最初青睐社会市场经济体制，后来有的国家例如哈萨克斯坦更倾向于自由市场经济体制。吉总统阿卡耶夫在其自传体著作《难忘的十年》中对沙塔林，哈耶克等自由经济学派的理论赞誉有加，认为这些理论为"1992～1999年吉尔吉斯斯坦在经济领域进行的彻底的市场经济改革奠定了基础"[①]。掌权后他按照这些人的主张施政也就不足为奇了。

不仅是阿卡耶夫，而且中亚国家主政的人几乎都认为，要推行市场经济就必须改革所有制，还认为这是使国家进入"社会现代化体系"的必备条件。经济改革最重要的就是私有制和市场化。这实际上是受到新自由主义理论的极大影响。

其四，外力的推动。这种推动表现在思想上的影响和具体行动的推动。

上面已经提到，中亚国家独立前新自由主义经济学派的理论已在此传播多年，有一定的市场，为一些当政者所认同和赞赏。独立后中亚各国都处在全面转型时期，尤其要寻找摆脱经济困境的出路。中亚国家领导人普遍认为苏联时期的计划经济模式和公有经济已经不灵，纷纷选择了沙塔林等人倡导的私有化之路。

与此同时，西方国家和一些国际金融组织极力推动中亚国家进行所有制私有化改革，将私有化看作各国营商环境改善的重要指标之一，并将私有化作为提供贷款和援助的重要条件。例如，乌兹别克斯坦与世界银行签署伙伴关系构想，世界银行许诺在2016～2020年提供40亿美元贷款，用于帮助乌发展私营经济、提高农业竞争力和改善营商环境。

其五，中亚国家的相互影响。中亚国家尽管国情不同，但都曾是苏联的加盟共和国，相互毗邻，原有的经济体制是一样的。独立后各国推行的政策虽有所不同，但基本上还是相互有所借鉴，特别是面临经济状况不佳、资金短缺等共同性问题时。当它们看到有的国家通过私有化募集到资

---

① 〔吉〕阿斯卡尔·阿卡耶夫：《难忘的十年》，武柳等译，世界知识出版社，2002，第169～171页。

金，也会有所仿效。中亚国家的"老大"哈萨克斯坦经济状况总体好于其他国家，私有化步伐也快于其他国家，哈的经济政策很容易对其他国家有所影响。中亚另一个大国乌兹别克斯坦在米尔济约耶夫总统上台后也开始加快私有化进程，经济发展明显有了起色，这也对推动中亚地区私有化进程加速起到了一定作用。

四　私有化给国家经济和社会带来的变化

（一）推动经济发展，活跃了市场，解决了部分就业问题

独立后中亚各国制定的《私有制法》使各种所有制形式合法化，国有企业、私营企业、个体企业、合资企业、外资企业并存，这就使民间资本和外国资本可以在这些国家依法开展经营活动，使一些得到国外市场青睐的企业如油气企业快速发展，使汽车制造业等加工企业得以扩大生产，使水泥等建筑材料企业出现生机。这些都对缓解独立初期的经济困难和促进国家经济发展及实行进口替代发挥了重要作用。

各国引进的大量外资不是一笔可有可无的资金，而是推动国家发展的重要资源。如果从技术转型来看，中亚国家引进的多是世界先进设备，而不是过时的产品，这些设备生产的产品可以在国际市场适销对路，也具有一定竞争力。

所有制的多元化使一些私营中小企业应运而生，解决了相当多人的就业问题，并且弥补了计划经济时期无法顾及的一些商品短板，尤其有利于解决民生的需要，这突出表现在扭转了独立初期商品匮乏、有钱也买不到东西的状况。改革所有制对中亚国家来说不是解决一时经济困难的应对之策，而是其实行经济转型的必然产物，在一定程度上有利于国家发展和改善民生。因此，时至今日有的国家例如哈萨克斯坦经济已经得到快速发展，但仍在推进私有化进程，将实现所有制多元化特别是对国有成分在经济总量中加以限制，作为经济改革的一项重要措施。

（二）所有制变化使社会结构发生变化，贫富差距拉大

中亚国家所有制改革30年来，除给经济领域带来巨大变化，还给社会领域带来重大变化。这就是使独立前基本上由工人、集体农庄农民、知识分子三个社会阶层组成的国家出现了一些新的社会阶层，如个体所有者、合资和外资企业高管、企业家阶层等。这些阶层拥有的生产资料不同，取得的劳动收益和资产收益也不同。如果说独立前和独立初期各阶层收入分配差距还不大，有些人的收入还属于非法收入，那么，《所有制法》的出台为私有经济存在提供了合法依据，产权关系变化带来的分配差距也越来越大。社会分层逐渐复杂，开始出现贫困阶层和富有阶层。哈萨克斯坦的一份调查报告显示，哈国内年收入在100万~5000万美元的人占成年人口的0.05%，而96.5%的成年人年收入不超过1万美元，162个人（占成年人口总数的0.001%）控制了哈萨克斯坦55%的国家财富。哈政府原设想以一些欧洲国家为样板推行所有制改革，会有利于形成橄榄型社会，即收入"两头小，中间大"，但实际情况与此设想相去甚远。房地产私有化并没有解决住房难问题，在哈仍有许多人买不起住房，而房地产公司却在修建上千平方米以上的豪宅出售。社会分配的巨大落差导致社会问题增多和社会不稳定。这是中亚国家经济改革特别是所有制改革后必须下大气力解决的问题。

（三）有的经济部门受改革冲击较大

各国历史遗留的产业结构和互动关系在所有制改革过程中发生变化，有的部门获益，有的部门受到负面影响。

独立前哈萨克斯坦农业生产单位基本为大型国营农场和集体农庄。农业所有制改革后，出现了大量个体农户（有170万户）和小型农业集体合作社，因缺乏足够的资金和技术，其生产规模难以扩大，再加上市场信息不畅通，产品销售困难，农业生产和农村状况日渐恶化。哈国有一些人无偿地从国家租用了大量土地，却未开发，长期闲置不用。托卡耶夫总统说，个体农户没有得到社

会保护，他怒斥国内已经出现"大地主"阶层。尽管哈经济发展很快，但农业发展有限，粮食产量多年来始终在2000万吨左右。可以说，农业改制并没有收到预期的效果。最近，托卡耶夫总统呼吁个体农户要实行横向联合，形成农业大生产，对没有使用的土地国家要收回，国家还将重新加大对农业的投入。这说明哈对农业部门进行的所有制改革确实有需要改进之处。

吉尔吉斯斯坦轻工业在国内的地位仅次于黄金生产，过去轻工业原料基本靠国内供应，但农业改制后，个体农户对轻工业原料的供应远远不能满足需要，吉轻工业企业只能依靠进口原料维持生产。

外资进入的确对提升国内生产总值起到了作用，但也带来一些问题，如上文提到的吉尔吉斯斯坦库姆托尔金矿，由于吉政府与加拿大公司对其所有权看法有分歧，已引发一场国际官司。中亚国家的外企与当地企业发生纠纷的事例屡见不鲜。哈参议院议员纳扎尔巴耶娃指出，外资企业向哈提出索赔的案件越来越多，应引起哈政府关注。这涉及中亚国家的营商环境需要改善等问题。

（四）所有制变化导致政治领域出现很多新情况

经济基础决定上层建筑，这是马克思主义的基本原理。中亚国家所有制改革后出现许多新的社会阶层，他们也需要在政治方面有自己的代表。例如，土库曼斯坦原为一党制，后来改为多党制，新诞生的第二个政党就是工业家和企业家党。哈萨克斯坦总统托卡耶夫认为，随着经济体制的改革，政治体制也必须跟进，这就要完善多党制建设，建立公平社会，允许公民有序表达自己的诉求等。

（五）30年所有制变化也带来国家意识形态变化，需要在这方面做大量工作

所有制变化不可避免地带来意识形态变化。独立初期受苏联意识形态的影响，各国在推动所有制改革时很多人不理解、不适应，甚至反对。30年后不排除仍有少数人尤其是中老年人对苏联时期的所有制抱有怀念。但如今

绝大多数人特别是在国家独立后出生的一代人，不管是自觉地还是被动地基本接受了市场经济体制，接受了所有制改革的观念和现实。现在各国基本上不再争论所有制改革是好是坏，人们所关注的是如何在经济改革的过程中适应新形势和改变自己的命运。为改变国家意识形态，各国都在修宪、修史、重编教材、管控媒体等方面耗费心思，这项转变人们思想观念的工作既复杂又繁重，但又不得不做。

最后应该指出，中亚各国的发展有快有慢，在所有制改革方面也并非同步进行，但朝私有化转变的大方向是一致的。在完成一些部门的私有化后，如何防止私营企业坐大，出现对某个行业甚至对国家的垄断，是中亚国家必须考虑和需要认真解决的问题。迄今，中亚国家的所有制改革并没有使社会出现公平、公正、中产阶级形成、人们普遍富裕的局面，未来国家向何处发展，如何解决所有制改革带来的种种问题，还有待中亚国家在实践中探索和解决，国际社会也在对此密切关注。

Y.7
阿富汗变局与中亚安全

王 南*

摘　要： 2021年是阿富汗极不寻常的一年。美国及其盟友完成了从阿富汗的全部撤军，之后美国和西方扶持的阿富汗政府很快垮台，阿富汗塔利班最终赢得了阿富汗战争，并在阿富汗重新执政。阿富汗变局不仅掀开了阿富汗历史新的篇章，还将对与阿富汗相邻的其他中亚国家产生现实和深远的影响。阿富汗变局对中亚安全造成某些现实冲击，但其规模和范围有限，而且总体可控。阿富汗变局使阿富汗有望迎来结束长达40多年的战乱、实现由乱到治的转机。这是其他中亚国家独立以来首次面对的情况，与此前的阿富汗有着很大的不同。今后中亚的安全形势能否不断改善，不仅取决于阿富汗塔利班政权的所作所为，而且取决于中亚国家特别是与阿富汗接壤的中亚邻国与阿富汗塔利班政权的关系进展。

关键词： 阿富汗变局　塔利班　中亚国家安全

2021年阿富汗局势发生了重大变化。8月30日，美国及其盟友完成了从阿富汗的全部撤军。这标志着阿富汗战争的结束。9月6日，阿富汗塔利班宣布，已控制包括潘杰希尔省在内的阿富汗所有34个省，阿富汗国

* 王南，上海外国语大学丝路战略研究所特聘学术顾问，江苏师范大学巴基斯坦研究中心研究员。

内战事已经正式结束。9月7日，阿富汗塔利班宣布组建临时政府。阿富汗发生如此重大的变局，不仅掀开了阿富汗历史新的篇章，还将对阿富汗邻国和周边地区产生现实和深远的影响，其中自然包括与阿富汗相邻的其他中亚国家。

一 阿富汗局势发生剧变

（一）美国与阿富汗塔利班签署和平协议及美方延期撤军

2001年10月7日，美国以所谓"反恐"之名发动了阿富汗战争。一些北约国家和美国的盟友也加入其中。当这场战争的历时超过了美国经历的其他所有战争时，美国军政当局终于意识到已经无法通过军事手段将阿富汗塔利班等抵抗力量打垮，美国选择了向现实妥协。2020年2月29日，美国特朗普政府与阿富汗塔利班在卡塔尔首都多哈签署了旨在结束阿富汗战争的和平协议。

根据这个和平协议，美国将逐步减少其在阿富汗的驻军，驻扎在阿富汗的外国军队有望在14个月内全部撤出。[①]（阿富汗）塔利班则承诺不再让阿富汗成为恐怖分子的庇护所。照此时间推算，美国及其盟友的军队必须在2021年5月1日前从阿富汗全部撤离。尽管对美国而言，这个和平协议近乎一杯苦酒，但它还是受到国际社会的普遍欢迎。2020年3月10日，联合国安理会一致通过决议，对美国与阿富汗塔利班签署和平协议以及美国和阿富汗政府发表联合宣言表示欢迎。[②] 2021年1月20日，美国民主党人拜登在华盛顿国会山举行的就职典礼上宣誓就任美国第46任总统。拜登入主白宫后，美国国家安全顾问杰克·沙利文宣称："美国将审查特朗普任内与塔

---

① 《美国和阿富汗塔利班签署和平协议》，http://www.xinhuanet.com/mil/2020 – 03/01/c_ 1210495740.htm，最新检索时间：2021年10月5日。

② 尚绪谦：《联合国安理会欢迎美国与塔利班签署和平协议》，http://www.xinhuanet.com/ 2020 –03/11/c_ 1125696795.htm，最新检索时间：2021年10月5日。

利班达成的和平协议。"① 这表明拜登政府要对特朗普政府与阿富汗塔利班签署的和平协议进行重估评估，美国从阿富汗撤出所有军队的计划也因此受到一定的影响。

2021 年 3 月 25 日，拜登表示"战术原因"使美国很难在 5 月 1 日的最后期限前完成从阿富汗撤军。3 月 26 日，阿富汗塔利班警告称，如果美军推迟在阿富汗的撤军，会被视为违反多哈和平协议，美方将为未来出现的持续暴力负责。② 4 月 14 日下午，拜登正式宣布，将在 2021 年 5 月 1 日前开始从阿富汗撤军，并在 9 月 11 日前完成撤军。7 月初拜登表示，美国在阿富汗的军事任务将于 8 月 31 日结束。对此，阿富汗塔利班驻卡塔尔办事处发言人穆罕默德·纳伊姆表示："除非所有外国军队完全撤出我们的祖国，否则（我们）不会参加任何做出有关阿富汗决定的会议。"③

（二）阿富汗塔利班发起全面进攻及阿富汗战争结束

由于美国未能按照和平协议的规定在 2021 年 5 月 1 日前从阿富汗全部撤军，阿富汗塔利班决定从 2021 年 5 月起发动攻势。从 5 月初到 8 月 15 日，阿富汗战场的总体态势为：阿富汗塔利班始终是进攻方，阿富汗政府和阿富汗政府军则属于防守方，尽管后者有过局部和短暂的反攻。在此期间，战事发展大致可分为三个阶段：第一阶段是从 5 月初到 7 月中旬宰牲节前；第二阶段是从 7 月下旬宰牲节后到 8 月 6 日；第三阶段是从 8 月 6 日到 8 月 15 日。④

第一阶段，阿富汗塔利班主要是在阿富汗边境地区发动进攻，夺取阿富

① 《拜登政府将审查特朗普任内与塔利班达成的和平协议》，https：//baijiahao. baidu. com/s? id = 1689681062389271155&wfr = spider&for = pc，最新检索时间：2021 年 10 月 5 日。
② 《美国难在最后期限前从阿富汗撤军？塔利班：将致更多暴力》，http：//www. chinanews. com/gj/ 2021/03 - 27/9441584. shtml，最新检索时间：2021 年 10 月 5 日。
③ 《拜登将阿富汗撤军延至 9 月 11 日：廿年战争终结可否带来和平？》，https：//www. thepaper. cn/ newsDetail_ forward_ 12198811，最新检索时间：2021 年 10 月 5 日。
④ 《阿富汗局势新动向》，https：//www. jfdaily. com/news/detail? id = 397150，最新检索时间： 2021 年 10 月 5 日。

汗与其邻国之间的边境口岸。阿富汗塔利班很快就控制了阿富汗大部分边界地区，以及阿富汗与塔吉克斯坦、土库曼斯坦、伊朗和乌兹别克斯坦等邻国的大部分边境口岸，并由此获得了三个明显益处：一是可以阻断外部向阿富汗政府和阿富汗政府军提供援助的陆路通道；二是可以截断阿富汗政府和阿富汗政府军向外逃窜的陆路通道；三是可以利用这些口岸收税，为自己增加财政收入。

第二阶段，阿富汗塔利班开始向阿富汗重要城市特别是省会级中心城市发起攻势，并且将自己控制的各个地区打通连片。在此阶段，阿富汗塔利班打得比较艰难，不仅遇到阿富汗政府军的顽强抵抗和局部反攻，还遭到美军战机的数次轰炸。尽管如此，阿富汗塔利班进攻的步伐并没有停顿。8月6日，阿富汗塔利班攻占尼姆鲁兹省首府扎兰季市。这是自美国宣布撤军后，阿富汗塔利班占领的第一个省会城市。

第三阶段，阿富汗塔利班的进攻可谓势如破竹、锐不可当。8月7日，攻占了朱兹詹省首府希比尔甘市，这是它占领的第二个省会城市。8月8日，阿富汗塔利班接连攻占了北部昆都士省首府昆都士市、萨尔普勒省首府萨尔普勒市和塔哈尔省首府塔卢坎市。从8月12日至14日，阿富汗塔利班先后夺占了阿富汗第三大城市赫拉特、第二大城市坎大哈和第四大城市马扎里沙里夫。

2021年8月15日，阿富汗民族和解高级委员会主席阿卜杜拉在社交媒体上说，阿富汗总统加尼已离开阿富汗。阿富汗塔利班发言人当天晚些时候宣布，塔利班武装人员已进入首都喀布尔。阿卜杜拉在社交媒体上公布了一段视频。视频中他将加尼称为"阿富汗前总统"。阿富汗塔利班发言人穆贾希德当天在社交媒体上宣布，由于在喀布尔的阿富汗安全部队已放弃职责、四散而去，塔利班武装人员已进入喀布尔市内，以保障民众安全，维护社会秩序。穆贾希德在社交媒体上说，塔利班的代表在喀布尔与阿政府商讨"和平移交权力"①。至此，前阿富汗政府垮台，阿富汗塔利班再度入主喀

---

① 《综合消息：总统加尼离开阿富汗 塔利班进入喀布尔》，http：//www. xinhuanet. com/ 2021-08/16/c_1127763486. htm，最新检索时间：2021年10月15日。

布尔。

必须指出，在此轮战事中阿富汗塔利班遭到了美军的空中打击。7月美国军方发动了多次空袭，为阿富汗政府军打击塔利班武装分子提供支援。有美方官员透露，在7月21日和22日，美国为支援阿富汗政府军总共进行了4次以上空袭。这名官员说，其中至少两次空袭是为了摧毁塔利班从阿富汗军队手中夺走的武器装备。当时美方官员还证实："美军未来几天可能会对坎大哈和其他交战地区进行更多的轰炸。"美军空袭也引发阿富汗塔利班的不满。他们称这是对美国撤军协议的"违背"，并警告称空袭可能会导致某种"后果"。①

当地时间2021年8月31日零时左右，在送走美军最后一架C-17运输机后，阿富汗塔利班在喀布尔国际机场鸣枪庆祝："我们国家已获得完全独立，赞美真主！""阿富汗终于自由了。"阿富汗塔利班高级官员宣布："所有外国占领军刚刚撤离了阿富汗。"② 美国及其盟友的军队从阿富汗全部撤出，宣告了阿富汗战争的结束以及美国对阿富汗政策的失败。

（三）阿富汗临时政府成立

2021年8月19日，阿富汗塔利班发言人穆贾希德发推文称，在阿富汗脱离英国统治、独立102周年纪念日之际，塔利班宣布成立"阿富汗伊斯兰酋长国"。③ 9月7日，阿富汗塔利班宣布组建临时政府，并向外界公布了"阿富汗伊斯兰酋长国"的政府架构，同时公布部分政府官员名单。阿富汗塔利班最高领导人阿洪扎达将以"埃米尔"身份领导国家；临时政府将以穆罕默德·哈桑·阿洪德为代理总理，阿卜杜勒·加尼·巴拉达尔和阿卜杜勒·萨拉姆·哈纳菲为代理副总理。此外，穆罕默德·雅各布为国防部代理

---

① 《美军恢复空袭塔利班：重点炸毁塔利班缴获兵器》，https：//www.guancha.cn/military-affairs/2021_07_25_600085.shtml，最新检索时间：2021年10月15日。
② 《塔利班宣布完全接管阿富汗》，《环球时报》2021年9月1日。
③ 《外媒：阿富汗塔利班宣布成立"阿富汗伊斯兰酋长国"》，https：//www.thepaper.cn/newsDetail_forward_14116684，最新检索时间：2021年10月15日。

部长、西拉杰丁·哈卡尼为内政部代理部长、阿米尔·汗·穆塔基为外交部代理部长、哈吉·穆罕默德·伊德里斯为中央银行代理行长。①

从 2021 年 5 月至 9 月，阿富汗经历了外战与内战重叠的过程，在外军尚未完全撤出、阿富汗战争还没有结束的情形下，阿富汗塔利班与阿富汗政府和阿富汗政府军之间又爆发了内战，而且这场内战又在外军全部撤出后不久就结束了。7 月中下旬，仍有分析人士认为："综合判断，阿富汗快速'变天'也没那么容易。"② 因而，阿富汗局势"突变"令包括其邻国在内的国际社会始料不及。

（四）前政权残余势力尚存

在阿富汗塔利班控制喀布尔后不久，反塔利班联盟在潘杰希尔组建阿富汗全国抵抗阵线，由前北方联盟领导人艾哈迈德·沙阿·马苏德之子艾哈迈德·马苏德（又被称为"小马苏德"）和前阿富汗政府副总统阿姆鲁拉·萨利赫领导。到了 2021 年 9 月 6 日，阿富汗塔利班表示已经完全控制了潘杰希尔省。之后随着潘杰希尔战火的平息，阿富汗国内战事也告结束。

2021 年 9 月 29 日，阿富汗（前阿富汗政府）驻瑞士大使馆发表声明称，经与阿富汗元老协商，"决定宣布建立流亡政府"。声明称在加尼逃脱并与阿富汗政治决裂之后，前副总统阿姆鲁拉·萨利赫将领导这个"流亡政府"。声明表示前政府的行政、司法、立法三权即将启动，并一直在忙于就此进行磋商，阿富汗的所有大使馆和领事馆也将照常运作。声明还宣布他们支持马苏德领导的反塔利班阵线。这份声明是由前政府领导人、政治领导人和其他政客撰写和发布的，但他们的姓名均未公开。③

据悉，到 2021 年入冬之前，阿富汗塔利班与反塔利班阵营仍然在潘杰

---

① 《阿富汗塔利班宣布组建临时政府》，http://www.chinanews.com/gj/2021/09-08/9560526.shtml，最新检索时间：2021 年 10 月 15 日。

② 《外军撤出后的阿富汗"未来"》，http://www.xinhuanet.com/globe/2021-07/20/c_1310056370.htm，最新检索时间：2021 年 10 月 15 日。

③ 《阿富汗前官员宣布建立"流亡政府"由前第一副总统领导》，https://3w.huanqiu.com/a/21eee3/44yDYQXIw5L，最新检索时间：2021 年 10 月 25 日。

希尔一带进行激战。截至 10 月中旬，反塔利班阵营在潘杰希尔山谷的抵抗军仅剩下不足 800 人，这些人都是小马苏德家族的死忠分子，也是抵抗军当中战斗力最强的特种部队。抵抗军凭借对山谷的熟悉，与阿富汗塔利班清剿部队展开了山地游击战，战斗从 9 月初持续到 10 月中旬。阿富汗塔利班调遣了 2 万人的精锐部队，对潘杰希尔进行了犁地式的搜索，包括对潘杰希尔大大小小 20 多个山谷、断崖和斜面等进行搜索，检查抵抗军可能躲藏的每一处位置。随着搜索大军的持续深入，潘杰希尔山谷的基地不断被挖掘，供抵抗军藏身的地方越来越少，阿富汗塔利班与抵抗军的遭遇战也越来越频繁。①

经营了数十年的北方联盟，显然对潘杰希尔的每一处山沟角落都极为清楚。喀布尔河的支流潘杰希尔河流经谷底，而山口却可以通往邻近的巴达赫尚、巴格兰和拉格曼等省，这让抵抗军的隐藏变得非常容易，尽管此前小马苏德曾两次被发现，但地理上的优势让他轻松逃脱。② 一直以来，反塔利班抵抗阵线在兴都库什山中段活动，在大雪封山前，数百名抵抗军成功翻越雪山，暂时躲过了阿富汗塔利班搜索部队的追捕。至少在 2021 年阿富汗塔利班已经无法完成对潘杰希尔武装的清剿任务。③

（五）对阿富汗变局的评估

阿富汗变局的主要结果：一是阿富汗战争的结束；二是由美国和西方扶持的前阿富汗政府的垮台。这表明美国和西方在阿富汗"推行的强权政治、军事干涉和所谓'民主改造'以失败告终"④。"外国军队撤出后，阿富汗

---

① 《潘杰希尔决战！小马苏德特种部队断后，数百名抵抗人士成功翻越雪山》，https：//new. qq. com/rain/a/20211020A0BI3K00，最新检索时间：2021 年 10 月 25 日。
② 《阿富汗爆发最后一战，2 万名塔利班官兵翻越山崖，全军发动犁地式搜索》，https：//3g. 163. com/ntes_ x/article/GLFRT2GU0552IAV4. html，最新检索时间：2021 年 10 月 25 日。
③ 《潘杰希尔决战！小马苏德特种部队断后，数百名抵抗人士成功翻越雪山》，https：//new. qq. com/rain/a/20211020A0BI3K00，最新检索时间：2021 年 10 月 25 日。
④ 《王毅国务委员兼外长在阿富汗邻国外长会上的讲话》，外交部网站，https：//www. fmprc. gov. cn/web/wjbz_ 673089/zyjh_ 673099/t1905635. shtml，最新检索时间：2021 年 10 月 25 日。

历史翻开了新的一页。"① 阿富汗塔利班再度入主喀布尔以来，"在建政、反恐、友邻等问题上做出积极表态"②。因此，受到了国际社会的关注和欢迎。这些积极表态能否最终落实到具体行动之中或许还有待进一步观望，但从阿富汗塔利班再度执政后的某些举措中，已经显示出其成熟和包容的一面，至少在某些事例中是这样。2021 年 8 月 19 日，阿富汗什叶派穆斯林举行一年一度的阿舒拉节仪式。阿富汗塔利班派代表到全国各地，以确保仪式安全进行。③ 此举似乎表明，被认为属于逊尼派穆斯林的阿富汗塔利班至少在一定程度上对什叶派穆斯林实行包容性政策。

二　阿富汗变局前后中亚国家的相关因应

塔吉克斯坦、乌兹别克斯坦、土库曼斯坦、吉尔吉斯斯坦和哈萨克斯坦五国中前三个国家皆与阿富汗接壤。另外，这五个中亚国家都曾是苏联的中亚部分。虽然这些国家在苏联解体后独立，但它们与苏联的继承国俄罗斯有着一种特殊的联系，也都不同程度地受到俄罗斯的影响。塔吉克斯坦、乌兹别克斯坦、吉尔吉斯斯坦和哈萨克斯坦还是独立国家联合体成员国，土库曼斯坦是该组织的联系国。因此，虽然同为中亚国家，阿富汗却与其他中亚国家存在某些"与生俱来"的差异。

自独立之日起，其他中亚国家所面对的邻国阿富汗，就是一个硝烟弥漫、动荡不已的国度。1994 年阿富汗塔利班出现后，包括其他中亚国家在内的国际社会多数成员，对其印象多为"激进""极端""恐怖"之类。所以，这些国家对地区安全形势忧心忡忡，担心难民和毒品接踵而来，担心暴

---

① 《习近平在上海合作组织成员国元首理事会第二十一次会议上的讲话（全文）》，http：//www. news. cn/world/2021－09/17/c_ 1127873868. htm，最新检索时间：2021 年 10 月 25 日。

② 《王毅国务委员兼外长在阿富汗邻国外长会上的讲话》，https：//www. fmprc. gov. cn/web/wjbz_ 673089/zyjh_ 673099/t1905635. shtml，最新检索时间：2021 年 10 月 25 日。

③ "Ashura Processions Take Place in Afghanistan Amid Taliban Takeover," mena, www. thenationalnews. com/mena/2021/08/19/ashura－processions－take－place－in－afghanistan－amid－taliban－takeover/，最新检索时间：2021 年 10 月 25 日。

恐活动向中亚扩散，担心本国政权在宗教极端势力冲击下动摇。阿富汗鸦片产量居世界首位，毒品可能流入中亚国家，并进而渗透到俄罗斯。[①]

在阿富汗塔利班首次执政时，中亚国家最关心的莫过于边界安全。这次阿富汗发生变局，其他中亚国家的应对之道也是首先着眼于巩固边界。土库曼斯坦同阿富汗的边界长804公里，基本上都是在沙漠地带，难以监控。但早在阿富汗局势趋紧时土库曼斯坦就着手巩固边界，增加了重武器部署。中部是乌兹别克斯坦同阿富汗的边界，仅长144公里，这一段可谓固若金汤。乌兹别克斯坦拥有中亚最强的军事力量，沿乌阿国界设置了两道通电的铁丝网，两道铁丝网之间埋了地雷。边界全线仅留了一个口子——铁尔梅兹的友谊大桥，这里易守难攻。塔吉克斯坦的守边任务最为艰巨。一是由于其与阿富汗的边界长达1344公里，大部分以喷赤河为界，小部分以山脊为界，无法全线设防；二是由于塔吉克斯坦军队在中亚国家中最弱，在全球140个国家的武装力量中仅排第99名。[②]

作为独立国家联合体的主导国家，俄罗斯也对阿富汗塔利班抱有类似的担忧，毕竟双方之间曾经有一段不愉快的经历。2000年1月，阿富汗塔利班承认俄罗斯车臣恐怖集团宣布建立的所谓"伊奇克里亚共和国"的独立，并与之建立所谓的"外交关系"，还为流亡的车臣恐怖分子提供避难所。[③] 对于这次阿富汗局势的变化，俄罗斯最关心的是保障本国和中亚国家的稳定与安全。[④]

此番阿富汗塔利班东山再起，即阿富汗变局前后，俄罗斯与阿富汗的中亚邻国之间也进行了相应互动和协调。俄罗斯总统普京与中亚国家领导人就阿富汗局势进行了通话。2021年8月15日，俄罗斯总统普京与乌兹别克斯

① 盛世良：《中亚国家对阿富汗变局的担心与应对》，https://www.163.com/dy/article/GJNQOK4E0525O28K.html，最新检索时间：2021年10月25日。
② 盛世良：《中亚国家对阿富汗变局的担心与应对》，https://www.163.com/dy/article/GJNQOK4E0525O28K.html，最新检索时间：2021年10月25日。
③ 吴大辉：《俄在化解阿危局中角色愈益关键》，《环球时报》2021年8月24日。
④ 盛世良：《中亚国家对阿富汗变局的担心与应对》，https://www.163.com/dy/article/GJNQOK4E0525O28K.html，最新检索时间：2021年10月25日。

坦总统米尔济约耶夫进行了电话交谈。双方详细讨论了阿富汗局势，并决定加强俄罗斯与乌兹别克斯坦各职能部委和机构之间的合作。[①] 8 月 18 日，俄罗斯总统普京与塔吉克斯坦总统拉赫蒙进行了电话交谈，双方就阿富汗局势深入交换了意见，强调为维护该地区稳定，需要确保平民的安全和促进阿富汗局势尽快正常化。[②]

为保障与阿富汗接壤的中亚国家盟友安全，俄罗斯加大了在集体安全条约组织框架下与中亚国家的军事行动协调力度，以确保盟友的安全无虞。面对塔利班在阿富汗北部地区的进攻将战火烧至中亚国家边境，俄罗斯发出警告，表示不排除在必要时干预阿富汗局势，以守护中亚盟友的安全稳定。[③]俄防长绍伊古表示，如果集安组织成员国（包括塔吉克斯坦、乌兹别克斯坦等多国）受到威胁，俄将向其提供军事援助。[④] 为此，俄罗斯还与中亚国家举行了联合军事演习。

2021 年 8 月 2 日至 7 日，俄罗斯与乌兹别克斯坦在毗邻阿富汗的乌兹别克斯坦苏尔汉河州铁尔梅兹山地训练场举行联合军演。双方动用了约 1500 名官兵。用伊尔 -76 军用运输机将俄军特种部队从俄萨马拉运至演习地点。演习使用的装甲车辆由乌兹别克斯坦提供。演习期间双方将制定的任务目标即确保与阿富汗临近地区的和平与安全。《俄罗斯报》援引军事专家的话称，鉴于阿富汗局势，目前在阿富汗边境地区举行联合军演符合现实需求。[⑤]

2021 年 8 月 5 日至 10 日，来自俄罗斯、塔吉克斯坦和乌兹别克斯坦的

---

① 《俄罗斯总统与乌兹别克斯坦总统通电话讨论阿富汗局势》，https://news. cctv. com/2021/08/16/ARTIG627CArUVDyTq1U1e4lP210816. shtml，最新检索时间：2021 年 10 月 25 日。

② 《俄罗斯总统普京与塔吉克斯坦总统拉赫蒙通话讨论阿富汗局势》，http://news. cri. cn/20210819/99b49bbf – acd0 – aeef – 8776 – 3b3bbaa7379b. html，最新检索时间：2021 年 10 月 25 日。

③ 吴大辉：《俄在化解阿危局中角色愈益关键》，《环球时报》2021 年 8 月 24 日。

④ 《俄罗斯与中亚国家在阿富汗附近地区举行军事演习》，http://www. chinanews. com/gj/2021/08 – 02/9534595. shtml，最新检索时间：2021 年 10 月 25 日。

⑤ 《俄罗斯与中亚国家在阿富汗附近地区举行军事演习》，http://www. chinanews. com/gj/2021/08 – 02/9534595. shtml，最新检索时间：2021 年 10 月 25 日。

大约2500名士兵开始在距离阿富汗边境20公里的塔吉克斯坦哈尔布－迈东靶场（Kharb－Maidon）进行大规模联合军事演习。俄罗斯中部军区副司令叶夫根尼·波普拉夫斯基中将表示："当今世界，军事威胁不断增加，局势变得越来越紧张和不可预测，联合演习将使我们能够检查积累的战斗经验，测试部队并制定共同的作战方法。"①

2021年9月7日，独联体集体安全条约组织代号为"边界－2021"的军事演习在吉尔吉斯斯坦境内的"埃杰利维斯"训练场举行。参加演习人员包括集安组织中亚地区快速反应部队，以及吉尔吉斯斯坦、俄罗斯、哈萨克斯坦、塔吉克斯坦四国武装力量及吉内务部、紧急情况部和国家安全委员会相关机构人员，共计千余人，装备150件。集安组织联合参谋部参谋长阿纳托利·西多罗夫在演习开幕式上表示，受阿富汗局势影响，塔吉克斯坦与阿富汗交界地区局势不容乐观，集安组织应做好应对准备。②

对于阿富汗变局，阿富汗邻国纷纷发声，表达对阿未来局势走向的高度关注，其中也包括与阿富汗接壤的中亚邻国。土库曼斯坦外交部发表声明说，土库曼斯坦对阿富汗的安全稳定以及阿富汗人民的福祉十分关心，坚定支持通过政治和外交手段和平解决阿富汗问题。乌兹别克斯坦外交部表示，正密切关注阿富汗局势发展，将严厉打击任何试图侵犯乌边界的行为。乌方与阿富汗塔利班代表就确保边境地区和平稳定等问题保持密切接触。③ 塔吉克斯坦总统拉赫蒙表示，目前阿富汗国内局势仍是尖锐的全球焦点问题，同时也对地区安全构成主要威胁。阿富汗塔利班获取对阿富汗的控制权导致地区的地缘政治进程进一步复杂化。④ 相比阿富汗的另外两个接壤邻国，塔吉

① 《俄罗斯与中亚国家在阿富汗边境附近举行多场军事演习，将出动战略轰炸机》，https：//mil. huanqiu. com/article/44ExgZUHxu8，最新检索时间：2021年10月25日。
② 《集安组织"边界－2021"军演在吉尔吉斯斯坦境内举行》，https：//m. gmw. cn/baijia/2021－09/08/1302563237. html，最新检索时间：2021年10月25日。
③ 《阿富汗"变天"邻国压力大》，http：//www. news. cn/world/2021－08/22/c_ 1127784394. htm，最新检索时间：2021年10月25日。
④ 王德禄：《塔吉克斯坦总统：阿富汗国内局势对地区安全构成主要威胁》，https：//world. huanqiu. com/article/44V5AMGuCln，最新检索时间：2021年10月25日。

克斯坦对阿富汗变局的反应较为悲观。

对于中亚邻国的相应关切包括安全忧虑和毒品走私等，阿富汗塔利班在再度入主喀布尔前后都做出过相关承诺。2021 年 7 月 8 日，到达莫斯科与俄罗斯进行谈判的阿富汗塔利班代表向俄罗斯做出了保证，阿塔利班不会侵犯中亚国家边界，将保证外国使团在阿富汗领土上的安全，坚决打击阿富汗境内的"伊斯兰国"威胁，并在内战结束后铲除阿富汗境内的毒品生产。同时，塔利班也要求各国不要干涉阿富汗事务。[①] 8 月 17 日，阿富汗塔利班新闻发言人穆贾希德表示，塔利班不想重复任何的战争，也不希望有任何国内和国外的敌人。他强调，阿富汗目前的所有边境地区都在塔利班的控制中，该组织将努力避免任何走私武器和毒品等非法活动的出现。[②] 2021 年 9 月 7 日，阿富汗塔利班发言人苏海勒·沙欣表示，该组织寻求与所有国家建立良好关系，包括美国，但他强调不会与以色列建立关系。[③] 苏海勒·沙欣在此提及的"所有国家"，自然也包括所有中亚国家。

实际情况表明，阿富汗变局前后，与阿富汗接壤的土库曼斯坦、乌兹别克斯坦和塔吉克斯坦的边界并没有受到来自阿富汗塔利班的侵犯或骚扰，阿富汗塔利班不仅没有对它们构成直接威胁，而且一再表示愿与它们建立友好关系。这不是因为这些国家采取了相关应因之举，包括加强边境部署、举行军演之类，而是因为阿富汗塔利班根本就没打算侵犯邻国，或是要与邻国为敌。

三 阿富汗变局对中亚安全的现实冲击

然而，阿富汗变局还是在非传统安全领域对与其接壤的土库曼斯坦、乌

---

① 赵忠奇：《塔利班已控制阿富汗与塔吉克斯坦 2/3 边境，称不会侵犯中亚国家边界》，https：//wenhui. whb. cn/third/baidu/202107/10/413494. html，最新检索时间：2021 年 10 月 25 日。

② 《首场发布会上，塔利班做出五大承诺》，https：//world. huanqiu. com/article/44Ow9FKo35o，最新检索时间：2021 年 10 月 25 日。

③ 《世界静观塔利班临时政府走向》，《参考消息》2021 年 9 月 9 日。

兹别克斯坦和塔吉克斯坦造成了一些冲击，特别是有些阿富汗前政权军政人员非法越境包括携带枪械甚至是驾驶军用飞机、直升机越境以及难民越境等。好在这些冲击的规模和范围有限，而且总体可控。

（一）阿富汗前政权军政人员逃往中亚邻国

不少前阿富汗政府官兵越界进入中亚邻国境内。随着美军仓促撤出阿富汗，阿富汗塔利班武装在与阿富汗政府军的对峙中占据上风。2021 年 7 月 5 日，上千名阿富汗政府军官兵在与塔利班交战后被迫退入塔吉克斯坦境内，塔总统拉赫蒙下令动员 20000 名预备役军人，以加强与阿富汗交界地区的防御。① 7 月 8 日，塔吉克斯坦常驻集体安全条约组织代表哈桑·苏尔托诺夫表示，近两周内约有 1500 名撤退的阿富汗政府军人员进入塔吉克斯坦境内。7 月 5 日，阿富汗塔利班全面控制了阿富汗东北部巴达赫尚省的数个县，仅在当日进入塔境内的阿富汗军人就有 1037 名。②

由于担心遭到阿富汗塔利班报复，585 名阿富汗政府军飞行员于 8 月中旬在阿富汗塔利班即将全面控制阿富汗之际驾驶包括 PC - 12 轻型飞机、黑鹰直升机和米 - 17 直升机在内的 46 架飞机和直升机飞往了邻国乌兹别克斯坦。阿富汗塔利班上台后，对这些阿富汗飞行员离开该国的决定予以了谴责，要求他们返回阿富汗，承诺不会危害他们的生命安全，并要求归还飞机。阿富汗塔利班发言人沙欣称："阿富汗需要这些飞行员。我们才刚刚开始重建阿富汗，世界应该在这方面帮助我们，而不是制造障碍。"③ 面对阿富汗塔利班的施压，乌兹别克斯坦不断敦促美国尽快将这些飞行员转移到第

---

① 《上千名阿政府军人员与塔利班交战后被迫退入塔吉克斯坦境内 俄称对阿塔边境局势保持关注》，https：//world. huanqiu. com/article/43pqbuj4dpV，最新检索时间：2021 年 10 月 30 日。

② 《塔利班控制阿富汗东北部多地 数千军民逃入邻国塔吉克斯坦》，https：//3g. 163. com/dy/article/GECF9GVQ0514R9P4. html，最新检索时间：2021 年 10 月 30 日。

③ 赵忠奇：《滞留乌兹别克斯坦的阿富汗飞行员分批撤离，曾为美国重金训练，尚不清楚是否会被美国接收》，https：//baijiahao. baidu. com/s？id =1710925361786539180&wfr = spider&for = pc，最新检索时间：2021 年 10 月 30 日。

三国，否则将把他们驱逐出境，以避免乌兹别克斯坦和塔利班之间发生冲突，破坏乌兹别克斯坦多年来一直与塔利班维持较好的关系。①

2021年8月15日夜间，143名阿富汗政府军官兵乘3架运输机和2架直升机抵达位于塔吉克斯坦西南部的哈特隆州首府博合塔尔。飞机着陆后，阿富汗政府军官兵向塔方交出了随身携带的55件武器。这批入境者目前被安置在当地一所大学宿舍内。不过，塔政府部门并未通报阿政府军人员在入境之前是否已取得塔方的进入许可。②

（二）阿富汗难民涌入中亚邻国

在阿富汗塔利班占领边境地区之后，自2021年6月下旬开始，新一波难民从阿富汗涌入中亚邻国。起初，这些人主要是与塔利班作战的士兵和居民。中亚国家在接收阿富汗难民方面的政策有不确定性。北约军队撤出后，美国向中亚国家元首发出呼吁，要求为其来自阿富汗的伙伴提供临时庇护。但俄罗斯总统弗拉基米尔·普京反对此举，称不应允许难民在没有签证的情况下进入中亚其他国家。塔吉克斯坦和乌兹别克斯坦支持俄罗斯在这个问题上的立场，并暂时禁止与北约国家合作过的阿富汗人撤至其领土。吉尔吉斯斯坦和哈萨克斯坦则表示，它们只准备分别接收吉尔吉斯族人和哈萨克族人。③

2021年8月17日，吉尔吉斯斯坦卫生和社会发展部难民工作部门负责人日帕拉·曼别托娃接受卡巴尔通讯社采访时表示，吉尔吉斯斯坦最多只能接收大约1200名来自阿富汗的吉尔吉斯族难民。据她介绍，1996年吉尔吉斯斯坦成为联合国《关于难民地位的公约》的缔约国，因此，吉有义务接收难民。她说：

---

① 赵忠奇：《滞留乌兹别克斯坦的阿富汗飞行员分批撤离，曾为美国重金训练，尚不清楚是否会被美国接收》，https://wenhui.whb.cn/third/baidu/202109/15/424016.html，最新检索时间：2021年10月30日。

② 《143名阿富汗政府军官兵抵达塔吉克斯坦西南部城市》，https://world.huanqiu.com/article/44Nf9JokUry，最新检索时间：2021年10月30日。

③ 《中亚五国尚未准备好接收来自阿富汗的难民》，https://www.163.com/dy/article/GJ3B8774053238FQ.html，最新检索时间：2021年10月30日。

"我们预测，不会有大量难民涌入吉尔吉斯斯坦，毕竟阿富汗局势对巴基斯坦、伊朗、塔吉克斯坦和乌兹别克斯坦等国家的影响更大。目前，吉尔吉斯斯坦有73名阿富汗公民拥有难民身份，另有67人已提交申请，正在等待决定。"①

哈萨克斯坦表示，没有考虑接收阿富汗难民的问题，除了哈萨克族的同胞。2021年8月18日，托卡耶夫总统指示外交部提供最大限度的援助，以确保哈萨克族人能够安全地从阿富汗返回他们的历史家园。据哈萨克斯坦共和国外交部称，阿富汗有15个哈萨克族家庭、约200人。哈萨克斯坦共和国前驻阿富汗大使、哈萨克斯坦－阿富汗发展与伙伴关系协会主席介绍，阿富汗公民基本上都想在西方获得庇护。过去没有与大部分同胞一起离开的仍留在阿富汗的哈萨克族侨民正在向哈萨克斯坦求助。②

与其他中亚国家不同，塔吉克斯坦当局从一开始就准备接收阿富汗难民。官员们表示，他们最多可以接待10万名阿富汗人。塔吉克斯坦Sughd和Gorno－Badakhshan地区的负责人宣布了为阿富汗难民建立营地的计划。③ 2021年7月7日，与阿富汗巴达赫尚省接壤的塔吉克斯坦戈尔诺－巴达赫尚自治州表示，当地已经接收超过1000名来自阿富汗的难民。据称，这些难民主要是妇女、儿童和老人，他们已被安置在"安全的地点"。④

阿富汗变局引发的难民问题的确给中亚国家带来了一定的压力。乌兹别克斯坦总统阿富汗问题特使伊斯马蒂拉·叶尔加舍夫表示，乌方没有签署联合国《关于难民地位公约》，乌法律也没有规定可给予任何人难民地位。因此，乌方没有任何理由为阿富汗公民提供庇护。乌政治评论员图兰拜·库尔班诺夫说，来自阿富汗的难民持续增加，这对经济实力不强且受新冠肺炎疫

---

① 《吉尔吉斯斯坦计划接收1200名阿富汗难民》，https://new.qq.com/omn/20210817/20210817A0CGRV00.html，最新检索时间：2021年10月30日。
② 《中亚五国尚未准备好接收来自阿富汗的难民》，https://www.163.com/dy/article/GJ3B8774053238FQ.html，最新检索时间：2021年10月30日。
③ 《中亚五国尚未准备好接收来自阿富汗的难民》，https://www.163.com/dy/article/GJ3B8774053238FQ.html，最新检索时间：2021年10月30日。
④ 《塔利班控制阿富汗东北部多地 数千军民逃入邻国塔吉克斯坦》，https://3g.163.com/dy/article/GECF9GVQ0514R9P4.html，最新检索时间：2021年10月30日。

情影响的中亚国家来说将是个大问题。①

对于阿富汗变局引发的难民问题，也有人持不同看法。一位名叫
Fakhriddin Holbek 并负责阿富汗事务的塔吉克斯坦观察员表示，中亚国家可
能不会面临大量阿富汗难民的涌入，原因有两个："一是（阿富汗）塔利班
不会威胁或强迫人们离开自己的国家到其他国家避难；二是与我们国家接壤
的地区完全被塔利班占领，没有人可以接近边界。（阿富汗）塔利班首先控
制了边境村庄和地区，以免人们逃往中亚国家。那些试图越过边界的人被
（阿富汗）塔利班赶走，并用棍棒对他们进行了猛烈的打击。在与伊朗的边
界上已经多次观察到这种情况。"还有一种说法认为，阿富汗作为"秘密交
易"的结果被美国移交给了（阿富汗）塔利班，该国的城市几乎没有发生
可以吓坏阿富汗人并促使他们逃跑的血腥战斗。②

（三）塔吉克斯坦介入阿富汗内部纷争

一些仍在对抗阿富汗塔利班的阿富汗前政府重要成员，因在阿富汗境内
难以立足，不得不向外逃离。据半岛电视台报道，有消息人士称，当地时间
2021 年 9 月 6 日阿富汗前第一副总统萨利赫已经离开潘杰希尔前往塔吉克
斯坦。③ 据媒体报道，截至 10 月 6 日，盘踞在潘杰希尔山区的抵抗军已锐
减至 1000 人以下，有一部分抵抗军已逃离潘杰希尔。据英国《金融时报》
报道，许多反对阿富汗塔利班的武装组织领导人如潘杰希尔谷地指挥官小马
苏德，已经逃到了邻国塔吉克斯坦寻求庇护，他们希望利用那里作为与阿富
汗塔利班继续作战的基地。④

---

① 《阿富汗"变天"邻国压力大》，http：//www. news. cn/world/2021 – 08/22/c_ 1127784394. htm，
最新检索时间：2021 年 10 月30 日。
② 《中亚五国尚未准备好接收来自阿富汗的难民》，https：//www. 163. com/dy/article/
GJ3B8774053238FQ. html，最新检索时间：2021 年 10 月 30 日。
③ 《阿富汗前副总统萨利赫已经离开潘杰希尔前往塔吉克斯坦》，https：//m. gmw. cn/baijia/
2021 –09/06/1302557000. html，最新检索时间：2021 年 10 月 30 日。
④ 《阿富汗前副总统萨利赫已经离开潘杰希尔前往塔吉克斯坦》，https：//m. gmw. cn/baijia/
2021 –09/06/1302557000. html，最新检索时间：2021 年 10 月 30 日。

塔吉克斯坦能成为萨利赫和小马苏德的庇护之地，是有其历史原因的。一直以来，塔吉克斯坦与阿富汗北方联盟存在盟友关系，双方在 1996～2001 年建立战略同盟关系。2021 年 8 月 15 日，塔利班在美国从阿富汗撤军后接管喀布尔，塔吉克斯坦总统拉赫蒙曾警告，塔利班掌控下的阿富汗有可能再次成为恐怖主义的滋生地。他说："如果我们不关注这一局势，2001 年的情况有可能重演。"①

2021 年 8 月 25 日，塔吉克斯坦总统拉赫蒙在会见来访的巴基斯坦外长库雷希时表示，阿富汗塔利班未能履行组建包容性政府的承诺，塔吉克斯坦不会承认一个没有包容性、不能代表阿富汗所有民族的阿富汗政府。塔吉克斯坦总统办公室在 25 日发表的一份声明中指责阿富汗塔利班建立的"伊斯兰酋长国""违背了包容性承诺"。声明这样说："事实清楚地表明，塔利班正在违背其早些时候做出的组建一个由该国其他政治力量广泛参与的临时政府的承诺，其准备创建一个伊斯兰酋长国。如果（塔利班）不考虑阿富汗全体人民的立场，特别是所有少数民族的立场，塔吉克斯坦不会承认任何通过压迫而建立起来的阿富汗政府。"②

看来塔吉克斯坦不仅在为阿富汗前政府重要成员提供人身安全庇护，而且在介入阿富汗的内部纷争。有消息称，从 2021 年 9 月下旬起，塔吉克斯坦就开始秘密向阿富汗潘杰希尔山区渗透，力图帮助反塔抵抗军从潘杰希尔山区撤退，以此来保住反塔利班的种子。③ 小马苏德从塔吉克斯坦获得弹药补给。阿富汗《赫拉特时报》8 月 23 日援引知情人士的话报道称，潘杰希尔省的抵抗力量从塔吉克斯坦获得了武器、弹药和其他必需品。④ 据悉，阿富汗塔利班也已

---

① 《塔利班猛然出手，两万大军荡平潘杰希尔，小马苏德提前逃亡邻国》，https：//new. qq. com/rain/a/20211008A0BVTA00，最新检索时间：2021 年 10 月 30 日。
② 《塔吉克斯坦总统指责塔利班违背承诺称塔方不会承认塔利班政府》，https：//www. guancha. cn/internation/2021_ 08_ 25_ 604435. shtml，最新检索时间：2021 年 10 月 30 日。
③ 《塔利班猛然出手，两万大军荡平潘杰希尔，小马苏德提前逃亡邻国》，https：//new. qq. com/rain/a/20211008A0BVTA00，最新检索时间：2021 年 10 月 30 日。
④ 《塔吉克斯坦总统指责塔利班违背承诺 称塔方不会承认塔利班政府》，https：//www. guancha. cn/internation/2021_ 08_ 25_ 604435. shtml，最新检索时间：2021 年 10 月 30 日。

向与塔吉克斯坦接壤的塔哈尔省派遣了数千名特种部队官兵。目前尚不清楚此次军队调防是否与此有关，但是这令人不得不有所联想。9 月 26 日，阿富汗塔利班官方发言人穆贾希德在他的 Twitter 账号上写道："伊斯兰酋长国曼苏里军队的数十支特种部队已部署在塔哈尔省，以应对安全威胁和其他潜在威胁。"[①]

四　阿富汗变局对中亚安全的影响

阿富汗变局使阿富汗有望迎来结束长达 40 多年的战乱、实现由乱到治的转机。如果说阿富汗变局使阿富汗出现了令人企盼的积极变化，尽管存在某些挑战和不确定性，那么阿富汗变局对中亚安全的影响也可能会带来更多的积极因素，可能会给世人以更多的希望和信心。

（一）出现了新的积极因素

阿富汗结束了战乱之后，国家将迎来和平与安宁，社会秩序也将逐渐恢复正常，这为解决战乱引发的种种安全隐患，无论是传统安全隐患还是非传统安全隐患，还包括解决这些安全隐患可能导致的外溢及其相关问题等，提供了现实的可能。

阿富汗塔利班再度入主喀布尔后，一再表示要与除了以色列之外的各国友好，并且继续打击恐怖组织"伊斯兰国"。2021 年 8 月 19 日，阿富汗塔利班重申，塔利班愿与其他国家建立友好关系，不会允许阿富汗变成恐怖主义的基地。阿富汗塔利班发言人扎比乌拉·穆贾希德表示："我们向世界发出这样的信息，我们愿意在（遵循）外交原则和相互尊重的基础上与世界上所有国家展开互动，我们希望（同别国）发展友好关系，我们希望发展好经济，我们希望进行良好的贸易和外交。"[②] 10 月 3

---

① 《塔利班发言人宣布，数千名特种部队官兵被部署到阿富汗与塔吉克斯坦接壤的省份》，https://new.qq.com/omn/20210926/20210926A0E3LV00.html，最新检索时间：2021 年 10 月 30 日。

② 《塔利班重申：愿与别国建立友好关系》，https://world.huanqiu.com/article/44QoX5hEmUb，最新检索时间：2021 年 11 月 5 日。

日晚，阿富汗首都喀布尔市内响起阵阵枪声，塔利班突袭了恐怖组织"伊斯兰国"成员位于喀布尔第 17 警区的藏身点，并且击毙了多名"伊斯兰国"成员。①

在禁毒方面，阿富汗塔利班也有相关承诺和实质性举措。2021 年 8 月18 日阿富汗塔利班发言人扎比乌拉·穆贾希德发表声明指出，阿富汗的新统治者将不允许毒品交易。② 9 月 24 日他说："塔利班组建的新政府寻求阻止不法分子从阿富汗向其他国家贩运毒品。我们将封堵所有（贩毒）道路……包括通向俄罗斯的渠道，许多国家可以帮助我们切断贩毒路线。""阿富汗的大麻种植是一个严重问题。重要的是我们要向农民提供一些替代方案。"③ 10 月 18 日晚，塔利班数百名精锐战士手持 AK 步枪甚至 PKM 轻机枪，在喀布尔市区内展开了规模空前的"扫毒行动"。据悉，当天塔利班一举抓获了数百名沉迷于海洛因和冰毒的流浪汉，同时还抓获了多名正在向流浪汉提供和贩卖毒品的阿富汗黑社会分子。④ 这显示了阿富汗塔利班扭转阿富汗境内毒品泛滥的决心，同时也意味着中亚国家来自阿富汗的毒品走私困扰将可能得到缓解。

目前，中亚国家并未因阿富汗变局受到此前所担心的来自阿富汗塔利班的直接入侵和威胁，没有遭到来自阿富汗或与阿富汗塔利班相关的恐怖袭击，只是出现了一些前阿富汗政府军政人员以及难民进入的情况，而且这些是发生在阿富汗塔利班再度入主喀布尔前后很短的一段时间内，所以无论是从传统安全角度还是从非传统安全角度观察，阿富汗变局对中亚国家的安全影响有限并可控，并没有发生超乎预料的冲击与后果。

---

① 《塔利班突袭"伊斯兰国"成员在喀布尔藏身点，多人被击毙》，https://export.shobserver.com/baijiahao/html/411330.html，最新检索时间：2021 年 11 月 5 日。
② 《阿塔着手禁止鸦片》，《参考消息》2021 年 8 月 30 日。
③ 《塔利班高官承诺打击贩毒》，https://m.gmw.cn/baijia/2021 - 09/25/1302603358.html，最新检索时间：2021 年 11 月 5 日。
④ 《塔利班战士手持机枪，一举端掉毒贩老窝，抓捕数百人缴获大批武器》，https://new.qq.com/omn/20211020/20211020A06GFA00.html，最新检索时间：2021 年 11 月 5 日。

（二）形成了阿富汗邻国协调合作机制

2021 年 9 月 8 日，应巴基斯坦政府倡议，阿富汗邻国外长会以视频方式举行，中华人民共和国国务委员兼外长王毅、伊朗伊斯兰共和国外交部部长阿卜杜拉希扬、巴基斯坦伊斯兰共和国外交部部长库雷希、塔吉克斯坦共和国外交部部长穆赫里丁、乌兹别克斯坦共和国外交部部长卡米洛夫、土库曼斯坦外交部副部长哈吉耶夫共同参加。① 10 月 27 日，第二次阿富汗邻国外长会在德黑兰举行。本次会议由伊朗主持，伊朗、巴基斯坦、塔吉克斯坦、乌兹别克斯坦、土库曼斯坦五国外长在现场参加会议，中国和俄罗斯两国外长以视频方式出席。②

从两次阿富汗邻国外长会达成的共识和成果来看，都包含了涉及阿富汗及其周边国家和地区安全的相关内容，例如，强调阿富汗领土不能被用于威胁他国。重申"伊斯兰国"、"基地"组织、"东伊运"、"巴基斯坦塔利班"、"俾路支解放军"、"真主军"及其他恐怖组织不能在阿富汗领土上立足。③ 外长会表示注意到阿富汗有关责任方向国际社会做出的保证和承诺，即阿富汗领土不会对周边国家构成任何安全威胁，不会被犯罪、恐怖和分裂势力利用，切实同各类恐怖势力划清界限，并予以坚决打击和消灭；呼吁阿富汗有关方面切实承担责任，对周边国家采取睦邻友好政策，尊重公认且被普遍接受的国际法原则和基本人权，保护在阿富汗的外国公民和机构安全及合法权益；鼓励阿富汗有关方面应对恐怖主义、毒品走私、贩卖人口等威胁和挑战，打击有组织犯罪和其他源于阿富汗境内的犯罪行为；结合阿富汗受

---

① 《阿富汗邻国外长会联合声明》，https：//www.fmprc.gov.cn/web/gjhdq_676201/gj_676203/yz_676205/1206_676207/xgxw_676213/t1905902.shtml，最新检索时间：2021 年 11 月 5 日。

② 《第二次阿富汗邻国外长会在德黑兰举行》，http：//www.news.cn/world/2021-10/28/c_1128003853_2.htm，最新检索时间：2021 年 11 月 5 日。

③ 《阿富汗邻国外长会联合声明》，https：//www.fmprc.gov.cn/web/gjhdq_676201/gj_676203/yz_676205/1206_676207/xgxw_676213/t1905902.shtml，最新检索时间：2021 年 11 月 5 日。

暴恐威胁和反恐实效，适时探讨通过双多边渠道重启同阿富汗的反恐安全合作。①

外长会议是在阿富汗局势发生重大变化后举行的。会议举办得及时、务实和积极，其共识和成果不仅为阿富汗邻国应对阿富汗局势变化的协调合作提供了一个重要平台，也向政权更迭不久的阿富汗表明了基本态度、立场和关切。会议是阿富汗邻国合作应对阿富汗局势变化的尝试，也标志着阿富汗邻国协调合作机制的正式成立。阿富汗所有邻国在一起举行应对阿富汗局势变化的会议，并且因此形成邻国协调合作机制，其本身就是一种创新，无论是对阿富汗问题的解决，还是促其向良性方向发展，都是十分有益的。② 这种创新机制，对于阿富汗及其周边国家和地区的安全以及包括中亚国家在内的本地区国际安全合作也会起到推动作用。

（三）土乌两国与阿塔开启新合作

或许是因为阿富汗变局并未对中亚地区造成明显的负面影响和后果，大多数中亚国家对于变局之后的阿富汗也没有做出对抗性反应，其中与阿富汗接壤的土库曼斯坦和乌兹别克斯坦，似乎对变局之后的阿富汗抱有更多的乐观和期待，不仅与阿富汗塔利班进行接触和对话，而且还开启了双方之间新的具有实质性的合作。这与同为阿富汗接壤邻国的塔吉克斯坦相比有着很大的差异。

2021 年 9 月 5 日，土库曼斯坦外交部第一副部长哈吉耶夫表示，土方将通过参与实施阿富汗境内的大型能源、交通、通信项目，为推动该国和平进程与重建做出实际贡献。土方将继续向阿富汗提供电力等能源供应，为与土接壤的阿富汗地区的居民提供粮食援助。③ 9 月 29 日，阿富汗塔利班临时

---

① 《第二次阿富汗邻国外长会联合声明》，国家国际发展合作署网站，http://www.cidca.gov.cn/2021 - 10/29/c_ 1211425391. htm，最新检索时间：2021 年 11 月 5 日。

② 王南：《邻里相助好机制——评首次阿富汗邻国外长会及其成果》，中国社会科学院西亚非洲研究所网站，http://iwaas.cass.cn/xslt/zdlt/202109/t20210922_ 5361988.shtml，最新检索时间：2021 年 11 月 5 日。

③ 《土库曼斯坦外交部：土方将为解决阿富汗问题做出实际贡献》，https://m.gmw.cn/baijia/2021 - 09/06/1302557377.html，最新检索时间：2021 年 11 月 5 日。

政府代理副总理阿卜杜勒·萨拉姆·哈纳菲表示，临时政府已与乌兹别克斯坦和土库曼斯坦等邻国开展沟通，相关国家将支持阿富汗境内部分基础设施建设项目和电力供应等。他同时透露，前政府曾大举借债，导致国民经济出现问题。临时政府正在制订战略计划予以应对，并已采取一些措施，敦促国内商人积极参与国家建设。①

土库曼斯坦1991年10月宣布独立。1995年12月12日，联合国大会通过了一项特别决议，赋予土库曼斯坦永久中立国地位。同年12月27日，土库曼斯坦通过了永久中立国宪法。《土库曼斯坦宪法》这样写道："土库曼斯坦拥有永久中立国地位，永久中立是土库曼斯坦内外政策的基础。"② 土库曼斯坦的这种中立地位，使它在处理与阿富汗关系时更容易采取灵活、务实的立场。

乌兹别克斯坦不但是阿富汗的邻国，而且在阿富汗生活着许多乌兹别克族民众，乌兹别克族是阿富汗几大民族之一。阿富汗政府前副总统、北部军阀杜斯塔姆就是乌兹别克族。2021年8月14日，杜斯塔姆带着其装备和武器逃往乌兹别克斯坦海拉顿边界。③ 尽管乌兹别克斯坦不是中立国，但它并没有介入阿富汗内部纷争。乌兹别克斯坦也许只是出于人道主义的原因，允许杜斯塔姆及其随从入境或是过境，并没有让他及其追随者将乌兹别克斯坦作为反攻阿富汗塔利班的基地。这与塔吉克斯坦庇护萨利赫和小马苏德有着根本不同。否则，阿富汗塔利班也不会与乌兹别克斯坦进行合作。

虽然阿富汗、土库曼斯坦和乌兹别克斯坦之间开启的新合作及其良性互动目前主要集中在经贸领域，但它同样可以推动阿富汗及其周边国家和地区的和平与安全朝积极方向发展。因此，阿富汗塔利班、土库曼斯坦和乌兹别

---

① 《阿富汗临时政府代理副总理：已与邻国就基础设施建设等问题展开沟通》，https://news.sina.com.cn/w/2021-09-29/doc-iktzscyx7100728.shtml，最新检索时间：2021年11月5日。

② 《国际观察：土库曼斯坦为何成为"永久中立国"》，http://www.chinanews.com/gj/2020/12-13/9361263.shtml，最新检索时间：2021年11月5日。

③ 《阿富汗军队逃往乌兹别克斯坦海拉顿边界》，https://parstoday.com/zh/news/world-i73250，最新检索时间：2021年11月5日。

克斯坦之间开启的新合作，也应该被视为阿富汗变局对中亚安全产生的有利影响和后果之一。

（四）某些挑战和不确定因素尚存

阿富汗发生变局后，阿富汗自身面临诸多问题和挑战，包括阿富汗前政府残余势力对阿富汗塔利班政权的挑战、"伊斯兰国"等恐怖势力造成的安全威胁和治安问题，以及民生改善和国家重建等问题。如果这些问题和挑战得不到较好的解决和应对，不仅会使阿富汗塔利班政权，而且还会使阿富汗整个国家和社会深陷困境难以自拔，由此引发的负面后果和影响还会向阿富汗邻国和周边地区扩散和蔓延，其中也包括安全方面的威胁和风险。

1. 阿富汗前政府残余势力的挑战

如前所述，目前以小马苏德和萨利赫为代表的阿富汗前政府残余势力尚存，并且对阿富汗塔利班政权构成了现实威胁和挑战。虽然小马苏德已逃离阿富汗，但萨利赫已在塔吉克斯坦成立了流亡政府。[①]

塔吉克斯坦政府允许阿富汗前政府政要在其领土上成立流亡政府，而且这个流政府还可以从塔吉克斯坦越境对阿富汗塔利班发起反击，这足以造成阿富汗塔利班政权与塔吉克斯坦政府之间的矛盾和对立。

2. 恐怖势力的威胁

再度入主喀布尔之后，阿富汗塔利班仍然面临着非常严峻的安全/治安形势，极端组织"伊斯兰国呼罗珊"已在阿富汗制造了多起恐袭事件。[②] 这些事件既对阿富汗塔利班政权构成了一定的挑战和威胁，也影响着中亚国家社会的安定。

自从阿富汗塔利班再度执政后，就一直在对"伊斯兰国"和"伊斯兰

---

① 《阿富汗内战打响！反塔利班联盟公开发声：已开始实施反塔利班行动》，https://www.163.com/dy/article/GNDI8CCU0534ISVA.html，最新检索时间：2021年11月5日。
② 《阿富汗东部发生爆炸造成1死11伤》，http://www.news.cn/2021-10/14/c_1127958519.htm，最新检索时间：2021年11月5日。

国 呼罗珊分支",以及其他恐怖组织和恐怖势力进行打击。阿富汗塔利班的反恐举措不仅事关自身的政权稳定以及阿富汗的安全,还关乎包括中亚在内的阿富汗周边国家和地区的安全。

3. 跨境民族问题

阿富汗是一个多民族、多种族国家。其中,普什图族占 40%,塔吉克族占 25%,还有哈扎拉、乌兹别克、土库曼等 20 多个少数民族。[①] 从人种上看,这些民族涉及三大人种,即高加索人种(普什图人、塔吉克人、俾路支人、努里斯坦人等)、蒙古人种(哈扎拉人、艾马克人、乌兹别克人、土库曼人、吉尔吉斯人等)和澳大利亚人种(布拉灰人)。[②]

阿富汗的跨界民族问题是影响阿富汗局势的一个重要因素。阿富汗境内 12 个人口较多的民族都是跨界民族,其主体民族普什图族也不例外。与其他国家的跨界民族问题相比,阿富汗的跨界民族问题有其特殊性。阿富汗境内各族对自己族体的忠诚超过了对国家的忠诚,他们把本民族利益的获得与保护放在首位,而各民族的共同利益被束之高阁。阿富汗境内跨界民族与其国外同族的关系要远远好于与境内其他民族的关系,一旦某一民族的利益受到"损害",其国外同胞往往"拔刀相助",因而阿富汗内部问题往往会引发周边国家的干涉。[③]

阿富汗与其他中亚国家之间,特别是与其接壤的土库曼斯坦、乌兹别克斯坦和塔吉克斯坦之间都有大量的跨界民族人口,而且这些跨界民族几乎都是非普什图族。如果阿富汗塔利班政权未来不能处理和协调好相关民族关系,阿富汗与中亚国家之间的矛盾和纷争势必会影响或加剧双方之间的对立。

4. 枪械收缴和武器管理问题

由于长年战乱,阿富汗全国各地散落着大量武器军火。阿富汗塔利班在

---

① 《阿富汗国家概况》,https://www.fmprc.gov.cn/web/gjhdq_ 676201/gj_ 676203/yz_ 676205/1206_ 676207/1206x0_ 676209/,最新检索时间:2021 年 11 月 5 日。

② 黄民兴主编《阿富汗问题的历史嬗变》,中国社会科学出版社,2013,第 17 页。

③ 贾春阳、杨柳:《阿富汗问题三十年(1979~2009):地缘政治、民族与宗教》,《南亚研究》2009 年第 4 期。

再度入主喀布尔后不久即 2021 年 8 月下旬，就下令要求喀布尔市民在一周内交出其所拥有的武器、弹药与"国有财产"。如果在规定日期后被发现未交出上述物品，任何违反者都将被依法处置。这是塔利班执掌阿富汗后发布的首条禁令，也标志着阿富汗未来极有可能进入无枪时代。①

美国和北约从阿富汗仓促撤军时留下的武器装备价值约为 850 亿美元，其中包括 7.5 万辆汽车、200 架飞机和直升机，以及 60 万件小型武器和轻武器。据美国海军预备役军人、共和党议员吉姆·班克斯说，塔利班缴获的其他装备包括夜视镜、防弹衣和医疗用品等。他在华盛顿的一个演讲中说："塔利班现在拥有的'黑鹰'直升机数量超过世界上 85% 的国家。"②

倘若日后阿富汗塔利班政权在枪械收缴和武器管理方面出现问题，如出现了枪械武器被非法倒卖和走私等情况，不仅会给未来阿富汗的安全/治安带来麻烦，还会对包括中亚国家在内的周边国家和地区造成安全隐患。

五 结语

在安全方面，阿富汗变局对中亚地区而言是机遇与挑战并存，而且机遇要大于挑战。当然，今后中亚的安全形势能否不断改善、继续向好发展，不仅取决于阿富汗塔利班能否与时俱进，处理好国内相关事务和问题，兑现已经对外公布的承诺，而且要看其他中亚国家，特别是与阿富汗接壤的中亚邻国能否与阿富汗塔利班政权相向而行，共同努力。毕竟这是中亚国家独立以来，阿富汗首次出现有望结束战乱、实现由乱到治的局面，中亚国家应该把握和利用好这一机遇。如果中亚国家和阿富汗都能以务实的态度，采取对话与合作的方式相互交往，就有利于弥合分歧、培养和增进互信、营造对双方都有利的安全环境，最终促进共同发展和繁荣。否则，相关各方都将付出不必要的代价。

---

① 《塔利班发布首条禁令：喀布尔全民交枪，收回国有财产！》，https://new.qq.com/omn/20210828/20210828A04RUW00.html，最新检索时间：2021 年 11 月 5 日。
② 《遗留阿富汗武器令美英不安担心被用来对付自己》，《参考消息》2021 年 8 月 30 日。

Y.8

从三次峰会看中亚区域一体化现状

许　涛*

摘　要： 中亚地区的区域一体化是从苏联解体之日起就出现的多边议题，但受到历史条件的限制一波三折、几经起伏。独立后的中亚各国在诸如地区性资源分配、区域发展方向、共同挑战和风险的应对等方面存在突出的共性需求，在国家层面建立协调地区性问题合作机制的设想一直存在于中亚各国对外政策目标和区域合作的选项之中。在世界进入百年未有之大变局、欧亚地区也在发生急剧变革的情势下，中亚各国领导层再一次萌生推动和促进区域一体化的愿望，并将结成某种性质的共同体和对话协商机制的需求转化成了行动。2018年3月，以中亚国家领导人第一次非正式会晤为标志，中亚五国建立有利于集体稳定和共同发展的区域一体化机制的探索正式启动。这是中亚国家以空前的自主性和独立性推进的地区一体化进程，尽管仍然面临十分复杂的问题和障碍，但它毕竟以机制化和常态化的形式开始运作了。这将如何影响中亚地区未来的发展及其与世界的关系，是值得学界持续观察和分析的问题。

关键词： 中亚峰会　领导人协商会议　区域一体化　地区合作

20世纪90年代，苏联解体为中亚各国独立创造了历史机遇。获得主权

---

* 许涛，中国现代国际关系研究院研究员，国务院发展研究中心欧亚社会发展研究所特聘研究员、副所长兼中亚研究室主任。

独立后的中亚国家为了缓解因苏联时期的政治、经济联系断裂带来的强大冲击，不止一次地产生过实现地区一体化的念头。但事实上的结果均不理想，或因参与者各有打算而南辕北辙，或不得不引进域外大国参与而反客为主。在接近独立 30 周年时，中亚地区各国间的关系格局发生了明显的变化。百年变局的进程预示着世界各国将面对越来越难以把握的不确定性因素，集体应变和"抱团取暖"的心态促使中亚国家再次产生追求区域一体化的热情。以三次中亚国家领导人协商会议为标志，独立自主地推动区域一体化的国家行为已在中亚地区开启。这一进程对于欧亚大陆的地缘政治和地缘经济整合无疑将是具有深远影响的一件大事，同时在各种亟待解决的复杂问题和顽固障碍面前这一进程还面临着诸多不明朗的前景。以中亚领导人协商会议（以下或简称"中亚峰会"）为视点，跟踪观察和动态分析中亚区域一体化的成长，应是当前中亚问题研究的一个新领域。

一 艰难的起步

30 年前，初获独立的中亚国家面临的主要风险之一就是苏联解体带来原有经济联系的断裂。这不仅造成中亚各国独立早期遭遇严重的经济困难，而且也成为引发社会动荡和国家继续分裂的诱因。为了克服这一地缘政治突变带来的灾难性影响，中亚国家与其他后苏联空间国家一样，对恢复从前的经济联系抱有很高的期望。苏联正式解体前的 1991 年 12 月 8 日俄罗斯、乌克兰、白俄罗斯三国签署了独立国家联合体协定，中亚五国领导人随即于 13 日在土库曼斯坦首都阿什哈巴德紧急会晤商讨对策，中亚各国政治家明智地否决了以所谓的"突厥斯坦共和国"与"别洛韦日协议"三国分庭抗礼的建议，① 共同声明将以"创始国身份"加入独联体。12 月 21 日，除波罗的海

---

① Нурсултан Назарбаев рассказал о том, как ему предлагали создать с Узбекистаном и Туркменистаном Туркестанскую республику, UzReport. 03 декабря 2021 года. https：//uzreport. news/world/nursultan - nazarbaev - rasskazal - o - tom - kak - emu - predlagali - sozdat - s - uzbekistanom - i - turkmenista.

三国和南高加索地区的格鲁吉亚，苏联原 11 个加盟共和国领导人在哈萨克斯坦首都阿拉木图签署《阿拉木图宣言》。[①]宣言强调了这 11 个苏联原加盟共和国对形成共同经济区域合作组织的意愿，尤其体现出在失去苏联统一主权时代继续保留苏联统一经济空间的希望。然而，这在当时已经很不现实，独联体保障了苏联各加盟共和国"文明离婚"，但未能为欧亚地区经济恢复发挥更多的作用。因此，在原有共享的经济空间碎片化时代，利用次区域内已有的便利条件和同质的发展资源"抱团取暖"，成为中亚国家试图以某种方式做出区域协作制度化安排的主要动机。1993 年 9 月 23 日，哈萨克斯坦、乌兹别克斯坦、吉尔吉斯斯坦三国元首商定成立"中亚经济联盟"（Экономический союз Центральной Азии），并提出了到 2000 年将在中亚地区建成统一经济空间的计划（Единое экономическое пространство）。[②]为此，三国通过条约方式规定相互消除关税壁垒、实现商品和资本及劳动力自由流动、协调各国经济法规、鼓励跨国合资企业、统一交通物流标准等措施。[③]1994~1995 年，三国领导人又举行了两次会晤，通过了到 2000 年实现经济一体化的纲要，并正式建立了政府间合作委员会，还提出欢迎所有独联体国家加入的政策。到 1999 年，塔吉克斯坦也加入了中亚经济联盟。截至 2000 年，中亚经济联盟共签署了 28 个具体的经济一体化协议。应该承认，这些文件完成了中亚区域一体化的一些步骤，如在交通运输、能源资源、宏观经济政策等方面，在一定程度上消除了一些跨国经济合作的障碍。[④]显然，此时的中亚各国领导人是想用本地区"集体自救"的方式为各国营造一个相对宽松、有利的经济发展环境。但当时在独联体地区做出同样尝试的远不止这一种方案。

同在 1994 年稍早些时候，哈萨克斯坦首任总统纳扎尔巴耶夫访问俄罗

① 马大正、冯锡时主编《中亚五国史纲》，新疆人民出版社，2005，第 259 页。
② Центральноазиатский союз – Central Asian Union, https://ru.abcdef.wiki/wiki/Central_Asian_Union.
③ 李立凡：《论上海合作组织经济与贸易合作——兼论中国对推动上合组织经贸一体化的设想》，《世界经济研究》2007 年第 4 期。
④ 秦放鸣：《中亚经济联盟一体化的进程与前景》，《东欧中亚研究》1999 年第 4 期。

斯时在莫斯科大学发表演讲。在这次演讲中他提出了一个更加宏大的倡议：在全独联体地区建立"欧亚联盟"。这位智慧过人、眼光超前的政治家看到的是哈萨克斯坦及中亚地区位居欧亚两个地缘板块的中间地带，既存在处于欧亚大陆最中心内陆区的劣势，也具有连接欧亚两大经济区的优势。这个倡议的意义就在于推动加强欧亚地区经济上的紧密联系，最终建立类似欧盟的地区性一体化国家组织。① 从时间上看，这仅仅是苏联解体后的第三年，欧亚地区地缘政治大裂变产生的许多破坏性能量还在释放，后苏联空间还处在极不稳定的状态中，所以这一超前的欧亚地区一体化倡议遭到冷落的命运也不言而喻了。尽管关于欧亚联盟倡议的第一冠名权至今还存在争议，但是到了 20 年后这一倡议确实演化成在欧亚地区影响空前的机制化进程。

毕竟中亚地区在整个欧亚地区属于次要区域，即使欧亚地区中心成员早了好几年就提出同样意图的一体化行动，但终究"人微言轻"。1996 年 3 月，在俄罗斯主导下，俄罗斯、白俄罗斯、哈萨克斯坦、吉尔吉斯斯坦签署协议，决定成立旨在协调四国经济政策和关税的"关税联盟"。1999 年 2 月，又吸收塔吉克斯坦加入这个联盟。2000 年 10 月，俄罗斯、白俄罗斯、哈萨克斯坦、吉尔吉斯斯坦、塔吉克斯坦五国签署条约，将关税联盟升级为"欧亚经济共同体"。2014 年 3 月，欧亚经济共同体成员国领导人在莫斯科会晤，签署《关于欧亚经济共同体特权和豁免权公约》等文件，决定在 2015 年 1 月 1 日前起草并签署《关于建立欧亚经济联盟的条约》。② 到这时，曾经签署多种合作文件的中亚经济联盟已经被欧亚经济联盟所代表的更强大的区域一体化进程所兼并和取代。

二 晚到的共识

1993 年起步的中亚国家一体化尝试中途夭折，域外强大权力参与本地

---

① 王郦久：《俄"欧亚联盟"战略及其对中俄关系的影响》，《现代国际关系》2012 年第 4 期。
② 王郦久：《俄"欧亚联盟"战略及其对中俄关系的影响》，《现代国际关系》2012 年第 4 期。

区事务固然是重要影响要素，但中亚各国在推动区域合作水平提升的共同愿望之下缺乏基本共识也是不容忽视的原因。尤其是在关系各国经济命脉和社会稳定的一些关键领域，苏联时期遗留下来的复杂矛盾长期难以化解，严重阻碍了中亚国家间基本互信关系的建立。由这些矛盾引发的龃龉时常严重发酵，有时达到领导人关闭对话渠道、切断交通和民间往来，甚至爆发一定规模武装冲突的程度，讨论建立各国间协商合作机制的条件和氛围始终无法形成。

2016年9月，乌兹别克斯坦首任总统卡里莫夫去世。当年正式继任总统的米尔济约耶夫马上着手大刀阔斧地推行新政改革，改善与周边中亚邻国的关系成为"米尔济约耶夫新政"对外政策的重点。首先，乌兹别克斯坦与吉尔吉斯斯坦积极对话磋商，缓和自2005年"安集延事件"以来僵持的双边关系。开放两国边境口岸、恢复民间正常往来、启动政府高层互访等措施，使两国关系很快达到与睦邻友好相适应的水平。接着，乌吉两国开始解决苏联解体以来严重影响双边关系的边境和领土问题。到2017年9月两国签署《乌兹别克斯坦共和国和吉尔吉斯共和国国家边界条约》时，两国间未定边界已经有80%以上基本得到解决。在同月举行的第72届联合国大会上，米尔济约耶夫总统的主旨发言在谈到目前中亚地区亟须解决的水资源、反恐、阿富汗等问题时，提出中亚国家领导人应定期召开协商会议的倡议。同年11月10日，米尔济约耶夫总统在撒马尔罕举行的"回顾过去、展望未来：中亚地区可持续发展与安全合作"国际研讨会上，正式提出了举行中亚国家领导人会晤并成立"中亚国家元首协会"的建议。① 仅仅半个多月后，哈萨克斯坦首任总统纳扎尔巴耶夫即提出相应建议：在来年纳乌鲁兹节（中亚塔吉克族、乌兹别克族、哈萨克族、吉尔吉斯族、土库曼族等民族在游牧时期形成的传统节日，相当于中国春节，目前是中亚各国最重要的法定民族节日，在每年的3月20日或21日）期间召开"中亚各国领导人圆桌会

---

① Шавкат Мирзиёев: «Центральная Азия – регион огромного нереализованного потенциала»: Президент Узбекистана назвал основные направления развития сотрудничества стран Центральной Азии. Газета. UZ 10 ноября 2017. https://www.gazeta.uz/ru/2017/11/10/statement/.

议"。① 3 月初，哈萨克斯坦外交部发布消息：中亚峰会提前于 3 月 15 日举行。② 对纳扎尔巴耶夫总统积极抢占主场"首秀"的举动，米尔济约耶夫总统对这位中亚国家第一代领导人予以了足够的尊重，终于使得独立 27 年后的第一届中亚峰会在阿斯塔纳（今努尔苏丹）顺利举行。

在第一届中亚峰会上取得的具体成果并不多，主要的收获是各国领导人在一系列重大问题上达成了原则性的一致。第一，推动中亚五国之间全面改善关系。各方在各国因利益分割、发展差异、不同国策等引起的矛盾已严重制约本地区共同发展这一点上达成共识，均表示希望借本次峰会扭转长期交恶的局面。第二，协商解决边界、水源、交通等具体问题，合理分配本地区内共有自然资源和主要基础设施，通过平等对话和耐心谈判产生相对合理的方案，从长远计议摆脱俄苏时代历史遗留问题的羁绊。第三，搭建各国领导人会晤的平台，充分利用中亚各国政体接近和上层精英关系密切的优势，在国家元首层面建立起定期的对话与协商机制，为地区合作达到更高水平提供制度化保障。③ 第四，促进中亚地区共同的文化繁荣，将纳乌鲁兹节提升为"安定、团结、互助和兄弟情谊"的中亚精神之节日，并把"发扬光大从共同的祖先继承下来的伟大的纳乌鲁兹文化遗产"写进本次峰会的联合声明中。④

2019 年 11 月 29 日，第二届中亚峰会在乌兹别克斯坦首都塔什干举行。

---

① Новый этап центральноазиатской интеграции, РСМД, 3 декабря 2019, https：//russiancouncil. ru/analytics－and－comments/analytics/novyy－etap－tsentralnoaziatskoy－integratsii/.

② Участие в Рабочей（консультативной）встрече глав государств Центральной Азии, 15 марта 2018 года, Официальный сайт Президента Республики Казахстан, https：//www. akorda. kz/ ru/events/akorda_ news/meetings_ and_ receptions/uchastie－v－rabochei－konsultativnoi－ vstreche－glav－gosudarstv－centralnoi－azii.

③ Опора на свои силы: зачем лидеры Центральной Азии встречались в Астане: Лидеры пяти стран Центральной Азии после почти десятилетнего перерыва встретились, чтобы обсудить активизацию отношений. На фоне противостояния России и Китая с Западом им необходима более тесная координация, объясняют эксперты, РБК, 5 мар 2018, https：// www. rbc. ru/politics/15/03/2018/5aaa48df9a79479c52f6861c.

④ Наурыз и встреча десятилетия－о чем говорили президенты стран Центральной Азии в Астане, «Казинформ» 15 Марта 2018, https：//www. inform. kz/ru/nauryz－i－vstrecha－ desyatiletiya－o－chem－govorili－prezidenty－stran－central－noy－azii－v－astane_ a3185881.

这一次峰会不仅让米尔济约耶夫总统如愿以偿地做了东道主，而且其他中亚国家领导人的参与热情也明显提高。最突出的是土库曼斯坦总统别尔德穆哈梅多夫出席了峰会，而在上一年的首届中亚峰会上是由其议长努尔别尔德耶娃（Акджа Нурбердыева）作为总统特使和全权代表出席的。在本届峰会上，各国元首都为这个定期磋商机制提出了具体的建议和设想：乌兹别克斯坦总统米尔济约耶夫强调建立地区交通运输委员会的必要性，并建议签署《关于中亚运输系统共同发展的协定》；哈萨克斯坦首任总统纳扎尔巴耶夫提出中亚五国签订《21世纪中亚发展睦邻友好合作条约》和2020年举行中亚国家安全会议秘书会议的倡议；吉尔吉斯斯坦时任总统热恩别科夫提出以中亚国家元首协商会议为常设平台，并立足这一平台与国际组织及相关大国合作的设想；土库曼斯坦总统别尔德穆哈梅多夫则明确表示，应该在联合国、欧洲安全与合作组织中设立中亚五国协商机构。[1] 但是，本届中亚峰会除了由五国元首共同签署的联合声明，没有通过其他的正式文件。但在加强民间交往和弘扬地区文化方面提出了一些更加具体而丰富的建议，例如纳扎尔巴耶夫总统建议将每年的3月15日定为"中亚日"；米尔济约耶夫总统提出了举办"中亚国家投资论坛""中亚工商年会""中亚国际旅游大会""中亚运动会"等一系列建议。[2] 总而言之，中亚地区以各国元首定期工作会晤机制的建立为标志，协调五国利益和政策迈向区域一体化的趋势已经开启。

三 热点与难点

2020年，中亚地区与全球一样受到新冠疫情大流行的严重冲击。中亚

---

① Совместное заявление консультативной встречи глав государств Центральной Азии, UzDaily. uz. 29/11/2019，https：//uzdaily. uz/ru/post/47922.

② Шавкат Мирзиёев выдвинул ряд важных инициатив на второй Консультативной встрече глав государств Центральной Азии：В Ташкенте началась вторая Консультативная встреча глав государств Центральной Азии. nuz. uz. 29. 11. 2019，https：//nuz. uz/politika/44801 - shavkat - mirzieev - vydvinul - ryad - vazhnyh - iniciativ - na - vtoroy - konsultativnoy - vstreche - glav - gosudarstv - centralnoy - azii. html.

五国近 30 年发展中的差别也在这时凸显，各国因应对社会风险能力和国家治理水平各异而受到疫情不同程度的影响。原定于在这一年由吉尔吉斯斯坦承办的第三届中亚峰会也不得不向后推延。直到 2021 年 8 月，第三届中亚峰会由土库曼斯坦在其西部濒里海城市土库曼巴什国家旅游基地阿瓦扎主办。这本身足以说明土库曼斯坦领导人对中亚区域合作的重视程度较上年又有所提升，未再以中立国名义来回避越来越现实的地区议题。而且，参加这次峰会的中亚五国领导人中出现了两个新面孔：一位是哈萨克斯坦现任总统托卡耶夫，这是他 2019 年任总统后第一次参加中亚峰会；另一位是吉尔吉斯斯坦现任总统扎帕罗夫，他是在 2020 年 10 月因议会选举引发国内政治动荡而走上总统宝座后第一次在这个地区国家元首论坛上亮相。另外，联合国秘书长中亚问题特别代表、联合国中亚预防性外交区域中心主任娜塔利娅·赫尔曼（Наталья Герман）也列席了本次会议。与上两届中亚峰会相比，在本届中亚元首会晤的联合声明中出现了一些新的关注点。

第一，各国领导人强调了本届峰会在中亚国家获得独立 30 周年、《中亚无核武器区条约》签署 15 周年和塞米巴拉金斯克核试验场关闭 30 周年之际召开具有特殊的历史意义。这些重要的政治和安全事件为今天推进地区建立协商与合作机制提供了必不可少的条件，奠定了中亚国家政治互信的基础。重申各国获得独立主权和自主选择发展道路是推动本地区合作深化的前提，意在强调新的区域一体化进程的主动性和一致性，而且正式提出了将由各国外交机构联合派出驻联合国及其他国际组织常驻代表机构的计划。

第二，强调各国在应对包括新冠疫情等重大全球性挑战时密切合作的重要性。新冠疫情还在中亚地区蔓延，各国正在积极采取综合防控措施：在医疗卫生领域加强合作，为医学机构和专家交流创造一切必要条件，充分配合国际社会防控行动，支持相关各项重要国际倡议。各国元首对哈萨克斯坦总统关于在联合国框架下建立区域疾病防控和生物安全中心网络的倡议表示支持，还提出应成立向联合国安理会负责的国际生物安全机构的倡议。

第三，认为解决阿富汗问题是维护和加强中亚安全与稳定的关键性因素。中亚各国总统均表示愿意为阿富汗社会早日实现民族和解与经济重建提供一切可能的援助。中亚各国将支持所有相关国家和国际组织为阿富汗恢复和平与安定所做的努力，尤其在近期阿富汗国内局势发生重大变化时，帮助其与世界经济活动恢复联系和重建国家经济基础有利于全地区的稳定。

第四，各国元首强调进一步深化在过境运输领域多边合作的重要性。提出要实现包括建立新的国际航空、公路、铁路、河流和海上运输路线在内的地区交通网，确保过境货物运输通畅。根据国际规则和经验，在中亚地区推动联合基础设施项目，以有效利用地区的过境潜力。各国元首一致支持乌兹别克斯坦总统关于在联合国框架内建立区域交通通信发展中心的倡议。

第五，在开展缓解气候变化和防止生态灾难的合作问题上达成高度共识。中亚各国元首注意到近年来地区出现的荒漠化、冰川萎缩、水源不足等重大生态问题，意识到全球气候变化对中亚的不利影响和在这一领域开展区域合作的必要性、紧迫性。各国领导人认为，必须在联合国平台上达成共识，推进国际和地区倡议的落实。开展自然资源管理、生态环境保护、冰川保护和铀尾矿保护等方面的合作，积极引进新能源、绿色经济、节能节水技术，努力开发可再生能源。各国元首支持塔吉克斯坦总统拉赫蒙关于将2025年定为国际冰川保护年和设立国际冰川保护基金的建议，支持土库曼斯坦总统别尔德穆哈梅多夫提出制定实现联合国低碳战略的倡议。[①]

针对上述基本共识，中亚各国领导人在各自的主旨发言中也分别强调了一些具体的关注点。如哈萨克斯坦总统托卡耶夫突出强调了扩大各国经济联系的重要性，认为提高地区国家间贸易水平、增加合资企业数量、在能源和农业领域实施重大项目、改善各国经济结构是当务之急。他还建议在中亚形成统一的商品产销网络，结合中亚运输走廊建设共同进入欧亚经济联盟、独

① Совместное Заявление по итогам Консультативной встречи Глав государств Центральной Азии，Официальный сайт Президента Республики Казахстан，6 августа 2021 года，http：//president. kz/ru/sovmestnoe – zayavlenie – po – itogam – konsultativnoy – vstrechi – glav – gosudarstv – centralnoy – azii – 672511.

联体和第三国的市场。① 乌兹别克斯坦总统米尔济约耶夫重申建立连接欧亚交通走廊的重要性，尤其是建成"铁尔梅兹—海拉通—马扎里沙里夫—喀布尔—白沙瓦"和"中国—吉尔吉斯斯坦—乌兹别克斯坦"公路、铁路对形成南北交通运输走廊和提升地区经济地位意义重大，并提出希望联合国能够通过一项关于促进中亚—南亚互动的决议。② 吉尔吉斯斯坦总统扎帕罗夫专门准备了题为《中吉乌铁路建设项目将成为欧亚铁路网中亚段的重要环节之一》的报告，认为中亚地区完全具备成为世界贸易枢纽的地理条件，欧亚经济联盟、上海合作组织、欧洲—高加索—亚洲运输走廊等区域合作和便利化安排覆盖中亚，建立新的交通运输走廊将是提高地区竞争力的重要战略方向。他还以 2022 年是中亚国家加入联合国 30 周年为由，建议下一年举行"中亚—联合国高峰会议"。③ 塔吉克斯坦总统拉赫蒙在发言时强调了地区安全形势正面临严峻挑战，中亚国家应该在打击恐怖主义、宗教极端主义和政治激进主义方面进一步加强合作，并在打击毒品贩运、网络犯罪和跨国有组织犯罪方面采取紧急行动。④

这次中亚峰会正式确定了将各国元首定期会晤机制称为"中亚国家领导人协商会议"（Консультативная встреча Глав государств Центральной

---

① Выступление Президента Казахстана на Консультативной встрече глав государств Центральной Азии, Официальный сайт Президента Республики Казахстан, 6 августа 2021 года, https：//www. akorda. kz/ru/vystuplenie – prezidenta – kazahstanana – konsultativnoy – vstreche – glav – gosudarstv – centralnoy – azii – 672341.

② Главное из выступления Мирзиёева на встрече глав государств ЦА, Sputnik Узбекистан 06. 08. 2021, https：//uz. sputniknews. ru/20210806/glavnoe – iz – vystupleniya – mirziyoeva – na – vstreche – glav – gosudarstv – tsa – 19977433. html.

③ Президент Кыргызстана С. Жапаров в Туркменбаши озвучил ряд предложений по улучшению взаимодействия стран ЦА в борьбе с коронавирусной инфекцией, Исполнительный комитет СНГ. 6 августа 2021 года, https：//cis. minsk. by/news/19902/prezident_ kyrgyzstana_ s. zhaparov_ v_ turkmenbashi_ ozvuchil_ rjad_ predlozhenij_ po_ uluchsheniju_ vzaimodejstvija_ stran_ ca_ v_ borbe_ s_ koronavirusnoj_ infekciej.

④ Президент Республики Таджикистан Э. Рахмон выступил на Консультативной встрече глав государств Центральной Азии, НИАТ «Ховар», Август 6, 2021, https：//khovar. tj/rus/ 2021/08/prezident – respubliki – tadzhikistan – emomali – rahmon – prinyal – uchastie – v – konsultativnoj – vstreche – glav – gosudarstv – tsentralnoj – azii/.

Азии），通过了统一的会标和会徽，并设立了"中亚国家元首勋章"，拉赫蒙总统成为该勋章的首位获得者。同时，在土库曼巴什还举办了中亚妇女领导人论坛、中亚国家经济论坛、中亚国家商品国际展、中亚国际美食节和中亚国家文化艺术大师纪念音乐会等一系列配套活动。乌兹别克斯坦总统米尔济约耶夫还建议2022年在塔什干举行中亚青年论坛。

应该承认，2021年的第三届中亚峰会在区域一体化制度建设方面迈出了更大的步伐。但在地区各国协商合作意愿上升的同时，也显露出这一地区一体化进程还面临着若干难点。首先，必要的政治互信高度尚未达到，延缓了制度化建设推进的速度。在前两届中亚峰会中由哈萨克斯坦方面提出签署《21世纪中亚睦邻友好合作条约》的建议，在本次峰会上仍处在讨论酝酿阶段。乌兹别克斯坦方面于2019年第二届中亚峰会上提出签署《关于中亚运输系统共同发展的协定》的建议，尽管得到各国元首响应和赞许，但也远未进入商签的工作程序。其次，美国从阿富汗撤军，塔利班快速统一全境并重新掌权，中亚地区安全面临不确定性。在多数中亚国家与阿富汗现政权关系尚不明朗的前提下，各国元首在中亚峰会上提出建立联通北南和西东的纵横交通枢纽的设想受到现实安全条件的挑战。再次，中亚各国间的历史遗留问题仍在发酵，妨碍着国家间双边关系彻底改善。尽管近年来在乌兹别克斯坦的带动下中亚国家关系总体好转，并且开始进入磋商解决苏联解体时遗留下的边境、领土、水资源、道路等问题，而且还有了一些前所未有的进展，甚至提出以置换方式解决"飞地"问题的设想和方案。但是一来这些问题错综复杂、积重难返，进入具体协商阶段后也将是个长期、曲折的过程；二来新冠疫情大流行不仅使各国经济遭受打击，而且国家治理困境还引发民族主义情绪抬头，并在各国间的边境、土地、水资源争端中激化社会矛盾，使局部冲突政治化、国家化。2019年以来，吉尔吉斯斯坦与塔吉克斯坦之间的边境冲突不断。尤其是2021年4月底，吉塔两国边境因水源和边界设备安装问题发生武装冲突，造成严重人道主义危机。尽管扎帕罗夫于6月底访问塔吉克斯坦，两国领导人都表示要从边境冲突地段撤军，但7月初吉塔边境战端再起，动用的军事手段也不断升级，最终造成26人死亡、183人受

伤的严重后果。① 这一冲突直至2021年底仍在持续发酵，它不仅进一步揭示了中亚国家间矛盾的复杂性，也严重挫伤了中亚各国继续改善国家间关系和继续推动区域一体化的热情。

四　结语

从2018年、2019年、2021年三次中亚峰会的举办过程和取得的成就来看，大致可以得出这样一些基本的看法，并以其为关注点继续对这一过程进行观察。

一是中亚各国区域协作意识正在进一步强化。不论是从中亚五国参与热情来看，还是由三届中亚峰会发表的联合声明内容分析，中亚国家推动区域一体化的积极性是在持续上升的。乌兹别克斯坦和哈萨克斯坦两个中亚大国是当之无愧的首倡者和推动者，土库曼斯坦从最初由议长替代总统参加到积极争取主办权，也体现出其对深化地区合作和自主解决本地区问题的参与意识业已形成。尤其是在全球和地区进入大发展大变革大调整时期后，充斥着不确定性因素的发展前景使中亚国家加强地区内协作的需求持续提升，集体抵御风险的共同需求将促使这一进程继续深化。

二是地区文化认同将继续成为协作的黏合剂。乌兹别克、哈萨克、吉尔吉斯、土库曼四个民族在语言文化上属于阿勒泰语系突厥语族，塔吉克族语言属于印欧语系东伊朗语族。以"突厥语国家合作"为主线的文化认同无法覆盖整个中亚地区，但乌兹别克斯坦和哈萨克斯坦领导人巧妙选择了纳乌鲁兹节这一共同的民族文化符号作为唤起中亚各国、各民族凝聚共识的历史记忆。在政治、经济协作的机制化程度暂时难以达到地区整合目标时，围绕共同文化符号的诸如"中亚日""中亚旅游大会""中亚运动会""中亚青

---

① Президент Кыргызстана с официальным визитом посетит Таджикистан, rus. azattyk. org Июнь 24，2021，https：//rus. ozodi. org/a/31323758. html？ utm ＿ source ＝ yxnews&utm ＿ medium ＝ desktop&nw ＝ 1638771570000&utm ＿ referrer ＝ https％ 3A％ 2F％ 2Fyandex. ru％ 2Fnews％ 2Fsearch％ 3Ftext％ 3D.

年论坛"等一系列外围活动将成为今后几年显示中亚峰会成就的重要形式和看点。

三是区域合作机制化建设尚处于较低水平。除中亚国家领导人协商会议本身及其附属的外长会议已被确定为定期轮流举办的机制性活动，三届中亚峰会上建议签署的《关于中亚运输系统共同发展的协定》《21 世纪中亚睦邻友好合作条约》等文件和召开"中亚国家安全会议秘书会议"、建立"中亚交通运输委员会"和"中亚工商大会"等建议仍停留在讨论和研究层面，与形成区域合作的机制化还有较大距离。建立中亚峰会下属常设机构的问题也还没有被提上议事日程。这既反映了次区域国家自主推动一体化的能力有限，也再次表现出中亚各国之间要达到必要的政治互信高度还存在诸多羁绊。

四是需要处理好与俄罗斯主导的欧亚经济联盟的关系。中亚及整个欧亚地区形势虽然与以前相比发生了重大变化，中亚各国自主选择地区发展道路和国家合作模式的愿望也空前上升，但俄罗斯毕竟还是在欧亚地区占主导地位的大国，其对中亚各国的地缘战略定位和多种渠道的影响依旧是这一地区政治、经济格局演变的重要构成因素之一。尤其是 2021 年 5 月美国完全从阿富汗撤军后，中亚国家对俄罗斯在安全上的依赖再次加强。而且，哈萨克斯坦、吉尔吉斯斯坦和塔吉克斯坦三国是独联体和集体安全条约组织成员。同时，哈、吉两国还是欧亚经济联盟的成员。乌兹别克斯坦于 2020 年底也获得了欧亚经济联盟观察员国的身份。2021 年欧亚经济委员会已经开始制定欧亚经济联盟与乌兹别克斯坦合作的路线图。[①] 在与域外大国保持良性互动关系的前提下构建相对独立的地区合作空间，仍将是对中亚各国领导人政治智慧和策略水平的考验。

---

① 《俄罗斯支持乌兹别克斯坦加入欧亚经济联盟》，中华人民共和国驻哈萨克斯坦大使馆经济商务处网站，http://www.mofcom.gov.cn/article/i/jyjl/e/202101/20210103031388.shtml。

Y.9
中亚绿色产能发展及趋势

李　娟[*]

摘　要： 中亚地区既是能源资源富集区，又是生态脆弱区。促进绿色产能
　　　　发展、提高绿色产能利用率是中亚国家协调经济发展和生态保护
　　　　的重要举措。独立以来，中亚国家出台了一系列的法律法规和政
　　　　策文件，旨在提高绿色产能，促进经济的绿色、低碳、循环和可
　　　　持续发展。近年来，中亚国家"节能减排"取得了一定成效，
　　　　绿色产能利用率不断提升，但仍面临缺少绿色产能顶层设计、可
　　　　再生能源占比偏低、能源消耗和碳排放量较大、绿色产能利用率
　　　　不高等问题。中亚国家应强化顶层设计，促进绿色转型，加强区
　　　　域合作，以推动绿色产能发展。

关键词： 中亚　绿色产能发展　绿色产能利用率

　　哈萨克斯坦、吉尔吉斯斯坦、塔吉克斯坦、乌兹别克斯坦和土库曼斯坦
所在的中亚地区，既是世界上能源资源的富集区，又是典型的生态脆弱区。
近年来，中亚地区的环境污染、生态破坏日趋严重，如咸海生态危机引发水
体大幅缩减、生物多样性丧失，以及土地盐渍化、沙化、盐尘等已成为中亚
地区的重大环境问题。[①] 因此，中亚国家面临着经济社会发展和生态环境保
护的双重任务，而扩大绿色产能是协调经济社会发展和生态环境保护的必然

＊　李娟，陕西师范大学中亚研究所助理研究员。
①　https://www.sohu.com/a/453437817_120052222，最新检索时间：2021年11月29日。

选择和关键举措，中亚国家加快绿色产能发展，提高绿色产能利用率已迫在眉睫。

一 中亚绿色产能发展概况

产能在《辞海》中的释义为生产能力。绿色产能是指符合生态环保要求的、无公害和无污染的生产能力，绿色产能发展更加注重产能提升过程中的绿色、清洁、低碳、循环发展，更加注重生态环境保护和"节能减排"约束。包含哈萨克斯坦、吉尔吉斯斯坦、塔吉克斯坦、乌兹别克斯坦和土库曼斯坦在内的中亚地区是世界能源资源的富集区，各国奉行能源兴国战略。中亚国家虽并没有直接制定和出台有关绿色产能发展的法律法规和政策文件，但绿色产能发展的理念和行动一直贯穿在其各种法律法规和政策文件中。独立以来，中亚国家进行了一系列的战略规划部署，出台了一系列的专门法和行业法，旨在促进绿色产能发展，提高绿色产能产量，加大绿色能源、低碳能源、清洁能源、非化石能源、可再生能源的生产和消费，减少碳排放，发展环境友好型和资源节约型经济，走绿色、低碳、循环和可持续发展之路。

（一）中亚国家促进绿色产能发展的政策

中亚国家扩大绿色产能发展的相关行动并不是从近些年才开始的，提高绿色产能一直伴随着中亚各国的经济发展过程。如中亚国家对可再生能源的利用可以追溯到1913年土库曼斯坦水电站的使用。[①] 1991年以来，哈萨克斯坦、吉尔吉斯斯坦、塔吉克斯坦、乌兹别克斯坦和土库曼斯坦出台了一系列的法律法规、政策文件、经济计划等，提高了绿色产能，促进经济的绿色发展、低碳发展和可持续发展。

1. 哈萨克斯坦

哈萨克斯坦先后出台了《环保法》《节能法》《电力法》《资源保护和

---

① https://mp.weixin.qq.com/s/j28vLhSrnqX8BRqTev_KiA，最新检索时间：2021年11月29日。

再生法》《支持利用可再生能源法》《绿色经济法》《哈萨克斯坦矿产和矿产资源利用法典》《天然气和天然气供应法》等一系列法律法规，对能源资源利用、生态环境保护等做出了明文规定。依据哈萨克斯坦政府规划，到2025年该国可再生能源的发电量占比将提高至6%，2030年达到10%。[1] 2013年5月，哈萨克斯坦通过了"绿色经济发展方案"，计划到2050年包括天然气、核能和可再生能源的发电量占比达到50%及以上。[2] 在《哈萨克斯坦发展替代和可再生能源2013~2020年行动计划》中，对风能、水能、太阳能电站的建设和使用提出了具体要求，并列出了促进替代能源使用和加大可再生能源领域技术研发力度的具体措施。[3] 为进一步落实《巴黎气候协定》，哈萨克斯坦政府确定了2030年前将温室气体排放量缩减15%的目标，并提出新的国家自主减排贡献目标，还制定了《2022~2025年工业化路线图》。[4] 2021年9月，哈萨克斯坦能源部部长米尔扎加利耶夫在政府会议上表示，在《2022~2025年工业化路线图》框架下，哈地方能源项目将主要集中在两个领域：一是实施油气加工项目6个，金额达到1130亿坚戈；二是实施可再生能源项目10个，总装机容量达到170兆瓦，金额为870亿坚戈，其中，9个风电项目位于东哈州、阿拉木图州和科斯塔奈州，1个水电项目位于阿拉木图州。[5]

哈萨克斯坦生态部在2020年制定的《2050年前低碳经济发展愿景》中指出，哈萨克斯坦计划2050年前进入低碳经济发展轨道。[6] 在2021年7月1日生效的《生态法典》中，哈萨克斯坦将遵循"谁污染，谁赔偿"的原则，进一步明确和细化污染预防和管控措施，规定大型工业企业必须引入最

---

① https://mp.weixin.qq.com/s/rGjkS_G1y6GDHU7BqiqJ4Q，最新检索时间：2021年11月27日。

② https://mp.weixin.qq.com/s/09LtJnCB4ndVaY3nU3Raxg，最新检索时间：2021年11月29日。

③ http://www.nea.gov.cn/2013-03/29/c_132271208.htm，最新检索时间：2021年11月29日。

④ https://power.in-en.com/html/power-2396922.shtml，最新检索时间：2021年11月29日。

⑤ https://mp.weixin.qq.com/s/wr6fijOysHml4XRDcmlgNA，最新检索时间：2021年11月27日。

⑥ http://kz.mofcom.gov.cn/article/jmxw/202106/20210603068339.shtml?ad_check=1，最新检索时间：2021年11月29日。

具可及性的环保技术。① 在同年制定的《2060 年前实现碳中和目标远景》中指出，哈萨克斯坦将采取一系列的措施，提高产能利用率和电气化水平，到 2060 年前将可再生能源在总能源中的比重提升到 82%，将煤电占比降为 0%。② 目前，哈萨克斯坦政府正在积极推动《绿色经济转型构想》，将提升绿色产能、推动可再生能源使用、改善生态环境和实现绿色发展作为优先发展的目标。③

2. 吉尔吉斯斯坦

吉尔吉斯斯坦是上海合作组织绿色能源生产和消费的主要倡导国，出台了《环保法》《吉尔吉斯共和国可再生能源资源法》《吉尔吉斯共和国环境保护法》《吉尔吉斯共和国大气保护法》《吉尔吉斯共和国水法》《吉尔吉斯共和国生产和消费废物法》《吉尔吉斯共和国生态评估法》等多部涉及绿色发展、生态环境保护的法律法规。④

2016 年，吉尔吉斯斯坦出台了《到 2030 年能源领域发展规划》，将之前的《2008～2010 年国家能源计划》以及《2025 年前燃料能源综合发展战略》进行延伸。2017 年，吉尔吉斯斯坦开始实施"塔扎科姆"纲要，该纲要是吉尔吉斯斯坦至 2040 年发展战略的一部分，"塔扎科姆"纲要规定，吉尔吉斯斯坦将重点发展绿色经济和可再生能源。⑤ 吉尔吉斯斯坦发布的《吉尔吉斯共和国 2019～2024 年工业可持续发展战略》中指出，计划到 2030 年将年发电量增加到 199 亿千瓦时。⑥ 并建立社会基金以支持可再生能源项目和能提高能源使用效益的项目，在国家采购中建立促进购买节能技术的机制，推动包括卡姆巴拉金 1 号水电站项目在内的新的水电站建设项目，

---

① http://www.mofcom.gov.cn/article/i/jyjl/e/202101/20210103028124.shtml，最新检索时间：2021 年 11 月 30 日。

② https://www.in‐en.com/article/html/energy‐2308124.shtml1，最新检索时间：2021 年 11 月 23 日。

③ https://www.chinanews.com.cn/m/gj/2021/03‐03/9422961.shtml，最新检索时间：2021 年 11 月 27 日。

④ https://mp.weixin.qq.com/s/xWo9ZZLXMdkWJrD5TpZl7A，最新检索时间：2021 年 11 月 29 日。

⑤ https://mp.weixin.qq.com/s/z3oQzBKld3PvzQUf38dmUA，最新检索时间：2021 年 11 月 27 日。

⑥ https://power.in‐en.com/html/power‐2313055.shtml，最新检索时间：2021 年 11 月 25 日。

提高实体经济领域企业能源使用效率和节能水平等一系列的措施。① 2018 年 8 月 13 日，吉尔吉斯斯坦发布《到 2040 年国家发展战略》，宣布拟将可再生能源占比提升至 50%，将能源密集度与效率提升至 OECD 国家水平。② 在 2019 年 11 月获批的《2019～2023 年绿色经济发展规划》中，调整了 39 个气候变化的关键指标，并将其纳入国家统计系统。在此框架内确定了优先确保向"绿色"发展过渡的领域。③

2021 年 10 月 14 日通过的《吉尔吉斯共和国 2026 年国家发展纲要》，是吉尔吉斯斯坦的第一个"五年计划"，该纲要提出要保护自然生态环境，合理利用自然资源，发展以生态为导向的企业，将绿色经济原则纳入部门政策中，并引进低排放、节约资源等技术规定。计划实施的项目包括：启动国家"绿色经济标准"系统，启动绿色公共交通项目，向电动汽车过渡的行动计划；批准和实施关于适应气候变化和低温室气体排放发展的国家计划，扩大特别自然保护区的生态网络；实施"国家森林计划"，实施"受铀矿开采影响的各州领土复垦"国家目标计划，在舍卡夫塔尔、明库什和迈路苏开展铀矿遗留场地的复垦工作；制定废物可持续利用和二级资源管理的综合措施等。④ 该纲要还设定了 5 年内将温室气体排放减少 17% 的目标。⑤

3. 塔吉克斯坦

塔吉克斯坦拥有中亚地区最大的水电资源，是世界上最大的绿色能源生产国之一。⑥ 早在《塔吉克斯坦共和国 2015 年前经济发展纲要》中，塔吉克斯坦就制定了能源、交通和粮食三大战略。塔吉克斯坦颁布了《环保法》《可再生能源资源广泛使用专项计划》《可再生能源资源利用法》《2000～

① http：//kg. mofcom. gov. cn/article/jmxw/201903/20190302842222. shtml，最新检索时间：2021 年 12 月 1 日。
② https：//mp. weixin. qq. com/s/5PIZHRI－HBCm2ivTUDFS6Q，最新检索时间：2021 年 11 月 28 日。
③ https：//mp. weixin. qq. com/s/rzgBm3HdxuXgMe54EkM6rA，最新检索时间：2021 年 11 月 29 日。
④ https：//mp. weixin. qq. com/s/NSIZRGK－AhEYX0fabkoC0w，最新检索时间：2021 年 11 月 27 日。
⑤ https：//mp. weixin. qq. com/s/－e4D1d08TW19XfrAdkmGFg，最新检索时间：2021 年 11 月 29 日。
⑥ https：//www. sohu. com/a/426209107＿120001435，最新检索时间：2021 年 11 月 27 日。

2020 年小型水电站建设远期方案》①《2012～2020 年塔吉克斯坦地质发展计划》《2016～2026 年稀有金属矿藏研究和评估国家计划》等多部涉及环境保护、可再生资源使用、矿产资源开发等的法律法规、发展计划和建设方案。2016 年 9 月，塔吉克斯坦公布了《塔吉克斯坦共和国至 2030 年国家发展战略》，确立了"确保能源安全和高效使用电力能源"的战略发展目标。② 同年，塔吉克斯坦政府出台的《2030 年前塔吉克斯坦国家发展战略》对保持能源独立和建立能源节约型经济进行了论述。③

4. 乌兹别克斯坦

据不完全统计，独立以来，乌兹别克斯坦出台了《环保法》《电力法》《自然保护法》《自然区特别保护法》《水及水利用法》《动物世界保护及利用法》《合理利用能源法》《森林法》《生态鉴定法》《植物世界保护及利用法》《大气保护法》《土地法典》《危险生产项目工业安全法》《生态监督法》《1999～2005 年环保行动纲领》《2008～2012 年环保行动纲领》《2014～2031 年乌兹别克斯坦太阳能发展路线图》《2015～2019 年社会经济领域降低能源集中度和节能技术应用计划》《2015～2019 年结构转型、生产现代化和多样化保障措施纲领》《乌兹别克斯坦 2017～2021 年发展可再生能源纲领》④《2017～2021 年社会经济领域可再生能源进一步发展和提高能效措施方案》《可再生能源利用法》《2019～2030 年乌兹别克斯坦"绿色经济"转型战略》⑤《2030 年前国家可持续发展目标和任务》等一系列体系化的法律法规、发展战略、计划规划和行动纲领等。

2019 年，乌兹别克斯坦政府批准的《2019～2030 年乌兹别克斯坦"绿

---

① https：//mp. weixin. qq. com/s/5PIZHRI－HBCm2ivTUDFS6Q，最新检索时间：2021 年 11 月 29 日。

② http：//news. cri. cn/20170525/fa5f6774－7507－e0c2－aa7e－de05cd62a42f. html，最新检索时间：2021 年 12 月 1 日。

③ 杨进：《新时代中国与塔吉克斯坦战略对接合作评析》，《俄罗斯东欧中亚研究》2020 年第 6 期。

④ https：//www. sohu. com/a/356548951_ 120058819，最新检索时间：2021 年 11 月 27 日。

⑤ https：//mp. weixin. qq. com/s/yuQl QcV3jmwpzbCRtq3MHg，最新检索时间：2021 年 11 月 29 日。

色经济"转型战略》指出，要进一步加强光伏发电、风电、水电等可再生能源项目建设，计划到2030年，可再生能源发电占比达到1/4以上，[①] 并以2010年为基准，设立将单位GDP二氧化碳排放量降低10%的目标。[②]

在《2020～2030年能源和电力战略规划》发布后，乌兹别克斯坦清洁能源产业得到加速发展，"光、风、核、水"均衡发展格局正在形成，乌计划到2050年实现碳中和的目标。[③] 2020年4月，乌兹别克斯坦政府通过了《2020～2030年能源领域保障构想》，将积极利用社会资本和外国投资，通过PPP、BOT、BOO等模式发展本国电力市场，尤其是可再生能源电力市场。[④]

5. 土库曼斯坦

土库曼斯坦政府非常重视绿色发展、低碳发展和可持续发展，先后制定和颁布了多项法律法规和政策文件，如《环保法》《石油法》《碳氢化合物资源法》《森林法》《自然保护法》《特别自然保护区保护法》《臭氧层保护法》《渔业和生物水资源保护法》《植物保护法》《动物保护法》《国家森林战略》等。[⑤] 2019年，土库曼斯坦政府公布了《2019～2025年经济和社会发展纲要》，对油气开采和电力发展等做出了相关规定，[⑥] 同年，土库曼斯坦根据联合国《2030年可持续发展议程》和《巴黎气候协定》绿色发展和可持续发展内容，制定了《国家气候变化战略》。土库曼斯坦将可再生能源发展纳入国家战略，出台了《到2030年可再生能源发展国家战略》，旨在进一步开发可再生能源资源，维护能源安全，促进节能减排技术的使用等。2021年3月24日生效的新版《可再生能源法》中，将"可再生能源"界定为在自然

① https：//mp. weixin. qq. com/s/TgmJL5Tct1mluKkba20YNQ，最新检索时间：2021年11月29日。

② http：//uz. mofcom. gov. cn/article/jmxw/201910/20191002905738. shtml，最新检索时间：2021年11月27日。

③ https：//mp. weixin. qq. com/s/LScjhcJtib_ 20zAESKCSFg，最新检索时间：2021年11月29日。

④ https：//mp. weixin. qq. com/s/UmvIItMJ8JjJlA－7jx4NSw，最新检索时间：2021年11月29日。

⑤ https：//mp. weixin. qq. com/s/0CYtLinJ2EYd0_ 0R－oPsCQ，最新检索时间：2021年11月29日。

⑥ https：//mp. weixin. qq. com/s/UDc1vmZ3BfifduZWaZUeZg，最新检索时间：2021年11月27日。

过程中自然产生的取之不尽的可再生能源，包括太阳能、风能、自然流动的水能、地热能、沼气等有机废物产生的生物质能等。[①] 颁布该法旨在通过有效利用可再生能源完善能源结构，实现能源多样化，确保国家能源安全，保护生态环境，合理利用自然资源，实现绿色和可持续发展。[②]

（二）中亚国家绿色产能发展概况

中亚国家充分利用能源资源禀赋发展经济。独立以来，中亚国家经济经历了从寻求转型到谋求发展的过程，[③] 哈萨克斯坦、吉尔吉斯斯坦、塔吉克斯坦、乌兹别克斯坦和土库曼斯坦经济均得到了不同程度的发展。

中亚五国经济增长演进中存在明显的差异。（1）哈萨克斯坦。从现价来看，2020 年该国 GDP 达到 1698 亿美元，是 1991 年的 6.82 倍，年均增长率为 7.88%。从演进趋势来看，哈萨克斯坦经济经历了下降（1991～1999年）、快速增长（2000～2013 年）、下降（2014～2016 年）和稳步增长（2016 年以后）四个阶段，受新冠肺炎疫情影响，2020 年经济增速有下降趋势。（2）吉尔吉斯斯坦。从现价来看，2020 年吉尔吉斯斯坦 GDP 达到 77亿美元，是 1991 年的 2.96 倍，年均增长率为 4.53%。1991 年以来，吉尔吉斯斯坦经济大体经历了缓慢下降（1991～1999 年）和稳步提升（2000 年至今）的过程。（3）塔吉克斯坦。从现价来看，2020 年塔吉克斯坦 GDP 达到 82 亿美元，是 1991 年的 5.86 倍。1991 年以来，塔吉克斯坦经济发展可以分为下降阶段（1991～2000 年）、稳步增长阶段（2001～2014 年）、短暂下降阶段（2015～2016 年）和增长阶段（2016 年以后），年均增长率为 6.45%。（4）乌兹别克斯坦。从现价来看，2020 年乌兹别克斯坦 GDP 达到 577 亿美元，是 1991 年的 4.21 倍。1991 年以来，该国经济经历了下降

---

① https：//mp. weixin. qq. com/s/UKfd4CysfD - PV - kbbcDySw，最新检索时间：2021 年 11 月 27日。

② http：//tm. mofcom. gov. cn/article/jmxw/202103/20210303048007. shtml，最新检索时间：2021年 11 月 29 日。

③ 李中海：《中亚经济 30 年：从转型到发展》，《欧亚经济》2021 年第 4 期。

（1991～2002 年）、快速上升（2003～2016 年）、短暂下降（2017～2018
年）和缓慢回升（2018 年以后）四个阶段，年均增长率达到 6.10%，2002～
2020 年平均增速达到 10.21%，属于该国的高速发展时期。（5）土库曼斯坦。
从现价来看，2020 年土库曼斯坦 GDP 达到 497 亿美元，是 1991 年的 20.71
倍，年均增长率为 12.06%，是独立以来中亚五国中年均增长率最高的国
家，也是受新冠疫情影响最小的国家。1991 年以来，土库曼斯坦经济经历
了小幅下降（1991～1996 年）、不断提升（1997～2014 年）、短暂回落
（2015 年）和稳步提升（2016 年以后）的过程。

依托丰富的煤、石油、天然气等能源资源，中亚国家将能源作为立国
之本。按照由多到少的顺序，中亚国家电力生产量可排序为哈萨克斯坦、
乌兹别克斯坦、塔吉克斯坦、吉尔吉斯斯坦和土库曼斯坦。（1）哈萨克斯
坦。2000～2019 年哈萨克斯坦电力生产量一直呈递增趋势，只是 2015 年
略有下降，哈萨克斯坦是中亚五国中经济发展水平最高的国家，也是电力
产量最大的国家，2019 年达到 1065 亿千瓦时。（2）吉尔吉斯斯坦。研究
时段内，吉尔吉斯斯坦电力产量一直维持在 100 亿～160 亿千瓦时，波动
性不大。（3）塔吉克斯坦。2002～2018 年，塔吉克斯坦的电力生产量一直
为 150 亿～200 亿千瓦时，2019 年突破 200 亿千瓦时，整体波动较小。
（4）乌兹别克斯坦。乌兹别克斯坦的电力生产量呈递增趋势，但增幅没有
哈萨克斯坦明显。（5）土库曼斯坦。该国是中亚国家中电力生产量最小的
国家，2000 年以来，电力生产量基本维持在 2000 万千瓦时以下。

能源是发展生产所必需的燃料和动力的来源。1991 年以来，中亚国家
采取了多种节约能源的措施，中亚五国的能源消耗总量变化如图 1 所示。

由图 2 可以看出，中亚国家的能源消耗总量与经济发展存在高度相关
性，国别差异较为明显。（1）哈萨克斯坦。从 2003 年开始，哈萨克斯坦成
为中亚国家中能源消耗总量最大的国家，2013 年达到峰值 4622 万吨标准
油，占中亚五国总消耗量的 57.86%。（2）吉尔吉斯斯坦。与哈萨克斯坦、
乌兹别克斯坦和土库曼斯坦相比，吉尔吉斯斯坦的能源消耗量不大，且变化
趋势不明显，但仍呈现下降—上升—下降的演进特征。（3）塔吉克斯坦。

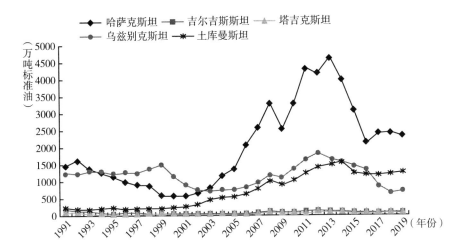

图1　1991~2019年中亚国家的能源消耗总量

资料来源：世界银行数据库和亚洲开发银行数据库，个别缺失数据采用插值法补齐。

1991年以来，塔吉克斯坦一直是中亚五国中能源消耗量最小的国家，能源消耗只占中亚五国总消耗量的1%~3%。（4）乌兹别克斯坦。1991年以来，该国能源消耗总量大体呈波浪式演进特征。2012年以后，能源消耗大体呈下降趋势。（5）土库曼斯坦。1993~2014年，土库曼斯坦的能源消耗不断上涨，2016年以后呈小幅上涨趋势。

中亚国家拥有丰富的绿色、可再生能源，如风能、太阳能、水能和生物质能等，但在能源消耗中，可再生能源占比并不高（见表1），能源结构优化升级还有很长的路要走。

表1　2000~2018年中亚国家可再生能源在最终能源消耗总量中的份额

单位：%

年份	哈萨克斯坦	吉尔吉斯斯坦	塔吉克斯坦	乌兹别克斯坦	土库曼斯坦
2000	2.50	35.16	62.41	0.71	0.09
2001	2.41	36.00	64.07	0.77	0.09
2002	2.77	28.30	64.15	1.01	0.09
2003	2.28	30.51	64.58	1.41	0.08
2004	1.89	27.71	61.41	1.04	0.08
2005	2.09	28.03	63.73	1.61	0.07

续表

年份	哈萨克斯坦	吉尔吉斯斯坦	塔吉克斯坦	乌兹别克斯坦	土库曼斯坦
2006	2.13	27.76	61.57	0.85	0.09
2007	1.83	24.49	53.79	0.90	0.07
2008	1.15	22.04	54.61	0.79	0.07
2009	1.31	24.73	60.58	1.23	0.08
2010	1.38	25.59	61.83	1.34	0.07
2011	1.38	25.95	59.98	0.95	0.07
2012	1.33	22.45	55.80	1.31	0.06
2013	1.16	24.81	55.12	1.13	0.06
2014	1.34	26.60	45.89	1.35	0.06
2015	1.71	23.30	48.11	1.67	0.06
2016	2.04	21.92	41.16	1.63	0.06
2017	1.99	24.55	41.69	1.77	0.06
2018	1.86	23.21	39.47	1.49	0.06

资料来源：世界银行数据库和亚洲开发银行数据库。

由表1可以看出，按照可再生能源在最终能源消耗总量中的份额从高到低的顺序，中亚五国可排序为：塔吉克斯坦、吉尔吉斯斯坦、哈萨克斯坦、乌兹别克斯坦和土库曼斯坦。整体而言，中亚国家可再生能源消费量均偏低。（1）哈萨克斯坦。2000～2018年，哈萨克斯坦可再生能源在最终能源消费总量中占比均在3%以下，这与其经济发展水平极不匹配，表明该国绿色产能发展已迫在眉睫。（2）吉尔吉斯斯坦。可再生能源在最终能源消费总量中占比有缓慢下降趋势，最大值出现在2001年，占比为36%；最小值出现在2016年，占比为21.92%。（3）塔吉克斯坦。该国可再生能源所占比重为五国中最高的，但在研究时段内，呈缓慢下降趋势，2014年以后占比均维持在50%以下，2018年达到2000年以来占比的最低值39.47%。（4）乌兹别克斯坦。该国可再生能源在最终能源消费总量中的占比均在2%以下，能源结构非常不合理，也与其经济发展水平不相匹配。（5）土库曼斯坦。该国可再生能源在最终能源消费总量中占比均低于0.1%，是中亚五国中能源结构最不合理的国家。

绿色产能发展是倡导"节能减排"约束下的产能提升，温室气体二氧化碳和各种污染物排放量的减少是中亚国家提高绿色产能的重要举措之一。1991～2019 年中亚国家二氧化碳排放总量如图 2 所示。

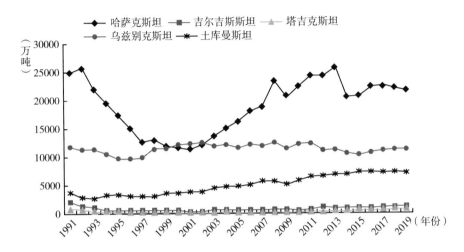

图 2　1991～2019 年中亚国家二氧化碳排放总量

资料来源：世界银行数据库和亚洲开发银行数据库。

由图 2 可知，1991～2019 年，中亚国家碳排放大体呈现分层特征，哈萨克斯坦位于第一层次，乌兹别克斯坦、土库曼斯坦位于第二和第三层次，吉尔吉斯斯坦和塔吉克斯坦位于第四层次，国别差异非常显著。(1) 哈萨克斯坦。1991～2019 年哈萨克斯坦二氧化碳排放总量年均值为 1.89 亿吨，其间，2013 年达到峰值 2.56 亿吨，这或许与其可再生能源利用不足有关。2017 年以后呈略微下降趋势。(2) 吉尔吉斯斯坦。1995 年以来，吉尔吉斯能源消耗量均维持在 1500 万吨以下，是中亚地区碳排放较少的国家。(3) 塔吉克斯坦。1992 年以来，塔吉克斯坦二氧化碳排放总量均在 800 万吨以下，是中亚地区碳排放最少的国家，但 2009 年以来，该国碳排放有增加趋势。(4) 乌兹别克斯坦。除 1995～1997 年，乌兹别克斯坦其余年份的碳排放均在 1 亿吨以上，最高值达到了 1.25 亿吨，且 2015 年以来，碳排放量的增长势头明显。(5) 土库曼斯坦。1991～2019 年土库曼斯坦的二氧化碳排放量呈缓慢递增趋势，2015 年超过 7000 万吨以后，一直在 7200 万吨左右。

（三）中亚地区绿色产能发展概况①

将中亚五国国内生产总值（GDP）加总后，可以得到中亚地区 GDP 的值，1991～2020 年中亚地区 GDP 及其增长率的演进趋势如图 3 所示。

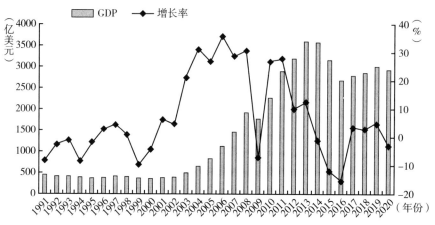

图 3　1991～2020 年中亚地区 GDP 及其增长率演进趋势

资料来源：笔者根据中亚国家 GDP 数据计算所得。

从现价来看，2020 年中亚地区 GDP 达到 2932 亿美元，是 1991 年的 6.53 倍。从增长率来看，1991～2020 年中亚地区 GDP 的年均增长率达到 7.10%。2003～2013 年除 2009 年，中亚地区 GDP 的增长率在 10%～36%，呈现高速增长态势。2014 年以来，年均增长率为 -2.63%，地区经济下行压力明显。从各国占比来看，2020 年，哈萨克斯坦、吉尔吉斯斯坦、塔吉克斯坦、乌兹别克斯坦和土库曼斯坦 GDP 占中亚地区 GDP 比重分别为 57.91%、2.63%、2.80%、19.68% 和 16.95%，地区经济发展不平衡。

为践行联合国《2030 年可持续发展议程》、《联合国气候变化框架公约》和《巴黎气候协定》②，中亚各国都将实现"节能减排"作为经济发展

---

① 因篇幅所限，本部分仅对中亚地区的 GDP、能源消耗量和二氧化碳排放量进行数据分析，其他数据读者如有需要可向笔者索取。

② http：//www.gov.cn/xinwen/2021-06/24/content_5620487.htm，最新检索时间：2021 年 11 月 15 日。

的目标之一，如降低能源消耗和减少二氧化碳排放等。将中亚五国能源消耗量进行加总，可以得出1991～2019年中亚地区年度能源消耗总量及演进趋势，如图4所示。

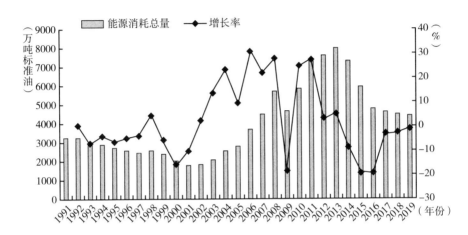

图4　1991～2019年中亚地区年度能源消耗总量及演进趋势

资料来源：笔者根据中亚五国能源消耗量的值加总自制。

从具体值来看，中亚地区能源消耗总量呈下降（1991～2001年）、上升（2002～2013年）、下降（2014年以后）的阶段性变化特征。从增长率来看，1991～2019年中亚地区能源消耗总量的年均增长率为2.12%，2013～2019年的年均增长率为-7.04%，这表明2013年以来，中亚地区能源消耗呈下降趋势。

由图5可知1991～2019年中亚地区二氧化碳排放量及演进趋势。从具体值来看，中亚地区二氧化碳排放量呈下降（1991～1997年）、总体上升（1998～2008年）、缓慢调整（2009年以后）的阶段性变化特征。2008年以后，中亚地区二氧化碳排放量大体维持在4亿～4.5亿吨。从增长率来看，1991～2019年中亚地区二氧化碳排放量的年均增长率为0.12%，因基数较大，中亚地区碳排放量前景仍不容乐观。

由上可见，独立以后，中亚国家都制定了促进绿色产能发展的相关政策，采取了一系列措施，以期促进经济的绿色、低碳和可持续发展，但从

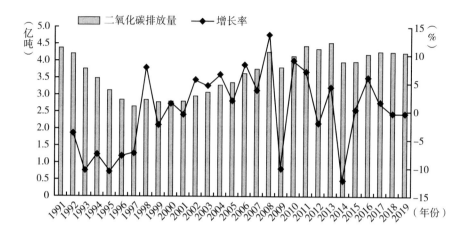

图5　1991~2019年中亚地区二氧化碳排放量及演进趋势

资料来源：笔者根据中亚国家GDP数据计算所得。

"节能减排"的数据分析来看，中亚绿色产能发展仍不充分、不平衡。为进一步深入探究中亚绿色产能发展及趋势特征，需要对中亚绿色产能利用率及发展趋势进行评价。

二　中亚绿色产能利用率及发展趋势评价

产能利用率是实际产出与生产能力（均以价值量计量）的比率[①]，是衡量产能发展的常用指标。借鉴学者阎虹戎和严兵[②]、黄秀路等[③]对产能的研究，本文对中亚国家和整个中亚地区的绿色产能利用率进行测度和评价，以对绿色产能发展及趋势进行分析。沿用张少华和蒋伟杰[④]的分析方法，

[①] 详见中国国家统计局于2021年2月28日发布的《中华人民共和国2020年国民经济和社会发展统计公报》中关于产能利用率的注释，http://www.stats.gov.cn/tjsj/zxfb./202102/t20210227_1814154.html，最新检索时间：2021年11月30日。

[②] 阎虹戎、严兵：《中非产能合作效应研究——基于产能利用率的视角》，《国际贸易问题》2021年第3期。

[③] 黄秀路、葛鹏飞、武宵旭：《中国工业产能利用率的地区行业交叉特征与差异分解》，《数量经济技术经济研究》2018年第9期。

[④] 张少华、蒋伟杰：《中国的产能过剩：程度测算与行业分布》，《经济研究》2017年第1期。

采用 SBM 模型对中亚国家和中亚地区的绿色产能利用率进行测度和评价。

（一）评价方法

SBM 模型是数据包络分析法的一种，由 Tone 在 2002 年提出[1]，本文构建"节能减排"约束下中亚绿色产能的评价指标体系，采用 SBM 模型对中亚地区绿色产能利用率进行测度。依据 Tone 的研究成果，将越多越好的"好"产出称为期望产出，也叫作合意产出，如中亚国家的 GDP 等；将越少越好的"坏"的产出称为非期望产出，也叫作非合意产出，如中亚国家的温室气体排放、污染物排放等。基于非期望产出的 SBM 模型的分式规划为：

$$\rho = \min \frac{1 - \dfrac{1}{m}\sum_{i-1}^{m}\dfrac{s_i^-}{x_{i0}}}{1 + \dfrac{1}{s_1 + s_2}\left(\sum_{r=1}^{s_1}\dfrac{s_r^d}{y_{r0}^d} + \sum_{l=1}^{s_2}\dfrac{s_l^u}{y_{l0}^u}\right)} \tag{1}$$

$$\text{Subject to}\begin{cases} x_0 = X\lambda + s^- \\ y_0^d = Y^d\lambda - s^d \\ y_0^u = Y^u\lambda + s^u \\ \lambda \geqslant 0 \\ s^- \geqslant 0 \\ s^d \geqslant 0 \\ s^u \geqslant 0 \\ i = 1,2,\cdots,m \\ r = 1,2,\cdots,s_1 \\ l = 1,2,\cdots,s_2 \end{cases}$$

其中，ρ 为绿色产能利用率，$0 \leqslant \rho \leqslant 1$，$\rho$ 越接近于 1，表明绿色产能利用率越高；越接近于 0，则表明绿色产能利用率越低。

n 为决策单元的个数，m、s_1 和 s_2 分别代表投入要素、期望产出和非期

---

[1] Tone K. , A Slacks – Based Measure of Efficiency in Data Envelopment Analysis, *European Journal of Operational Research*.

望产出的个数，x、y^d 和 y^u 分别为投入、期望产出和非期望产出，$X = [x_1, x_2, \cdots, x_n] \in R^{m \times n}$，$Y^d = [y_1^d, y_2^d, \cdots, y_n^d] \in R^{S_1 \times n}$，$Y^u = [y_1^u, y_2^u, \cdots, y_n^u] \in R^{S_2 \times n}$，$s^-$、$s^d$ 和 s^u 分别为投入、期望产出和非期望产出的松弛变量，λ 为权重。

（二）评价指标体系构建及数据来源

将中亚地区（哈萨克斯坦、吉尔吉斯斯坦、塔吉克斯坦、乌兹别克斯坦和土库曼斯坦）的资本投入、劳动力投入和能源投入作为投入要素，将国内生产总值作为期望产出，将二氧化碳排放量和一氧化氮排放量作为非期望产出，构建中亚绿色产能评价指标体系，如表 2 所示。

表 2　中亚绿色产能评价指标体系

一级指标	二级指标	衡量指标
投入指标	资本投入	物质资本存量（亿美元）
	劳动力投入	劳动力数量（万人）
	能源投入	能源消耗总量（万吨标准油）
产出指标	期望产出	国内生产总值（亿美元）
	非期望产出	二氧化碳排放量（万吨）
		一氧化氮排放量（万吨二氧化碳当量）

资料来源：笔者自制。

表 2 中，投入指标分为资本投入、劳动力投入和能源投入，分别采用物质资本存量、劳动力数量和能源消耗总量进行衡量。资本存量采用永续盘存法进行测算，公式为：$K_t = IN_t + (1 - \delta) K_{t-1}$。期初资本存量估算方法为：$K_0 = IN_0 / (g + \delta)$，其中，$K_t$ 代表 t 期资本存量，IN_t 代表 t 期固定资产投资额，g 为分析时段（1991～2019 年）固定资产投资的平均增长率，δ 为固定资产折旧率，沿用单豪杰的观点[①]，设定固定资产折旧率为 10.96%，且将

---

① 单豪杰：《中国资本存量 K 的再估算：1952～2006 年》，《数量经济技术经济研究》2008 年第 10 期。

1991 年作为研究基期。产出指标分为期望产出和非期望产出，前者采用 GDP 进行衡量，后者采用二氧化碳和一氧化氮排放总量进行衡量。

中亚五国数据来自世界银行数据库、亚洲开发银行数据库，个别年份的缺失数据用均值插值法补齐。

（三）评价结果分析

1. 中亚国家层面

基于中亚绿色产能评价指标体系，采用基于非期望产出的 SBM 模型，运用 DEA Solver Pro 5.0 软件对 1991～2019 年中亚国家绿色产能利用率进行测度，结果如表 3 所示。

表 3　1991～2019 年中亚国家绿色产能利用率

年份	哈	吉	塔	乌	土	年份	哈	吉	塔	乌	土
1991	1.000	0.629	1.000	0.352	1.000	2006	0.980	0.773	1.000	0.610	0.837
1992	0.808	0.576	0.791	0.341	0.792	2007	1.000	0.762	0.875	0.655	1.000
1993	0.718	0.534	0.618	0.351	0.682	2008	1.000	0.783	1.000	0.659	1.000
1994	0.680	0.496	0.429	0.348	0.587	2009	0.870	0.726	0.941	0.634	0.719
1995	0.628	0.461	0.437	0.367	0.542	2010	0.933	0.676	0.888	0.645	0.698
1996	0.635	0.475	0.425	0.381	0.541	2011	1.000	0.662	0.843	0.658	0.712
1997	0.675	0.551	0.403	0.401	0.498	2012	0.966	0.619	1.000	0.643	0.713
1998	0.672	0.559	0.384	0.412	0.509	2013	1.000	0.684	1.000	0.625	0.709
1999	0.742	0.606	0.407	0.440	0.576	2014	0.968	0.712	1.000	0.724	0.712
2000	0.827	0.647	0.487	0.424	0.580	2015	0.916	0.711	0.880	0.791	0.675
2001	1.000	0.656	0.548	0.420	0.608	2016	0.875	0.765	0.839	0.790	0.667
2002	0.981	0.672	0.589	0.462	0.643	2017	0.950	0.803	0.882	0.667	0.665
2003	0.970	0.715	0.677	0.506	0.702	2018	0.989	0.847	0.935	0.667	0.665
2004	0.964	1.000	0.756	0.536	0.722	2019	1.000	0.882	1.000	0.671	0.664
2005	1.000	0.774	0.819	0.572	0.757	均值	0.888	0.681	0.754	0.543	0.696

注：哈、吉、塔、乌和土分别代表哈萨克斯坦、吉尔吉斯斯坦、塔吉克斯坦、乌兹别克斯坦和土库曼斯坦。

资料来源：笔者根据有关资料综合所得自制。

（1）哈萨克斯坦。从均值来看，1991～2019 年哈萨克斯坦的绿色产能利用率均值为 0.888，是中亚地区绿色产能发展最好的国家；从具体值来看，1991～2019 年哈萨克斯坦绿色产能利用率为 1 的年份有 8 年，占比为 27.59%，这表明哈萨克斯坦的绿色产能利用不充分。（2）吉尔吉斯斯坦。从均值看，吉尔吉斯斯坦绿色产能利用率的均值为 0.681，在中亚五国中排名第四；从具体值来看，1991～2019 年吉尔吉斯斯坦产能利用率为理想值 1 的年份只有 1 年，占比 3.45%，这表明吉尔吉斯斯坦产能利用率偏低。（3）塔吉克斯坦。从均值来看，塔吉克斯坦的绿色产能利用率均值为 0.754，在中亚五国中排名第二；从具体值来看，1991～2019 年塔吉克斯坦绿色产能利用率为 1 的年份有 7 年，占比为 24.14%，这表明塔吉克斯坦的绿色产能利用率偏低。（4）乌兹别克斯坦。从均值来看，乌兹别克斯坦的绿色产能利用率均值为 0.543，在中亚五国中排名末位；从具体值来看，1991～2019 年乌兹别克斯坦绿色产能利用率没有为 1 的年份，这表明乌兹别克斯坦绿色产能利用率偏低，推动绿色产能发展具有紧迫性。（5）土库曼斯坦。从均值来看，土库曼斯坦的绿色产能利用率均值为 0.696，在中亚五国中排名第三；从具体值来看，1991～2019 年土库曼斯坦绿色产能利用率为 1 的年份有 3 年，占比 10.34%，这表明土库曼斯坦的绿色产能利用率有待进一步提升。

1991～2019 年中亚国家哈萨克斯坦、吉尔吉斯斯坦、塔吉克斯坦、乌兹别克斯坦和土库曼斯坦绿色产能利用率的演进趋势如图 6 所示。

（1）哈萨克斯坦。哈萨克斯坦的绿色产能利用率经历了三个阶段：1991～1995 年为第一阶段，绿色产能利用率下降幅度较大；1996～2001 年为第二阶段，绿色产能利用率处于高速增长阶段；2002 年以后为第三阶段，绿色产能处于稳步发展阶段。受全球性经济危机影响，在 2009 年和 2016 年出现短暂低谷，但整体而言，在这一阶段内哈萨克斯坦的绿色产能利用率在 0.850 和 1 之间变动，发展态势良好。（2）吉尔吉斯斯坦。研究时段内，吉尔吉斯斯坦的绿色产能利用率大体呈"W"形演进，具体可以分为四个发展阶段。在第一阶段（1991～1995 年），绿色产能利用率从 0.629 下降到 0.461，下降趋势较为明显；在第二阶段（1996～2004 年），绿色产能利用

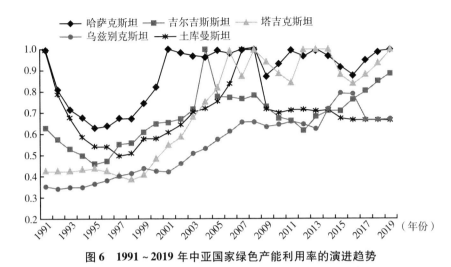

图6　1991～2019年中亚国家绿色产能利用率的演进趋势

资料来源：笔者根据世界银行数据库、亚洲开发银行数据库数据综合所得自制。

率呈现高速增长特征；在第三阶段（2005～2012年），绿色产能利用率呈现周期性下降态势；在第四阶段（2013年以后）绿色产能利用率呈不断递增趋势，发展势头良好。（3）塔吉克斯坦。独立以来，塔吉克斯坦的绿色产能利用率经历了平稳期（1991～1994年）、下降期（1995～1998年）、高速增长期（1999～2006年）和徘徊发展期（2007年以后）四个阶段，绿色产能发展态势尚可。（4）乌兹别克斯坦。独立以来，乌兹别克斯坦的绿色产能利用率经历了三个发展阶段：第一阶段（1991～2015年）的增长趋势明显，绿色产能利用率从1991年的0.352，增长到2015年的0.791；第二阶段（2016～2017年）出现了短暂的下降；第三阶段（2018年以后）基本平稳。（5）土库曼斯坦。独立以来，土库曼斯坦的绿色产能利用率经历了快速下降期（1991～1997年）、快速增长期（1998～2007年）、快速下降期（2008～2010年）和缓慢下降期（2011年以后），2015年以后在0.650～0.700区间内变动，波动性不明显。

2. 中亚地区层面

以中亚五国的平均值来衡量中亚地区绿色产能利用率，1991～2019年中亚地区绿色产能利用率如表4所示。

表4 1991~2019年中亚地区绿色产能利用率

年份	中亚地区	年份	中亚地区
1991	0.796	2006	0.840
1992	0.662	2007	0.858
1993	0.581	2008	0.889
1994	0.508	2009	0.778
1995	0.487	2010	0.768
1996	0.491	2011	0.775
1997	0.506	2012	0.788
1998	0.507	2013	0.804
1999	0.554	2014	0.823
2000	0.593	2015	0.795
2001	0.646	2016	0.787
2002	0.669	2017	0.793
2003	0.714	2018	0.821
2004	0.796	2019	0.843
2005	0.784	均值	0.712

资料来源：笔者根据有关资料综合所得自制。

由表4可以看出，1991~2019年中亚地区绿色产能利用率的均值为0.712，表明中亚地区绿色产能利用率还存在较大提升空间；最大值为0.889，最小值为0.487，表明中亚地区绿色产能利用率的年份差异突出；2002年以来，中亚绿色产能利用率均在0.700以上，呈现良好的发展势头。结合中亚五国的绿色产能利用率数据，可以发现中亚地区绿色产能利用率的国别差异明显，中亚地区绿色产能发展不平衡。

在时间维度上，1991~2019年中亚地区绿色产能利用率的演进趋势如图7所示。

由图7可以看出，中亚地区绿色产能演进存在明显的阶段性特征。1991~2019年中亚地区绿色产能利用率存在下降期（1991~1995年）、快速发展期（1996~2008年）、稳步发展期（2009年以后）三个阶段。在第一阶段内，绿色产能利用率从0.796下降到0.487；在第二阶段内，绿色产能利用

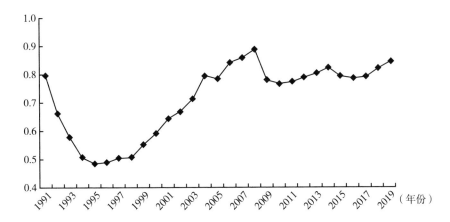

图7 1991~2019年中亚地区绿色产能利用率的演进趋势

资料来源：笔者根据世界银行数据库、亚洲开发银行数据库数据综合所得自制。

率从0.491上涨到0.889；在第三阶段内，受经济危机影响，2009年中亚地区绿色产能利用率出现了短暂下降，之后出现了较小幅度的增长，2014~2016年出现微幅下降，2017年以后，中亚地区绿色产能发展势头良好。整体而言，以2008年为界，之前呈现"U"形发展特征，之后呈波浪式调整态势，近期发展势头较好。

由上可知，1991年以来中亚五国绿色产能利用率不高，演进趋势各异，国别差异突出，且近期呈现良好发展势头。

三 推动中亚绿色产能发展的建议

（一）强化顶层设计

中亚五国非常重视国家的绿色、低碳和可持续发展，但截至目前，中亚各国尚未直接制定和出台绿色产能发展的专门法律法规、总体部署、战略规划或政策文件等，尚未成立专门负责绿色产能发展的管理机构和部门，因此，中亚加强绿色产能发展的顶层设计迫在眉睫。

一是加快制定绿色产能发展的法律法规、总体部署、战略规划和政策文

件等，为绿色产能发展提供法律支持、战略支持、政策支持和制度支撑。基于微观企业层面、中观产业层面、宏观国家层面对绿色产能发展进行体系化、专业化和有序化的部署；基于生产体系、消费体系和流通体系国民经济各环节对绿色产能进行布局，加强绿色生产、绿色消费和绿色流通的观念引领；基于第一产业、第二产业和第三产业特色制定差异化的绿色产能发展体系。

二是加快成立专门负责绿色产能的管理机构、部门或组织等。在遵循绿色产能发展政策的基础上，加强绿色产能的监督和管理，促进上下层级部门之间的信息流动；促进相关部门之间，如环保部门与执法部门之间的衔接配合；推动中亚国家内部之间、地区之间绿色产能的协同发展。

（二）促进绿色转型

中亚五国应继续坚持生态优先、节能减排、绿色发展原则，构建绿色生产链和供应链，推动经济的绿色转型，提高绿色产能利用率。

一是积极推动能源体系的绿色转型。促进节能减排，降低经济发展中的能源消耗量、碳排放量、污染物排放量，坚持"谁污染，谁治理"的原则，防治结合，明晰权责，强化监管。优化能源结构，大力推动非化石能源和可再生能源的开发和使用，中亚地区拥有丰富的风能、太阳能，塔吉克斯坦拥有丰富的水能，中亚各国应因地制宜，大力推动本国资源禀赋丰富的可再生能源和清洁能源的开发利用。

二是加强绿色能源基础设施建设。中亚各国应根据自身需要，将绿色能源基础设施建设摆在突出位置，分批淘汰苏联时期的老旧设备，既要建设和完善可再生能源开发、能源输送等"硬"基础设施和设备，又要建设和完善数字技术、大数据等"软"基础设施和设备。

三是加强绿色技术研发和应用。中亚各国应加强绿色技术研发的经费投资和人员投入，将自主开发与技术引进相结合，加强绿色技术的应用和转化平台建设。利用绿色技术、数字技术，提高农业绿色产能利用率、工业绿色产能利用率和服务业绿色产能利用率。

（三）加强区域合作

一是加强绿色产能合作。中亚各国应积极加强与其他国家的绿色产能合作，加强绿色产能融资合作、绿色产能技术合作、绿色基础设施建设合作等。完善绿色产能的标准化建设合作，加强节能减排、生态保护、绿色生产、绿色运输等方面的监测与合作。

二是发挥国际组织和平台的作用。中亚各国应积极在上海合作组织等国际组织框架下开展绿色产能合作；基于自身需要，从国际货币基金组织、世界银行、亚洲开发银行、欧亚开发银行、中亚银行等金融机构获取资金支持和技术指导；在《联合国气候变化框架公约》指导下，加大在缓解气候变化、开发可再生资源、防治污染、保护生态环境、提升绿色产能利用率等方面的资金投入、技术指导和人员培训力度等；积极利用绿色发展国际联盟、生态环保大数据服务平台、"一带一路"相关平台等开展绿色产能合作。

Y.10
南高加索国家独立以来发展历程、当前态势和未来前景

邓浩 康杰[*]

摘 要: 南高加索(简称南高)国家独立后迈入自主化发展进程。30 年来,南高地区形势逐渐从混乱无序走向相对稳定。当前,南高地区形势正在发生重大变化,处于新旧秩序的转换之中。阿亚边界矛盾上升,俄罗斯、土耳其、伊朗等周边大国的竞合博弈加剧,格鲁吉亚深陷民主转型之困,导致地区形势日趋复杂化。未来南高局势将面临多重挑战,但总体可控仍是基本面。

关键词: 南高加索 纳卡 域外大国博弈

2021 年是南高三国,即阿塞拜疆、格鲁吉亚、亚美尼亚独立 30 周年。30 年来,南高三国尽管国情各异,但都在积极探索符合本国实际的独立和发展之路,自主化成为各国的共同诉求和目标,贯穿其独立以来的发展历程,成为 30 年来演进的一条主脉。当前,世界百年未有之大变局加速演进,国际形势处于动荡变革期,以 2020 年第二次纳卡战争为标志,南高地区进入新的复杂多变期,地区主导矛盾和议题、三国发展轨迹、域外大国博弈格局等都在发生重大变化。未来南高地区局势难言平静,各种复杂因素相互交织作用,地区长治久安任重道远。

---

* 邓浩,中国国际问题研究院欧亚研究所研究员,中国上海合作组织研究中心秘书长;康杰,中国国际问题研究院欧亚研究所副研究员。

一 独立以来南高国家形势演进的基本脉络

苏联解体后，阿塞拜疆、格鲁吉亚和亚美尼亚三个南高国家走向独立，开启自主化发展新时期。从历史发展长河看，南高地区基本处于外来势力的统治和影响之下，很难自主决定自身命运和前途。1991年三国独立掀开了南高地区历史的崭新篇章，自此三国步入一个独立自主发展的新纪元。30年来，南高国家在自主化发展进程中都经历了艰苦摸索的阶段，走过了一条并不平坦的探究之路，多元化、差异性、复杂化成为30年来南高地区形势发展的基本轨迹。

独立初期，建国伊始，百废待兴，困难重重。由于缺乏经验借鉴和充分的思想准备，加之受内外多种因素困扰，南高地区一度陷入政局失序之中。一是格鲁吉亚和阿塞拜疆政局动荡。由于内部权力争斗，独立初期的格鲁吉亚多次出现严重的政府危机。靠"街头政治"起家的"自由格鲁吉亚圆桌会议"联盟领导人兹维阿德·加姆萨胡尔季阿出任格鲁吉亚首任总统半年多即被反对派推翻。[①] 阿塞拜疆也是政局不稳，总统几度易人。二是各国经济出现断崖式下滑。三国经济在苏联后期即已陷入危机，苏联解体后，各国经济危机进一步加重。阿塞拜疆1991年的GDP为87.92亿美元，1992年的GDP狂跌至49.91亿美元，1995年GDP进一步降至30.52亿美元。格鲁吉亚1992～1994年GDP的同比降幅分别为44.8%、25.4%、11.4%。亚美尼亚1992年GDP同比剧降52.6%，1993年再降14.8%。三是地区热点冲突此起彼伏。阿塞拜疆和亚美尼亚围绕纳卡归属争执兵戎相见，爆发战争。格鲁吉亚为维护国家独立和领土完整，打击南奥塞梯和阿布哈兹分立主义势力，双方发生激烈武装冲突。

从1995年开始，南高国家形势逐渐由乱趋治，走向相对稳定。面对独

---

① Южный Кавказ: Этапы постсоветской Истории – Кавказ: новости, история, традиции, http://www.kavkazoved.info/news/2021/07/12/uzhny – kavkaz – etapy – postsovetskoj – istorii. html, 最新检索时间：2021年12月15日。

立初期的政局乱象，南高国家痛定思痛，吸取盲目西化的教训，开始根据本国国情建立有效的政权体制，以维护国家独立，实现政治稳定，确保国家机器正常有序运转。1995年，格鲁吉亚议会决定恢复总统制，并通过了独立后的第一部宪法，为国家政治稳定奠定了法律基础。曾任苏联外长的谢瓦尔德纳泽顺利当选格总统，成为名副其实的国家元首，开启格鲁吉亚相对稳定发展新时期。阿塞拜疆于1995年制定了独立后第一部宪法，明确规定实行总统制，确立了盖达尔·阿利耶夫总统的强势地位，阿塞拜疆自此走上稳定繁荣之路。从1994年开始，在政局稳定的情况下，南高各国开始注重加强国家宏观调控，地区经济逐渐恢复。亚美尼亚的经济在南高地区率先止跌并实现正增长，1994年亚美尼亚GDP同比增长5.4%。格鲁吉亚和阿塞拜疆则分别从1995年和1996年开始实现经济正增长，同比增速分别为2.4%和1.3%。① 与此同时，在冲突各方的共同努力和国际社会尤其是俄罗斯的积极斡旋下，1992年和1994年，南高地区有关冲突方分别就南奥塞梯、阿布哈兹和纳卡武装冲突问题达成停火协议，地区三大热点问题降温，标志着整个地区局势趋于缓解。

以2003年格鲁吉亚爆发"玫瑰革命"为标志，南高国家政局相对平静的局面被打破，再次进入一个复杂多变时期。首先，南高国家政治改革趋于多元化。2003年，格鲁吉亚爆发震惊世界的"玫瑰革命"，谢瓦尔德纳泽总统被迫交权，亲西方的少壮派萨卡什维利上台执政，南高地区通行的总统集权体制开始面临冲击。2010年9月，格鲁吉亚第二次修宪，将总统制改为议会总统制。2012年，萨卡什维利领导的执政党"统一民族运动"党在修宪后的首次议会选举中败北，由格鲁吉亚首富伊万尼维利领导的"格鲁吉亚梦想"党领衔的政党联盟取而代之，萨卡什维利希冀通过修宪继续掌权的美梦破灭。2016年10月，"格鲁吉亚梦想"党在议会选举中取得压倒性胜利，实现"一党独大"，故于2017年进一步修宪，将总统直

---

① 〔波兰〕格泽戈尔兹·W. 科勒德克:《从休克到治疗——后社会主义转轨的政治经济》，刘晓勇等译，上海远东出版社，2000，第422~466页。

选改为议会内部选举，实行完全的议会制。2015 年底，亚美尼亚通过关于宪改方案的全民公决，决定向议会制过渡，并于 2017 年举行了修宪后的首次议会选举。但阿塞拜疆与格、亚放弃总统集权制背道而驰，非但丝毫没有削弱总统权力，反而进一步予以强化。2016 年，阿塞拜疆通过修宪，将阿利耶夫的总统任期由 5 年延至 7 年，并赋予其决定举行非例行总统大选和解散议会的权力。2017 年，阿利耶夫不顾外界的质疑和压力，坚持任命其夫人为第一副总统，表现了其坚定维护总统集权制的决心和意志。从实际运行效果看，在总统集权体制下，阿塞拜疆不断挤压国内反对派空间，严打宗教极端主义，惩治官员腐败，从而有效维护了政权稳定和国内安定，成为南高地区的稳定之锚。而改行议会制的格、亚两国则内乱不止，隐患重重。从 2018 年开始，格鲁吉亚反对派与执政当局围绕宪政改革激烈对峙，导致频繁更换总理，国内局势动荡不已。亚美尼亚则因萨尔吉相 2018 年卸任总统后执意出任实施议会制后的首任总理而引发反对派大规模抗议，最终萨尔吉相被迫交权，导致政权出现非正常更迭。①

其次，南高三国经济差距明显拉大。独立初期，南高三国经济差距并不明显，但独立后受自然禀赋、经济转型程度、政局稳定和国际市场等诸多因素影响，南高三国在经济总量上的差距呈现逐渐拉大之势。阿塞拜疆在 2000 年后连续 11 年 GDP 年均增幅高达 11.5%，2013 年其 GDP 总量比格鲁吉亚和亚美尼亚两国的总和还要高出 1 倍多，成为南高地区名副其实的经济"火车头"，而格、亚两国则陷入经济困境，在经济上与阿的差距越拉越大。

最后，地区安全形势趋于复杂化。2008 年 8 月，格鲁吉亚和俄罗斯围绕南奥塞梯问题爆发"五日战争"，导致阿布哈兹与南奥塞梯宣布独立并与格剥离。2015~2016 年，阿塞拜疆和亚美尼亚在纳卡地区连续爆发大规模武装冲突，运行 20 多年的停火协议面临失效危险。2013 年底乌克兰危机爆发和 2014 年"伊斯兰国"的兴起也严重恶化了南高地区的外部安全环境。

---

① Южный Кавказ 2019 – 2024，https：//russiancouncil. ru/2019 – caucasus，最新检索时间：2021 年 12 月 15 日。

2020年是南高地区形势演变中的一个重要节点。[①] 百年一遇的新冠肺炎疫情对南高三国公共卫生安全构成严峻挑战，地区经济陷入空前低迷，使各国社会风险压力陡增。而第二次纳卡战争的爆发则使南高地区再次成为欧亚地区乃至全球热点，战争的结果是阿塞拜疆成为最大赢家，不仅改变了阿亚两国在纳卡地区的地位，也对整个南高地区形势和格局走向产生重要影响。作为地区民主先锋的格鲁吉亚深陷民主转型之困，政党围绕议会选举的对立持续加剧，政局充满风险和变数。南高地区形势进入一个前所未有的困难时期。

二 当前南高地区形势基本态势

纵观30年南高地区形势演变，可以看出三国自主化发展的进程充满挑战和风险，要找到一条真正符合本国国情和民意的发展道路并非易事。目前，南高地区形势和格局都在发生新的重大变化，进入了一个旧格局崩解、新格局生成的关键过渡期。

（一）亚阿边界矛盾不断升级

阿塞拜疆收复被占领土后形成的"新"边界，成为亚阿新一轮边界摩擦的导火线。定义模糊的纳希切万交通连接条款催生了新的争端。亚阿间的对峙和小规模摩擦、冲突持续不断，亚阿间的边界矛盾正成为第二次纳卡战争结束后新的地区安全风险点。

2021年初，在俄罗斯主导的停火协议框架下，亚美尼亚和阿塞拜疆间一度保持了脆弱的和平。但从5月中旬开始，两国间边界摩擦多点爆发。7月中旬至月底，双方在北部、西南部、南部边界和纳卡境内爆发多次交火，双方军人和平民均有伤亡。11月中旬，两国边境紧张局势再度升级，在卡

---

① Южный Кавказ: Этапы Постсоветской Истории – Кавказ: новости, история, традиции, http://www.kavkazoved.info/news/2021/07/12/uzhny – kavkaz – etapy – postsovetskoj – istorii.html，最新检索时间：2021年12月15日。

尔巴贾尔（Kalbajar）和拉钦（Lachin）等地爆发自 2020 年战争结束以来最严重的冲突。双方各有伤亡，另有数十名亚美尼亚军人被俘。

造成亚阿边境冲突升级的因素有两个。

第一，双方在纳希切万交通线问题上存在分歧。2020 年 11 月纳卡停火协议规定，亚美尼亚必须保证阿塞拜疆西部地区与其飞地纳希切万之间的交通线路安全，双方同意"建设连接纳希切万自治共和国和阿塞拜疆地区的新基础设施"。[①] 对此，两国做出了完全不同的解释。阿塞拜疆将新路线称为"赞格祖尔走廊"（Zangezur Corridor）[②]。"赞格祖尔"是俄罗斯帝国于 1868 年建立的行政区划，主体位于今天的亚美尼亚南部休尼克省。1917 年十月革命后，亚阿两族曾围绕该地归属爆发冲突。1921 年，苏俄政府将该地划给亚美尼亚。所以亚美尼亚既反对使用"赞格祖尔"一词，也反对把交通线称为"走廊"。在"新基础设施"的具体形式上，阿塞拜疆坚持铁路、公路和空中航线一个都不能少，而亚美尼亚在很长一段时间内只同意修建铁路。[③] 亚美尼亚分析人士认为，阿方的"赞格祖尔走廊"方案包含地缘政治和领土主张。[④] 双方因此僵持不下。

两国在纳希切万交通线问题上的分歧，最早可以追溯到 20 世纪 70 年代。当亚美尼亚和阿塞拜疆都是苏联加盟共和国时，时任亚共领导人就反对修建纳希切万公路。2001 年亚阿谈判期间，纳希切万交通线问题上的分歧

---

① "Statement by President of the Republic of Azerbaijan, Prime Minister of the Republic of Armenia and President of the Russian Federation," Official Internet Resourcesof the President of Russia, 2020 – 11 – 10，http：//en. kremlin. ru/events/president/news/64384，最新检索时间：2021 年 12 月 1 日。

② 在阿塞拜疆和土耳其也会拼写成"Zangazur"——作者注。

③ 亚美尼亚已做出让步，帕什尼扬在 10 月独联体峰会上表示同意修建铁路和公路。"Премьер – министрПашинянпредлагаетусилитьтрехсторонниемеханизмырасследованияинц идентов и соблюдениярежимапрекращенияогня，"Премьер – министрРеспубликиАрмения，2021 – 10 – 15，https：//www. primeminister. am/ru/statements – and – messages/item/2021/10/15/Nikol – Pashinyan – Speech/，最新检索时间：2021 年 12 月 1 日。

④ Garen Nazarian："The Meghri Corridor：A Viable Transport Link or Geopolitical Noose？"EVN Report，2021 – 03 – 22，https：//www. evnreport. com/politics/the – meghri – corridor – a – viable – transport – link – or – geopolitical – noose，最新检索时间：2021 年 12 月 1 日。

也是导致谈判破裂的主要原因之一。①

第二，两国自独立以来，从未划定正式的边界线。2020年前，双方实际的"边界"是1994年停火线。在苏联时期，两个加盟共和国间的边界本就不清晰，但由于亚美尼亚在第一次纳卡战争后占领大片阿塞拜疆领土，边界问题被长期掩盖了。随着2020年阿塞拜疆收复被占领土，这一历史遗留问题开始全面暴露。正如分析人士指出的："亚美尼亚与其控制下的纳卡共和国之间的海绵边界，变成了不友好邻国之间的刚性国际边界。"② 此外，两国还有多处小块飞地在第一次纳卡战争期间被对方攻占，这更增加了边界问题的复杂性。③

上述两方面因素相互叠加，成为亚阿两国间新的难解死结。实力占优的阿塞拜疆试图通过占据有争议的地区，制造有利的既成事实，迫使亚美尼亚接受其"赞格祖尔走廊"方案。

2021年3月以来，阿塞拜疆军队依据苏联时期军用地图的边界走向，占领亚美尼亚休尼克省东北部的若干城镇，并在穿过这些地区的"戈里斯—卡潘"（Goris – Kapan）高速公路路段设置"欢迎来到阿塞拜疆"的标志牌。4月21日，阿利耶夫接受采访时表示，如果亚美尼亚不接受"赞格祖尔走廊"方案，阿方将通过武力解决这一问题。④ 5月中旬，阿方开始在上述地区设置海关和边检站。7月7日，阿塞拜疆宣布把境内与休尼克省接

---

① Thomas De Waal, "In the South Caucasus, Can New Trade Routes Help Overcome a History of Conflict?" Carnegie Europe, 2021 – 11 – 08, https：//carnegieeurope. eu/2021/11/08/in – south – caucasus – can – new – trade – routes – help – overcome – history – of – conflict – pub – 85729, 最新检索时间：2021年12月1日。

② Evangeline McGlynn, "On the Armenia – Azerbaijan Border, the Map Is not the Territory," Eurasianet, 2021 – 03 – 15, https：//eurasianet. org/perspectives – on – the – armenia – azerbaijan – border – the – map – is – not – the – territory, 最新检索时间：2021年12月1日。

③ Joshua Kucera, "Armenia and Azerbaijan in New Border Crisis," Eurasianet, 2021 – 05 – 14, https：//eurasianet. org/armenia – and – azerbaijan – in – new – border – crisis, 最新检索时间：2021年12月1日。

④ "Azerbaijan will Return to Zangezur 101 Years Later – IlhamAliyev," Turan News Agency, 2021 – 04 – 21, https：//www. turan. az/ext/news/2021/4/free/politics_ news/en/3277. htm/001, 最新检索时间：2021年12月1日。

壤的 5 个地区（均是 2020 年从亚美尼亚占领下收复的）合并为"东赞格祖尔经济区"。7 月 14 日，阿利耶夫在讲话中将休尼克省称为"西赞格祖尔"，称包括"东赞格祖尔"和"西赞格祖尔"在内的"整个赞格祖尔"都是"阿祖先故土"，阿必须重返"西赞格祖尔"。① 8 月下旬，阿方开始封锁"戈里斯—卡潘"公路，切断亚美尼亚南北交通动脉，并向过境的伊朗车辆收取关税。10 月 6 日，阿方开始单方面使用亚方领空，开辟了巴库至纳希切万的航班。11 月 11 日，阿方开始对该路段的亚方公民和货物进行海关和护照检查。

对此，亚美尼亚立场强硬，拒绝妥协。亚方一方面呼吁俄罗斯、集体安全条约组织、联合国安理会、欧安组织明斯克小组等关注这一问题；另一方面在休尼克省西部积极开辟"戈里斯—卡潘"公路的替代路线。11 月 26 日亚阿首脑会晤期间，两国虽就"展开划界工作"达成共识，但并未打破纳希切万交通线问题上的僵局。12 月 6 日，阿利耶夫再次催促亚方给出"赞格祖尔走廊"开工的时间表，亚外交部则再次加以拒绝。纳希切万交通线和休尼克省问题可能成为继纳卡问题后的新"火药桶"，南高地区安全、战后重建和互联互通将面临重大考验。

（二）俄土伊等周边大国博弈显著升温

在南高地区新一轮变局中，大国博弈也在发生微妙变化。俄罗斯、土耳其、伊朗等周边大国都加大了对南高地区的介入力度，相比之下，美国和欧盟除聚焦格鲁吉亚，对该地区的整体重视程度和影响力均有所下降。俄土伊三国竞合博弈正成为影响南高地区格局走向的关键因素。

1. 俄罗斯加固其地区主导地位

在新一轮南高地区变局中，俄罗斯扩展了自己的军事存在和政治影响

---

① "Ilham Aliyev Attended the Ceremony to Give out Apartments and Cars to Families of Martyrs and War Disabled in the Khojasan Settlement," Official Website of the President of the Republic of Azerbaijan, 2021 - 07 - 14, https: //en. president. az/articles/52446，最新检索时间：2021 年 12 月 1 日。

力，其作为地区秩序主导者和关键仲裁人的地位得到各方认可。俄罗斯直接促成了2020年11月亚阿停火协议，并在纳卡、拉钦走廊和其他潜在争议地区派驻维和部队，成为亚阿矛盾的调解人和停火协议的监督者。俄在亚阿停火、释放战俘、地区人道主义救助等方面发挥了关键作用。

俄与亚阿均保持密切关系。2021年，普京与帕什尼扬会见和通电话19次，与阿利耶夫会见和通电话12次。亚阿领导人均特别强调，要就重大地区问题与俄"对表"。帕什尼扬甚至表示，对俄友好关系是亚美尼亚外交政策中唯一"无须证明的公理"。① 亚与俄罗斯天然气工业股份公司结束了长达两年的天然气价格谈判，并与俄罗斯原子能公司谈判引进核电站。俄"卫星V"新冠疫苗在亚投产。2021年阿俄双边经贸额实现两位数增长。阿利耶夫表示将增进与俄军事技术合作，向俄求购新型军事装备。

俄成为地区新协调机制的中心。2021年1月，土耳其、伊朗外长倡议建立"3+3"地区机制，由俄土伊和南高三国共同参加。12月10日，在格鲁吉亚缺席的情况下，第一次"3+3"副外长会谈在莫斯科举行。这一机制包含了除格鲁吉亚以外的南高地区国家和主要周边大国，同时排除了美国和欧洲的参与，是俄土伊在南高地区开展合作的重要象征。② 但同时，俄专家也普遍认为，俄在南高的主导权正面临各种内外挑战。这些挑战更多不是

① "Президент Армении считает аксиомой хорошие отношения Еревана и Москвы," ТАСС, 2021 - 11 - 08, https：//tass. ru/mezhdunarodnaya - panorama/12862839，最新检索时间：2021年12月5日。

② 关于该机制的背景和讨论，参见 ValiKaleji, "From Ceasefire to Peace：The Necessity for a Russia, Iran and Turkey Partnership in the Karabakh Peace Talks," Valdai Club, 2020 - 10 - 30, https：//valdaiclub. com/a/highlights/from - ceasefire - to - peace - russia - iran - and - turkey/; Luke Coffey, "The 3 + 3 Format in the South Caucasus doesn't Add up," Middle East Institute, 2021 - 11 - 09, https：//www. mei. edu/publications/33 - format - south - caucasus - doesnt - add; Gigi Gigiadze, Shota Ghvineria and Zaza Shengelia, "3 + 3：Georgia and the New Regional Architecture," Economic Policy Research Center, 2021, https：//eprc. ge/uploads/33_ eng. pdf; ИннаМаринина："Формат 《3 + 3》 - опаснаясмесьэкономики с геополит икойилиш анснамир?" РитмЕвразии, 2021 - 10 - 20, https：//www. ritmeurasia. org/news - - 2021 - 10 - 20 - - format - 3 - 3 - opasnaja - smes - ekonomiki - s - geopolitikoj - ili - shans - na - mir - 56952，最新检索时间：2021年12月5日。

来自西方的传统压力，而是来自地区玩家"日益增长的野心"。[①] 不能简单认为"俄罗斯是赢家"。[②]

2. 土耳其—阿塞拜疆轴心兴起

第二次纳卡战争后，土耳其凭借对阿塞拜疆的军事支持，一跃成为地区格局中举足轻重的角色，并在战后成为停火协议监督方之一。2021 年，土耳其强化对阿军事支持，在"赞格祖尔走廊"和纳卡重建问题上全力支持阿塞拜疆，以土阿联盟为桥头堡，持续向中亚扩展影响力，打造所谓"突厥语世界"。土阿还积极发展与巴基斯坦的政治军事合作。

埃尔多安总统于 6 月、10 月两次到访纳卡。6 月 15 日，土阿两国签署关于同盟关系的《舒沙宣言》，涉及军事和军工合作、"赞格祖尔走廊"、南方天然气走廊等问题。《舒沙宣言》确认了第二次纳卡战争的胜利成果，进一步提升了两国同盟关系，提出加强土阿两军的联合作战训练和装备互操作性，推动阿以土为模板完成军事改革，并允许土在阿设立军事基地。[③] 土阿两军于 2 月、6 月和 11 月在纳卡、巴库和纳希切万举行了三场联合军演，9 月初在里海举行了海上联合军演。土耳其无人机制造商拜拉克塔尔（Bayraktar，创始人为埃尔多安的女婿）计划在阿塞拜疆设立生产线。[④]

---

① ValiKaleji, Sergey Markedonov, Kerim Has, "The Breakdown of the Status Quo and the International Dimension of the Nagorno – Karabakh Crisis," Valdai Club Report, https：//valdaiclub. com/a/reports/the – breakdown – of – the – status – quo/，最新检索时间：2021 年 12 月 5 日。

② Dmitri Trenin, "One Year On：Russia and the South Caucasus After the Karabakh War," Carnegie Moscow Center, https：//carnegiemoscow. org/commentary/85811，最新检索时间：2021 年 12 月 5 日。

③ Fuad Shahbazov, "Shusha Declaration Cements Azerbaijani – Turkish Alliance," Jamestown Foundation, 2021 – 06 – 23, https：//jamestown. org/program/shusha – declaration – cements – azerbaijani – turkish – alliance/，最新检索时间：2021 年 12 月 5 日。

④ Дмитрий Родионов："Эрдоган готовится отметить победунад Россией в Закавказье?" Ритм Евразии, 2021 – 06 – 16, https：//www. ritmeurasia. org/news – – 2021 – 06 – 16 – erdogan – gotovitsja – otmetit – pobedu – nad – rossiej – v – zakavkaze – 55122，最新检索时间：2021 年 12 月5 日。

土耳其企业积极参与纳卡战后重建。5月29日，阿利耶夫批准将纳卡地区三个高品位矿床（包含金、银、钼、镍和锌）的勘探开采权转让给两家土耳其企业。[1] 土耳其企业参与了纳卡新收复领土的基础设施、道路和富祖里（Fuzuli）与赞吉兰（Zangilan）的新机场建设，并计划投资"东赞格祖尔经济区"的风电项目。[2]

在土阿两国推动下，突厥语国家合作更趋活跃，并取得重大进展。2021年，突厥语国家举行了两次元首峰会，11月12日的峰会通过了《伊斯坦布尔宣言》，将突厥语国家合作委员会更名为"突厥语国家组织"，并高度评价"赞格祖尔走廊"在跨里海东西向中间走廊框架下提升区域联通性的作用。

土耳其、阿塞拜疆与巴基斯坦不断强化三国关系。7月，土、阿、巴三国签署了《巴库宣言》，相互支持各方在领土争端中的立场和行动。9月，三国军队在巴库和里海举行了联合军演，三国特种部队在拉钦走廊举行了"反恐演习"。

土阿轴心的活跃在一定程度上削弱了俄罗斯在南高地区甚至整个后苏联空间的影响力。南高地区国际政治的主导范式正在从俄与西方之间的攻守逐渐转化为俄与土耳其等地区大国的竞合博弈。俄罗斯不得不接受与土耳其合作处理纳卡和其他南高地区事务。

3.伊朗的地区介入度上升

在第二次纳卡战争前，伊朗对南高加索地区的关注度有限，其地区政策包括维持本国阿塞拜疆族群的稳定、与亚美尼亚间的交通和贸易、与阿塞拜疆的天然气互换和贸易等。伊朗在纳卡问题上一贯持谨慎和中立的态

① "Two Turkish Companies to Explore ore Deposits in Regions of Azerbaijan Liberated During War," Tribune, 2021 – 06 – 10, https：//www. thetribune. com/two – turkish – companies – to – explore – ore – deposits – in – azerbaijans – regions – liberated – during – war/，最新检索时间：2021 年 12 月 5 日。

② Gulu Nuriyev, "Economic Brotherhood：Turkey's Karabakh investments," Report. az, 2021 – 06 – 30, https：//report. az/en/analytics/economic – brotherhood – turkey – s – karabakh – investments/，最新检索时间：2021 年 12 月 5 日。

度，虽然与亚美尼亚经贸联系活跃，但支持阿塞拜疆维护主权和领土完整。

2021 年 9 月中旬以来，伊朗与阿塞拜疆关系因"扣车事件"一度恶化。"扣车事件"的起因是阿塞拜疆限制伊朗过境戈里斯—卡潘高速公路。该公路是亚伊两国交通和货物运输的必经之路，但第二次纳卡战争后，有约 21 公里被阿方控制。9 月中旬后，阿方要求伊朗司机在进入这一路段后必须缴纳每车次 130 美元的关税，遂引发摩擦。阿军队扣押了两名伊朗司机。10 月 6 日，两国外长通电话后局势暂时平息，阿方送还扣押的伊朗司机，但两国关系并未好转。

伊朗与土阿轴心具有多重矛盾。第一，土阿与巴基斯坦、以色列积极发展政治和军事合作，使伊朗深恐周边出现反伊包围圈。伊朗指出，2018 年后阿塞拜疆曾庇护对伊渗透并窃取伊朗核机密的以色列军事情报人员。[①] 第二，土阿两国积极推动突厥语国家一体化，使伊朗担心国内阿塞拜疆族出现离心和分裂倾向。2020 年 12 月，埃尔多安总统参加了在巴库举行的胜利游行，称"阿拉斯河（Aras River，伊阿界河）两岸的阿塞拜疆突厥语同胞"总有一天会相聚。[②] 第三，阿塞拜疆长期不满伊朗与纳卡亚美尼亚族间的经贸联系，将其视为"给分裂分子输血"。

面对第二次纳卡战争后的新挑战，伊朗显著增加了在伊阿边界的军力部署。9 月下旬至 10 月上旬，伊朗首次在 700 公里长的伊阿边境举行了两阶段大规模军事演习，参演部队包括陆军合成兵种编队、电子战部队和革命卫队的火箭与导弹部队。伊朗指出，该演习针对的目标是"犹太复国主义组织"和"伊斯兰国"恐怖分子。据称，在"扣车事件"中，伊朗甚至一度有对阿动武的设想，但是在与俄罗斯交换意见后，最终选择了以外

---

① Alex Vatanka, "Azerbaijan and Israel's Encirclement of Iran," Middle East Institute, 2021 – 10 – 05，https：//www. mei. edu/publications/azerbaijan – and – israels – encirclement – iran，最新检索时间：2021 年 12 月 5 日。

② https：//www. tccb. gov. tr/haberler/410/123134/ – turkiye – ve – azerbaycan – sirt – sirta – verdigi – surece – zorluklari – asmaya – basaridan – basariya – kosmaya – devam – edecektir – #，最新检索时间：2021 年 12 月 5 日。

交方式解决。① 面对伊朗的强硬姿态，土阿针锋相对，10 月 5～8 日，土阿两国军队在纳希切万举行了联合军演。长远来看，尽管伊朗与阿塞拜疆仍然在天然气互换等具体事务上保持合作关系，但伊朗与土阿两国间的结构性矛盾将进一步深化。

（三）格鲁吉亚政治僵局难解

2021 年的格鲁吉亚政治仍延续了 2020 年的模式：一方面，执政党"格鲁吉亚梦想"仍有明显的民意优势，在 10 月的地方自治机构选举中以较大优势获胜；另一方面，以"统一民族运动"为首的反对派更趋激进，表现出更强的不妥协性，连续抵制 2020 年议会选举结果和 2021 年地方选举结果，发起多轮抗议浪潮。美国和欧盟虽试图调解双方矛盾，但反对派拒绝与执政党妥协，企图通过大规模街头运动夺取权力。

第一轮抗议浪潮的起因是 2 月中旬"统一民族运动"领导人梅里亚（Nika Melia）被捕，引发了格总理辞职和反对派抗议。

2020 年 6 月，梅里亚因涉嫌组织抗议者占领议会大楼，被法庭剥夺副议长职位，并以"阴谋暴力夺取国家政权罪"被拘留。梅里亚缴纳 3 万拉里后获得保释，前提是必须戴电子手铐。但梅里亚在担任新一届议会副议长期间，公然挑衅性地取下电子手铐。2 月 15 日，议会再次宣布剥夺梅里亚副议长一职。2 月 16 日，第比利斯市法院宣布拘留梅里亚。2 月 17 日，格鲁吉亚总理加哈里亚（Giorgi Gakharia）因不同意重新拘留梅里亚而宣布辞职。加哈里亚的解释是：虽然梅里亚组织了违法活动，且蔑视法律权威，但目前逮捕他只会加剧政治和社会分裂。

2 月 22 日，格鲁吉亚议会在批准了由新总理、原国防部部长加里巴什维利（Irakli Garibashvili）领导的新内阁。23 日，格警方在"统一民族运

---

① Дмитрий Родионов, Отложенная война？Иран готов был бомбить Азербайджан, но не сделал этого, Ритм Евразии, 2021 – 10 – 21, https：//www. ritmeurasia. org/news - - 2021 - 10 - 21 - otlozhennaja - vojna - iran - gotov - byl - bombit - azerbajdzhan - no - ne - sdelal - etogo - 56971, 最新检索时间：2021 年 12 月 5 日。

动"总部逮捕梅里亚。反对派发起数万人参加的抗议行动，要求释放梅里亚，并要求解散议会，重新进行议会选举。来自格其他地区的抗议者也开始前往第比利斯。在乌克兰流亡的前总统萨卡什维利也公开声援抗议行动。3月初，在欧洲委员会睦邻政策总干事克里斯蒂安·丹尼尔森（Christian Danielson）的调解下，格鲁吉亚政府代表与反对党领导人举行了为期一周的对话，但对话未取得任何进展。3月31日，加里巴什维利宣布中止与反对派的无效对话。

调停失败后，美国国务院欧洲与欧亚局代局长乔治·肯特（George Kent）和8名欧洲议会议员向格鲁吉亚政府和主要反对党发出警告，称双方若无法达成妥协，将取消对格的财政援助。[①]

4月18日，欧盟和美国驻格大使馆制定了一份旨在解决格政治僵局的文件《格鲁吉亚未来之路》。在美欧的压力下，4月19日，执政党和5个反对党的领导人签署了该文件。

根据该文件：第一，反对党需要结束对议会的抵制，议会则要宣布对2019年6月20日第比利斯暴动引发的所有案件实行赦免；第二，以后的议会选举将完全采取比例制，政党进入议会的门槛为2%，地方选举的门槛在第比利斯为2.5%，在其余选区为3%；第三，规定反对派可以担任5个议会委员会的主席和其他一些职务；第四，如果在2021年10月的地方选举中，执政党获得的选票不足43%，则将于2022年提前举行议会选举。[②]

但是，主要反对派"统一民族运动"和"欧洲格鲁吉亚"拒绝签署该文件，并在第比利斯的欧洲广场举行了集会，宣布继续抗议。5月15日举行了规模最大的一次集会，希图通过另一次"天鹅绒革命"推翻政府，或迫使政府提前举行大选。

---

① "MEPs 'Deeply Disappointed' by Failure of EU – mediatedtalk sin Georgia, Warn of Difficulties in EU Financial Aid", Agenda. ge, 2021 – 04 – 02, https：//agenda. ge/en/news/2021/881，最新检索时间：2021年12月5日。

② EU External Action Services, "A Way Ahead for Georgia," https：//eeas. europa. eu/sites/ default/files/210418 mediation way ahead for publication 0. pdf. 最新检索时间：2021年12月5日。

7月5日，格鲁吉亚反对派组织"性少数群体游行"，与保守派群体发生激烈冲突。反对派于2020年秋天在第比利斯议会大楼前搭建的帐篷被拆毁。反对派称此为"政府与俄罗斯密谋的行动"，再次发动大规模抗议行动，要求政府辞职。格鲁吉亚政府不点名地批评某些外国驻格大使馆支持抗议行动，指责其歪曲事实。① 7月12日，格议会批准了最高法院6名终身大法官的任命，欧安组织民主制度和人权办公室、美国驻格使馆等公开批评该批准程序违反司法改革原则，不符合国际标准。美国国务卿布林肯、国务院发言人普莱斯等公开批评格政府。②

第二轮抗议浪潮的起因是反对派在地方选举中惨败。

由于与美欧关系恶化，加上主要反对派拒绝妥协，7月28日，格执政党单方面取消了4月19日签署的文件中以得票率43%为门槛的承诺。9月，"统一民族运动"则突然宣布支持该协议，原因在于虽然执政党取消了这一承诺，但这一标准仍然是对其执政合法性的重要检验。如果执政党在选举中总得票率未能达到43%，美欧可能强力介入施压，迫使格政府同意提前进行议会选举。因此，反对派将此次地方选举视为政权更迭的重要机会。

10月2日，格鲁吉亚举行全国地方自治机构选举，选出5个大城市（第比利斯、库塔伊西、巴统、波季和鲁斯塔维）和59个自治市的市长和市议会。第一轮选举中，执政党的总得票率为48.56%，"统一民族运动"的得票率为32.32%。5个大城市和15个自治市选举中没有政党得票过半数，遂于10月30日举行了第二轮选举，执政党在20个城市中赢得了19个城市的选举胜利。选举结束后，反对派拒绝承认选举结果，宣布将"永久斗争"。

---

① Nino Narimanishvili, "What are the Implications of Violent Far – Right Rally that Replaced Tbilisi Pride?" JAM News, 2021 – 07 – 06, https：//jam – news. net/what – are – the – implications – of – violent – far – right – rally – that – replaced – tbilisi – pride/，最新检索时间：2021年12月5日。

② "Georgian Dream Annuls the EU – brokered Agreement with Opposition," *Georgia Journal*, 2021 – 07 – 28, https：//georgianjournal. ge/politics/37240 – georgian – dream – annuls – the – eu – brokered – agreement – with – opposition. html，最新检索时间：2021年12月5日。

选举中出现了萨卡什维利绝食的闹剧。10 月 1 日,"统一民族运动"的幕后领导人、流亡乌克兰的格鲁吉亚前总统萨卡什维利秘密返回巴统,参加了选前拉票活动,并在次日被逮捕。格内政部称,萨没有通过官方检查站过境。根据 2014 年和 2015 年的判罚,萨卡什维利因"滥用权力"面临至少 6 年刑期。萨入狱后,宣布"绝食抗争",变相为反对派争取支持。格鲁吉亚政府顶住了来自美国、欧盟和乌克兰的压力。反对派虽极力炒作这一事件,但并未改变选举走向。

2020 年以来格鲁吉亚出现的政治僵局显示出其社会内部地区、代际等矛盾的极化。"格鲁吉亚梦想"党重视社会秩序和本国传统价值观,在对外政策上虽坚定争取"加盟入约",坚持维护主权和领土完整,但同时主张与俄罗斯保持对话和务实合作,同时积极发展同中国、土耳其等国的关系。反对派则希望全盘移植"欧洲价值观",采取激进的亲美入欧反俄政策。在美欧支持下,反对派的强硬不妥协立场还将持续。

在政治僵局中,格鲁吉亚与美欧裂痕频现。2021 年,格鲁吉亚政府与美国和欧盟在最高法院法官任命、"性少数群体游行"、政治和解协议、萨卡什维利事件上产生分歧。格政府从主权独立的角度出发,顶住了美欧干涉。9 月 1 日,格放弃了欧盟附带"司法改革"条款的 7500 万欧元援助。美国驻格大使馆则多次公开批评格政府的具体政策。

格鲁吉亚继续保持与北约和欧盟的密切关系,但"加盟入约"没有显著进展。巴统港成为北约海军在黑海的重要停泊和补给港。格鲁吉亚军队与北约军队多次举行海上联合军演,[①] 但北约布鲁塞尔峰会仅仅重申了 2008 年布加勒斯特峰会上的承诺,即"格鲁吉亚将通过成员行动计划(MAP)成为联盟的成员"[②],仍没有正式确定格鲁吉亚获得成员行动计划资格的时

---

① Giorgi Menabde, "Georgia: A Pillar of NATO's Wider Black Sea Strategy?" Jamestown Foundation, 2021 – 11 – 16, https://jamestown.org/program/georgia – a – pillar – of – natos – wider – black – sea – strategy/, 最新检索时间:2021 年 12 月 5 日。

② "Brussels Summit Communiqué: Issued by the Heads of State and Government participating in the meeting of the North Atlantic Council in Brussels 14 June 2021," 2021 – 06 – 14, https://www.nato.int/cps/en/natohq/news_ 185000. htm, 最新检索时间:2021 年 12 月 5 日。

间表。在与欧盟关系方面，5月，格鲁吉亚、乌克兰和摩尔多瓦组成了"三重奏协议"（Association Trios），约定在加入欧盟的进程中互相协调配合，但并未取得显著进展。格鲁吉亚驻欧盟大使表示，格鲁吉亚的入盟进程正在经历"痛苦时期"。①

美国继续将格鲁吉亚视为对俄遏制的战略支点，但对格鲁吉亚的军事援助力度并没有显著加大。10月18日，美国国防部部长奥斯汀（Lloyd Austin）访问格鲁吉亚，双方签署《格鲁吉亚国防和威慑增强倡议》，内容包括向格国防部和陆军机动旅派出顾问，提升格与北约的联合作战能力和互操作性等。② 但该项倡议更多是为了替换和接续12月到期的《格鲁吉亚国防战备项目》。

三　南高地区形势发展前景

经过30年的发展，南高三国已成功跻身为国际社会大家庭中平等的一员，未来南高国家在维护国家稳定、促进经济发展、营造良好外部环境方面仍面临繁重的任务和严峻的考验，挑战和机遇并存。

第一，地区安全仍存变数，但爆发新战争的可能性不大。

阿亚之间的矛盾对峙仍是南高地区安全面临的重大隐患，两国间的分歧和争端短期内难以消弭，但双方爆发新的大规模军事冲突的概率不大。目前两国特别是阿塞拜疆一方的政策重心放在经济恢复和战后重建上。2021年初，阿塞拜疆政府即制定了新收复地区的基础设施重建规划，计划

① "Georgia's EU Accession to Enter 'Painful Phase', Its Ambassador Says," EURACTIV. com, 2021 – 12 – 14, https：//www. euractiv. com/section/eastern – europe/interview/georgias – eu – accession – to – enter – painful – phase – its – ambassador – says/，最新检索时间：2021年12月15日。

② "U. S. , Georgia Defense Leaders Sign Memo to Continue Training Effort," DoD News, 2021 – 10 – 18, https：//www. defense. gov/News/News – Stories/Article/Article/2813007/us – georgia – defense – leaders – sign – memo – to – continue – training – effort/，最新检索时间：2021年12月5日。

投入数百亿美元，基于可再生能源和智慧互联等概念重建所有城乡地区。两国目前仍积极参与俄主导的三方副总理级工作组等协商机制，在边界划定、战俘遣返、纳希切万交通线等问题上开展对话。俄罗斯作为停火协议的维护者和亚阿矛盾的仲裁者，在阻止双方对抗升级方面发挥着重要作用。目前，俄维和部队已在休尼克省建立了哨所，这对阿亚冲突具有有效的预防作用。

从大国博弈看，虽然俄罗斯与土耳其之间、伊朗与土阿轴心之间客观上存在竞争和矛盾，但三间仍保持着较密切的协调和合作，[1] 这对阿亚冲突升级也将起到阻遏作用。俄罗斯自 9 月以来积极推动亚美尼亚与土耳其实现关系正常化，并积极协调伊朗与土阿联盟缓和关系。11 月 29 日，伊朗与阿塞拜疆签订了新的天然气互换协定，显示出双边关系有一定缓和。此外，三国在削弱美欧在南高地区影响上也存在共同利益。[2]

第二，各国政局稳定挑战增多，但出现严重混乱的可能性不大。

格、亚在民主转型的进程中均面临困境，如何协调政党关系，确保政局稳定仍是两国面临的迫切任务。同时，在大变局、大疫情、大博弈加剧的背景下，走出经济困境、确保社会稳定也是各国面临的"燃眉之急"。[3] 目前，南高地区疫情仍在发展。2021 年 9 月后，南高地区出现新一波疫情高潮，确诊病例数远超 2020 年的峰值水平。

在疫情影响下，南高国家失业率居高不下，亚美尼亚的失业率仍处于 20% 左右的历史高位。阿塞拜疆 2021 年第一季度失业人口同比增长 11.5 万人。格鲁吉亚 2021 年上半年的失业率仍保持在 22.0%。

---

① Южный Кавказ без Запада：почему 3 + 3 для Грузии = 0 – SOVA，https：//sova. news/ 2021/10/12/232208/，最新检索时间：2021 年 12 月 17 日。

② Daniel Shapiro, "The West Should Re – engage in the South Caucasus," European Leadership Network，2021 – 12 – 14，https：//www. europeanleadershipnetwork. org/commentary/the – west – should – re – engage – in – the – south – caucasus – heres – where – and – how/，最新检索时间：2021 年 12 月 15 日。

③ Южный Кавказ 2019 – 2024，https：//russiancouncil. ru/2019 – caucasus，最新检索时间：2021 年 12 月 17 日。

总体来看，南高国家未来在稳定和发展上仍面临诸多挑战，很难在短期内实现政通人和，但该地区也不大可能再出现独立初期的大混乱局面。首先，阿塞拜疆作为地区稳定器将对整个地区的稳定发挥积极作用。第二次纳卡战争的胜利大大巩固了阿利耶夫的执政地位，有利于其推进既定的治国方略。阿目前正大力发展本国的非资源经济，并积极改善投资环境，确保经济可持续发展，从而为政局稳定提供坚实保障。其次，面对民主转型之困，格、亚两国都在总结经验教训，开始积极探索符合本国国情的民主化之路，实施顺应民意的治国和发展方略，这有利于逐渐摆脱目前的不利局面。格顶住美欧压力坚持自主处理一系列问题，放弃欧盟附带"司法改革"条款的7500万欧元援助说明，格更注意从本国实际出发施政施策，其结果终将使国家受益。最后，受全球经济缓慢好转和大宗商品价格回升等利好因素影响，南高三国经济稳步恢复，亚美尼亚2021年上半年经济同比增长4.9%，预计亚美尼亚全年GDP增长率为6.1%。在没有新的疫情封控措施或国内地区严重不稳定的情况下，预计将在2022年中恢复到疫情前水平。阿塞拜疆2021年前8个月经济增长率达到3.6%，预计年底将达到疫情前水平。格鲁吉亚2021年上半年GDP增长12.7%，全年GDP增长率预计为8%，估计年底达到疫情前水平。[①] 经济形势的逐步好转有利于各国政局稳定。

第三，大国在南高地区的博弈将日趋激烈，但出现一家独大、完全失控的可能性不大。

第二次纳卡战争后，俄土在南高地区实际已形成一种"竞争性合作"关系，并上升为影响南高地区形势和格局的主要外部力量，但同时也要看到，美国、欧盟、伊朗等外部势力并没有等闲视之，也在继续施加影响，不会任由俄土两家主导南高地区事务。南高地区目前实际已形成多种域外势力竞争共处局面，谁都不可能一家独大，俄目前尽管仍占有优势地位，

---

① 数据均引自 "Competition and Firm Recovery Post – COVID – 19," *World Bank Economic Update*, 2021 Fall, https://openknowledge.worldbank.org/bitstream/handle/10986/36296/9781464818 028.pdf, 最新检索时间：2021年12月5日。

但影响明显处于不断衰减的进程中，尤其是第二次纳卡战争后，俄的地位由于土耳其的崛起明显受到削弱。南高地区的域外大国在影响力和手段上各有优劣，互有长短，谁都很难将对方排挤出去，不得不接受竞争共处的现实，这在客观上有利于防止地区局势出现失控。地区国家在对外关系上既有所侧重也注意保持平衡，追求务实，有助于大国势力在南高形成良性竞争和多极制衡。

中亚与世界

Central Asia and World

Y.11

俄罗斯的中亚战略及其实施的六大举措

王宪举*

摘　要： 苏联解体、中亚国家独立30年以来，俄罗斯一直把对中亚地区的战略和外交放在优先地位，通过元首外交、建立联盟或战略伙伴关系、安全与军事合作、经贸合作、人文交流合作、国际合作等六大举措维护了俄罗斯在中亚的主导地位和特殊作用。与此同时，俄与中亚国家在历史问题、政治一体化、经贸合作、语言和文化、对外政策方面也存在一定的分歧和矛盾。由于彼此需要，在今后相当长一个时期，俄罗斯在中亚地区的主导地位恐不会改变，俄与中亚国家的密切关系也将保持下去。

关键词： 俄罗斯　中亚战略　实施举措

---

* 王宪举，中国人民大学—圣彼得堡国立大学俄罗斯研究中心副主任，研究员。

一 俄罗斯的中亚战略

俄罗斯前外长伊戈尔·伊万诺夫曾指出："对于俄罗斯而言，自它存在的第一天起，就没有也不会有比独联体范围内的关系更为紧迫的对外政策了。"①

1992年10月27日，叶利钦在俄外交部部务会议上指出，对独联体国家的外交是俄罗斯对外政策的新方向，应尽快制订对独联体国家的行动计划。1993年4月30日，叶利钦总统批准《俄罗斯联邦对外政策构想》，指出俄在后苏联空间有"特殊利益"："调解周边冲突和争取那里的稳定，是俄罗斯正常发展和有效贯彻它在远邻地区外交政策的最重要的条件。""同独联体国家的关系直接关乎俄罗斯改革的命运，关系到克服国家危机的前景以及俄罗斯人的正常生存。"

1995年9月，叶利钦签署了《俄罗斯联邦对独联体国家战略方针》，其目标和主要任务是：同独联体国家的关系在俄罗斯对外政策中占有优先地位，促使独联体国家成为政治和经济稳定并对俄罗斯奉行友好政策的国家；独联体应是在国际社会中占有一定地位的一体化的经济和政治联合体；要增强俄罗斯在独联体中的主导作用。② 需要指出的是，俄罗斯对独联体国家的战略方针包括了对中亚国家的战略。

在普京总统以及梅普组合执政时期，俄罗斯不仅延续了叶利钦时期制定的对独联体战略方针，而且进一步强化了对独联体的重视；后制定的几版《俄罗斯联邦对外政策构想》基本上都重申和加强了俄罗斯对独联体的关注。2013年2月，普京总统批准的《俄罗斯联邦对外政策构想》指出，俄罗斯对外政策的优先方向是发展与独联体国家的双边和多边合作，根据独联体成员国的意愿，与它们发展战略或结盟关系；优先任务是建立欧亚经济联

---

① 〔俄〕伊戈尔·伊万诺夫：《俄罗斯新外交》，陈凤翔等译，当代世界出版社，2002。
② 冯玉军：《俄罗斯推出对独联体〈方针〉》，《世界知识》1996年第3期。

盟，使其成为连接欧洲与亚太地区的纽带。①

2016 年 11 月 30 日普京总统批准通过的新版《俄罗斯联邦对外政策构想》再次强调："发展与独联体国家的双边及多边合作，进一步巩固独联体空间现有一体化结构是俄罗斯对外政策的最优先方向。"② 2021 年 7 月发表的《国家安全战略》更加重视独联体地区，表示将"继续推动俄主导的欧亚经济联盟等一体化机制，将其作为俄罗斯世界大国地位的地缘基础"③。

二　俄罗斯实施中亚战略的六大举措

（一）积极开展元首外交

在俄罗斯领导人对外交往中，俄总统和中亚五国总统之间的联系是最密切、最积极的。通过独联体、欧亚经济共同体（2015 年后为欧亚经济联盟）、集体安全条约组织、上海合作组织等地区和国际组织的峰会，俄与中亚国家领导人经常会晤；此外，双方领导人还频繁互访，就重大双边关系和地区、国际问题"对表"，协调行动；每逢国家独立日、领导人生日等重要日子，俄和中亚国家领导人都会互打电话表示祝贺。哈萨克斯坦首任总统纳扎尔巴耶夫与俄罗斯总统的联系最多。纳扎尔巴耶夫多次称赞哈俄关系"是最理想的关系，是其他各国的榜样"④。2016 年 9 月初乌兹别克斯坦总统卡里莫夫病逝，普京总统从参加 G20 峰会的杭州直飞撒马尔罕，与乌总理米尔济约耶夫共悼卡里莫夫。这实际上也是对米尔济约耶夫接班的重要支持。米尔济约耶夫继任总统后，很快就访问了俄罗斯，两国签署了一系列合

---

① 黄登学：《新版〈俄罗斯联邦对外政策构想〉述评——兼论普京新时期俄罗斯外交走势》，《俄罗斯研究》2014 年第 1 期。

② 黄登学：《从〈俄罗斯联邦对外政策构想〉看俄外交的地区优先次序》，《世界知识》2017 年第 2 期。

③ 陈宇：《从俄新版〈国家安全战略〉看其战略走向》，《现代国际关系》2021 年第 10 期。

④ http://Встреча в. Путина с Н. Назарбаевым, Kremlin. ru, 07. 09. 2019.

作文件。俄与中亚各国的元首外交在发展俄和中亚国家特殊关系中所起的作用，由此可见一斑。

（二）缔结同盟或战略伙伴条约和协定

30 年来俄与中亚国家签署的多边条约和成立的组织主要有以下五个。

其一，1991 年 12 月 21 日，俄总统叶利钦和中亚五国以及白俄罗斯、乌克兰、阿塞拜疆、亚美尼亚、摩尔多瓦领导人在阿拉木图会晤，通过了《阿拉木图宣言》，宣布成立独立国家联合体（简称"独联体"）。虽然现在该组织已从成立初期的 12 个成员国减少到 9 个成员国（土库曼斯坦成为永久中立，格鲁吉亚和乌克兰退出独联体），但是大多数后苏联空间的国家仍然留在这一组织内，而且今后相当长一个时期该组织仍将继续存在。

其二，2002 年 5 月，在独联体《集体安全条约》的基础上，俄、哈、塔、吉、白俄罗斯、亚美尼亚成立了区域性国际组织——集体安全条约组织（简称"集安组织"）。俄罗斯把这个组织视为维护后苏联空间安全最重要的机构之一，竭力把它打造成为"有权威、多功能的国际组织"，在集安组织责任区抵御各种挑战和威胁。在美国及其北约盟国从阿富汗完全撤离后，集安组织维护中亚地区安全的作用将进一步凸显。

其三，2001 年 6 月 15 日，俄罗斯与中国、哈萨克斯坦、乌兹别克斯坦、吉尔吉斯斯坦和塔吉克斯坦在"上海五国"的基础上成立了上海合作组织。20 年来上合组织取得了长足的发展，在中亚地区和国际事务中发挥着重要作用。

其四，2014 年 5 月 29 日，俄罗斯、哈萨克斯坦和白俄罗斯三国总统签署了《欧亚经济联盟条约》。欧亚经济联盟 2015 年 1 月 1 日正式成立，旨在逐步成为类似欧盟的商品、服务、资本和劳动资源自由流通的经济一体化空间。2015 年 1 月和 6 月，亚美尼亚和吉尔吉斯斯坦先后加入了欧亚经济联盟。2018 年 5 月和 2020 年 12 月，摩尔多瓦和乌兹别克斯坦先后成为欧亚经济联盟观察员国。

其五，2018 年 8 月 3 日，俄罗斯、哈萨克斯坦、土库曼斯坦、阿塞拜

疆和伊朗的国家元首签署了关于里海法律地位的公约。公约规定了里海沿岸国家对水域、海底、地下资源、自然资源和空域的权利和义务，以及保障安全、防止里海沿岸国家由于紧急情况和军事活动出现严重后果的措施。

在双边关系层面，俄罗斯与中亚国家签署的合作条约或协议不计其数，例如，与哈萨克斯坦签署的《21世纪睦邻友好同盟条约》，与吉尔吉斯斯坦签署的《友好合作互助条约》，与乌兹别克斯坦签署的《友好合作原则条约》及《2019~2024年经济合作纲要及其实施计划》，与塔吉克斯坦、吉尔吉斯斯坦签署的关于俄军事基地的地位和条件协议。这些协议不仅从法律上保障了俄罗斯在中亚国家的利益，而且把俄与中亚国家捆绑在一起，成为利益共同体。俄罗斯充分利用这些文件和与中亚有关的地区多边合作机制为俄在中亚的战略利益服务。世界其他大国和国家集团，如美国、中国、欧盟、日本、印度与中亚国家都没有这么多密切的多边合作机制。

（三）突出地区安全和军事合作

俄罗斯与哈萨克斯坦有7200公里的陆地边界线。中亚地区的局势变化直接关系到俄罗斯的国家安全与稳定。苏联解体后的初期，不仅北约在中亚国家推行"和平伙伴关系计划"、建立驻中亚地区代表处，而且国际恐怖主义、分裂主义、宗教极端主义势力也在中亚地区活动猖獗，对俄罗斯和中亚各国构成严重的安全威胁。

俄罗斯、哈萨克斯坦、塔吉克斯坦、吉尔吉斯斯坦、白俄罗斯、亚美尼亚成立的集体安全条约组织建立了约有3600人的维和部队，并分别在白俄罗斯、亚美尼亚和中亚三国建设了统一防空反导防御体系。同时，俄罗斯通过双边协议，在吉尔吉斯斯坦肯特空军基地驻扎了600多名官兵，在塔吉克斯坦第201军事基地驻扎有7500名军人。这两个军事基地对保障中亚地区的安全负有主要责任。

俄罗斯以优惠价格向中亚国家提供武器装备，帮助中亚国家培训军官，并经常与中亚国家进行联合军事演习。

2001年"9·11"恐怖事件后，普京为了支持美国在阿富汗的军事行动，对美国在吉尔吉斯斯坦等国租用空军基地"开了绿灯"。但是在美国大规模轰炸和军事行动结束后，俄罗斯就向乌兹别克斯坦和吉尔吉斯斯坦政府施加压力，要求它们停止向美国出租军事基地。

2005 年 7 月 5 日，上海合作组织成员国元首理事会第五次会议在哈萨克斯坦阿斯塔纳举行，元首们签署《上海合作组织成员国元首宣言》，要求美国尽快撤离在中亚的驻军。7 月 29 日，乌兹别克斯坦政府照会美国驻乌使馆，要求美军 180 天内撤出在乌的汗阿巴德空军基地。美国政府 9 月 27日宣布，将按照乌兹别克斯坦政府要求，按期撤出汗阿巴德空军基地。2014年 6 月 3 日，美国在吉尔吉斯斯坦首都比什凯克的玛纳斯军事基地也被关闭，美军撤离吉尔吉斯斯坦。2017 年 4 月 1 日，北约关闭了驻塔什干的与中亚国家关系和合作办公室。

2021 年 8 月美国从阿富汗全部撤军后，有消息说华盛顿正在与一些中亚国家商量，欲租用它们的军事基地。对此，10 月 25 日吉尔吉斯斯坦总统扎帕罗夫表示，不会同意在吉境内设立美国空军基地。他说，吉尔吉斯斯坦拥有一个外国基地就足够了，"不想玩猫和老鼠的权利争斗游戏"。

（四）着重抓经贸合作

就经贸合作的规模和深度来说，俄罗斯一直是中亚各国最主要的伙伴。1992～2017 年，俄对中亚国家投资累计 200 多亿美元。中亚国家外贸的 1/3是与俄进行的。2019 年俄与中亚五国的贸易额近 300 亿美元，其中与哈萨克斯坦的贸易额为 196.2 亿美元，与乌兹别克斯坦的贸易额为 50.8 亿美元，与吉尔吉斯斯坦的贸易额为 18.6 亿美元，与塔吉克斯坦的贸易额为 9.9 亿美元，与土库曼斯坦的贸易额为 6.9 亿美元。

哈萨克斯坦是俄罗斯在中亚的最大经贸伙伴，几乎占俄与中亚贸易的2/3。2019 年俄哈贸易额近 200 亿美元，占哈对外贸易的 19%。在哈境内有俄资企业 7000 多家，两国合资企业近 3500 家，建设和经营 100 多个项目，主要是石油化工、轻工业、农业、汽车和列车车辆制造、拖拉机、大巴车制造等。哈独立 27 年来，俄对哈投资累计 140 亿美元。投资项目遍及所有经

济领域，俄哈合资企业开采和提炼铀，用俄核技术在哈建造核电站；俄租用拜科努尔宇宙发射场到2050年；有60多个大项目已完成投产；正在建设的重要项目有57个，涉及石油天然气、矿产、农工综合体等，投资总额为60多亿美元。哈对俄投资约40亿美元。

乌兹别克斯坦是俄在中亚的第二大贸易伙伴，对俄贸易占乌外贸总额的18%。2008～2014年，俄总计在乌投资近60亿美元。2017年米尔济约耶夫总统首访俄罗斯，双方签订金额为150亿美元的合同。一年后普京访问塔什干，双方又签订金额为270亿美元的合同。在乌共有1828家俄罗斯企业，从事水果蔬菜加工、农机、汽车工业、建筑材料等行业的生产和营销。俄乌双边合作的最大项目是由俄投资110亿美元建造的乌兹别克斯坦第一座核电站。该核电站包括两个机组，装机容量2.4兆瓦。2028年全部建成后，将每年节省天然气370亿立方米，保障乌全国供电量的20%以上，并可向中亚其他国家出口电力。①

2012年以来俄对吉尔吉斯斯坦提供的各种援助达2.5亿美元，2017年俄免除吉2.4亿美元债务。2019年莫斯科又与吉签署总额60亿美元的贸易和投资协议，向吉提供3000万美元无偿援助。自加入欧亚经济联盟后，吉在经济上对俄罗斯等成员国的依赖加大，与欧亚经济联盟的贸易占吉外贸总额的1/3以上。

俄与塔吉克斯坦的贸易不断增加，俄是塔吉克斯坦最大的贸易伙伴，2020年俄塔贸易在塔外贸总额中占21.4%。在塔的俄塔合资企业有130家，涉及能源、食品、纺织、重工业和采矿业等主要领域。至2014年，俄罗斯对塔累计投资16亿美元，5年中对塔无偿援助1.72亿美元。

2020年俄罗斯与土库曼斯坦的贸易额为7亿美元，共有39个俄资参与的经济实体在土境内经营，主要涉及工业、运输和服务领域。在土注册的俄资本参与的投资项目有335个，总投资额35亿美元。

能源合作、地方合作、劳务合作、欧亚经济联盟是俄罗斯与中亚国家开

① 　Посещение в Узбекистан，Президет. ру，19 октября 2018 г. .

展经贸合作的四大重点。

其一，中亚是世界能源储量最丰富的地区之一，也是世界上重要的油气产地之一。中亚五国的石化工业相对落后，产品和设备单一，产量较低。中亚各国都把开发、加工和出口石油、天然气作为重点发展领域，积极吸引外资和技术，因此，能源成为俄罗斯与中亚国家经济投资合作的最重要方向。"阿特劳—萨马拉"管线是哈萨克斯坦石油出口量最大的管道。2014 年以来，哈通过该管道的石油出口量每年保持在 1500 万～1800 万吨。经过与俄合作，近年来出口量又有所增长，有望达到 2500 万吨。巴夫洛达尔、齐姆肯特和阿特劳三个大型炼油厂的年加工能力约为 1700 万吨，其中前两个厂的原料全靠俄罗斯供应。2015 年俄哈达成协议在哈北部城市布拉耶沃建造一座新的炼油厂，由俄提供原油，双方共计投资 60 亿～80 亿美元。目前俄哈在油气开发、管道运输、油气贸易领域均有合作。俄企业在哈上游油气生产中比重不大，但在哈的油气外运方面仍占主导地位。

在冶金领域，2018 年俄罗斯金属公司以 4.18 亿美元投资建设的巴克尔沙克采矿加工厂完工并投入使用。

自 2004 年以来，俄罗斯和乌兹别克斯坦开展了以勘探、开采、采购、运输、管道维修和建设为主要内容的能源合作。俄罗斯卢克石油公司在乌的投资累计 25 亿美元，收入 10 亿美元。2013 年在乌投资 6.6 亿美元，开发咸海、坎德姆—哈乌扎克—沙德和吉萨尔西南地区等项目。2017 年俄罗斯天然气工业股份公司购买乌天然气 50 亿立方米，现在正开发沙赫巴德天然气田。2018 年 4 月，俄罗斯卢克石油公司投资的康德姆天然气加工企业投产，年加工天然气 81 亿立方米。

俄罗斯与吉尔吉斯斯坦在天然气和水电站领域的合作特别突出。2012年 9 月，俄罗斯同意勾销吉尔吉斯斯坦近 5 亿美元的债务，以换取签订一揽子军事和能源协议。同年 12 月，为了缓解吉国内严重的能源危机、保障全国居民的天然气供应，吉尔吉斯斯坦政府决定以 1 美元的价格，把吉国家天然气公司出售给俄罗斯天然气工业股份公司。俄方允诺投资 5 亿多美元对吉的天然气运输网络进行现代化改造并勘探吉境内的天然气，增加建造天然气

工业基础设施，使吉全国的天然气化水平达到60%。此外，俄罗斯水电公司将帮助吉在纳伦河、锡尔河等河流上建造4个发电厂。

俄罗斯与塔吉克斯坦的能源合作主要是在建设水电站领域。塔吉克斯坦水利资源居世界第八位，占整个中亚的60%左右，但开发量不足10%。如果其水电资源得到充分利用，不仅能够为塔吉克斯坦居民提供充足的电能，而且可以向中亚其他国家出口电力。俄塔水电合作的最大项目是建设罗贡水电站，它位于塔境内瓦赫什河上游，由6台600兆瓦发电机组组成，设计装机容量3600兆瓦，是目前中亚地区在建的规模最大的水电站。该项目投资50亿~60亿美元，占2014年塔GDP的55%~60%。2018年11月，罗贡水电站首台机组建成投产，不到一年就累计向国家电网输电5.7亿千瓦时。2019年9月，罗贡水电站第二台机组建成投产。所有发电机组预计将在2024年全部建成投入运行。

土库曼斯坦天然气储量超过20万亿立方米，仅次于伊朗、俄罗斯和卡塔尔而居世界第四位。长期以来，俄罗斯一直以较低价格（65~100美元/1000立方米）购买土库曼斯坦天然气，然后转手以200美元/1000立方米的价格出售给欧洲。2003年4月10日土俄两国政府签订的《天然气领域合作协议》规定，土库曼斯坦在25年内（2003~2028年）对俄出口天然气1.8万亿立方米，年度供气量2004年为50亿立方米，2007年起逐步增加，直至年700亿~800亿立方米。但是，2009年4月，从土库曼斯坦输送天然气的中央—中亚天然气管道发生爆炸，土认为这是俄罗斯骤然大量减少进口土天然气导致管道压力变化所致，但是俄方不同意这一说法。由于欧洲天然气市场需求量下降，俄土在天然气价格上又没有达成协议，俄逐渐减少购买土库曼斯坦天然气，2009年仅从土进口天然气95亿立方米，后来又降至40亿立方米。这严重影响了土库曼斯坦的经济发展。过了近10年，直至2019年4月，俄天然气工业股份公司才恢复购买土天然气，双边年度贸易额恢复到7亿美元。俄一些公司还参与了塔吉克斯坦—阿富汗—巴基斯坦—印度（TAPI）天然气管道建设，提供天然气管道设备。

其二，地区合作是重要抓手。地区合作是俄罗斯与中亚各国发展合作关系得天独厚的传统优势和有利条件。中亚各国独立以来，俄罗斯与它们的经贸联系不仅得以保持，而且在新的环境下获得发展。其中俄与中亚国家每年轮流主办的"地区合作论坛"发挥了重要作用，出席论坛的不仅有总统，而且有政府部门高官、地方政府大员、大企业大公司负责人等，面对面地洽谈合作事宜，效率较高。

俄与哈萨克斯坦的地区合作在中亚各国中最为密切。俄哈之间的交通运输设施联系广泛。两国间有15个方向的57条铁路线、38个方向的210条航线。在公路运输中，"西欧至哈萨克斯坦西部"的公路起着重要作用。哈首任总统纳扎尔巴耶夫称"地区合作论坛"是俄哈"两国合作的有效平台、政治和经济协作的重要机制"①。在哈俄贸易中，有70%的贸易额是在地区层面进行的。

乌兹别克斯坦各州与俄罗斯各联邦主体建立了富有成效的经贸合作关系。例如，2018年1～9月乌兹别克斯坦14个地区的领导人访问了俄罗斯26个共和国、边疆区、州和市。俄罗斯有1000多家企业在乌登记注册。2019年10月19～20日，在普京总统访乌期间，第一届俄乌"地区合作论坛"在塔什干举行。俄罗斯30个共和国、边疆区和州的10位行政长官和1000多名企业家参会，双方达成总额20多亿美元的合作项目协议。②

塔吉克斯坦、吉尔吉斯斯坦、土库曼斯坦与俄罗斯的地区合作关系也大同小异，地区之间、企业之间、公司之间、官员和企业家之间的密切联系对于促进双边合作发展起着令其他国家望尘莫及的作用。

其三，劳务合作得天独厚。劳务移民是俄罗斯与中亚国家经济和人文合作的重要纽带。对于俄罗斯来说，大量的中亚国家劳务移民缓和了俄罗斯人口增长率下降、劳动力不足的困难。而对于塔吉克斯坦、吉尔吉斯斯坦等国来说，数以万计的劳动移民不仅缓和了中亚国家的就业形势，而且增加了国

---

① Форум межрегионального сотрудничества России и Казахстана，Президент. ру，9 ноября 2018 г. .

② 王宪举：《俄罗斯与中亚国家关系发展的特点》，《中亚国家发展报告（2020）》，社会科学文献出版社，2020。

家的外汇收入，也增加了家庭收入。

根据俄罗斯联邦移民局的数据，截至 2015 年 12 月，在俄罗斯境内的外国公民的人数为 994.8 万，其中 80% 以上来自独联体国家，约 40% 来自中亚国家。① 2020 年新冠肺炎疫情发生之前，每年约有 180 万名劳务人员从乌兹别克斯坦奔赴俄罗斯，塔吉克斯坦每年有 80 万名劳务移民赴俄，吉尔吉斯斯坦则以每年 60 万名劳务移民名列第三。吉尔吉斯斯坦人口为 650 万，几乎平均每 10 人就有 1 人在俄罗斯工作，吉 235 万名就业人员中，差不多每 4 人中就有 1 人在俄罗斯打工。2019 年吉尔吉斯斯坦外汇收入 24 亿美元，其中 98% 来自在俄罗斯的劳务人员汇款，这几乎占 2019 年吉 GDP（76 亿美元）的 1/3。吉尔吉斯斯坦加入欧亚经济联盟后，由于联盟统一劳动力市场的建立，吉在俄罗斯和哈萨克斯坦劳动移民的各方面条件得到改善。海外劳务收入也是塔吉克斯坦国家财政和居民生活的重要来源。塔每年海外劳务汇款为 30 亿~40 亿美元，占塔 GDP 的 40% 左右。

自 2016 年以来，哈萨克斯坦外出劳务移民的数量开始增长，其中大多数人的目的地是俄罗斯。2019 年上半年达到 60246 人，2019 年底增至 12 万~13 万人。

2020 年新冠疫情流行后，俄严格限制外国劳务移民进入俄境内，中亚各国赴俄的劳务人数骤减，这对双边经贸关系产生消极影响。

其四，建立欧亚经济联盟。经过中亚经济联盟（1998 年改名为中亚经济合作组织）、欧亚经济共同体、俄白哈关税联盟等一系列合作模式的摸索，2015 年，欧亚经济联盟正式开始运营，这是苏联解体后俄罗斯在独联体地区加速推进一体化的主要成果。由于格鲁吉亚和乌克兰与俄罗斯的经贸联系日益萎缩，白俄罗斯和中亚地区成为欧亚经济联盟发展的主要区域。该联盟的目标是在 2025 年实现联盟内部商品、服务、资本和劳动力自由流动，推行协调一致的经济政策。2016 年联盟 GDP 为 1.48 万亿美元。2019 年欧

---

① 纪祥、郭晓琼：《中亚国家在俄罗斯的劳务移民问题》，《俄罗斯东欧中亚研究》2017 年第 1 期。

亚经济联盟已拥有 1.84 亿人口，工业生产总值达 1.2 万亿美元，农业生产总值达 1200 亿美元，社会消费品零售总额为 5801 亿美元，联盟成员国间相互贸易总额达 5801 亿美元，对外贸易额为 1.0069 万亿美元。[①] 2020 年以来，在新冠疫情的影响下，联盟经济总额增幅不大，但是联盟的机制建设在持续推进。今后几年内，欧亚经济联盟计划形成统一的电力市场，2025 年将建成天然气、石油及其制品的统一市场，并逐步形成以本国货币为支付手段的共同金融空间。

（五）重视人文合作和软实力影响

苏联时期约有 950 万俄罗斯族居民在中亚地区生活和工作，现在只剩下 510 万人。根据 2015 年最新人口普查结果，哈萨克斯坦有 367 万俄罗斯族人，占哈总人口的 21.07%；乌兹别克斯坦有 87 万俄罗斯族人，占乌总人口的 2.85%；吉尔吉斯斯坦有 35.85 万俄罗斯族人，占吉总人口的 6.08%；土库曼斯坦有 19 万俄罗斯族人，占土总人口的 3.58%；塔吉克斯坦有 2.85 万俄罗斯族人，占塔总人口的 0.34%。

俄当局一直重视软实力在中亚的影响，强调与独联体国家"保护共同文化和历史遗产，扩大人文、科学、教育和文化领域的合作，特别关心和支持在独联体国家居住的俄罗斯同胞。完善保护他们在教育、语言、社会、劳动、人文等领域合法权益的国家法工具"。

俄罗斯与中亚国家人文合作的四个重点是：巩固俄语地位，开展俄语教学；进行教育合作尤其重视培养留学生；积极开展文化合作；扩大俄语新闻媒体的影响力。

1. 巩固俄语地位，开展俄语教学

30 年来，俄语在中亚国家始终保持了"官方语言或族际交流语言"的地位。俄罗斯非常重视在中亚各国保持和发展俄语教学的工作。迄今在哈萨

---

① 《2019 年欧亚经济联盟成员国社会经济指标全面上扬》，哈通社努尔苏丹电，2020 年 2 月 21 日。

克斯坦有超过 30% 的学童上俄语学校，各类学校共有 2.3 万多名俄语教师，有 66 所高等院校与俄罗斯建立了合作关系。乌兹别克斯坦有 900 所学校开设俄语课，其中在 60 所大学里俄语是必修课，70% 多的公民讲俄语。有 8000 多人在塔吉克斯坦的俄罗斯斯拉夫大学学习。莫斯科大学、莫斯科动力学院等院校都在塔设有分校，学生们从大学二年级起学俄语。由俄罗斯派遣俄语教师。根据 2005 年"世界上的俄语"研究表明，哈萨克斯坦有 81.5% 的人会讲俄语，吉尔吉斯斯坦有 70% 的人讲俄语，乌兹别克斯坦有 60% 的人讲俄语，塔吉克斯坦有 47.6% 的人讲俄语，土库曼斯坦有 20.8% 的人讲俄语。主动使用俄语的人即不仅能理解而且会读、写俄语的人，在哈萨克斯坦占总人数的 66.2%，在吉尔吉斯斯坦占 30%，在乌兹别克斯坦占 20%，在塔吉克斯坦占 15.9%，在土库曼斯坦占 2.1%。

2. 进行教育合作尤其重视培养留学生

在教育合作中，俄罗斯特别重视在俄高等院校培养来自中亚各国的留学生。目前在俄的哈萨克斯坦大学生有 7.4 万名，其中有 3 万人领取俄方提供的奖学金；在俄的乌兹别克斯坦大学生有 4 万多名（包括数百名军官），在俄的土库曼斯坦大学生有 3.6 万多名、在俄的塔吉克斯坦大学生有 2 万多名、在俄的吉尔吉斯斯坦大学生有 7000 多名。

3. 积极开展文化合作

俄与中亚国家的文化交流十分活跃，经常互办"文化年"等文艺交流活动。圣彼得堡"音乐之家"为哈培训艺术家，哈国家博物馆也举行"埃尔米塔什日"活动，促进哈俄两国的文化交流。为了促进俄哈青年友谊与合作，2019 年 11 月 7 日，在俄哈第十六届"地方合作论坛"期间，举行了第一届俄哈青年领袖论坛。2019 年 3 月，俄吉两国举行"地方合作论坛"，除了企业和公司，俄 70 多所大学、吉 60 所大学也派代表参加。俄塔人文合作也有新的发展。俄在杜尚别设立了科学和文化中心。

4. 扩大俄语新闻媒体的影响力

俄罗斯新闻媒体在中亚各国的影响力很大，俄语电视、广播、报刊、互联网在各国均占据重要地位。在哈萨克斯坦，哈语和俄语在电视上平分秋色。

中亚国家的居民主要通过俄语频道的电视节目了解国际新闻，所以潜移默化地受到俄罗斯的影响。俄语在互联网上也占有明显优势。俄罗斯"Мой Мир"（"我的世界"）网站的用户占哈萨克斯坦全国互联网用户的62.4%；乌兹别克斯坦64%的网站使用俄语；吉尔吉斯斯坦的大多数网站使用俄语。

（六）抵御西方对中亚国家的渗透

中亚国家独立后，美国开始努力向中亚国家渗透，主要从民主改造、油气资源投资、军事合作等方面入手。特别是通过资助建立各种非政府组织、提供奖学金和邀请学者到美国访问等手段培养亲美人士。2015年以来，美国、日本还分别与中亚五国外长建立了"C5＋1"机制，定期就双方的合作举行会晤和磋商。

面对美国、欧盟等西方国家对中亚各国的渗透和扩张，经济相对较弱的俄罗斯虽不甘却力有不逮，但在外交事务领域，俄罗斯则要求同属独联体和上海合作组织的中亚国家在重大国际问题上与俄罗斯基本保持一致，例如停止向美国出租军事基地、参与伟大卫国战争胜利日纪念活动、协作应对美军撤离阿富汗后的复杂局势等。在军事领域，哈萨克斯坦、吉尔吉斯斯坦和塔吉克斯坦都是集体安全条约组织成员国，与俄罗斯有同盟关系。虽然美欧在政治上对中亚国家具有一定的影响力，但其在安全方面的影响力与俄罗斯相比仍然相形见绌。无论是一度与美国关系打得火热的乌兹别克斯坦，还是经历几次动乱和政权更迭的吉尔吉斯斯坦，现在依旧处于俄罗斯主导的地缘政治和军事安全范围内。

通过上述六个方面的长期努力，俄罗斯的中亚战略和政策基本得到落实，在中亚国家保持了传统而深刻的影响，其影响力超过其他任何一个大国。俄罗斯国际事务委员会非常自信地认为："在中亚国家复杂而又充满矛盾的对外政策领域，俄罗斯占有一定优先地位，而且基本上没有竞争对手。"①

---

① 粟瑞雪、李燕：《俄罗斯在中亚的利益：内容、前景、制约因素》，《俄罗斯研究》2014年第2期。

三 俄与中亚国家存在的矛盾与问题

在保持和发展与中亚国家密切关系的同时，俄与中亚各国也存在一些矛盾，主要表现在以下六个方面。

（一）中亚国家不愿与俄罗斯搞政治一体化

在政治和安全领域，中亚国家维护本国独立主权的决心非常坚定，不愿意让俄罗斯干涉其内政。哈萨克斯坦和乌兹别克斯坦的政治精英对俄一些具有大俄罗斯主义思想的人总想控制和支配中亚事务的做派十分反感，对俄不满情绪时有流露。2011 年 10 月 4 日，普京在《消息报》发表题为《欧亚大陆新一体化计划——未来诞生于今日》的文章，建议在业已存在的俄罗斯、哈萨克斯坦、白俄罗斯关税同盟的基础上建立新的欧亚联盟。2012 年 5 月普京第三次出任俄罗斯总统后，这一倡议开始付诸实施。但是哈萨克斯坦总统纳扎尔巴耶夫和白俄罗斯总统卢卡申科都不同意搞类似欧盟的集政治、经济、外交为一体的联盟组织，而只同意建立经济联盟。塔吉克斯坦迄今未申请加入欧亚经济联盟，乌兹别克斯坦也只是欧亚经济联盟的观察员国。在哈萨克斯坦，各种批评俄罗斯的文章经常见诸报端。在一些国际研讨会上，也能听到哈萨克斯坦学者对俄罗斯对外政策的批评。

（二）在历史问题上存有分歧

1917 年俄国十月革命后，中亚各国都成立了苏维埃政权。1920 年 8 月 26 日，根据全俄中央执行委员会和人民委员会命令，成立吉尔吉斯苏维埃社会主义自治共和国（1925 年前俄罗斯人长期把哈萨克族人视为吉尔吉斯族人），属于俄罗斯联邦，首都为奥伦堡。1924 年，苏联把中亚各国按民族区域划界，把阿斯塔纳地区的大片土地划归吉尔吉斯苏维埃社会主义自治共和国，并于 1925 年将其改称为哈萨克苏维埃社会主义自治共和国。1936 年建立哈萨克苏维埃社会主义共和国并加入苏联，成为苏联加盟共和国之一。1991 年 12 月苏联解体使哈萨克斯坦获得独立，其国土面积 272 万平方公里，成为世界上领土第九大国家。

在关于哈萨克斯坦领土问题上，俄哈两国政治家和专家学者一直有不同的立场和观点。

2014 年 8 月 29 日普京在参加瓦尔代地区"谢利格尔"青年论坛时说："纳扎尔巴耶夫做成了一件独一无二的事——在从来不曾有过国家的土地上建立起了国家。……从这个意义上讲，他对于后苏联空间国家来说是个独一无二的人物。"这一说法引起了哈萨克斯坦方面的不满。几天后，纳扎尔巴耶夫总统在接受"哈巴尔"电视台采访时指出，哈萨克斯坦决不会加入任何威胁本国独立性的组织。他说："如果《欧亚经济联盟条约》中规定的条款没有得到执行，那么哈萨克斯坦完全有权利退出欧亚经济联盟。这一点我之前也说过，现在再说一次。"

2015 年 10 月 8 日，哈萨克斯坦在南部江布尔州首府塔拉兹市举行盛大活动，纪念哈萨克汗国建立 550 周年。纳扎尔巴耶夫出席庆典并致辞说："哈萨克汗国建立 550 周年庆典活动说明，和世界其他民族一样，我们哈萨克人和我们所生活的这一片土地具有悠久的历史。"

2020 年 12 月 10 日，俄罗斯国家杜马议员、历史学家尼科诺夫在俄罗斯电视台"第一频道"的直播中称，哈萨克斯坦的领土是俄罗斯赠予的礼物。如果没有苏联，哈萨克斯坦根本不会存在。俄罗斯杜马议员费多罗夫也表示："哈萨克斯坦的部分领土是租来的，离开苏联后应将这些领土归还。"他主张俄罗斯与哈萨克斯坦恢复为一个统一的国家。

哈萨克斯坦外交部立即召见俄驻哈临时代办，就此提出抗议。哈副外长表示，一些俄罗斯政治人士的言论具有挑衅性，正在损害两国盟友关系，伤害哈萨克斯坦人的民族尊严。2021 年伊始，哈萨克斯坦总统托卡耶夫就在《主权哈萨克斯坦报》发表文章指出，早在金帐汗国、突厥甚至匈奴时代，哈萨克人就已生活在现在的土地上。哈萨克斯坦是哈萨克人的哈萨克斯坦，每一寸土地都是哈萨克人自己获取的，绝不是 1936 年或 1991 年被人"赠

予"的，俄罗斯无权对哈萨克斯坦的领土说三道四。①

乌兹别克斯坦对俄罗斯关于中亚历史的说法也颇有非议。乌兹别克斯坦独立后，学生使用的历史教科书中不再使用"伟大卫国战争"的提法，代之以"第二次世界大战"。苏联被描述成俄罗斯殖民主义帝国新的化身，而乌兹别克苏维埃社会主义共和国作为苏联一部分的历史被看作苦难、屈辱和被剥削的一段经历。②

2014年12月笔者和张志明大使访问乌兹别克斯坦时，陪同人员特意带我们去参观20世纪30年代"大清洗"时期被镇压的乌兹别克斯坦知识分子精英的墓地，以及历史博物馆中关于沙俄占领塔什干和布哈拉的历史资料。

乌还拆除了与俄罗斯和苏联有关的纪念碑和铭牌。1992年拆毁了为纪念帮助塔什干在1966年大地震后重建的苏联建设者而修建的纪念碑；2009年11月21日夜拆除了位于塔什干市士兵荣誉公园的祖国保卫者纪念碑；2011年1月6日拆除了位于塔什干市的伟大卫国战争英雄萨比尔拉希莫夫少将的纪念碑；2015年10月在塔什干市国立阿力什尔·纳沃伊大剧院翻修后的竣工典礼前夕，拆除了原来该剧院墙上镶嵌的写有俄罗斯设计师阿·维·休谢夫（红场列宁墓的设计师）名字的大理石纪念铭牌。

虽然中亚各国已经获得独立，但是俄罗斯一些精英仍然习惯于把中亚国家看作"小兄弟"，在处理与它们的关系时经常显得简单、随意，甚至"粗暴施压"，这会使中亚国家感到不满、想尽可能地离俄罗斯远一些。③ 2010年，塔吉克斯坦新闻社总编辑阿卜杜拉耶夫曾表示，俄罗斯总是"像大人对待小孩那样"对待中亚国家，这是独联体国家实现"一体化的主要障碍

① 〔哈〕托卡耶夫：《主权独立高于一切》，〔哈〕《主权哈萨克斯坦报》2021年1月5日。
② 吴爱荣：《乌兹别克斯坦"去俄罗斯化"进程探析》，《俄罗斯东欧中亚研究》2017年第1期。
③ 赵鸣文：《普京大外交：面向21世纪的俄罗斯对外战略（1999—2017）》，人民出版社、研究出版社，2019，第295页。

和问题"。一些国际观察员认为，在俄罗斯与中亚国家之间实际上仍存在
"不平等"的关系。

（三）经济上俄罗斯力不从心

在经济贸易领域，由于苏联时期留下来的紧密的地方和企业合作网络，
俄罗斯在中亚国家占有传统优势。但是，自 2008 年全球金融危机以来，俄
经济一蹶不振，对中亚国家心有余而力不足。2019 年欧亚经济联盟成员国
之间的贸易额为 610.3 亿美元，只相当于俄罗斯与德国的贸易额（2018 年
俄德两国贸易总额约为 596 亿美元，2019 年又有增长）。塔吉克斯坦至今不
愿加入欧亚经济联盟的原因之一是，塔吉克斯坦的海关税收约占塔预算收入
的 40%，它不想因为加入欧亚经济联盟而失去相当大的一部分海关税收。
而且联盟对海关边境的强化监督，也会使塔中小企业的主要收入来源——来
自中国、巴基斯坦和伊朗的廉价商品减少。虽然俄罗斯强调欧亚经济联盟将
是一个有效的欧亚经济共同体，但一些中亚国家对其前景仍心存疑虑。

（四）俄罗斯文化和语言的影响力下降

在文化和语言领域，中亚各国把发展本民族文化和语言放在首位。俄罗
斯族的人口在中亚各国的占比在逐渐减少，俄语影响力有所下降。乌兹别克
斯坦、土库曼斯坦和哈萨克斯坦都把本民族语言的西里尔字母改成拉丁字
母。2017 年 10 月 26 日，哈萨克斯坦总统签署命令，开始将哈萨克文使用
的西里尔字母转换成拉丁字母，到 2025 年将全部完成转换。在土库曼斯坦，
俄语是继土库曼语和乌兹别克语之后的第三大语言。如今在土库曼斯坦有
82% 的居民不懂俄语，其中大多是在苏联解体后长大的公民。20 世纪 90 年
代后半期，俄语学校数量骤减 60% 以上。2007 年 3 月 22 日，为了去除俄国
姓名的痕迹，塔吉克斯坦总统拉赫莫诺夫宣布将自己名字中斯拉夫语后缀
"诺夫"去掉，改名为"拉赫蒙"。

2021 年 6 月，在吉尔吉斯斯坦伊塞克湖地区一个柔道训练营中，一名 9
岁的俄罗斯裔男孩伊万遭到吉尔吉斯族孩子们的殴打，原因就是他们认为伊

万是个"东正教基督徒"。① 8月初，在比什凯克一个购物中心一名客户砸了电脑，起因是女售货员说俄语而不说吉尔吉斯语。俄罗斯国家杜马主席沃洛金得知这一消息后，为这位售货员辩护，并提出"禁止那些冒犯说俄语的人进入俄罗斯"。俄罗斯国家杜马自由民主党议员团主席日里诺夫斯基对这两起事件的反应尤其强烈，要求召回俄罗斯驻吉大使，还在吉驻俄大使馆门前组织了抗议示威。

8月11日，在哈萨克斯坦的阿特劳市也发生了因一名俄罗斯妇女在商场训斥哈萨克族人而引发的纠纷。②

一些评论认为，随着中亚国家民族意识不断增强，将来在语言文化方面俄罗斯人与当地人的冲突有可能增加。

（五）中亚国家在外交上不再对俄罗斯唯唯诺诺

虽然与俄罗斯的合作仍占中亚国家外交的主导地位，但是中亚各国努力对世界主要大国奉行比较平衡的政策。例如，中亚五国与美国、中国、日本均建立了"C5+1"的会晤模式。乌兹别克斯坦的对外政策尤其凸显了独立性：它两次加入集体安全条约组织，又先后于1999年和2012年两次退出。究其原因，主要是乌与美国具有特殊关系以及对俄罗斯的某些做法持保留态度。2001年，乌兹别克斯坦和乌克兰、阿塞拜疆、格鲁吉亚、摩尔多瓦一起成立了没有俄罗斯参加的区域性国际组织"古阿姆"，实际上是在独联体地区与俄罗斯分庭抗礼，对俄罗斯在中亚的威望提出严重挑战。直到2005年5月，乌兹别克斯坦才因美国指责卡里莫夫总统处理"安集延事件"的做法而退出"古阿姆"。

不仅乌兹别克斯坦，而且中亚其他四国在外交上也毫无例外地奉行大国平衡政策，这不同程度地反映了它们制衡或防范俄罗斯的考虑。

尽管如此在过去的30年间，俄罗斯克服政治和经济困难，理顺了与中

---

① 《中亚"去俄罗斯化"背后：一场文化叙事之争》，澎湃新闻社，2021年8月25日。
② 《中亚"去俄罗斯化"背后：一场文化叙事之争》，澎湃新闻社，2021年8月25日。

亚各国的关系，维护了自己在中亚地区的"特殊利益"和"势力范围"。虽然俄罗斯和中亚各国之间存在一些分歧和矛盾，但这些是次要和支流的，而相互依赖与合作、维护共同利益是根本和主要的。预计这一趋势在今后较长一个时期内将保持和发展，其他大国或国家集团在中亚地区还难与俄罗斯抗衡。俄罗斯通过传统的和牢固的双边合作，以及独联体、集体安全条约组织、上海合作组织等多边合作组织，在该地区的竞争中仍将占据主要地位，该地区仍是俄罗斯重新崛起并成为多极世界中一极的重要平台和支柱。

Y.12

拜登政府中亚政策：开局之年的评估与展望

康 杰[*]

摘 要： 2021 年，美国拜登政府的中亚政策基本延续了特朗普政府新版中亚战略的总体框架和重点方向，但也有一些新特点。在美军完全撤离阿富汗的背景下，美国增加了与中亚各国的政治与安全接触。劳工、气候变化、环境保护等领域成为美国拜登政府中亚政策中的重点。对青年群体的"软实力"攻势持续增强，手段更趋多样化。美军撤出阿富汗并不意味着美国对中亚不再重视，美国也不会改变其介入和影响中亚的既有模式。美国对中亚政策的主线仍是以有限的投入提升其对中亚政治和社会的长期影响力，并将此作为与中俄在这一地区竞争的杠杆。

关键词： 美国 拜登政府 中亚政策 "C5 + 1"机制

一 拜登政府中亚政策的总体基调

（一）延续性将是常态

2021 年，美国官员曾多次表示，拜登政府将继续执行特朗普政府制定的《美国对中亚战略：2019 ~ 2025》（简称"2020 年中亚战略"）。[①] 从核心人事

---

* 康杰，中国国际问题研究院欧亚研究所副研究员。

① "First USAID Mission Director Arrives in Uzbekistan," US Embassy in Uzbekistan, June 10, 2021, https：//uz. usembassy. gov/first – usaid – mission – director – arrives – in – uzbekistan/，最新检索时间：2021 年 12 月 10 日。

任命上看，拜登政府保留了上届政府负责中亚事务的主要班底，如留用了"2020 年中亚战略"主要执笔人、国家安全委员会中亚事务主管鲁登希尔德（Eric Rudenshiold），并将前驻吉尔吉斯斯坦大使唐纳德·卢（Donald Lu）提升为国务院负责南亚与中亚事务的助理国务卿。这意味着美国中亚政策上的"萧规曹随"不是短期性的临时过渡方案，而将是较长时期内的常态和基调。

（二）进一步将中亚整合在"印太战略"框架下

在拜登政府的国家安全委员会架构下，中亚事务虽被重新归入"俄罗斯与中亚事务高级主管"统筹下（区别于特朗普时期的"南亚与中亚事务高级主管"）。但俄罗斯与中亚事务高级主管和中亚事务主管也同时接受"印度太平洋事务高级协调员"坎贝尔（Kurt Campbell）的领导。[1] 这一安排，进一步明确和强化了中亚地区作为"印太战略"地缘延长线的定位，也显示出美在中亚牵制中俄战略后方的意图。

在保持战略框架延续性的同时，阿富汗变局和拜登政府自身的政策偏好也使拜登政府的中亚政策在具体目标和手段上呈现一系列新特点。

二　阿富汗变局与美国中亚政策

自 2001 年以来，阿富汗问题一直是美国中亚政策的重要维度，在绝大多数时间内甚至是压倒性的主轴。阿富汗战争是美国提升对中亚地区重视程度、加强与部分中亚国家关系的重要契机。美军发起和维持在阿富汗军事行动的全过程，从开战前的情报准备、与阿富汗北方联盟的联系到开战后的军事基地和后勤补给通道等，都有赖于中亚国家的全方位支持。中亚各国也因此从美国获得可观的安全和经济援助。2005 年后，以推进中亚与南亚地区

---

[1] "Biden's Asia Policymakers," Asian Forum, February 2, 2021, https：//theasanforum. org/bidens - asia - policymakers/，最新检索时间：2021 年 12 月 10 日。

联通和一体化为目标的"大中亚"范式，成为美国中亚战略的基本主题。
而这一范式转变的重要背景是加强阿富汗的重建，并使阿富汗成为美国主导
下的中亚与南亚秩序的轴心。2011年时任国务卿希拉里推出的"新丝绸之
路计划"，是对"大中亚"范式的进一步升级和具象化。"2020年中亚战
略"虽然不再寻求中亚与南亚的一体化，但其六大具体目标中的两个，即
"增加对阿富汗稳定的投入"和"鼓励中亚与阿富汗加强联系"都直接与美
国的阿富汗政策相关。为了实现从阿富汗完全撤军的既定目标、强化与中亚
国家的安全合作，拜登政府显著增加了与中亚国家特别是阿富汗三个邻国的
双边和多边接触。

（一）撤军前美国与中亚国家的合作

2021年3月19日，时任负责政治事务的美国副国务卿黑尔（David
Hale）与塔吉克斯坦外长和阿富汗外长举行了三边会谈。4月14日，拜登
政府正式宣布将在9月11日前从阿富汗全面撤军。4月23日，美国国务卿
布林肯与中亚五国外长以视频方式举行年内第一次"C5＋1"会谈，共同呼
吁塔利班停止发起春季攻势，支持和维护阿富汗"过去20年来的各项成
就"，提出要发展美国与中亚国家之间的安全合作，支持中亚国家与阿富汗
间的能源、交通、经贸和人文合作。5月3～5日，阿富汗重建特别代表哈
利勒扎德访问乌兹别克斯坦、塔吉克斯坦两国。

进入5月后，随着塔利班显著占据上风，加尼政府岌岌可危，美媒报
道，白宫和美国军方开始探讨在中亚获得军事基地、留驻无人机和信号监听
部队、维持美在该地区军事情报网络、承担"情报收集与反恐"职能的可
能性。[1] 7月初，布林肯邀请乌兹别克斯坦、塔吉克斯坦两国外长访美，进
行了长时间的会谈。7月15～16日，美国总统国土安全和反恐顾问舍伍

---

[1] Vivian Salama and Gordon Lubold, "Afghan Pullout Leaves U. S. Looking for Other Places to Station Its Troops," *The Wall Street Journal*, May 8, 2021, https://www.wsj.com/articles/afghan－pullout－leaves－u－s－looking－for－other－places－to－station－its－troops－11620482659, 最新检索时间: 2021年12月10日。

德－兰道尔（Elizabeth Sherwood－Randall）和阿富汗重建特别代表哈利勒扎德率团出席乌兹别克斯坦主办的"中亚和南亚：区域联通的挑战和机遇"国际会议，并在会议期间与中亚五国外长举办了年内第二次"C5＋1"会谈，共同声明"不支持在阿富汗建立基于武力强加的新政府"。美国还通过多种方式请求中亚国家接纳阿富汗难民，庇护曾与美军合作的阿富汗人。①

通过密集的外交接触，美国获得了中亚国家的政治支持。中亚国家普遍接受美方在阿富汗问题上的相关立场和表述，但美国在中亚寻求建立军事基地和难民庇护所的尝试遭到俄罗斯的强硬抵制，无果而终。7月，普京与拜登在日内瓦会晤，普京明确表示反对美军进驻中亚，俄外交官员也多次发出强硬的反对信号。中亚国家出于俄罗斯压力和自身利益考虑，未同意接纳美军进驻。

（二）塔利班掌权后美国与中亚各国的合作

8月15日，塔利班兵不血刃进入喀布尔，加尼政权倒台。对这一变局，中亚国家的反应各不相同。

阿富汗的三个中亚邻国中，乌兹别克斯坦、土库曼斯坦与塔利班关系较好。两国很早便与塔利班建立了接触渠道。一方面担心"伊斯兰国呼罗珊分支"和"乌伊运"等暴恐组织外溢，两国加强了边境防控部署；另一方面，两国更重视与塔利班的对话和合作，希望通过加强双边关系，为既有的或计划中的区域联通和能源项目提供保障。8月17日，米尔济约耶夫称乌与塔利班保持了"每日联系"。在占领喀布尔前，塔利班代表团已与乌方商讨如何保障"当前和未来的国家项目，例如铁路和电力线的安全"。土库曼斯坦与塔利班也建立了密切的工作联系。2021年2月和10月，塔利班代表团两次访土。

在基地问题上，乌兹别克斯坦受限于宪法规定，不会公开接纳外国军队

---

① Peter Martin et al. , "US Seeks Refuge for Afghan Staff as It Hands Over Key Base," The Bloomberg, July 2, 2021, https：//www. bloomberg. com/news/articles/2021－07－02/u－s－asks－central－asian－nations－to－take－afghans－seeking－visas，最新检索时间：2021年12月10日。

常驻。但乌对保持和扩大与美的军事和安全合作持积极态度。2019 年以来，乌军队院校已逐步换用美国国防学院的教材，用英语授课。多批乌军中高层军官赴美受训。

乌兹别克斯坦积极协助美国和欧洲各国人员从阿富汗撤离的行动，为其提供中转机场，允许中转人员在机场内停留 6~12 个小时，并提供食品、饮用水和医疗服务。土库曼斯坦则在 8 月 19 日宣布向从阿富汗撤离外国公民的飞机开放其领空。在难民问题上，土方拒绝包括阿富汗土库曼族在内的一切难民进入。乌方虽也明确表示不接收包括阿富汗乌兹别克族在内的难民，但事实上容留了部分逃亡至乌兹别克斯坦的阿富汗乌族士兵和官员。

塔吉克斯坦对阿富汗塔利班掌权的态度最为消极。西方媒体指出，塔利班在塔阿边界容留和庇护了数千名"安拉战士"组织（Jamaat Ansarullah，又被称作"塔吉克斯坦塔利班"）和伊斯兰复兴党残部。塔利班占领阿富汗北方后，曾向塔境内"打冷枪"。[①] "安拉战士"组织自 2010 年以来多次在塔境内发动恐怖袭击，并不断在塔阿边境省份和俄罗斯境内的塔国劳工中招募成员。2021 年 9 月，"安拉战士"组织头目阿斯兰（Mahdi Arsalan）曾公开宣称"已准备好入侵塔吉克斯坦"。[②] 这对塔边境安全和政权稳定构成严重威胁。同时，塔吉克斯坦也对塔利班未建立包容性政府深感不满，拉赫蒙在联合国大会和其他多个场合公开批评塔利班的政策。塔方虽未公开支持小马苏德和前副总统萨利赫领导的"民族抵抗阵线"，但庇护了效忠于抵抗组织的阿富汗前政府派驻塔吉克斯坦使馆的官员。8 月 15 日前后，有多架阿政府军空军飞机逃往塔吉克斯坦，被塔方扣留。这也引发了塔利班方面的强烈不满，使双方关系持续紧张。

此外，塔阿边境线长、自然条件恶劣、防渗透难度大。塔吉克斯坦虽已

---

① Mumin Ahmadi et. al, "Exclusive: Taliban Puts Tajik Militants Partially In Charge Of Afghanistan's Northern Border," RFE/RL, https://www.rferl.org/a/taliban-tajik-militants-border/31380071.html, 最新检索时间：2021 年 12 月 10 日。

② Геннадий Свидригайлов, "Талибан заявил о готовности вторжения в Таджикистан," октября 06 2021, https://www.gazeta.ru/army/news/2021/10/06/16649623.shtml? updated, 最新检索时间：2021 年 12 月 10 日。

在边境部署了约 2 万名官兵的边防部队，但受制于地形，哨所较为分散，加之缺乏先进监视装备，防卫能力难以覆盖全部边境线。塔国经济受疫情冲击大，财政极其脆弱，加之出生率高，年轻人口多，就业尤其是高校毕业生等知识群体就业困难，多种因素综合易引爆社会危机。面对严峻的安全形势和社会压力，塔吉克斯坦在加强对俄罗斯和集安条约组织倚重的同时，也不会放弃争取美国和西方的经济和安全援助。虽然塔吉克斯坦作为集安条约组织成员国，不能向美国提供军事基地，但美塔两国还是保持了密切的安全合作关系。

2021 年，美国总计向塔吉克斯坦提供了价值 1140 万美元的各类安全援助，并承诺在未来两年内向塔安全部门提供超过 6000 万美元的援助。[①]

哈萨克斯坦、吉尔吉斯斯坦两国虽然不与阿富汗接壤，但其安全形势也深受阿富汗变局的冲击。两国国内宗教极端组织，如"伊扎布特""达瓦宣教团"等，都受到了塔利班胜利夺权的"鼓舞"，社交媒体上的极端主义宣传明显增加，影响扩大。

在军事基地问题上，哈、吉两国对美国的价值较小。在两国部署飞机都需要飞越第三国领空且距离较远。更重要的是，两国都是集安条约组织成员国，无法独立决策接纳外国驻军。

在难民问题上，哈萨克斯坦一度制定了积极的接纳政策，在哈南部奇姆肯特改建了可容纳 7 万名难民的设施，并在 8 月 15 ~ 16 日接纳了约 500 名阿境内的哈族难民。但后因民众强烈反对，哈被迫于 17 日放弃了接纳阿难民的计划。此外，哈允许联合国阿富汗援助团（UNAMA）总部临时转移至阿拉木图。吉尔吉斯斯坦是《联合国难民公约》签字国，故 8 月 16 日吉宣布准备接收 1200 名阿富汗难民，同时将延长阿富汗在吉留学生的签证。

---

① "U. S. – Tajikistan Security Assistance Fact Sheet," U. S. Embassy Dushanbe, November 19, 2021, https://tj. usembassy. gov/us – tajikistan – security – assistance – fact – sheet – 111921/，最新检索时间：2021 年 12 月 10 日。

（三）后撤军时代中亚南亚一体化的前景

美国从阿富汗撤军后，短期内难以与塔利班主导的阿富汗政府建立外交关系。其以阿富汗为支点和轴心促进中亚和南亚一体化、使中亚向南融入印度洋经济圈的"大中亚"战略构想在事实上已经难以为继。但乌兹别克斯坦、土库曼斯坦两国为了改善自身地缘经济环境，仍然希望与阿富汗新政府合作，继续把阿富汗视为通向南亚和印度洋的桥梁。

乌兹别克斯坦计划修建从乌国铁尔梅兹出发，经阿富汗马扎里沙里夫和喀布尔到巴基斯坦白沙瓦的"泛阿富汗铁路"。目前，由乌建造的铁尔梅兹至马扎里沙里夫路段已投入运营。延伸至白沙瓦的剩余 573 公里路段必须穿越兴都库什山脉，该路段海拔高、地形复杂，有废弃地雷，施工难度大，初步估计修建费用为 50 亿美元，主要依赖海外贷款。2021年 2 月，美国国际开发金融公司（DFC）曾参与了该项目启动仪式。世界银行、亚洲开发银行、欧洲复兴开发银行、欧洲投资银行、伊斯兰开发银行、亚投行等也是乌方筹资的目标机构。在 7 月中旬乌方主办的"中亚和南亚：区域联通的挑战和机遇"国际会议上，"泛阿富汗铁路"被列为第二大优先事项。[1] 2021 年 12 月，乌总统战略与地区研究所第一副主任涅马托夫（Akramjon Ncmatov）在一次会议上提出，应通过实施"泛阿富汗铁路""马扎里沙里夫—赫拉特—恰巴哈尔铁路"等大型基础设施项目，使阿富汗恢复曾经的历史作用，成为确保中亚和南亚互联互通的关键环节。[2]

土库曼斯坦则希望继续推动建成"土库曼斯坦—阿富汗—巴基斯坦—印度"（TAPI）跨国输气管道和完成"土库曼斯坦—阿富汗—巴基斯坦"（TAP）高压输电项目，并计划建设联通土阿两国的铁路。

---

[1] Виктор Абатуров, "Ташкентский перекресток сотрудничества — между Центральной и Южной Азией," Экономическое обозрение №8（260）2021.

[2] "Первый заместитель директора ИСМИ принял участие на международной конференции," UzDaily. uz, https：//www. uzdaily. uz/ru/post/65953，最新检索时间：2022 年 1 月 1 日。

乌、土两国实现互联互通愿景的最大障碍是资金短缺。特朗普政府时期改组成立的美国国际开发金融公司曾在中亚积极活动，并在 2021 年 1 月与哈、乌两国共同成立了"中亚投资伙伴"基金。但在拜登政府治下，美国国际开发金融公司在中亚的活跃度大为下降，"中亚投资伙伴"基金也逐渐沉寂。在这一背景下，乌、土两国转而寻求土耳其等域外国家的支持，希望在突厥语国家组织框架下推动互联互通项目。但在可预见的未来，在新冠疫情影响全球经济复苏的大背景下，上述工程均难以解决融资问题。此外，"伊斯兰国呼罗珊分支"等暴恐组织仍活跃在阿富汗境内，发动多次恐怖袭击，这也为跨境项目的安全性蒙上阴影。

三 劳工、气候和环境：拜登政府中亚政策的新维度

拜登政府在相关政策工具和具体议题上的偏好，使 2021 年的美国中亚政策呈现一系列新特点。其一，美国显著加大了对中亚各国"独立工会"的扶持力度，将"独立工会"作为渗透影响中亚政治和社会的重要筹码。其二，美国积极推进在中亚地区的气候外交，将气候问题作为"C5 + 1"等多边机制的重要议题，并试图引导中亚各国的新能源发展。其三，美国以咸海生态恢复为抓手，强化在中亚环境议题上的影响力。

（一）加大对"独立工会"的扶持力度

2021 年以来，美国国家民主基金会（NED）及其附属工运组织"团结中心"（Solidarity Center）显著强化了对中亚各国劳工的渗透力度。NED 和"团结中心"下属的"中亚劳工权利监测团"重新开始在多国活跃。

2021 年，哈萨克斯坦"燃料和能源行业工人工会"在阿克套市、阿克纠宾州、西哈萨克斯坦州等地发动了 60 多次大罢工，且罢工几乎全部是针对哈国有企业、中资和欧洲企业。12 月 11 日，该组织在扎瑙津发起"悼念2011 年惨案"的大规模游行。6 ~ 7 月，吉尔吉斯斯坦工运 NGO "同一个世

界"动员 70000 人参与请愿，抗议吉尔吉斯斯坦《工会法》草案。3 月，NED 资助的流亡德国的乌反对派组织"乌兹别克人权论坛"（Uzbek Forum for Human Rights，同属"中亚劳工权利监测团"成员[①]）在因多拉玛（Indorama Agro）棉花公司组建了乌兹别克斯坦历史上第一个不受政府控制的工会——"人民团结"（Xalq Birligi）。该棉花公司是印度因多拉玛财团在锡尔河州收购乌兹别克斯坦最大的棉花种植加工基地后组建的，这也是乌主要棉花农场之一，有近 10 万公顷耕地，员工约 3200 人。[②]

拜登政府强化对劳工群体渗透的动向值得密切关注。特别是在疫情和经济萧条背景下，纯粹的劳资纠纷和民生问题可能被扭曲发酵为政治社会问题，成为美国借以干涉中亚各国内政的抓手。

（二）积极推进气候外交

气候议题是拜登政府对外政策的重点方向之一。在格拉斯哥第 26 届联合国气候变化缔约方大会（COP26）召开前，美国总统气候问题特使克里（John Kerry）与中亚五国的气候政策负责人于 9 月 16 日在线召开了首次"C5 + 1"气候部长级会议，这成为 2021 年美国对中亚外交的突出"亮点"之一。

美国气候外交得到了中亚国家的支持。乌兹别克斯坦、哈萨克斯坦两国对气候变化问题尤为重视。中亚地区虽然不是主要能源消费国，但其升温幅度远高于全球平均水平，尤以咸海地区升温幅度最大。气候变化使洪水、山体滑坡、泥石流、雪崩、沙尘暴等极端气象灾害频率增加，冰川面积萎缩，水资源短缺加剧。乌学者指出，过去 50 ~ 60 年全球气候变化使中亚冰川面积减少了约 30%。预计到 2050 年锡尔河盆地的水资源将减少 5%，阿姆河

---

① 该组织曾长期致力于在西方游说抵制乌兹别克斯坦棉花。

② Radmir Khajbakhteev, "Recent Workers' Victory Reveals the Rot in Uzbekistan's Public Life," Open Democracy, April 20, 2021, https: //www. opendemocracy. net/en/odr/recent – workers – victory – reveals – the – rot – in – uzbekistans – public – life/? fbclid = IwAR3Nl9pdVxzxv1pukbgYuh BbdTMHO_ N92OO_ – eeSt9H7QrYQ9Czg3LeouTc, 最新检索时间：2021 年 12 月 10 日。

盆地的水资源将减少 15%。到 2050 年，中亚淡水短缺可能会导致该地区
GDP 下降 11%。[①]

在此次会议上，中亚各国承诺，将通过采取温室气体减排行动，将升温
限制在 1.5℃以内。哈萨克斯坦承诺到 2030 年可再生能源达到总能源的
15%，到 2060 年实现碳中和。吉尔吉斯斯坦计划在获得国际支持的条件下
将温室气体排放量减少 16%。乌兹别克斯坦计划到 2030 年实现可再生能源
占总能源 25% 的目标。[②]

在可再生能源领域，美国国际开发署和多边国际金融机构将通过援助和
融资，在中亚鼓励推进"私人主导的"的光伏和风能等可再生能源利用、
更新水力发电站、升级电网和电力管理系统，并为跨国电网一体化项目提供
融资支持。[③]

2021 年 3 月，美国国际开发署与乌兹别克斯坦能源与创新发展部、国
家电网与区域协调调度中心等合作，全面分析了可再生能源对乌现行电网的
影响，并规划了电网适应改革方案。[④] 2021 年 8 月，阿联酋可再生能源公
司 Masdar 在乌兹别克斯坦纳沃伊地区建设的 100 兆瓦光伏发电站落成完
工。该项目是美国国际开发署赞助的世界银行"太阳能推广项目"（乌是
其在亚洲地区的首个伙伴）的一部分，通过世行国际金融公司、欧洲复兴

① Марат Аитов，"Узбекистан принимает системные меры по адаптации и смягчению последствий изменения климата，" Института стратегических и межрегиональных исследований при Президенте Республики Узбекистан， августа 10 2021， https：//isrs. uz/ru/maqolalar/uzbekistan - prinimaet - sistemnye - mery - po - adaptacii - i - smagceniu - posledstvij - izmenenia - klimata，最新检索时间：2021 年 12 月 10 日。

② "Joint Statement of the C5 + 1 on Addressing the Climate Crisis，" US Department of State，September 21，2021，https：//www. state. gov/joint - statement - of - the - c51 - on - addressing - the - climate - crisis/，最新检索时间：2021 年 12 月 10 日。

③ Ariel Cohen， "Central Asia to Green Its Economies，" Forbes，Jun 28，2021，https：//www. forbes. com/sites/arielcohen/2021/06/28/central - asia - to - green - its - economies/？sh = 1d7e943335dd，最新检索时间：2021 年 12 月 10 日。

④ "USAID Supports the Modernization of Uzbekistan's Energy Sector，" USAID，March 15，2021，https：//www. usaid. gov/uzbekistan/press - releases/mar - 15 - 2021 - usaid - supports - modernization - uzbekistan - energy - sector，最新检索时间：2021 年 12 月 10 日。

开发银行和亚行等，向乌政府提供6500万美元贷款，使其与Masdar签订合同。① 此外，2021年4月，乌政府与Masdar达成协议，授权后者在扎拉夫尚地区建设1.5吉瓦风电场。世界银行国际金融公司、亚行和欧洲复兴开发银行向该项目提供了1.2亿美元援助和过桥贷款。

美国还积极在中亚推进"绿氢"项目，即使用基于风能和太阳能发电的电解水生产氢气，希望挖掘该项目的产业化潜力。4月，美国"空气产品"公司（Air Products）与乌兹别克斯坦能源部签署了关于在乌发展可再生能源和氢能的协议，美将协助乌创建氢能研究中心和氢能技术测试和认证实验室。②

（三）聚焦咸海生态恢复

咸海问题是美国中亚环境政策的焦点。2021年10月，美国国际开发署应哈萨克斯坦政府的要求启动了"咸海环境恢复行动"（Environmental Restoration of the Aral Sea Activity）项目，该项目为期3年，预算为135万美元。目标是在北咸海区域使用梭梭和其他植物物种创建绿洲系统，改善部分干燥海床的土壤条件和植被，减轻破坏性沙尘暴的影响。

四 加大对中亚青年群体的"软实力"攻势

青年群体一直是美国对中亚"软实力"政策的重点对象。美国通过积极扶植青年NGO，培养新一代"意见领袖"，并资助青年学生、学者、官员、记者和专业人士到美访学培训等，宣传美国价值观、文化和生活方式，

① "Pioneering Solar Power Plant to Take off in Uzbekistan with World Bank Group Support," World Bank, December 22, 2020, https：//www. worldbank. org/en/news/press－release/2020/12/22/ pioneering－solar－power－plant－to－take－off－in－uzbekistan－with－world－bank－group－ support，最新检索时间：2021年12月10日。

② Shahkar Ali, "Uzbekistan Unveils Hydrogen Energy Strategy," H2 Bulletin, April 10, 2021, https：//www. h2bulletin. com/anglo－american－hydrogen－powered－truck－likely－to－start－ testing－this－year/，最新检索时间：2021年12月10日。

建设西方化的"公民社会"，从而布局未来，"推动变革"。2021 年以来，美国对中亚青年的"软实力"攻势呈现一些新特点。

（一）在传统上相对封闭的乌兹别克斯坦和塔吉克斯坦取得显著进展

2021 年，美国在乌、塔两国增设了新的"美国角"。该机构是由美国国际教育委员会发起，美国使馆和驻在国教育部合作设立的。乌国的新"美国角"位于卡尔西（Qarshi），受众可免费观看美国电影、书刊和学习英语课程，免费咨询赴美留学信息，参与对话俱乐部和沙龙等。美国国际教育委员会未来还将在乌国设立七个新的"美国角"。塔国的新"美国角"位于杜尚别，设有编程区、"创客空间"工作室、供博主和业余记者使用的广播媒体实验室和图书馆等。

美国国家民主基金会在塔吉克斯坦扶植建立了青年 NGO "TajRupt"。该组织位于苦盏市，主要面向大、中学生提供政治、媒体、技术、国际关系、性别平权和领导力等领域的免费培训，以英文授课，灌输西方意识形态。每次培训为期 10 周，每周 3 次，每次 75 分钟。其创始人阿奇米（Azizjon Azimi）表示，开设该课程的目的是通过"向青年人赋权"，传授"批判思维"，激发塔国内的"颠覆性"变革。[1]

（二）以流行文化为媒介建立"青年领袖"网络

成立于 2017 年的 Go Viral 流行音乐网络是由美国驻哈萨克斯坦使馆赞助的。2021 年，该项目进一步发展壮大，在哈萨克斯坦和其他中亚国家举办了多场音乐节、音乐会、主题演讲、研讨会、小组讨论、电影节、媒体商业论坛、媒体技术论坛等，还举行了"中亚 Top 30 青年领袖"选拔活动。这一平台目前共有约 5500 名成员，主要是记者、创意产业工作者、NGO 活动家等。

---

[1] Nargiza Muratalieva, "Where will the Use of AI in Central Asia Lead? An Interview with Azizjon Azimi," Central Asian Bureau for Analytical Reporting, November 30, 2021, https：//cabar. asia/en/where－will－the－use－of－ai－in－central－asia－lead－an－interview－with－azizjon－azimi，最新检索时间：2021 年 12 月 10 日。

（三）利用人工智能等新兴技术培训吸引青年

塔吉克斯坦青年 NGO "TajRupt" 建立了中亚首个人工智能工作室 "zypl. ai"，与微软、谷歌等建立了商业联系，既推出了基于人工智能和大数据的金融信用评分软件、医疗咨询等产品，又面向大、中学生提供为期16周的跨学科课程，涵盖统计学、编程和机器学习，[1] 目前从三个国家招收的第一批150名学生已经毕业。

7月27日，塔工业和新技术部任命 "TajRupt" 的创始人阿奇米为 "人工智能委员会主席"。8月17日，"TajRupt" 与塔工业和新技术部在杜尚别举办了 "塔吉克斯坦人工智能发展论坛"。塔工业和新技术部、劳工和社会就业部、经济发展和贸易部的部长均出席了论坛。美国驻塔使馆、国际开发署、"人工智能伙伴计划" 项目主管等代表参会。[2]

五 后阿富汗变局时代的美国中亚政策展望

美军仓促撤出阿富汗使塔利班迅速重掌政权，对中亚地缘格局和美国自身中亚战略的执行构成强烈冲击。在美国学者看来，撤军阿富汗后的美国与中亚国家关系正在陷入萎靡。[3] 美国应该在撤军和塔利班接管阿富汗的新背景下重新思考美国中亚战略的立场和目标。美国既然已经将对华战略竞争作

① Как таджикскому школьнику начать карьеру в области искусственного интеллекта? Практическая помощь, Asia – Plus, апреля 8, 2021, http: //rr. eastera. tj/ru/news/tajikistan/society/20210408/kak – tadzhikskomu – shkolniku – nachat – kareru – v – oblasti – iskusstvennogo – intellekta – prakticheskaya – pomotsh, 最新检索时间：2021 年 12 月 10 日。

② В Душанбе проходит Форум развития искусственного интеллекта в Таджикистане, Asia – Plus, августа 17, 2021, https: //www. asiaplustj. info/ru/news/tajikistan/society/20210817/v – dushanbe – prohodit – forum – razvitiya – iskusstvennogo – intellekta – v – tadzhikistane, 最新检索时间：2021 年 12 月 1 日。

③ Frederick Starr, "Kyrgyzstan's Initiative: A Small Land Shows Washington a Way Forward," November 23, 2021, http: //www. cacianalyst. org/publications/analytical – articles/item/13693 – kyrgyzstans – initiative – a – small – land – shows – washington – a – way – forward. html, 最新检索时间：2021 年 12 月 1 日。

为首要优先目标，就必须意识到中亚作为中美竞争重要舞台的位置，重新思考美国在中亚的利益、目标和可用的政策工具。①

实际上"2020 年中亚战略"已经开启了美国中亚战略由以阿富汗为主要着眼点的"大中亚"范式到以中美博弈为主要着眼点的"大国竞争"范式的转变。在 2021 年阿富汗变局冲击下，美国固然需要时间来消化挑战，但美国对中亚战略的范式转变不会受到根本影响。从特朗普政府最后一年和拜登政府第一年在中亚的各项政策新特点可以看出，尽管撤军阿富汗的确反映了美国对欧亚内陆资源投入收缩的总趋势，但美国正在试图提升其对中亚有限资源投入的效率。"四两拨千斤"即以有限资源投入实现有限的重点目标，将是美国今后中亚政策的基本特点。

美国"2020 年中亚战略"的第一个重点目标是完善与中亚国家的政治/外交协商机制。2021 年美国与中亚国家的"C5 + 1"机制对话在量与质上均有显著提升。就频率而言，2021 年的对话共有 4 次，其中线上、线下各 2 次，是 2015 年该机制创立后最多的一年。参与"C5 + 1"机制对话的美国官员层级也保持了较高水平，没有出现特朗普政府上任第一年屡次派助理国务卿出席该机制对话的情况。中亚国家对"C5 + 1"机制的对话重视程度也在提升，从历次对话后公布的篇幅有限的联合声明来看，中亚国家在很大程度上对美国许多具体的目标和表述给予了支持。

第二个重点目标是在短期和中长期内推动和诱发中亚政治和社会变革。以劳工、青年等为重点，扶植各类主体参与的社会运动，建立亲美亲西方的"公民社会"，是实现这一目标的主要手段。可以预见的是，除了开放度、自由度较高的哈萨克斯坦、吉尔吉斯斯坦，美国将更重视开放度、自由度相对较为有限的乌兹别克斯坦、塔吉克斯坦。

第三个重点目标是在新能源、新技术和环保等领域树立美国标准，与

---

① Stephen Blank，"After Afghanistan：What Is the Future of U. S. Policy in Central Asia？"the CACI Analyst，October 6，2021，http：//www. cacianalyst. org/publications/analytical - articles/item/13686 - after - afghanistan - what - is - the - future - of - us - policy - in - central - asia. html，最新检索时间：2021 年 12 月 1 日。

"绿色丝路"和"数字丝路"形成竞争。美国在这些领域不会投入太多真金白银，但国际多边金融机构、第三方合作、国际标准话语权等将成为美国争夺影响力的有效杠杆。

中亚国家也积极酝酿在阿富汗变局背景下重新定位与美国的关系。据美国学者透露，2021年11月，吉尔吉斯斯坦政府向美国国务院提交了一份阐述中亚五国与美国全方位新关系的文件，涵盖政治、经济、反腐败等问题。[①] 虽然各方均未披露这份文件的具体内容，但可以预见的是，中亚国家出于其多元平衡的对外政策方针，希望其推动的国内政治与经济发展议程和区域合作能够得到美国支持，无论是物质上的实际援助，还是官方的重视和积极表态。

---

① Frederick Starr, "Kyrgyzstan's Initiative: A Small Land Shows Washington a Way Forward," November 23, 2021, http://www.cacianalyst.org/publications/analytical – articles/item/13693 – kyrgyzstans – initiative – a – small – land – shows – washington – a – way – forward.html，最新检索时间：2021年12月1日。

Y.13
2021年俄罗斯中亚政策的特点评析[*]

曾向红　庞卫华[**]

摘　要： 众所周知，俄罗斯在中亚地区拥有其他大国难以企及的影响力。事实上，俄罗斯也认为本国在中亚享有"特殊利益"。在大国竞争日趋激烈的当下，俄罗斯无疑会加大对中亚的重视与关注力度。通过回顾2021年俄罗斯在中亚地区所采取的政策举措，我们或许可尝试着总结俄罗斯2021年中亚政策的主要特征。需要注意的是，当前国际事务最重要的特征就是不确定性，这意味着我们的总结只能是初步的。2022年初哈萨克斯坦发生严重骚乱，俄罗斯及由其主导的集体安全条约组织应哈政府请求火速派遣维和部队进行干预，此举不仅带来俄罗斯中亚政策的某些改变，而且将极大地改变中亚地区的发展趋势。对此，值得密切关注和跟踪研究。

关键词： 俄罗斯　中亚政策　近邻地区　大国博弈　中俄协调

中亚地区作为俄罗斯的传统势力范围，对俄具有特殊意义。事实上，俄罗斯的中亚政策与其他大国在该地区的举动高度关联。2021年，俄罗斯面临大国在中亚地区的竞争加剧、阿富汗变局的外溢风险、北约仍在推进实质性东扩、土耳其迈出介入中亚行动的关键一步等一系列挑战。除此之外，俄

* 本文系国家社科基金重大研究专项项目（项目批准号：21VGQ010）的阶段性成果。
** 曾向红，兰州大学中亚研究所教授，兰州大学政治与国际关系学院副院长；庞卫华，兰州大学中亚研究所博士研究生。

罗斯也正经历中亚国家的加速"去俄罗斯化"。为有效维护其在中亚地区的利益，巩固其在该地区的主导地位，2021 年俄罗斯不断调整中亚政策以应对各种潜在风险和现实威胁，这就使 2021 年的俄罗斯中亚政策呈现一些新的特点。

一 进一步突出近邻地区在俄国家战略中的重要性

2021 年，美欧争夺独联体国家的行动变得更加肆无忌惮。美国国际战略研究中心在 2021 年初发布题为《拜登治下的美国与中俄竞争：危机驱动下的美国战略改变需求》的研究报告，报告指出俄罗斯正试图通过其政治、经济和外交决策对周边国家施加影响，并认为俄罗斯正在利用其军事能力影响欧亚地区事务，从而使该地区形成了一个日益不稳定的边界。① 为对冲俄罗斯在独联体地区的影响力，2021 年北约明显加大了对欧亚地区的军事介入力度，试图使俄罗斯在独联体地区处于顾此失彼的境地，以此来消耗俄罗斯的国力。在北约和俄罗斯双方积极强化在欧亚地区军事部署的背景下，欧亚地区的大国博弈快速回潮。

（一）更加强调军事安全

在全球化受阻和北约东扩压力下，俄罗斯的国家安全观发生了重要嬗变，更加强调军事安全，并致力于增强军事威慑力。普京在 2020 年 12 月 17 日举行的新闻发布会上指出，俄罗斯军费开支相较于美国虽仍然较少，但俄依然存在不少比较优势，普京尤其强调要改进俄罗斯常规武装力量。② 2021 年 12 月 21 日，普京在出席俄罗斯国防部部务委员会扩大会议时指出：

---

① "The Biden Transition and U. S. Competition with China and Russia: The Crisis – Driven Need to Change U. S. Strategy," Center for Strategic International Studies, January 6, 2021, pp. 9 – 11.

② "Vladimir Putin Annual Press Conference Transcript 2020," REV English translation, December 17, 2020, https://www.rev.com/blog/transcripts/vladimir – putin – annual – press – conference – transcript – 2020，最新检索时间：2022 年 1 月 5 日。

"俄罗斯陆军和海军大规模现代化的工作仍在继续，现代化武器在部队中的数量超过71%，战略核力量的现代化率已达到89%，最新型武器的开发研制进展迅速。2022年将继续有计划地、均衡地为部队配备现代化武器装备，尤为注重提供高精度综合武器系统，以及最新的侦察、导航、通信和控制系统。"①

为保障战略安全，避免因误解而导致危机，2021年2月俄美同意将《新削减战略武器条约》延长到2026年。2019年美国单方面退出《中导条约》后，《新削减战略武器条约》作为当前俄美唯一的军控条约，其续约对于降低战争威胁、防止核扩散和推进国际核裁军进程无疑具有积极意义。不过，需要注意的是该条约存在先天性的致命缺陷，即未能真正削弱美俄的核实力，如俄美对多弹头弹道导弹实际运载能力存在计算分歧，导致双方可以"合法"地突破相关数量的限制。除此之外，俄罗斯对整个欧亚空间不可分割的安全诉求与美国致力于北约东扩的战略任务之间存在难以调和的矛盾，未来两国能否实际遵守该条约还存在较大疑问。

（二）维护地缘政治利益

自苏联解体以来，俄罗斯把独联体地区看作"自家后院"，一向将其视为俄的"传统势力范围"。普京在各种场合反复强调俄罗斯要加强与独联体国家在军事、政治等领域的合作，以强化其在独联体地区的传统影响。为防止美欧在俄周边地区对俄国家安全构成威胁，俄罗斯理所当然会更加强调独联体地区对于捍卫俄大国地位的重要意义。

2021年7月，俄罗斯推出新版《俄罗斯联邦国家安全战略》（简称《战略》）。《战略》指出，西方国家不仅在地缘上对俄罗斯构成挑战，在经济、政治等领域也向俄罗斯提出了一系列挑战。从具体的文本表述来看，尽管《战略》有关独联体地区的具体论述有所减少，但把独联体放在了"战略稳定与国际互利合作"一节中分方向论述的第一位，且强调该地区是需

---

① "Расширенное заседание коллегии Минобороны," http://kremlin.ru/events/president/news/67402, 21 декабря 2021 года, 最新检索时间：2022年1月5日。

要俄积极主动加以塑造的区域。这说明俄在外交整体收缩的情况下，依然提升了对独联体地区的重视程度。①

大体而言，《战略》能够体现出俄罗斯独联体政策的特点：一是将独联体地区作为维护俄世界大国地位的地缘基础，继续推动俄主导的欧亚经济联盟等机制；二是谋时而动，不失时机地推进与独联体国家的关系，以维护俄在该地区的利益。

（三）极力阻止北约吸纳乌克兰

苏联解体后，原有的统一地缘政治空间不复存在，俄周边安全形势更为复杂，俄面临的安全挑战明显增多。② 尽管俄罗斯外交手腕高超，但囿于冷战后实力急剧下降，其巩固地区主导地位的努力遭遇美西方的严峻挑战。美国通过"颜色革命""反恐"等方式试图对俄罗斯进行围堵，客观上也的确削弱了俄对欧亚地区的影响力。不过，近年来，随着俄罗斯自身政治稳定和经济增长，俄重新整合欧亚空间的信心和动力不断增强，故普京开始对美西方挤压俄战略空间的行为进行强力反击。

如在乌克兰问题上，俄罗斯明显加大了对美西方的反制力度。俄罗斯在俄乌边境部署大量军事人员和装备，乌克兰局势在 2021 年明显趋于紧张。鉴于乌克兰与俄罗斯的历史联系及其对于俄国家安全和大国地位所产生的重大影响，俄一定会在乌克兰问题上与美国和西方进行激烈博弈。③ 假如乌克兰加入北约，俄罗斯整合欧亚地区的努力就会遭受极大挫折，俄罗斯地缘政治环境将迅速恶化。④

鉴于此，俄罗斯在乌克兰问题上的立场在 2021 年明显变得强硬。尤其

---

① 陈宇：《从俄新版〈国家安全战略〉看其战略走向》，《现代国际关系》2021 年第 10 期。

② 毕洪业：《俄罗斯外交战略与对外关系》，时事出版社，2021，第 1 页。

③ Sherman Garnett, "Keystone in the Arch: Ukraine in the Emerging Security Environment of Central and Eastern Europe," Washington, D. C.: Carnegie Endowment for International Peace, 1997, p. 7.

④ Irina Busygina and Mikhail Filippov, "Trade – Offs and Inconsistencies of the Russian Foreign Policy: The Case of Eurasia," *Journal of Eurasian Studies*, Vol. 12, No. 1, 2021, pp. 45 – 50.

是 2021 年 11 月以来，俄罗斯一直发动战略攻势，为抵制北约继续东扩划定"红线"，并要求美国做出书面保证，承诺北约不会接收乌克兰。[①] 尽管此举有可能使俄罗斯陷入"前所未有的"制裁和外交孤立风险，但俄自认为已没有退路。目前，俄美双方已确认于 1 月 9 日开始在日内瓦、布鲁塞尔和维也纳分别举行三次安全会谈，以缓和双方关系，但这些会谈能否使当前的紧张态势降温还不得而知。

二　俄将重视中亚与保障国内稳定进行关联思考

对于俄罗斯和普京个人而言，2024 年是一个至关重要的年份，普京总统是否寻求连任还存在较大疑问。无论何种政治安排，俄罗斯都需要有一个稳定的内外环境。鉴于此，俄罗斯必然会将对中亚等周边地区的关注与保障俄罗斯国内政局稳定进行关联思考。

（一）更加强调成本与收益的关系，战略内倾特点明显

在整体国力收缩的情况下，俄对中亚等周边地区的外交政策和行动方式已发生转变。不再采取根据自身利益需求对周边事务到处插手的做法，而是更强调成本与收益的关系，根据自身的利益考量，在策略上更强调有选择性和协同性，以不同的参与程度加以应对。在处理中亚等周边地区事务方面的优先目标是确保本国安全，而非建立某种传统的"帝国式"秩序。[②]

有关此方面的变化同样体现在 2021 年版《战略》中。《战略》较之前版本出现的一个显著变化，是没有提及俄与西方国家的关系，这表明俄在美欧严厉制裁下对改善与西方国家关系不再寄予希望。不过，这也不代表俄美

---

① 冯绍雷：《俄罗斯：与西方关系跌入谷底》，newsxmwb. xinmin. cn/world/2021/12/30/32090215. html。

② 〔俄〕季莫费·博尔达切夫、班婕：《最后的帝国及其邻居——俄罗斯周边安全与地区秩序》，《俄罗斯研究》2021 年第 3 期。

关系将彻底破裂。俄仍希望稳住当前与西方国家的关系，以便于更好地推动国内各项议程。同时，《战略》提到俄长期发展远景和世界大国定位取决于其内部潜力和价值体系，更加强调维护国家安全的国内部分。

对于俄罗斯而言，关键的不是周边国家政治制度的性质或者是与俄罗斯的关系模式，而是其实际行动，这展现出一定的战略内倾特点。然而，这并不意味着俄罗斯会降低对中亚等周边国家的重视程度，恰好相反，俄罗斯会更集中关注该地区，并将中亚等周边地区的安全稳定问题与保障俄国内政局进行关联思考。在中亚等周边地区，一旦其他国家采取被认为对俄利益构成威胁的行动，俄罗斯将会果断出手。

（二）确保"2024问题"平稳落地

战略内倾也是俄罗斯为确保2024年权力交接平稳落地所做出的战略选择。普京是否会在2024年寻求连任总统仍有疑问，但确保2024年政治安排平稳落地，应是俄政府当前极为关注的优先议题，因为此问题的处理需要一个稳定的内外环境。"2024问题"关乎俄国家稳定和未来发展，通过修宪及后续相关法律的修改和完善，俄政府不仅把普京内外政策举措以法律形式固定下来，还为俄罗斯在后苏联空间采取更大行动预留了法律空间。①

2021年9月20日，政权党"统一俄罗斯"党在俄罗斯第八届国家杜马选举中获胜，紧接着在10月12日举行的第八届俄罗斯国家杜马（议院下院）第一次全体会议上，"统一俄罗斯"党推举的国家杜马主席候选人沃格金再次当选国家杜马主席。选举结果说明俄罗斯整体继承了过去5年的政策，凸显了俄致力于保持政策稳定性和继承性的政治考虑。如果普京在2024年继续参选俄总统，"统一俄罗斯"党的稳定地位对其有利；即使普京不再参选总统，通过本次国家杜马选举，普京依旧可确保2024年之后能有效发挥一定的政治影响力。

---

① 中国社会科学院俄罗斯东欧中亚研究所年终形势课题组：《2020年俄罗斯东欧中亚形势：特点与趋势》，《俄罗斯东欧中亚研究》2021年第1期。

三 继续推进欧亚地区一体化，不排斥与中国进行必要协调

在新冠疫情大流行严重影响地区总体经济形势的情况下，大国在欧亚地区的竞争更为激烈。俄罗斯在欧亚地区的主导权遭到美国的严厉挑战并面临北约东扩进一步蚕食其战略空间的现实压力，在此背景下，以俄罗斯为主导的区域一体化被俄赋予更多期待。

（一）欧亚地区一体化取得实质性进展

俄白联盟是后苏联空间最引人注目的一体化组织，在欧亚一体化进程中发挥着重要作用。[①] 白俄罗斯对于俄罗斯而言具有安全和经济两重意义，与俄毗邻的地缘位置使白俄罗斯不仅构成俄西部安全屏障，还是俄联通欧洲的重要陆路通道。不过，俄白一体化进展可谓一波三折。自1996年成立俄白共同体和1999年签订"联盟国"条约后，尤其是2015年欧亚经济联盟成立以来，俄白一体化止步不前。

2021年，在俄罗斯推动下，俄白一体化迈出实质性的步伐。2021年11月，两国签署了联盟国家一体化法令等一系列文件，使一体化进程取得了重大突破。俄白双方强调，将在包括政治和国防在内的所有领域加强协调。对于俄罗斯而言，俄白一体化的突破，使其获得了反制北约的新优势。与此同时，白俄罗斯也在加强与上海合作组织及巴基斯坦、以色列等伙伴国家的关系。俄罗斯对白俄罗斯政局和外交政策的影响得到极大的巩固，这是当前俄与美国和西方在欧亚地区进行博弈的重要筹码。

（二）在欧亚地区与中国展开必要协调

中俄同为全球性大国，在美国战略挤压下，中俄"背靠背"的战略关

---

① 刘丹：《俄白联盟国家：在引领欧亚地区一体化中前行》，《光明日报》2019年12月9日。

系日趋紧密。① 2021 年中俄宣布《中俄睦邻友好合作条约》延期，凸显了双方互为战略依托、互为发展机遇、互为全球伙伴的坚定决心。② 在地区问题上中俄具有相同或相似的立场，从而为两国在地区层面开展多种形式的合作奠定了坚实基础。

在欧亚地区，中俄之间的战略协调为欧亚地区的稳定和地区秩序的维护做出了重要贡献。③ 中俄战略协调之所以能有效维持并不断取得突破，关键在于双方经过长期摸索，逐渐形成了"尊重—合作"的互动模式。④ 中俄虽在部分地区问题上有着目标上的差异，但这不至于在双边和多边合作中构成障碍。⑤ 尽管俄罗斯对于中国在欧亚地区，尤其在中亚地区日益增长的影响力有所担忧，但比起美国在欧亚地区直接挑战俄的主权和影响力，来自中国的"威胁"要温和得多。

迄今为止，中俄战略协调在各领域均取得了一定的进展。在政治安全领域，中俄致力于维护共同周边地区的安全稳定，包括最近共同支持哈萨克斯坦政府对骚乱的处理。在多边合作领域，两国作为上海合作组织的"双引擎"各自发挥比较优势，共同为上合组织的行稳致远保驾护航。在经济领域，中俄虽各自面临来自美西方的制裁，但通过拓宽合作领域、挖掘新的增长点，中俄贸易额在 2021 年逆势上扬，达到新的高度。在双方机制或战略倡议的对接上，目前欧亚经济联盟和"一带一路"倡议的对接运转良好，为双方之间的战略协调赋予了新动力。

---

① Andrew Radin et al, "China – Russia Cooperation: Determining Factors, Future Trajectories, Implications for the United States," Reserach Reoprt, Rand Corporation, 2021, p. 10.
② 《中华人民共和国和俄罗斯联邦关于〈中俄睦邻友好合作条约〉签署 20 周年的联合声明》，中华人民共和国外交部网站，https://www.fmprc.gov.cn/web/ziliao_ 674904/1179_ 674909/t1887564.shtml，最新检索时间：2021 年 12 月 25 日。
③ Efe Can Gürcan, "The Construction of 'Post – Hegemonic Multipolarity' in Eurasia: A Comparative PerSpectiv – e," *The Japanese Political Economy*, Vol. 46, No. 2 – 3, 2020, p. 126.
④ 曾向红：《相互尊重与大国互动——基于俄欧与中俄在共同周边地区互动模式的比较研究》，《世界经济与政治》2021 年第 1 期。
⑤ 孙壮志：《多边框架内的中俄战略协作：问题与前景》，《东北亚论坛》2021 年第 3 期。

四 明确主要挑战，着力加强与中亚国家的文化教育合作

目前，俄罗斯在中亚地区依然处于"一超"地位，在政治、经济领域拥有其他行为体无可比拟的影响力。但俄面临的挑战也不容小觑：一方面，中亚国家对独立和主权的追求促使中亚国家坚持推动"去俄罗斯化"进程，尽管该进程在中亚往往以比较温和的形式存在；另一方面，其他域外国家也在致力于拓展在该地区的影响力。针对这些挑战，俄罗斯也在积极调整自身的中亚政策，以确保其在该地区的影响力。

（一）持续利用援助来增强对中亚国家的影响

俄罗斯除在政治、安全等传统领域加强与中亚国家合作，援助也是其在该地区维系和提升自身"软权力"和影响力的重要方式。事实上，中亚国家是俄对外援助的主要对象。不过，受经济实力有限的影响，俄对中亚国家的援助虽在持续，但援助规模并无太大改观，效果也不是特别明显。如2011～2018年俄共向中亚各国提供援助12.37亿美元，占该时期俄罗斯对外援助的27.43%，为同期中亚国家接受国际援助总额的1/10。[①] 与西方国家相比，俄对中亚的援助规模并不突出。

从国别上看，俄的援助在中亚各国间分配不均衡。其中，吉塔两国是中亚五国中接受俄罗斯援助最多的国家。援助在一定程度上有助于巩固俄与中亚各国之间的传统联系，也为俄通过欧亚经济联盟整合中亚各国提供了可能。当然，也不能夸大俄援助的政治功效，基于中亚各国当前的发展状况，俄的援助虽然可贵，但毕竟只是杯水车薪，难以满足各国对外援的强烈渴望。这决定了俄不能指望仅仅通过援助来实现其在中亚所追求的各种目标。

---

① 姜怀祥：《俄罗斯对中亚国家的援助——政策演进、援助规模和援助方式》，《俄罗斯东欧中亚研究》2021年第2期。

（二）对中亚国家"去俄罗斯化"保持警惕

随着文化软实力外交日益受到各国重视，俄罗斯在已有政策基础上与中亚国家推进深度教育合作，并加强了对中亚各国的教育援助，尤其注重维持和巩固俄罗斯文化在中亚各国的影响。[①] 然而，在中亚国家近年来不再掩饰地推行"去俄罗斯化"政策的冲击之下，俄在中亚各国文化领域的影响力似乎正呈弱化之势。

2016 年，米尔济约耶夫执政后推进乌兹别克语的现代化。具体举措包括：一是全面提升国语地位并设立乌兹别克语日；二是推出乌兹别克语拉丁化改革方案，并不断加以修订和细化，最新版本于 2021 年 3 月发布。除官方层面积极推动国语化，在社会层面中亚国家时常发生对讲俄语居民的暴力事件，这引起了俄罗斯的警觉。如 2021 年 11 月上旬，俄罗斯外交部部长拉夫罗夫在《俄罗斯报》上发表文章，批评哈近期发生的一系列排俄事件，指责"哈萨克斯坦对讲俄语居民的排外事件旨在培养地方民族主义，破坏两国之间的对话和合作"[②]。

（三）着力提升在中亚国家的文化影响力

整体而言，俄在中亚各国仍具有强大的文化软实力，不过，在其他外来文化加强对中亚地区渗透、中亚国家为复兴本民族传统文化加紧"去俄罗斯化"等因素影响下，俄维持其文化影响力也面临严峻挑战。如土耳其在中亚各国教育领域深耕多年，投入甚巨，其在中亚各国文化和教育领域的影响力已令人侧目，这也对俄的影响力构成了一定程度的挑战。

事实上，教育外交是与国外民众建立直接联系并促进政治和文化在目的

---

① 王正青、王铖：《建设教育共同体：俄罗斯强化与中亚国家教育合作的路径和机制》，《外国教育研究》2021 年第 2 期。

② 《俄外长谈哈萨克斯坦对俄语居民的排外现象》，俄罗斯卫星通讯社，https：//sputniknews. cn/20211109/1034772223. html，最新检索时间：2022 年 1 月 10 日。

国取得认同的有效机制。多年以来，土耳其始终将推进与中亚各国的文化教育合作作为重点投入领域，通过提供政府奖学金、在中亚国家开办学校，得以有效扩大在中亚的软实力。土耳其的影视等文化产品在中亚国家广为流行，就是其体现之一。鉴于此，俄同样加强了针对中亚各国的教育外交，希望借此巩固俄语地位、推广俄语文化、传播俄的价值理念，从而为维系俄在中亚国家的影响力奠定长远基础。

五 以阿富汗局势变化为契机，推进对中亚国家的整合

对于中亚国家而言，2021 年最大的局势变化或许是美国从阿富汗仓促撤军、阿富汗政权重入塔利班之手。塔利班的复兴使中亚国家对阿富汗局势的变化忧心忡忡，这为俄罗斯强化与中亚各国的合作关系提供了重要的契机。[1] 为此，俄罗斯主动利用阿富汗问题，在中亚安全等领域设置议题，致力于塑造于己有利的周边环境。

（一）渲染阿富汗局势外溢风险

美军仓促撤离使得地区安全形势充满不确定性，俄罗斯通过强调阿富汗局势外溢的安全风险，推动中亚国家加强与俄的合作。普京曾宣称，根据俄掌握的情报，"伊斯兰国""乌伊运""基地组织"等极端主义和恐怖主义组织正在向独联体南部聚集，仅在阿富汗北部，"伊斯兰国"武装分子就多达 2000 人。[2] 通过渲染中亚各国面临严峻的安全形势，俄强化了其作为中亚"安全提供者"的角色作用。

---

[1] Aditya Gowdara Shivamurthy, Ed, "Special Report: Afghanistan and the New Global (Dis) Order: Great Game and Uncertain Neighbours," Observer Research Foundation, No. 175, December 2021, p. 3.

[2] 《普京：阿富汗境内有 2000 名"伊斯兰国"恐怖分子企图扩大对俄地区影响》，俄罗斯卫星通讯社，https://sputniknews.cn/20211015/1034653551.html，最新检索时间：2022年 1 月 11 日。

（二）借机再次确保俄在中亚安全问题上的领导地位

集体安全条约组织希望能有效维护欧亚地区安全。然而，至少在2022年1月干预哈骚乱之前，集安组织至多只具有象征意义。因其在发展过程中存在的诸多问题，尤其是该组织的行动力匮乏，令成员国诟病不断，外界对该组织的评价也不高。为提振成员国对集安组织的信心、强化集安组织的凝聚力和向心力，俄有意借阿富汗局势变化之际，加速推进各成员国尤其是与中亚成员国在军事、安全领域的合作。如自2021年8月以来，俄明显加大了与中亚成员国在集安组织框架下的军事协调力度，包括举行了一系列联合军事演习，其中就有联合应对阿富汗安全风险外溢的课目。①

在中亚五国当中，塔吉克斯坦与阿富汗有着1400公里的边界线，塔是中亚五国中面临风险最大的国家。② 为提振塔吉克斯坦的安全信心，2021年10月，在"莫斯科模式"会谈进行之际，集安组织在塔吉克斯坦—阿富汗边境举行了军事演习。除了集安组织成员国，俄罗斯也加强了与乌兹别克斯坦之间的安全合作，双方曾在乌阿边界举行军事演习，并与乌塔开展过联合军事演习。尽管乌兹别克斯坦已于2012年退出了集安组织，但其积极参与俄主导的安全合作，这在某种程度上能够说明阿富汗局势突变对乌调整其外交政策产生了较为明显的影响。

总而言之，为应对阿富汗局势变化给中亚各国安全带来的各种挑战，同时借此机会巩固自己在中亚的影响，俄罗斯通过集体安全条约组织积极加强对中亚各国的安全整合。

（三）推进欧亚经济联盟的整合进程

欧亚经济联盟是俄罗斯在经济领域整合中亚国家的主要抓手。③ 在一定

---

① 冯绍雷、张昕、崔珩：《阿富汗问题与欧亚秩序构建——关于世界大变局的对话》，《俄罗斯研究》2021年第4期。

② Kathleen Collins, "The Limits of Cooperation: Central Asia, Afghanistan, and the New Silk Road," *Asia Policy*, No. 17, 2014, pp. 18–26.

③ 顾炜：《领导权与大国欧亚地区竞争的激化》，《世界经济与政治》2021年第10期。

程度上，欧亚经济联盟和集体安全条约组织对于俄罗斯来说都具有地缘政治目的，其中，欧亚经济联盟有助于地区上的经济整合，[①] 而集安组织则有助于安全领域的整合。[②]

2021年，在俄罗斯的主导下，欧亚经济联盟的建设取得一定进展。10月，欧亚经济联盟成员国首脑批准了建立原油和油品共同市场第二阶段的决议。12月，欧亚经济联盟举行欧亚经济委员会最高理事会视频会议，通过了《欧亚经济联盟使用通行铅封跟踪运输的协议》和《根据海关过境流程运输商品时保证履行关税、专用、反倾销、补偿税支付义务运用特点协议》等文件。俄罗斯政府总理米舒斯京表示："据欧亚发展银行评估，2021年欧亚经济联盟国内生产总值增长了4%，相互贸易迅速恢复，1~9月增长了约1/3，过去的一年这一指标与疫情大流行的2020年相比，增长了10%。"[③] 在疫情影响下，欧亚经济联盟内部贸易仍取得了一定进展，这有助于俄展示该组织的生命力。

与此同时，俄也在推动欧亚经济联盟的扩员。2015年吉尔吉斯斯坦加入欧亚经济联盟后成员国数量再没有变化。2020年12月11日，欧亚经济委员会最高理事会通过《2025年前欧亚经济一体化发展战略方向》，在此次会议上一致同意接纳乌兹别克斯坦为观察员国。[④] 当前，中亚五国中土库曼斯坦继续保持中立；塔吉克斯坦依旧外在于欧亚经济联盟，并未明确表示要加入欧亚经济联盟。不过，塔计划于2022年重返中亚统一能源体系，这对于中亚地区合作进程而言是一个利好消息。

---

① 欧阳向英、房晓辉：《自我认知与发展战略——中俄"带盟"对接的现在与阻碍对接的原因分析》，《国际经济评论》2020年第3期。

② Andrei Kazantsev, Svetlana Medvedeva and Ivan Safranchuk, "Between Russia and Central Asia in Greater Eurasia," *Journal of Eurasian Studies*, Vol. 12, No. 1, 2021, p. 61.

③ "Андрей алешев, Евразийский экономический союз: проблемы и решения," https://vpoanalytics.com/2021/12/14/evrazijskij – ekonomicheskij – soyuz – problemy – i – resheniya/, 最新检索时间：2022年1月7日。

④ 《白俄罗斯总统：欧亚经济联盟授予乌兹别克斯坦和古巴观察员国地位》，俄罗斯卫星通讯社，https://s putniknews.cn/ 20201211/1032700168.html，最新检索时间：2022年1月11日。

六 密切关注其他大国的政策动向，
注意捍卫俄在中亚的地位

2021 年是中亚国家权力交接较为集中的年份。相关大事包括扎帕罗夫就任吉尔吉斯斯坦总统，米尔济约耶夫参选乌兹别克斯坦总统并获得连任，吉尔吉斯斯坦、哈萨克斯坦和土库曼斯坦分别进行了议会选举，等等。整体而言，中亚各国在 2021 年保持了政局的大体平稳。不过，2022 年初哈萨克斯坦骚乱始料未及地爆发与蔓延，充分说明了中亚各国国家建设过程中潜伏着不少风险和挑战。这些风险和挑战在外国势力的影响下，容易演化为危机甚至动荡。

（一）拒绝美国在中亚部署军事基地

美军撤离阿富汗，可能意味着未来美国在中亚周边地区的外交行动趋于谨慎，然而，这不能代表美国放弃了对中亚的关注。事实上，自从阿富汗撤军以来，美国始终在谋求重新驻军中亚。不过，此举立即遭到俄罗斯的强力反对。12 月 17 日，俄罗斯公布了对北约和美国的安全提议，明确指出北约不得增加新成员，且不得在后苏联空间建立新的军事基地。

（二）土成为俄在中亚的强有力竞争者

近年来，对俄罗斯在中亚主导地位提出明确挑战的似乎是土耳其。长期以来，土耳其以奥斯曼帝国继承者自居，自视为突厥语世界的大国，间或推行"新奥斯曼主义"政策，希望成为突厥语国家的领袖。[1] 2021年 11 月，在土耳其伊斯坦布尔召开的第八届突厥语国家合作委员会元首峰会上，委员会成员国一致同意将其更名为"突厥语国家组织"（除土耳其，成员国还有哈萨克斯坦、吉尔吉斯斯坦、乌兹别克斯坦和阿塞拜

---

[1] 冯源：《突厥语国家加速一体化进程》，《光明日报》2021 年 11 月 18 日。

疆，匈牙利和土库曼斯坦是观察员国），并通过了《突厥语国家2040年愿景》等一系列文件，希望以此提高该组织的地位，加强这些国家之间的合作。

更名为"突厥语国家组织"的实际意义可能有限，但其象征意义极为明显。从土耳其的角度来看，这意味着其在中亚地区积极推动的文化吸引力正在转化为政治和安全领域的实际影响力。对于土耳其试图扩大在中亚国家政治和安全领域影响力的"雄心"，俄罗斯显然会将其视为威胁。在俄罗斯看来，突厥语国家组织基于历史记忆和族群—语言联系强化成员国之间的关系，不过是各国试图淡化俄罗斯影响的一种"阴谋"，其具有"反俄联盟"的色彩。至少俄罗斯也会认为该组织有意与欧亚经济联盟和集体安全条约组织争夺影响力，这对俄维系其在欧亚空间的影响力不利。

（三）积极应对大国在中亚的竞争

中美在全球层面竞争的加剧势必会波及中亚地区。面对中美战略竞争趋于激烈的态势，俄罗斯国内某些政治势力和媒体主张改善与美国和西方之间的关系，通过保持中立地位，为俄谋求战略自主性和两头获益寻求空间。不过，俄罗斯国内主流观点仍认为俄应加强与中国的协调，并加强双方在中亚等地区的战略对接和联合行动。毕竟，相比于美俄之间当前似乎不可调和的结构性矛盾，中俄之间并不存在这种结构性矛盾，更何况中俄在许多国际问题上具有相同或相似的立场。

比如，中俄在中亚地区均被美国视为异己力量。如在2020年2月美国发布的《美国的新中亚战略：2019～2025》中，美公然把中俄称为"邪恶势力"，肆无忌惮地表示要削弱中俄在中亚地区的影响力。[1] 拜登执政后，

---

[1] "United States Strategy for Central Asia 2019 - 2025: Advancing Sovereignty and Economic Prosperity," https：//www. state. gov/united - states - strategy - for - central - asia - 2019 - 2025 - advancing - sovereignty - and - economic - pro - sperity/，最新检索时间：2021年12月20日。

增设了俄罗斯和中亚事务主任一职,一方面说明美在整合中亚和南亚的思路严重受挫后,重回将俄罗斯和中亚视为一个地缘政治区域的战略思路;另一方面也表明美希望加大对中亚事务的关注力度,以推进在中亚排斥中俄的既定策略。迄今,中俄在中亚问题上延续并巩固了"相互尊重与合作"的互动模式。① 当然,为维护其自身利益,改善其国内外环境,俄罗斯在坚持与中国"背靠背"的同时,在加大与美国和西方博弈力度的同时,也在尝试以攻为守,希望改善与西方之间的关系。随着哈骚乱趋于平静,俄在哈及整个中亚地区的影响力可能会进一步提升。这种态势会给中国中亚政策带来何种影响,仍需要关注和深入研究。

七 展望

2022 年初哈萨克斯坦骚乱始料未及地出现和蔓延,不仅极大地影响了哈政局的演变轨迹和国家发展方向,而且可能会导致大国在中亚地区的博弈态势发生重大转变。可以肯定的是,通过迅速干预哈骚乱、有效帮助托卡耶夫政府恢复国家秩序,俄罗斯在哈及整个中亚地区的影响力在短期内可能会显著增强。为应对这种局面,美西方等大国一定会密切关注哈萨克斯坦及整个中亚地区形势的变化方向,在此基础上调整它们的中亚政策。或许,这意味着中亚国家独立 31 年之后,将会迎来一个大国在中亚地区加大博弈力度的时期,或者促使中亚地区进入新的"大博弈 3.0"时代。

通过本文的梳理大致可以发现,就俄罗斯而言,2021 年其中亚政策相对比较平淡。而 2022 年,以介入哈骚乱为开端,俄的中亚政策或许进入了一个开拓进取、果断出手、以雷霆之力重建其在该地区主导地位的时期。这种政策会带来何种后果,目前孰难预料,只有时间才能给出答案。

---

① Dmitri Trenin, "How Russia Can Maintain Equilibrium in the Post - Pandemic Bipolar World," Carnegie Mo - scow Center, May 1, 2020, https: //carnegie. ru /commentary /81702,最新检索时间: 2021 年 12 月 20 日。

对于中国而言，加强与俄罗斯在中亚地区的战略协调，推进与中亚各国共建"一带一路"，为中亚各国发展经济、抗击疫情、稳定社会等提供力所能及的帮助，这既是中国巩固与中亚国家之间战略协作伙伴关系的需要，也是中国通过强化与中亚国家之间的友好关系应对美西方对华展开全面战略围堵的需要。

中亚与中国

Central Asia and China

Y.14

2021年中国与中亚经济贸易合作

石　岚[*]

摘　要： 本文以2021年中国与中亚国家经济贸易合作为主要研究内容。2021年，在不断完善合作机制的同时，中国与中亚国家经济贸易合作克难前行，保持了双边贸易额的持续增长，中欧班列、数字经济等成为合作中非常突出的亮点。各方高度重视、积极创新合作、坚持互利共赢是2021年中国与中亚国家经济贸易合作表现出的鲜明特点。展望2022年中国与中亚国家经济贸易合作，一方面要紧抓北京冬奥会等重大事件机遇，营造良好合作环境；另一方面要积极探索创新合作，以"一带一路"为抓手，推动经贸合作高质量发展。

关键词： 中国与中亚　经济贸易　合作共赢

---

* 石岚，新疆社会科学院中亚研究所所长、研究员。

持续反复的新冠疫情冲击着国际经济贸易合作，加速了世界经济格局的演变和新型国际经济关系的构建，身处其中的中国与中亚经济贸易合作也随之呈现许多新的特点。在不断努力下，2021年中国与中亚国家加强合作，砥砺奋进，不断前行，在经济贸易领域取得了诸多成绩。

一　2021年中国与中亚国家经济贸易合作综述

2021年，中国与中亚国家共同努力克服了重重困难，双边经济贸易合作取得新成绩。

（一）合作机制更加完善

完善的合作机制是顺利推进经济贸易合作的重要保障。2020年新冠疫情大流行后，地区合作的条件和环境发生了改变。2021年经过各方共同努力，在不断拓展和深化传统合作的同时，针对新情况、新问题，完善合作机制建设的步伐加快，中国与中亚国家的经济贸易合作在新的形势下展开。

1.领导人会晤和线上沟通，推动了疫情下中国与中亚经济贸易合作的机制建设

针对新冠疫情变化的新特点，2021年中国与中亚各国加强了领导人会晤和线上沟通，为推进和落实中国与中亚经济贸易合作机制建设注入了新活力。

2021年4月29日，习近平主席与乌兹别克斯坦总统米尔济约耶夫通电话时提出，双方应加强"一带一路"倡议和"新乌兹别克斯坦"规划对接工作，推进两国互联互通和贸易投资合作，并探讨建立减贫合作机制。上述提议获得米尔济约耶夫的赞同。[①] 10月28日，习近平主席再次与米尔济约耶夫总统通电话，双方同意加强政策对接，推动全方位合作；在经济领域扩大投资规模，挖掘数字经济和跨境电商的合作潜力；中方将从乌兹别克斯坦

---

① 人民网，http://politics.people.com.cn/n1/2021/0429/c1024-32092272.html。

进口更多的绿色、优质农产品；双方继续提升互联互通水平，推进油气领域合作持续深入开展。

6月8日，中国国务院总理李克强与乌兹别克斯坦总理阿里波夫进行了视频会晤，共同规划两国未来合作。双方同意充分发挥两国政府间合作委员会机制的作用，不断深化贸易、投资、能源与互联互通等多领域的互利合作。

2021年5月6日，国家主席习近平与土库曼斯坦总统别尔德穆哈梅多夫通电话。双方高度肯定天然气合作对中土互利共赢战略伙伴关系建设的重要意义，同时从面向未来的角度，提出进一步加强天然气等能源合作，积极拓展数字、航天等多领域合作，优化双方贸易结构，深化中土互联互通合作等意见和建议。在应对疫情方面，两国同意持续开展抗疫特别是新冠疫苗研制合作，共同推动人类卫生健康共同体的构建。

11月22日，中共中央政治局常委、国务院副总理、中土合作委员会中方主席韩正与土方副总理谢·别尔德穆哈梅多夫以视频方式，共同主持了两国合作委员会第五次会议。中方提出四点建议：一是提升能源合作，寻求新突破；二是加强战略对接，拓展多领域合作，深化抗疫合作；三是加强人文合作；四是增进政治互信，打造安全合作新高地。

2021年6月2日，习近平主席与哈萨克斯坦总统托卡耶夫通电话。双方强调中哈是永久全面战略伙伴，两国友好根基深厚，动力强大。中哈在共建"一带一路"框架下的合作为两国人民带来福祉，为国际社会树立典范。双方要不断拓展合作领域，加强产能与经贸等多领域合作，提升互联互通水平，培育新的合作增长点，加强抗疫合作，共建人类命运共同体。[1]

2021年11月26日，中共中央政治局常委、国务院副总理韩正与哈萨克斯坦第一副总理斯迈洛夫以视频方式举行了中哈合作委员会第十次会议。

---

[1] 中华人民共和国中央人民政府网，http://www.gov.cn/xinwen/2021 – 06/02/content_5615077.htm。

中方提议，继续深化丝绸之路经济带建设与哈方"光明之路"新经济政策、中国"十四五"规划与哈方"哈萨克斯坦2025"发展战略的对接，优化贸易结构，加强互联互通，尽快签署《中哈政府间产能合作规划》，拓展绿色能源、电子商务、人工智能和数字金融等新的双边合作增长点。双方签署了《中哈合作委员会第十次会议纪要》。①

2021年9月7日，习近平主席与塔吉克斯坦总统拉赫蒙通电话，强调双方在共建"一带一路"中要继续以高质量发展为主线，在经济贸易、数字经济和互联互通等多领域加强合作，推动中国企业在塔投资，扩大对塔绿色优质农产品的进口。为进一步推动双边经济贸易合作，双方同意充分发挥边境口岸联防联控机制的作用，以确保双方货运运输的高效畅通。针对新冠肺炎疫情，两国领导人同意深化医疗医学合作，中方愿为塔方抗疫行动提供支持和帮助。②

9月16日，中国国务委员兼外长王毅在杜尚别分别会晤了塔吉克斯坦总统拉赫蒙和吉尔吉斯斯坦总统扎帕罗夫。拉赫蒙总统表示，中塔合作为国际社会树立了命运与共、合作共赢的典范。③ 扎帕罗夫总统表示，将与中方一起，加强"一带一路"建设合作，深化经贸与投资合作，为中方投资者创造更加良好的营商环境。中方则表示将鼓励中国企业赴吉、塔投资，并帮助吉尔吉斯斯坦恢复经济，改善民生。④

2. 增进部门沟通，畅通贸易通道，进一步改善合作环境，夯实合作基础

为积极有效应对新冠疫情，并在疫情常态化条件下继续开展经济贸易活动，中国与中亚国家强化了部门间的协调沟通，达成了更广泛的共识，提高了合作效能。

2021年5月，"中国＋中亚五国"外长第二次会晤在中国西安市举行。

---

① 中华人民共和国中央人民政府网，http：//www. gov. cn/guowuyuan/2021 – 11/26/content_5653665. htm。

② http：//www. gov. cn/xinwen/2021 – 09/07/content_ 5635924. htm。

③ http：//www. gov. cn/guowuyuan/2021 – 09/16/content_ 5637899. htm。

④ http：//www. gov. cn/guowuyuan/2021 – 09/17/content_ 5638251. htm。

中国国务委员兼外长王毅提出共建丝绸之路经济带先行区、共创亚欧大陆互联互通大通道和共绘高质量发展新蓝图等五点建议，[①] 聚焦经济贸易合作这一重点发展内容，为中国与中亚未来的合作增添后劲。11月，习近平在第三次"一带一路"建设座谈会上讲话时强调，要与中亚国家一起推动共建"一带一路"高质量发展，探索建立更多合作对接机制，深化互联互通，深化贸易畅通，扩大同周边国家贸易规模，稳步拓展合作新领域，培育合作新增长点，将高水平、高收益合作与高质量、高韧性发展作为新时期合作的重点目标。[②]

在已有机制建设的基础上，2021年面对新冠疫情的特殊性，中国与中亚国家积极拓展沟通渠道，增进协商互信，促进贸易畅通，将传统合作机制建设与新型贸易平台建设紧密衔接，成功举办了上合组织国际投资贸易博览会，建设多国跨境征信服务平台，建设"中国—上合组织地方经贸合作示范区"，实现了中欧班列安全高效畅通运行。利用在上海合作组织、区域全面经济伙伴关系协定（RCEP）等机制框架下的合作优势，持续推进中国与中亚国家的经济贸易合作，扩大各类产品的进出口，促进特色优势产业合作和产能合作，加大多国多地联合力度，为区域繁荣稳定做出了应有贡献。

（二）双边贸易额持续增长

据欧洲复兴开发银行预测，受益于持续推行的经济发展政策与强劲的进出口和劳动力需求，中亚国家2021年平均经济增幅达4.9%。[③] 在经济形势持续向好的带动下，2021年中国与中亚国家的经济贸易合作与2020年同期相比，增长显著（见表1）。

---

① https：//www.yidaiyilu.gov.cn/xwzx/bwdt/173378.htm。
② 《习近平出席第三次"一带一路"座谈会并发表重要讲话》，http：//www.gov.cn/xinwen/2021-11/19/content_5652067.htm。
③ 中国驻塔吉克斯坦大使馆经济商务参赞处网站，http：//tj.mofcom.gov.cn/article/jmxw/202111/20211103217019.shtml。

表1　2021年1~11月中国与中亚国家进出口贸易额

单位：亿美元，%

国别	进出口	增幅	出口	增幅	进口	增幅
哈萨克斯坦	229.65	14.7	125.95	16.5	103.70	12.6
吉尔吉斯斯坦	63.17	130.9	62.42	131.0	0.75	122.6
塔吉克斯坦	15.39	51.4	13.87	42.5	1.52	254.2
土库曼斯坦	66.08	9.9	4.60	10.8	61.48	9.9
乌兹别克斯坦	71.36	20.2	51.72	12.2	19.64	47.8

资料来源：中华人民共和国海关网，http://www.customs.gov.cn/customs/302249/zfxxgk/2799825/302274/302277/302276/4070937/index.html。

中国与哈萨克斯坦的进出口贸易额在中国与中亚国家贸易中高居榜首，且保持稳定增长之势。吉尔吉斯斯坦、塔吉克斯坦等国对华贸易额同比出现较大幅度的提升，带动了整个地区对华经济贸易活动的积极发展。

对地区经济贸易合作的高度重视是中国与中亚国家经济贸易合作取得新成绩的重要推动力。2021年中国与中亚国家均将经济贸易合作视为一项重要工作，高度重视，寄予厚望。在当年的上海合作组织成员国元首理事会和政府首脑（总理）理事会上，各国领导人多次对中国与中亚国家的经济贸易合作提出新要求、新建议、新思路，这既是对过往成绩的总结与肯定，也是对未来合作发展前景的殷切期盼。

在中国与中亚经济贸易合作中，新疆的重要性凸显。2021年1~7月，新疆与哈萨克斯坦、吉尔吉斯斯坦和塔吉克斯坦的进出口贸易额分别同比增长13.2%、98.2%和27.8%。新疆外贸中以边境小额贸易方式的比例占全疆外贸的49.5%，同比增长24.6%。① 特定区域进出口推动了中国新疆与中亚国家经济贸易活动的增长（见表2）。

---

① https：//www.ndrc.gov.cn/fggz/dqjj/sdbk/202109/t20210915_1296673.html？code=&state=123.

表2　2021年1～11月中国新疆特定区域（边境小额贸易方式）进出口总额

单位：亿美元，%

特定区域名称	进出口	增幅	出口	增幅	进口	增幅
乌鲁木齐综合保税区	2.76	－47.1	2.56	－46.7	0.20	－52.1
阿拉山口综合保税区	10.02	－5.9	0.89	－21.2	9.13	－4.2
喀什综合保税区	4.47	487.4	3.58	651.3	0.89	212.3
霍尔果斯综合保税区	1.96	43.5	1.92	248.7	0.04	－95.1
国际边境合作中心（中方）	0.64	78.0	0.63	112.8	0.01	－78.2

资料来源：中华人民共和国海关网，http://www.customs.gov.cn/customs/302249/zfxxgk/2799825/302274/302277/302276/4071010/index.html。

中国与中亚国家进出口在商品类别上变化不大。以哈萨克斯坦为例，2021年中国出口哈萨克斯坦的商品主要为纺织原料及纺织制品、鞋帽、机电设备及零配件，进口主要为矿产品类（含矿物油料、矿物油及其产品）、贱金属及其制品（主要为铜及其制品）。石油天然气、贱金属、纺织类产品、设备及零配件等依然是中国与中亚国家贸易的主要内容。近年来由于农产品贸易的增长较为迅速，传统贸易结构有了一定改变。

中亚国家独立30年来，在双方共同努力下，中国与中亚国家政治互信不断加强，经贸合作稳步提升，中国已逐渐成为中亚国家主要的投资和贸易伙伴。

即使受到新冠疫情的冲击，中国在中亚国家的对外贸易中依然占有较大份额和优势地位。在共建"一带一路"倡议指引下，中国与中亚的经济合作不断取得新的成就。抗疫合作更为双方未来开拓更广泛的合作领域及合作空间提供了新的支撑与动力。

（三）合作亮点不断涌现

2021年中国与中亚国家经济贸易活动呈现以下新的亮点。

1.中欧班列增势强劲，为经济贸易合作再立新功

2020年以来，中欧班列的强势增长为区域经济贸易合作书写了浓墨重

彩的一笔。2021年中欧班列开行仍保持强劲增势，1～11月，中欧班列累计开行数量为13817列，运送集装箱133.2万标箱，同比增长分别为23%和30%，已连续19个月保持单月开行过千列的记录。目前，中欧班列约有73条运行线路，与欧洲22个国家的160余座城市连接。中国境内的重庆、成都、西安、郑州的班列开行数量占全国总数的70%以上，江苏省苏州、徐州、南京，浙江义乌等地发出的班列也形成常态化稳定运行机制。[①] 在全球抗疫背景下，中欧班列累计运送防疫物资1343万件、约10.3万吨。[②] 针对中欧班列的基础设施升级问题，国家开发银行正计划加大金融支持力度，以境内重点口岸站点建设为重点，探索"班列＋口岸"的保税仓储与多式联运融合发展新模式，打造具有国际影响力和多式联运功能的交通物流枢纽。[③]

2. 数字经济、创新经济发展势头较好

数字经济与实体经济的深度融合提升了生产效率，改变了生产模式，是新一轮经济社会创新发展的大势。当今世界数字经济已进入加速创新阶段。将大数据识别与引导和实现资源的最优化配置相结合，与经济的高速、高质量发展相统一，是掌握发展主动权、决定未来发展成败的重要一环。随着数字经济转型进程加速，数字经济对区域经济贸易合作的创新引领作用更加凸显。

在数字经济和创新经济快速发展带动下，2021年中国与中亚国际贸易数字展览会于7月19日在"贸易云展"平台线上开幕。此次展览会由中国国际贸促会主办，中国国际展览中心集团公司北京中展海外展览有限公司承办，吸引了1019家企业参展。展会分12个展区，参展商品涵盖医药医疗、建材、纺织服装、防疫物资和汽车配件等类别。这是中国和中亚数字化经济

---

① 《连续2年开行过万列，中欧班列量价齐升》，https：//baijiahao. baidu. com/s？ id = 1720425804508797915&wfr = spider&for = pc。

② 《发改委：中欧班列历年累计开行47414列》，https：//m. gmw. cn/baijia/2021 - 12/17/ 35388442. html。

③ 《港媒关注：中欧班列基础设施将升级》，https：//baijiahao. baidu. com/s？ id = 172072 7004685667800&wfr = spider&for = pc。

发展的新尝试。①

8月，2021年（中国）亚欧商品贸易博览会在乌鲁木齐开幕。本次展会采取线上办展方式，吸引了24个国家和地区的3000余家参展商、采购商，同时举办了10场线下活动。支持新疆与亚欧国家扩大农产品、纺织服装、新能源、电子商务等多领域的合作，是博览会下一步发挥作用并产生效能的重点。此外，中欧班列、霍尔果斯跨境经济合作区建设，也是拉动口岸经济发展、打造对外开放新高地的重要内容。② 在丝绸之路经济带核心区建设重点项目推介中，新疆喀什地区共签订项目55个，涉及农业产业化、农副产品精深加工、纺织服装、商贸流通、文化旅游、新型建材、装备制造等方面，签约金额达130.46亿元人民币。③

中亚各国的数字经济、创新经济发展势头良好。2021年11月，哈萨克斯坦竞争保护和发展署署长茹曼加林表示，哈萨克斯坦已进入世界最具发展数字经济潜力国家行列。④ 7月，哈萨克斯坦贸易和一体化部副部长扎纳索娃在阿斯塔纳金融论坛发言时表示，哈萨克斯坦计划2021年将电商占零售市场的份额提高到9.9%，达1.4万亿坚戈；2025年将该份额提高至15%，达3.6万亿坚戈。2020年哈萨克斯坦电商交易同比翻了一番，市场规模超1.1万亿坚戈。这一数额已占该国B2C零售交易额的9.7%，成为疫情下零售行业的新支柱。据哈萨克斯坦邮政公司数据，2021年上半年哈萨克斯坦网购用户达460万。⑤

3. 防疫合作成为经济贸易合作中新的重要内容

连续两年肆虐的新冠疫情，为中国与中亚经济贸易合作增添了新的内

① https：//www. sohu. com/a/478374182_ 120932824。

② 《2021线上（中国）亚欧商品贸易博览会开幕式举行》，http：//www. scio. gov. cn/m/31773/35507/35513/35521/Document/1711239/1711239. htm。

③ 《第五届中国—亚欧博览会新疆喀什项目签约超百亿元》，http：//news. cnr. cn/native/city/20160923/t20160923_ 523157057. shtml。

④ 中国驻哈萨克斯坦大使馆经济商务参赞处网站，http：//kz. mofcom. gov. cn/article/jmxw/202111/20211103219760. shtml。

⑤ 中国驻哈萨克斯坦大使馆经济商务参赞处网站，http：//kz. mofcom. gov. cn/article/scdy/202107/20210703177617. shtml。

容。围绕共同抗击新冠疫情，中国与中亚国家达成广泛共识，展开积极合作，包括在抗疫框架内相互协助、共建抗疫医疗卫生体系；在疫情的预防、诊断与治疗等环节展开联合科研与开发；围绕防控疫情、消除灾害，持续为疫情严重的国家提供人道主义的医疗、食品援助；建设远程医疗体系，密切信息沟通、人员培训、实验室建设，打造区域高效公共卫生体系。同时，疫苗合作与"春苗行动"等也是双方共同关注和推进的内容。[①] 2021 年中国与中亚地区国家成功开展疫苗本地化生产合作。9 月底，中方研发的重组蛋白疫苗在乌兹别克斯坦正式投产，首次实现中国新冠疫苗在当地的本国化生产。同年，中方为塔吉克斯坦、吉尔吉斯斯坦提供新冠疫苗援助，为哈萨克斯坦、土库曼斯坦供应新冠疫苗和防疫物资。[②] 上述合作为中亚国家抗击疫情、巩固中国与中亚经济贸易合作基础提供了保障。

二 2021年中国与中亚国家经济贸易合作特点

2021 年中国与中亚国家经济贸易合作表现出以下突出特点。

（一）高度重视

如前所述，各国的高度重视是当前中国与中亚经济贸易合作不断取得新成绩的坚强保证。2021 年，面对新冠疫情反反复复的特殊形势，各国多措并举，不断创新思路，统筹疫情防控与经济贸易合作，统筹发展与安全，将区域合作放在重要位置加以规划设计、谋篇布局，各方均加大了协商沟通力度。2021 年通过上海合作组织成员国元首理事会、政府首脑（总理）理事会等会议方式，确定了加强和推进区域合作的基本理论与实践要求，将共谋繁荣发展、推动区域务实合作、反对霸权主义和强权政治、维护地区安全、

[①] 《中国＋中亚五国外长发布关于共同应对新冠肺炎疫情的联合声明》，https：//xw. qq. com/amphtml/20210512A0C36100。

[②] 中国驻哈萨克斯坦大使馆经济商务参赞处网站，http：//kz. mofcom. gov. cn/article/jmxw/202112/20211203232827. shtml。

深入开展抗疫合作共同考量，提出团结合作、安危共担、开放融通、互学互鉴与公平正义的新理念、新倡议。① 同时，中国与中亚国家各级各部门合作委员会会议的顺利举办，为协调沟通和解决难题创造了条件、提供了保障，尤其为疫情下的中国与中亚经济贸易合作予以了强大支持。

（二）创新合作

在已有合作的基础上，不断创新合作机制、扩展合作领域、拓宽合作视野、提升合作水平，是确保中国中亚经济贸易合作在疫情冲击下持续稳步前行的坚强基石。2021 年中国与中亚各国在大力发展传统经济贸易的基础上，继续加强以中欧班列和数字化经济为代表的新型经济贸易合作，同时加大创新合作力度，挖掘新的合作增长点。2021 年 6 月，哈萨克斯坦江布尔州扎纳塔斯 100 兆瓦风电项目全容量并网。该项目由中企投资建设，是中亚地区最大的风电项目，项目运营后将直接改善哈萨克斯坦南部地区缺电的状况。7 月，中企承建的图尔古孙河水电站项目也实现了全部机组的投产发电。这两个项目的成功实施，是中国与哈萨克斯坦加速推进"一带一路"倡议与哈"光明之路"等政策对接的最新成果。②

围绕构建新发展格局、推动高质量发展的要求，中国将与中亚国家一起在提升区域经济贸易合作水平的目标下，推进新型基础设施项目合作，稳妥开展健康、绿色、数字、创新等领域合作，将绿色低碳、信息共享、生态环境和气候治理、数字合作、科技创新等作为未来合作发展突破的方向。③

（三）互利共赢

坚持共商共建共享、提高区域开放水平、拓展开放领域、推动制度性开

---

① 《习近平出席上海合作组织成员国元首理事会第二十一次会议并发表重要讲话》，http：//www. gov. cn/xinwen/2021－09/17/content_ 5638072. htm。
② 中国驻哈萨克斯坦大使馆经济商务参赞处网站，http：//kz. mofcom. gov. cn/article/jmxw/202112/20211203232827. shtml。
③ 《习近平出席第三次"一带一路"座谈会并发表重要讲话》，http：//www. gov. cn/xinwen/2021－11/19/content_ 5652067. htm。

放、探索共谋发展新路、实现各国共同繁荣、互利共赢，这是中国一贯坚持的基本原则。在中国与中亚国家的经济贸易合作中，中方高度重视民生福祉，主张在夯实发展基础的前提下，深化互利合作的制度建设，深化政治互信，为促进区域经济贸易合作做增量、做加法，扩大贸易规模，提高贸易投资的自由化、便利化水平，深化金融合作，健全多元化投融资体系，增进文化交流，加强互利共赢的人文基础建设。[①]

在畅通国内国际双循环前提下，加强民生工程建设，更多更好地将经济贸易合作与服务当地民众密切关联，提升区域民众的获得感、幸福感，增强地区合作凝聚力、影响力，是实现互利共赢的重要步骤。2021 年 11 月，吉尔吉斯斯坦新北南公路项目二期竣工。该项目由中企承建，极大地改善了当地的交通道路条件，对吉尔吉斯斯坦全国经济社会发展具有重要意义。[②]

中亚国家是中国"一带一路"建设的重要合作伙伴，也是"一带一路"建设重点开发的示范地区。中国与中亚的经济贸易合作作为"一带一路"建设的重要内容，将充分展示中国坚持改革开放、努力实现"一带一路"高质量发展新成效的决心和信心。

三　2022年中国与中亚国家经济贸易合作展望

在新冠疫情大流行背景下，国际和地区环境发生深刻变化，世界加速进入动荡不安的变革期。2021 年面对各种困难挑战，中国与中亚国家经济贸易合作克难前行，取得的优异成绩难能可贵，彰显了中国与中亚国家合作的强大生命力和广阔前景。

2022 年中国与中亚经济贸易合作将在总结历史经验和应对风险挑战的同时，探索创新，勇敢前行。

---

① 《习近平出席第三次"一带一路"座谈会并发表重要讲话》，http://www.gov.cn/xinwen/2021－11/19/content_ 5652067. htm.
② 中国驻哈萨克斯坦大使馆经济商务参赞处网站，http://kz.mofcom.gov.cn/article/jmxw/202112/20211203232827. shtml.

一是以北京冬奥会为契机，进一步夯实中国中亚经济贸易合作基石，为区域经济贸易合作营造更加积极、和谐的环境。北京冬奥会是一次交流的盛会，是新冠疫情下增进理解和友谊、扩大共识、增添勇气与力量的盛会。中国已经向包括中亚国家在内的世界各国发出了邀请。北京冬奥会将有助于进一步增强中国与中亚国家互利共赢的合作基础，在坚持团结抗疫的同时，将后疫情时代的区域经济贸易合作与打造人类健康命运共同体更好地融合，携手共建繁荣、发展、祥和、美好的共同家园。

二是面对新冠疫情冲击和国际形势变化，积极探索创新合作，应对风险挑战。受疫情和国际形势影响，中国与中亚经济贸易合作中不断出现新矛盾、新问题，往往会打破或改写许多旧有的经济贸易合作范式，同时也拓展出新的合作领域、内容和方法。习近平主席在 2021 年 9 月上海合作组织成员国元首理事会会议上讲话时提出要走"团结合作、安危共担、开放融通、互学互鉴、公平正义"五条道路的建议，这是地区合作的总体前进目标，也为未来中国与中亚国家的经济贸易合作指明了方向。

三是聚焦"一带一路"建设，推进中国与中亚经济贸易合作高质量发展。在第三次"一带一路"建设座谈会上，"一带一路"被描述为"在当今世界上深受欢迎的国际公共产品和国际合作平台"。习近平主席在出席座谈会时的讲话中指出，共建"一带一路"的国际环境日趋复杂，但和平与发展依然是时代主题，经济全球化的大方向没有改变，"一带一路"建设仍面临重要机遇。要探索建立新的合作对接机制，加强政策沟通；要扩大同周边国家的贸易规模，提高贸易与投资自由化、便利化水平；要形成多元互动的人文交流大格局，促进民心相通。① 作为新的合作增长点，数字经济、"丝路电商"将成为未来发展的"新宠"。

高质量发展与惠及民生是未来中国与中亚国家合作的重要任务。要统筹谋划和构建中国与中亚国家经济贸易合作新发展格局，用心打造具有地区影

---

① 《习近平出席第三次"一带一路"建设座谈会并发表重要讲话》，http：//www. gov. cn/xinwen/2021－11/19/content_ 5652067. htm。

响力和示范效应明显的标志性工程，形成更多增进共建国家民众获得感的民生工程项目，聚人心、惠民生、接地气，为地区国家的经济社会发展贡献更多的力量。

中国与中亚国家合作为区域经济发展和社会繁荣做出很大的贡献，但综合多方因素考量，仍存在贸易结构不合理、贸易不平衡的问题。从双方的合作诉求与合作潜力看，仍需要进一步开拓合作空间、创新合作内容、提升合作效能、挖掘合作潜力，这些都是未来合作中需要面对和解决的问题。

Y.15
中国与中亚国家：30年政党交往进程与作用

田永祥*

摘 要： 2021 年是中亚五国独立 30 年。随着五国在政治、经济、社会、外交等各个领域的改革和转型进展，五国政党政治也逐步发展并走向成熟。目前，中亚国家普遍实行多党制，政党在国家建设与发展中的作用越来越大。中国共产党高度重视发展与中亚国家的政党关系，30 年来这种关系大体经历了三个发展阶段，呈现党际交往不断发展、接续创新的局面。中国共产党与中亚国家的政党交往为加强政党自身能力建设、巩固中国与中亚国家的双边关系、促进在各领域的务实合作发挥了积极作用。

关键词： 中亚国家 政党交往 政党形势 交流互鉴

2021 年是苏联解体后中亚五国——哈萨克斯坦、乌兹别克斯坦、吉尔吉斯斯坦、塔吉克斯坦和土库曼斯坦——独立 30 周年。30 年来，中国共产党与中亚五国政党的交往与合作全面发展，党际交往格局日臻成熟，交往机制不断完善，交往内容不断充实，交往作用不断提升，为促进中国与中亚五国发展睦邻友好关系发挥了重要作用，积累了丰富的党际交往经验。展望未来，中国共产党与中亚五国政党关系已站在新的历史起点上，面临新的历史

---

* 田永祥，中国当代世界研究中心特约研究员。

性发展机遇，中国共产党与中亚五国政党的关系必将进一步深化，为推动国家关系发展及维护地区和平稳定发挥更大作用。

一 起步开拓，中国共产党与中亚国家政党交往顺利开局

苏联时期实行共产党一党领导体制，1991 年底苏联解体后，中亚国家原有的共产党组织全部解散，各国普遍开始实行多党制和普选制，政治经济转轨为各类势力参政议政提供了前所未有的机遇；与此同时，中亚国家尚未制定出台有关政党建立与活动的法律，政党与政治组织的建立与活动基本处于自由化和随意性状态。

在上述两大因素影响下，从苏联解体至 20 世纪 90 年代中期，中亚国家政党形势出现三大特点。一是政党数量众多，杂乱无章。在很短的时间里成立了意识形态各异、纲领章程纷乱、组织结构不同、人数多寡悬殊的政党和政治组织，许多组织并不具备现代政党的基本要素。如哈萨克斯坦、吉尔吉斯斯坦在 1994 年前后成立了 100 多个政党和政治组织，塔吉克斯坦也有数十个。二是分化组合，消亡迅速。许多新党并无建党基础，只是由苏联时期或解体后的政治精英领衔组建，许多组织成为党派领袖谋取个人利益的政治工具，内部纷争不断，相互倾轧，导致政党分化组合、改名易姓、迅速消亡的现象屡见不鲜。三是一党占优，多党为辅。中亚国家原有共产党组织因具有相对完备的组织结构和丰富的人才资源，改名易帜后仍是当时各国的主要政党和执政当局的重要依托。如由原共产党改建的哈萨克斯坦社会党、乌兹别克斯坦人民民主党、土库曼斯坦民主党，这三党均由本国总统担任党的最高领导人，成为事实上的政权党，而其他新建政党则处于相对弱势地位。

根据中亚国家独立之初的政党情况，中国共产党与时俱进，从发展和巩固国家关系这个根本目标出发，坚持"独立自主、完全平等、互相尊重、互不干涉内部事务"的党际交往原则，淡化意识形态色彩，超越

社会制度差异，既积极主动又慎重稳妥地开展与中亚国家政党的交往工作。

中国共产党与中亚国家政党交往的起步阶段大体为1991~1996年。这一期间，中国共产党主要以中亚国家的政权党或主流政党为交往对象。这是因为当时中亚各国的政权党主要由原共产党改建而来，在纲领主张和方针路线上大多持中间立场，通常是各国亲总统的政治力量，在国内政坛上具有较大影响。中国共产党首先与这类政党进行接触，将其作为与中亚国家政党交往的突破口，不仅条件较为成熟，更重要的是可以最大限度地避免引起执政当局的疑虑，凸显中国共产党在对外交往中不干涉其他国家内政的善意，能够迅速发挥政党交往的积极作用，对巩固刚刚建交的中国与中亚五国的国家关系具有重要意义。

1992年3月，中共中央对外联络部就派出中共代表团访问哈萨克斯坦、乌兹别克斯坦、土库曼斯坦和塔吉克斯坦，先后与哈社会党、乌人民民主党、土民主党、塔共产党以及四国其他政党举行了会谈，代表团初步了解了苏联解体后中亚国家政治、经济、社会状况以及政党形势，阐释了中共开展党际交往的四项原则，四国主要政党均表示愿与中共建立联系，开展党际交往。

随后，1992年4月，哈社会党代表团访华，与中国共产党签署1992~1993年两党合作协议；1993年5月，乌人民民主党代表团访华，9月，乌人民民主党与访乌的中共代表团签署了1994~1995年两党友好合作协议；1993年6月，土民主党代表团访华，与中国共产党签署了1993~1995年两党合作协议；1994年，塔共产党主席顺访中国，表示将积极推动与中国共产党友好交往，1995年4月，塔共代表团访华。在此期间，中国共产党也派出代表团或工作组赴中亚国家访问，与各国政党举行会谈，增进了相互理解与友谊。

1995年10月，时任中共中央政治局常委胡锦涛率团访问土库曼斯坦、乌兹别克斯坦，会见两国总统、政府及议会领导人，就进一步发展国家关系、深化党际交往、开展务实合作达成广泛共识。中国共产党与中亚国家政党交往起步阶段进展顺利。

二 全面交往，中国共产党与中亚国家 政党交往深入发展

随着中国与中亚五国关系的发展以及五国政党政治逐渐走向成熟，中国共产党与中亚五国政党交往进入全面推进并逐步走向规范化、机制化的新阶段，这一阶段的时间大体为 1996~2012 年。

（一）继续加强与主流政党的交往与合作

20 世纪 90 年代中后期，中亚五国具有各自国情特点的政治体制初具雏形，总统、议会及地方选举步入正轨，总统威权制度基本确立。在此情况下，为规范政党的建立及活动，哈萨克斯坦、乌兹别克斯坦、吉尔吉斯斯坦、塔吉克斯坦于 90 年代中后期相继颁布了《政党法》和《选举法》，这为政党的建立与活动提供了法律依据。此后，哈萨克斯坦等中亚国家还根据政党发展的实际情况和选举需要，适时对《政党法》《选举法》进行修改。2007 年，乌兹别克斯坦颁布《关于加强政党在国家改革、民主化和现代化进程中作用的宪法性法律》，使国内政党的建立与活动从无序转向有序，走向法治化轨道。2012 年 1 月，土库曼斯坦国民议会也通过了《政党法》。

自 20 世纪 90 年代中后期起，中亚国家政党形势出现三大特点。一是政党的成立与活动已有法可依。《政党法》对党员人数、地方基层组织分布与数量、政党纲领及章程以及在司法部登记注册的程序等进行了强制性规定，滥竽充数的政党普遍出局，政党数量明显减少，政党质量显著提升，到 2000 年前后，除吉尔吉斯斯坦，中亚其他四国合法注册的政党数量大都降至 10 个左右。二是各国普遍建立起较为稳定的多党制格局，《政党法》和《选举法》的相继出台优化了中亚国家的政党格局和参选条件，进入议会的政党数量减少并趋于稳定，如哈萨克斯坦、乌兹别克斯坦、塔吉克斯坦在 1998 年后举行的议会选举中，进入议会的政党均为 5 个左右。三是亲总统

的政党势力进一步扩大，哈"祖国之光"党、乌人民民主党、土民主党、塔人民民主党等占据本国议会多数席位，掌控国家和地方的行政权力，成为名副其实的政权党。其他进入议会的政党也大都为支持总统的"体制内"政党或"建设性反对派"政党。

根据上述情况，中国共产党继续加强与这些政权党以及其他主要政党的交往。1997年5月，中国共产党邀请纳扎尔巴耶夫总统支持的并已取代哈社会党上升为哈第一大党的哈人民统一党代表团访华；1999年5月，中国共产党邀请纳扎尔巴耶夫总统亲任党主席的哈"祖国之光"党派团访华。中国共产党与土民主党的交往平稳发展，该党在1996年后多次派团访华。1996年乌总统卡里莫夫退出乌人民民主党，中共与该党的联系一度中断，2000年两党恢复交往。1997年塔吉克斯坦内战结束后，国内政党格局变化明显，2000年3月，拉赫蒙总统领导的塔人民民主党在塔首届议会大选中获胜，成为塔国内的政权党，2000年8月中共代表团访塔时，两党建立正式友好交往关系。吉尔吉斯斯坦政党格局较为混乱，但中国共产党与吉政党的交往一直延续，2008年8月，中国共产党与时任吉总统巴基耶夫支持的"光明道路"人民党建立正式联系。中国共产党加强与这些政权党的交往，成为中国与中亚国家政党交往的第一梯队和重要支撑。

（二）扩大与其他政党的接触与联系

中国共产党在与中亚国家主流政党交往的同时，也着眼于这些国家实行多党制以及政党立场、实力影响经常变动的事实，从广交朋友、扩大中亚国家对华友好力量的目的出发，适时与中亚国家一些处于政坛边缘但具有一定影响并对华持友好立场的合法政党进行接触。中国共产党先后或多次邀请哈萨克斯坦社会党，乌兹别克斯坦自由民主党、"民族复兴"民主党、"公正"社会民主党，吉尔吉斯斯坦社会民主党、共产党人党、"故乡"党，塔吉克斯坦共产党、伊斯兰复兴党等派团访华，中共代表团出访时也与这些政党的政要会见。通过相互接触和会见会谈，加深了彼此的理解与友谊，许多政党与中国共产党建立了正式联系。中国共产党在中亚国家的政党"朋友圈"不断扩大，初步形成了中国与中亚国家立体化、全方位的政党交往格局。

（三）继续推进政党交往逐步走向规范化和机制化

随着中国共产党与中亚国家政党交往进入全面启动、深入发展阶段，中国共产党更加注重与中亚政党签署合作文件，尽可能做到政党交往有章可循、有序规范。1996年，中国共产党与土库曼斯坦民主党签署了两党合作议定书。2009年，中国共产党与哈萨克斯坦"祖国之光"党签署了两党合作备忘录，2011年，两党又签署了2012~2014年合作议定书。2011年，中国共产党与塔吉克斯坦人民民主党签署了两党合作备忘录。与以往签署的合作文件相比，这一时期签署的合作文件内容更加充实，交往计划更为清晰，涵盖领域更加广泛，合作目标更为务实。经过中国共产党与中亚国家政党的共同努力，这些合作协议基本得到落实，有力推动了中国共产党与中亚国家政党交往向规范化、机制化方向迈进，对促进中国共产党与中亚国家主流政党交往行稳致远，发挥了重要作用。

（四）政党高层交往日益频繁

中国与中亚五国政党交流的不断深入为政党高层交往创造了条件、奠定了基础，政党高层领导人互访日益频繁，成为这一时期中国共产党与中亚国家政党交往的显著特点。1999年5月和2001年9月，哈"祖国之光"党代主席捷列先科两次率团访华，2009年6月和2011年哈"祖国之光"党第一副主席卡列塔耶夫和尼格马图林先后率团访华；2008年7月，吉尔吉斯斯坦"光明道路"人民党副主席阿拉巴耶夫率团访华；2010年，乌兹别克斯坦人民民主党议会党团主席、副议长瓦法耶夫率乌议会四党联合代表团访华；2010~2012年，塔人民民主党第一副主席萨法罗夫连续三年率团访华。这些代表团访华期间均受到中共中央政治局常委等中国共产党高层领导人的接见，并举行会谈。

与此同时，中国共产党高层领导人也率团访问中亚国家。2004 年 6 月、2006 年 6 月时任中共中央政治局常委李长春先后访问哈萨克斯坦、乌兹别克斯坦；2009 年 9 月，时任中共中央政治局常委俞正声访问哈萨克斯坦；2010 年 6 月，中共中央政治局常委贺国强访问土库曼斯坦；同年 9 月，时任中共中央政治局常委刘云山访问哈萨克斯坦。中国共产党高层领导人均与访问的国家元首举行会见，与政府首脑、议会及主要政党领导人会谈，就双边关系、政党交往、务实合作、国际和地区问题交换意见，并达成广泛共识。政党高层交往成为协调和促进国家关系的重要渠道和促进务实合作的强力推手，把党际交往提升到了新的高度。

（五）政党交往形式日益丰富

除代表团互访，中国与中亚五国政党还不断开拓创新交往形式。一是中国共产党派代表出席中亚国家政党的代表大会。随着中亚国家政党政治逐步走向成熟，各政党十分重视党的建设，定期召开党的代表大会，总结党的工作，提出未来任务，制定竞选纲领，选举中央领导机构。许多政党为扩大影响，邀请外国政党派代表参加自己的党代会，其中中国共产党是重点邀请对象。自 20 世纪中后期起，中国共产党相继应邀派代表参加哈"祖国之光"党、塔人民民主党、土库曼斯坦民主党等政党的代表大会。中国共产党的代表在会上宣读中共领导人或中共中央的贺词，在会上引起热烈反响。除此之外，在中亚国家一些重要政党召开代表大会时，中联部还会专门致电祝贺。2012 年 1 月 18 日，时任中共中央总书记、国家主席胡锦涛致电哈萨克斯坦"祖国之光"党主席、哈总统纳扎尔巴耶夫，祝贺"祖国之光"党在哈议会选举中获胜，极大地推动了中哈政党关系的发展。二是中亚国家政党积极派代表出席中国共产党举办的多边政党会议。2004 年 9 月中国共产党在北京举办第三届亚洲政党国际会议，有 35 个国家的 81 个政党参加，哈"祖国之光"党、乌人民民主党、塔共产党等中亚国家政党派代表出席并在会上发言，表达了增进亚洲政党团结、促进亚洲地区合作的真诚愿望。2010 年，哈"祖国之光"党、塔人民民主党派代表出席中共在云南举办的亚洲政党扶贫专题会议，2011 年，塔人民民主党、塔共产党、乌人民民主党、乌自由民主党派代表出席中共在广西举办的亚洲政党专题会议。三是哈萨克斯坦、吉尔吉斯斯坦、塔吉克斯坦等国政党的地方党组织领导人或媒体代表组团访华，通过政党交往拓宽地方领导人的视野，使其了解中国改革开放和经济社会发展情况，推动双边地方和务实领域的合作。

三 继往开来，中国共产党与中亚国家政党交往谱写新篇

2012 年 11 月中国共产党召开十八大后，在习近平总书记关于中国特色社会主义外交思想特别是关于党的对外工作的重要论述指引下，中国与中亚国家政党交往进入新时代，交往理论与实践不断创新，交往形式和内容不断丰富，开启了中国与中亚国家政党交往的新篇章。

（一）党际双边交往继续全面深化，开拓新局

习近平主席高度重视周边外交工作，强调："要更加奋发有为地推进周边外交，为我国发展争取良好的周边环境。"[1] 中国共产党积极落实习近平对周边外交工作的重要指示精神，继续深化与中亚国家主要政党的交往与合作。2013 年 7 月，中共中央政治局委员赵乐际访问哈萨克斯坦和塔吉克斯坦，与哈、塔两国主要政党领导人进行深入交流，就加强合作达成广泛共识。2013 年 9 月，中共中央总书记、国家主席习近平先后访问土库曼斯坦、哈萨克斯坦、乌兹别克斯坦、吉尔吉斯斯坦，推动中国与四国的关系迈上新台阶，为党际交往营造了良好氛围，提供了强大动力。特别是习近平会见访问国议会领导人时，他们都表示议会各党派均重视发展对华关系。时任吉尔吉斯斯坦议长叶延别科夫与到访的习近平主席会见时，充分肯定吉议会五个

---

① 《习近平谈治国理政》，外文出版社，2014，第 296 页。

政党派团访华取得的积极成果和重要意义。此后，中国共产党与中亚国家主要政党加大派团互访频率，提升政党交往级别，拓宽了中国共产党与中亚国家政党交往的领域。2019年10月，中共中央政治局委员杨晓渡访问哈萨克斯坦和土库曼斯坦，促进了政党关系的机制化交往和包括反腐在内的各领域合作。至2021年11月，中国共产党已与中亚国家的20多个政党建立了各种形式的联系，包括政权党、参政党以及合法的在野党，中国共产党与中亚国家立体化、全方位的政党交往格局进一步巩固。

（二）打造中共与中亚国家政党交往新平台

随着中国共产党与中亚国家政党交往开启新局，党际交往不断突破政党双边交往的传统模式和常规做法，搭建起中国共产党与中亚国家政党多边交往的新平台。2015年，中国共产党在北京举办第一届中国—中亚政党论坛，中亚国家主要政党均派代表参加，就加强党际交往、推动丝绸之路经济带建设、促进民心相通进行深入交流，并达成了广泛共识。2017年，中国共产党在北京举办第二届中国—中亚政党论坛，来自中亚五国政党的60多名代表围绕"引领地方合作，共建'一带一路'"这一主题进行深入讨论。在总结中国—中亚政党论坛成功经验的基础上，2018年，中国共产党在广东深圳举办首届上海合作组织政党论坛，中亚国家主要政党均派代表出席。2020年10月中国共产党与中亚国家主要政党以视频方式参加由"统一俄罗斯"党主办的"上海合作组织＋"国际政党论坛。打造中国共产党与中亚国家政党多边交往新平台，有利于中国共产党与中亚国家政党整体关系的协调发展，既可推动上海合作组织框架内政党的交流与合作，也能为中亚国家政党间交流以及巩固上海合作组织发挥积极作用。

（三）交往形式与时俱进

党的十八大之后，中国共产党与中亚五国政党的交往更加频繁，内容丰富多彩，形式灵活多样。一是加大青年干部的交往力度，中亚国家主要政党均多次派出以党的青年干部为主的代表团访问中国，学习中国共产党自身建设和治国理政经验，锻炼和培养本党的青年干部。二是中国共产党继续应邀派代表参加中亚国家政党代表大会，利用参会之机与各党领导人广泛接触，同时与应邀参会的其他外国政党进行交流，使参加党代表大会成为中国共产党扩大国际影响、广交政党朋友的重要契机。三是中国共产党与中亚国家主要政党就党的重大事件相互祝贺。2015 年 3 月，中共中央总书记、国家主席习近平致信哈萨克斯坦"祖国之光"党主席、哈总统纳扎尔巴耶夫，祝贺"祖国之光"党第十六次代表大会召开，希望两党继续相互理解、相互支持、共同发展、共同进步。2016 年 3 月，中共中央致函"祖国之光"党，祝贺该党在哈第六届议会选举中获胜。此外，中国共产党还对乌兹别克斯坦、吉尔吉斯斯坦、塔吉克斯坦、土库曼斯坦主要政党代表大会召开或在议会选举中获胜致函祝贺。在中国共产党召开代表大会时，如在中国共产党十八大召开和中国共产党十九大召开以及习近平当选中共中央总书记之际，哈"祖国之光"党、"光明道路"党，吉社会民主党、进步党，塔人民民主党，土民主党等中亚国家多个政党第一时间发来贺电（函）。2021 年 7 月中国共产党成立 100 周年之际，中亚国家 10 多个主要政党均向中共中央致贺，赞扬中国共产党百年奋斗取得的伟大成就，高度评价中国共产党是世界和平与稳定的坚定维护者，表达与中国共产党加强交往的意愿。四是以视频连线方式与中亚国家政党进行交往。2020 年初新冠肺炎疫情流行，中国及中亚国家都受到影响，出于疫情防控需要，中国共产党与中亚国家政党暂时停止互派代表团实地访问，改为以视频连线方式进行交流。2020 年初至 2021 年 10 月，中共中联部相关负责人与中亚国家主要政党举行了多场视频会谈或电话交流，相关部门还邀请中亚国家政党参加有关智库会议，在防控疫情的同时使党际交往得以延续并深化。

（四）干部考察团和专家代表团互访，交流治国理政经验

随着中国社会经济发展和综合国力的迅速提升，世界上许多政党希望了解和学习中国共产党自身建设和治国理政经验，中亚国家政党这方面的意愿尤为强烈。自 2012 年至今，共有 100 多名中亚国家政党的中高层干部通过

党际交往途径来华考察交流，既有中央一级的领导干部、议员及州、区（市）委书记，也有初露头角的青年干部。中国共产党安排这些考察团赴中国有关部委和职能部门参观座谈，不仅访问经济发达的中国东南部沿海地区，也访问经济相对落后的中西部地区；不仅考察中国共产党的建设情况，也考察中国的经济、社会、教育、文化、卫生等领域的情况，使他们能够全面了解中国情况和中国共产党的方针政策。与此同时，中国共产党也应邀派团赴中亚国家宣介中国共产党党代会精神，如中国共产党十八大以及十九大之后，中国共产党多次应邀派出专家组赴哈萨克斯坦、塔吉克斯坦、土库曼斯坦等中亚国家，与访问国政党、智库、学界、主流媒体等举行座谈会，宣介习近平新时代中国特色社会主义思想，介绍中国共产党代表大会和中央全会精神，传播中国发展理念，贡献中国方案，同时也了解和学习中亚国家政党治国理政以及加强党的建设的做法，互相学习，交流互鉴，就加强党际交往和双边合作寻求共识。

（五）中亚政党积极参加中国共产党与世界政党领导人峰会等活动

在世界形势复杂多变、政党引领作用日益提升、中国共产党的影响力不断增大的背景下，2017年11月30日至12月3日，中国共产党在北京主办中国共产党与世界政党高层对话会，中亚国家的20多个政党派代表参会，积极参与"构建人类命运共同体、共同建设美好世界：政党的责任"这一会议主题的讨论，高度赞扬中共中央总书记、国家主席习近平在会议开幕式上发表的题为《携手建设更加美好的世界》的主旨讲话。2021年7月，中国共产党与世界政党领导人峰会以视频连线方式举行，这是中国共产党在成立100周年之际举办的重要多边外交活动，中共中央总书记、国家主席习近平出席会议并发表主旨讲话。中亚国家13个政党派代表参会，哈萨克斯坦首任总统、哈政权党"祖国之光"党主席纳扎尔巴耶夫在与会外国政要中第二位发言，塔人民民主党、土库曼斯坦议会三党设立国外集体会场，凸显了中国共产党与中亚国家政党关系的特殊性和高水平。

四 务实高效，中国共产党与中亚
国家政党交往作用凸显

中国共产党与中亚国家政党交往走过了30年的历程，在交往过程中注重理论与实践相互促进，党际关系与国家关系相得益彰，各领域合作融会贯通，中国共产党与中亚国家政党交往的作用逐渐增大，价值日益凸显。

（一）为落实中国与中亚五国元首的共识发挥独特作用

中国共产党是中国的执政党，中共中央总书记习近平是中国党和国家的最高领导人。中亚五国首任元首或继任元首如哈萨克斯坦首任总统纳扎尔巴耶夫，乌兹别克斯坦首任总统卡里莫夫，吉尔吉斯斯坦首任总统阿卡耶夫以及后任总统巴基耶夫、阿坦巴耶夫，塔吉克斯坦总统拉赫蒙，土库曼斯坦首任总统尼亚佐夫以及继任总统别尔德穆哈梅多夫等，均担任过本国主要政党的最高领导人。目前在中亚五国中，纳扎尔巴耶夫在2021年11月23日将哈政权党"祖国之光"党主席职务移交给哈现任总统托卡耶夫，拉赫蒙仍担任塔政权党人民民主党主席，其他中亚国家元首有的虽不直接担任政党最高领导人，但事实上得到本国主要政党的支持，并以该党为稳固执政根基的重要依托。中国共产党与中亚国家主要政党的交往，事实上是执政党之间的交往，在党际交流中就重大问题交换意见，阐述各自立场，提出看法观点，在很大程度上体现了国家元首的意志，使政党交往成为落实国家元首共识的特殊渠道，是增进中国与中亚国家战略互信的重要平台。在落实习近平主席访问中亚国家与各国元首达成的合作共识时，中亚国家政党积极行动，支持习近平提出的构建人类命运共同体和深化中国与中亚国家友好合作等重大方针政策和倡议主张。如2013年习近平访问哈萨克斯坦并提出"一带一路"倡议后，中亚各国政党积极响应和支持。在历次召开的中国—中亚政党论坛、上海合作组织政党论坛和2015年10月中国共产党在北

京举办的亚洲政党丝绸之路专题会议以及在与中国共产党双边交往中，中亚国家政党均表示"一带一路"建设有利于共建国家实现共同发展和共同繁荣，认为"一带一路"建设对加强中亚国家与中国的合作具有重要意义。在中亚各国政党的积极助推下，塔吉克斯坦成为世界上最早同中国签署共建丝绸之路经济带合作文件的国家之一，随后吉尔吉斯斯坦、哈萨克斯坦、乌兹别克斯坦也与中国签署了类似协议，充分显示出政党交往在落实国家元首共识、推进"一带一路"建设与合作中具有重要的政治引领作用。

（二）为促进中国与中亚五国睦邻友好合作关系发展提供了有力支撑

政党交往的核心任务和最终目的是促进国家关系发展。中国共产党通过发展与中亚国家政党特别是政权党的关系，使这些政党能够客观了解中国共产党，正确认识中国。由于这些政党大都为议会政党，掌控大部分国家行政权力，对国家的内政外交走向具有引领和导向作用，中国共产党与这些政党开展交流与合作，扩大了中亚地区知华友华力量，为中亚国家奉行对华友好政策、巩固中国与中亚国家的睦邻友好合作关系具有重要促进作用。中国共产党与中亚国家政党交往30年来，始终在涉及各国重大核心利益问题上表明坚定支持的立场，支持各国走符合本国国情的发展道路，反对外部势力干涉各国内部事务，主张维护公正合理的国际秩序。在中亚个别国家发生政局动荡或政党格局变动时，中国共产党及时调整与这些国家的政党关系，坚持友好合作，维护了国家关系的稳定与发展。在中国台湾及涉疆、涉藏等问题上，中亚国家政党普遍支持中国立场。2020年新冠疫情流行后，中亚国家主要政党向中国致函，或在媒体上发表文章，或在相关国际会议上发声，支持中国的抗疫举措，驳斥西方国家就疫情问题污蔑中国，反对将病毒溯源问题政治化。2021年2月，中国共产党举办"中国共产党的故事"新疆专题宣介会，哈萨克斯坦、土库曼斯坦等中亚国家主要政党以视频连线方式参加，并纷纷赞扬中国共产党的民族政策和新疆在各领域所取得的成就。

（三）为加强中国共产党与中亚五国政党自身建设发挥了特有功能

中国共产党具有百年历史，具有执政 70 多年的丰富经验，中亚国家政党大多属于新兴政党，各党均面临加强党的建设、提高执政能力等问题，双方在交往中注重就党建问题互学互鉴。中亚政党代表团访华时，中方都安排与中国共产党相关部门或地方基层党组织座谈，介绍中国共产党加强党的政治建设、理论建设、组织建设、反腐倡廉、联系群众等方面的做法和成功经验。同时还向中亚国家政党介绍中国共产党治国理政经验，特别是改革开放、发展经济、改善民生、保护生态、城乡治理、脱贫攻坚等领域的做法与经验。多年来，中亚国家政党多次专门派政党干部考察团访华，其主要任务就是学习和实地考察中国共产党治党治国经验，这成为中国共产党与中亚国家政党交往的一大特色和亮点。中国共产党代表团或工作组访问中亚国家时，也注意了解和学习中亚政党加强自身建设和参与国家治理的做法，汲取对中国有益的做法与经验，加深了对中亚地区政党的感性和理性认识。通过这种交流互鉴，促进了中国共产党党建的开展，有助于提高中国共产党的执政能力。

（四）为促进中国与中亚五国务实合作开辟了新渠道

中国共产党与中亚国家政党交往始终坚持服务于国家的中心工作，服务于中华民族的伟大振兴，为中国的发展创造良好的周边环境。为此，中国共产党在与中亚国家政党交往时不断注入务实合作内容，使政党交往成为促进中国与中亚国家在投资、贸易、能源、文化、教育、科技、民生、安全等领域互利合作的新渠道。在中国共产党与中亚国家主要政党签署的合作备忘录等文件中，大都写有通过政党交往促进经贸人文等领域合作的内容及实施路径。在具体实践中，通过在党际交往中提出务实领域的具体合作项目和建议，以及企业家代表随团访问、参观考察相关机构或企业、了解务实领域合作现状及存在的问题等做法，为中国与中亚国家经贸合作牵线搭桥，建言献策，推动务实合作深入发展。中国与中亚国家许多大型合作项目的实施，如油气合作、电力合作、交通基础设施建设、农业合作等，都曾是中国共产党

与中亚国家政党高层互访交流的重要内容。在党际交往的推动下，中国许多企业走向中亚，中亚国家的一些企业也赴华投资兴业，为促进国家关系发展和提升务实合作发挥了重要作用，实现了互利共赢。目前，中国在中亚国家的对外经贸合作中占有举足轻重的地位，中国分别是中亚五国最大的或主要的贸易伙伴和投资来源国。党际交往赋能务实合作，务实合作助力党际交往，成为中国共产党与中亚国家政党交往的显著特点。

（五）为维护地区和平稳定发挥了重要作用

中国与中亚国家山水相连、毗邻而居，维护地区和平与安全，营造安宁祥和的环境，有效应对各种风险和挑战，对中国和中亚国家的稳定与发展具有重要意义，是各国的普遍愿望和共同追求。中国共产党在与中亚国家党际交往过程中，注重在维护地区安全问题上寻求共识，各党均主张要严厉打击恐怖主义、分裂主义和极端主义"三股势力"，采取切实有效的措施制止贩运毒品，维护中亚地区的和平与稳定。2020年初新冠肺炎疫情流行后，中国共产党与中亚国家政党在抗疫问题上相互支持，为防控和消除疫情对经济发展和社会稳定的影响发挥了积极作用，为今后加强非传统安全领域的合作积累了经验。2021年9月，美军撤出阿富汗，作为阿富汗邻国的中国和中亚国家安全面临新形势，中国共产党将与中亚国家政党加强协商，携手合作，共同维护地区的和平与安宁。

结　语

中国共产党在与中亚国家政党30年的交往历程中形成了自己的鲜明特点，发挥了重要的积极作用。主要表现为：将独立自主、完全平等、互相尊重、互不干涉内部事务确定为党际交往的基本原则；科学界定党际交往与国家关系的联系与区别，把维护国家利益和促进国家关系发展确定为党际交往的根本目标；顺应时代发展和形势变化，把维护各国和地区和平、助力各国的稳定与发展确定为党际交往的重要任务；不以意识形态论亲疏，不因社会制度划敌友，与中亚国家各类合法政党和政治组织开展不同形式的交流与合作；不断丰富政党交往的内容和形式，交流治党治国经验，促进经贸与人文合作。

展望未来，中国共产党将以习近平新时代中国特色社会主义外交理论和构建新型政党关系思想为指导，在与中亚国家政党交流中，发展党际交往理论，充实党际交往内容，创新党际交往形式，拓宽党际交往渠道，继续与中亚国家政党开展更加密切的交流与合作，为巩固中国与中亚国家的睦邻友好以及实现中华民族的伟大复兴贡献力量。

Y.16

合作抗疫：中国与中亚国家的
医疗卫生合作及其发展前景

韦进深　李芳玲*

摘　要：　截至目前，中国与中亚国家应对新冠疫情的医疗卫生合作分为三个阶段：新冠疫情突然而至到中国取得抗疫阶段性成果阶段，新冠疫情在中亚国家传播和蔓延阶段以及中亚各国疫情形势依然严峻但有所缓和阶段。在前两个阶段，中国与中亚国家的医疗卫生合作以抗疫为主要内容，主要包括疫情信息通报、抗疫联防联控、人道主义救援以及抗疫经验分享等。第三个阶段则以加强中国与中亚国家医疗卫生合作的顶层设计和医疗卫生合作制度建设为主要目标。中国与中亚国家的医疗卫生合作，必将为促进中国与中亚国家的民心相通、建设健康丝绸之路、构建上合组织卫生健康共同体奠定坚实基础。

关键词：　新冠疫情　合作抗疫　上合组织卫生健康共同体

对于中国与中亚国家的医疗卫生合作而言，2020 年无疑是具有标志性的特殊年份。2020 年伊始，新冠疫情在世界范围内流行、蔓延，严重威胁世界各国人民的生命健康，并对世界经济发展产生深远影响。作为友好邻邦和重要合作伙伴，中国与中亚国家的政府和人民始终守望相助，密切协调配

---

* 韦进深，兰州大学中亚研究所、兰州大学政治与国际关系学院副教授；李芳玲，兰州大学政治与国际关系学院研究生。

合，在应对新冠疫情中加强合作，为最终战胜疫情、进一步推进中国与中亚国家的医疗卫生合作、促进民心相通、建设健康丝绸之路和人类健康命运共同体注入了强劲动力。

新冠疫情大流行后，中国与中亚国家的经济合作遭受一定影响和冲击。然而，中国与中亚国家的医疗卫生合作成为新的合作亮点。在中国抗击新冠疫情的艰难时刻，中亚各国政府和人民对中国持友好态度，不仅明确表示支持中国政府为抗击新冠疫情采取的各项政策措施，而且向中国提供了大量援助。新冠疫情在中亚地区蔓延后，中国在自身抗疫形势依然严峻的情况下，积极与中亚国家展开抗疫合作，通过各种形式向中亚国家介绍中国疫情防控经验，提供抗疫医疗物资援助，并向中亚地区派出医疗专家团队。

从国际议程设置的视角出发，作为突发的重大国际事件，新冠疫情的蔓延提高了公共卫生议题在国际政治中的显著性，中国与中亚国家的合作抗疫，对于中国与中亚国家的医疗卫生合作产生深远影响。随着应对新冠疫情合作方案的出台和合作抗疫的展开，中国与中亚国家必将进一步加强民心相通，为中国与中亚国家加强公共卫生领域合作、共建人类健康命运共同体注入强劲动力。

一　中国与中亚国家应对新冠疫情的医疗卫生合作

中国与中亚国家应对新冠疫情的医疗卫生合作分为三个阶段：第一个阶段是新冠疫情突然而至到中国本土疫情传播基本阻断，中国取得抗疫阶段性成果（2020 年初到 2020 年 4 月 28 日）；第二个阶段是中亚国家哈萨克斯坦、乌兹别克斯坦、吉尔吉斯斯坦、塔吉克斯坦相继出现新冠确诊病例到疫情持续蔓延，中亚国家防控疫情面临严峻挑战（2020 年 3 月 13 日至 2021 年 2 月中旬）；第三个阶段是中亚各国疫情形势依然严峻但出现好转，除哈萨克斯坦确诊病例有所增长，其他三国抗疫压力开始缓和（2021 年 2 月底至今）。在疫情发展的不同阶段，中国与中亚国家的医疗卫生合作侧重点也不尽相同。

第一，在中国出现新冠疫情后，中亚国家坚定支持中国抗击新冠疫情的斗争，从道义和物质上给予中国和中国人民宝贵的支持和帮助。

在中国抗击新冠疫情的关键时刻，哈萨克斯坦、乌兹别克斯坦、吉尔吉斯斯坦、塔吉克斯坦、土库曼斯坦等中亚国家给予中国和中国人民宝贵的道义支持和物资援助。

首先，中亚各国高度评价中国抗疫取得的积极成效，坚信中国必将战胜疫情，为中国抗疫提供了宝贵的道义援助和精神支持。

2020年2月14日，包括哈萨克斯坦、乌兹别克斯坦、吉尔吉斯斯坦、塔吉克斯坦在内的上合组织成员国发表声明，支持中国政府和人民为抗击新冠疫情所采取的果断措施，表示愿向中方提供必要协助并开展密切合作。呼吁国际社会在世界卫生组织框架内加强协作，维护地区和国际公共卫生安全。2020年2月29日至3月4日，中共中央政治局委员、中央外事工作委员会办公室主任杨洁篪访问塔吉克斯坦、乌兹别克斯坦和哈萨克斯坦，各国领导人均表示坚定支持中国抗击疫情，高度评价中方抗疫成效，并愿与中方加强合作，共同应对疫情，维护地区和全球公共卫生安全。各国领导人坚信新冠疫情不会影响其与中国的长期合作。如塔吉克斯坦总统拉赫蒙在会见杨洁篪时表示："塔吉克斯坦将发展对华关系作为外交优先方向，愿落实好共建'一带一路'重点项目，深化两国安全合作和人文交流，为塔中全面战略伙伴关系注入新动力。"[1] 乌兹别克斯坦总统米尔济约耶夫在会见杨洁篪时表示："将继续加强乌方发展战略与'一带一路'倡议对接，深化各领域合作，推动乌中关系迈上新台阶。"[2] 哈萨克斯坦总统托卡耶夫在会见杨洁篪时表示："哈方致力于同中方长期友好合作，将坚定不移地发展哈中永久全面战略伙伴关系，密切对接'光明之路'新经济政策同'一带一路'倡议。"[3]

① 《塔吉克斯坦总统拉赫蒙会见杨洁篪》，《人民日报》2020年3月2日。
② 《乌兹别克斯坦总统米尔济约耶夫会见杨洁篪》，新华网，http：//www.xinhuanet.com/2020 -03/03/c_ 1125653465.htm。
③ 《哈萨克斯坦总统托卡耶夫会见杨洁篪》，新华网，http：//www.xinhuanet.com/politics/leaders/2020 -03/03/c_ 1125658513.htm。

土库曼斯坦副总理兼外长梅列多夫高度赞赏中国政府为抗击疫情付出的巨大努力和取得的重大成果，他认为，任何情况下都不应将疫情政治化，这不利于国际抗疫合作，土方始终致力于加强同中国的传统友好关系，愿以灵活方式保持两国高层和各部门的沟通，推进双边各领域交往与合作。

其次，中亚国家不仅在道义上支持中国的抗疫斗争，而且给予物质上的援助。2020 年 2 月 12 日，乌兹别克斯坦向中方提供人道主义物资援助，主要包括一次性手套、防护服、口罩等中方急需的医疗物资，由乌紧急状况部负责编制物资清单并用专机运往中国。同年 3 月 3 日，乌兹别克斯坦再次向中国捐赠包括一次性医用手套、防护服、医用口罩在内的医疗物资。哈萨克斯坦为中国运送了超过 13.6 吨的医疗物资。塔吉克斯坦、吉尔吉斯斯坦也向中国提供了人道主义医疗物资。在社会层面，中亚国家民众与企业对中国的抗疫斗争给予声援和支持。疫情发生后，在华留学的哈萨克斯坦学生发布快闪视频声援武汉，祝愿中国打赢疫情防控阻击战。哈萨克斯坦中国贸易促进协会发起"援助友好邻邦——中国——防控新冠肺炎疫情爱心募捐活动"，35 家哈萨克斯坦企业向中国红十字会捐款 301.1 万坚戈。

最后，中国抗疫形势好转后，在力所能及的范围内向其他国家提供援助，积极开展国际交流合作，推动国际社会团结合作共同抗疫。中国坚决反对将疫情政治化和污名化的相关言行，并与中亚国家一起加强双多边合作，携手应对疫情挑战。

第二，中亚地区疫情形势持续蔓延，哈、乌、吉、塔四国防控疫情面临严峻挑战。

尽管中亚国家采取了一系列严格措施防控疫情，但仍未阻止新冠病毒的传播。2020 年 3 月 13 日，哈萨克斯坦确认首例新冠肺炎感染病例。3 月 15日，乌兹别克斯坦确认首例新冠肺炎感染病例。3 月 18 日，吉尔吉斯斯坦确认首例新冠肺炎感染病例。4 月 30 日，塔吉克斯坦确认首例新冠肺炎感染病例。2020 年 5 月后，哈萨克斯坦、乌兹别克斯坦、吉尔吉斯斯坦新冠肺炎疫情确诊病例呈增长态势，中亚各国普遍面临抗疫物资及资金短缺、医务人员人手不足等问题，各国经济遭到严重影响，社会民生问题更为突出。

面对疫情肆虐的不利形势，中国始终坚持推动国际社会团结合作共同抗疫，并提出了国际合作应对疫情的重点：一是必须各国协同作战，建立起严密的联防联控网络；二是国际社会联手稳定和恢复世界经济；三是向应对疫情能力薄弱的国家和地区提供帮助；四是坚决反对污名化和疫情政治化。①在这一合作理念的指导下，中国与中亚国家的医疗卫生合作进一步发展。

首先，各国元首电话外交表达关切、阐明态度、通报信息、分享经验，携手应对疫情挑战。习近平主席在与哈萨克斯坦、乌兹别克斯坦、吉尔吉斯斯坦、塔吉克斯坦等国的国家领导人通电话时明确表示，国际社会应该以团结取代分歧，以理性消除偏见，凝聚起抗击疫情的强大合力，构建人类命运共同体。中国与中亚国家畅通的沟通渠道为抗疫合作打下了坚实的基础。

其次，中亚国家疫情发生后，中国迅速展开行动，向中亚国家提供人道主义援助。中国先后向哈萨克斯坦、乌兹别克斯坦、塔吉克斯坦、吉尔吉斯斯坦等国提供人道主义援助物资，包括核酸检测试剂盒、红外体温计以及防护用品等。并向上述国家派出医疗专家团队，与中亚国家医疗机构和专家、医生开展经验分享和交流，介绍中国抗疫经验，对中亚国家疫情防控、病例筛查、临床诊疗和健康管理提供指导与咨询（见表1）。此外，中国政府向中亚国家多批次提供医疗物资援助，包括医用外科口罩、防护服、呼吸机和预防药物等。中国与乌兹别克斯坦还正式启动了跨国远程医疗会诊系统。

表1 中国医疗专家团队援助中亚国家工作情况一览

类别	选派单位	抵达时间	工作内容
中国援哈医疗队	新疆卫健委	2020 年 4 月 9 日	到访努尔苏丹、阿拉木图、卡拉干达三地，与哈医疗机构和专家开展经验分享和交流，介绍中国抗疫经验，对哈传染病防治、病例筛查、临床诊疗、社区健康管理、实验室等工作提供指导与咨询

① 《抗击新冠肺炎疫情的中国行动》白皮书，http：//www. gov. cn/zhengce/2020 – 06/07/content_ 5517737. htm，最新检索时间：2021 年 10 月 15 日。

续表

类别	选派单位	抵达时间	工作内容
中国赴乌联合工作组	江西卫健委	2020 年 4 月 18 日	到访乌兹别克斯坦各州、市，同乌兹别克斯坦 30 多家医疗机构和专家分享抗疫经验，推动建立中乌跨国远程医疗系统，就医学人才培养同乌方达成初步共识
中国赴吉联合工作组	新疆卫健委	2020 年 4 月 20 日	走访吉医疗机构、开展视频远程教学，传递中国经验，加强疫情防控、诊断治疗、院内感控等方面的合作
中国赴塔联合工作组	陕西卫健委	2020 年 5 月 24 日	与杜尚别市、哈特隆州及丹加拉区医疗机构座谈，进行防控救治知识培训，交流防疫经验，并在救助措施，提供预防、诊疗等方面提供咨询服务

资料来源：笔者根据有关资料自制。

再次，中国社会各界纷纷向中亚国家捐助抗疫物资，支持中亚国家抗击新冠肺炎疫情。2020 年 3 月 21 日，中国建设银行阿斯塔纳分行捐赠包括 20 万双医用手套、15934 只医用口罩和 425 副护目镜等人道主义援助物资。同年 4 月 12 日，在中国产业海外发展协会的组织协调下，江西铜业集团有限责任公司等中国企业联合捐赠 22.88 万个医用口罩（价值 70 多万元人民币），用于支援哈萨克斯坦抗击新冠疫情。紫金矿业集团奥同克公司向吉尔吉斯斯坦捐赠防护用品及检测设备等医疗防护物资抗击新冠疫情。此次捐赠的防疫物资包括医用口罩、医用手套、防护服、护目镜、额温枪、热成像测温仪等。马云公益基金会和阿里巴巴公益基金会向哈萨克斯坦、乌兹别克斯坦、吉尔吉斯斯坦捐助医用口罩、检测试剂盒，以及医用手套和非接触式温度计等大量医疗防护用品。

最后，中国与中亚国家创新合作模式，扩大合作范围。中国＋中亚五国外长会议机制是中国与中亚国家合作的新形式。2020 年 7 月 16 日，中国与中亚五国举行"中国＋中亚五国"外长视频会议，正式建立"中国＋中亚五国"外长会晤机制。在发表的联合声明中，各国外长指出"在应对新冠疫情大流行的过程中，不应有歧视、污名化、种族主义和排外主义"。并表

示将进一步加强在疫情防控、疫苗研发、传统医学等领域的合作。①

第三，随着中亚大部分国家新冠疫情趋于稳定并有所好转，中国与中亚国家在后疫情时代加强团结合作，共同构建人类命运共同体。

首先，中国与中亚国家坚持发挥世界卫生组织、上海合作组织等多边机制的重要作用，推动国际抗疫合作。中国与中亚国家领导人在元首电话外交中一致认为应加强国际抗疫合作，共同维护全球公共卫生安全，需要发挥世界卫生组织等国际机构的重要作用，开展紧密协作。在新冠肺炎疫苗和特效药的研发、生产和分发上开展合作，为阻断病毒传播做出应有贡献。在上合组织成员国外长理事会会议期间，上合组织各成员国外长达成共识，要弘扬"上海精神"，把团结合作作为战胜疫情的最有力武器，携手统筹疫情防控和复工复产，为后疫情时代经济社会发展创造有利条件。② 中国致力于同包括中亚国家在内的上合组织成员国打造"抗疫堡垒"、"健康丝路"和卫生健康共同体，其主要措施包括：一是加强国际抗疫合作，支持世卫组织发挥作用，反对将疫情政治化、病毒标签化；二是巩固和扩大抗疫成果，中国同包括中亚国家在内的上合组织成员国加快建立重大流行性疾病信息通报机制；三是积极开展疫苗研发、生产和采购合作；四是合力开展中医药合作。③ 2020 年 11 月 10 日发布的《上海合作组织成员国元首理事会关于共同应对新冠肺炎疫情的声明》明确提出："将加强公共卫生领域合作，统筹和协调应对卫生防疫领域突发情况的措施，加大在药物、疫苗、检测试剂等方面开展的科技合作。"④ 在这次元首峰会上还通过了《上海合作组织成员国应对地区流行病威胁联合行动综合计划》。

---

① 《"中国＋中亚五国"外长视频会议联合声明》，http：//www. gov. cn/xinwen/2020－07/17/content_ 5527594. htm，最新检索时间：2021 年 9 月 20 日。
② 《王毅国务委员兼外长接受新华社记者专访》，http：//www. gov. cn/guowuyuan/2020－09/17/content_ 5544071. htm，最新检索时间：2021 年 9 月 25 日。
③ 《王毅国务委员兼外长接受新华社记者专访》，http：//www. gov. cn/guowuyuan/2020－09/17/content_ 5544071. htm，最新检索时间：2021 年 9 月 25 日。
④ 《上海合作组织成员国元首理事会关于共同应对新冠肺炎疫情的声明》，http：//world. people. com. cn/n1/2020/1111/c1002－31926190. html，最新检索时间：2021 年 10 月 20 日。

其次，在疫情防控常态化的背景下，中国与中亚国家进一步扩大合作范围，推动复工复产，在新形势下与中亚各国共建"一带一路"。中国将继续推进丝绸之路经济带倡议与中亚各国发展战略的对接，通过顶层设计制定各领域合作新的路线图。完善合作体系和搭建共建"一带一路"新平台，开辟共建"一带一路"新通道。从具体领域来看，中国与中亚国家将进一步加强在贸易、投融资、基础设施互联互通、农业、高新技术等领域的合作。

二　中国与中亚国家合作抗疫的基础

第一，中国与中亚国家政治互信的深化和有效的政策沟通为双方的医疗卫生合作奠定了坚实的政治基础。

中亚国家独立后，中国与中亚国家不断发展和深化双方友好合作关系，为双方展开各领域的合作奠定了坚实的政治基础。随着中国与哈萨克斯坦、塔吉克斯坦、吉尔吉斯斯坦历史遗留的边界问题得到彻底解决，中国与中亚国家的友好合作关系得到快速发展。2011年6月，中哈两国发表联合声明，决定发展全面战略伙伴关系。2012年6月，中乌两国建立战略伙伴关系。2013年5月，中塔两国建立战略伙伴关系。2013年9月，中土、中吉分别建立战略伙伴关系。

从伙伴关系战略定位到元首共识，从政府间合作机制到具体合作项目，中国与中亚国家之间的政治互信为双方共建丝绸之路经济带奠定了坚实的政治基础，也为中国与中亚国家之间在应对疫情和后疫情时代的医疗卫生合作带来新机遇。

第二，中国与中亚国家在安全、经贸、人文等领域的合作为医疗卫生合作起到了示范效应。

中国与中亚国家具有广泛的共同利益。近年来，中国与中亚国家在安全、经贸、人文等领域的务实合作及取得的成就产生了外溢效应，为中国与中亚国家的医疗卫生合作发挥了重要的示范效应。

在安全领域，中国与中亚国家在解决了传统的边界问题和相互在边境地区裁减军事力量之后，建立了军事互信。此后，中国与中亚国家在安全领域的合作更多关注中亚地区安全问题，致力于在打击恐怖主义、分裂主义和极端主义"三股势力"方面的合作。在双边层面，中国与中亚国家签署了政府文件，深化在打击"三股势力"、禁毒、打击有组织犯罪等非传统安全领域的合作。在多边层面，中国与中亚国家在上海合作组织的框架内密切配合，为发展中国与中亚国家的经贸合作和人文交流提供了安全的合作环境。

在经贸领域，"一带一路"倡议提出后，中国与中亚国家的合作不断加深。一方面，中国与中亚国家贸易结构具有较好的互补性，双边贸易合作具有广阔的发展空间。在"一带一路"共建国家中中亚国家与中国的贸易增长速度最快，与中国贸易合作势头良好。中国对中亚国家的直接投资也保持迅猛增加的态势，一批共建"一带一路"的先期成果已成为中国与中亚国家合作的典范。

人文交流是中国与中亚国家起步较晚的领域，近年来中国与中亚国家在双边和多边框架下的人文交流发展较为迅速，人文交流活动日趋频繁。中国与中亚国家签署了一系列关于高等教育合作的政府文件，来华留学的中亚留学生数量明显上升，中国在哈萨克斯坦、乌兹别克斯坦、吉尔吉斯斯坦、塔吉克斯坦开设了孔子学院和孔子课堂，哈萨克斯坦、乌兹别克斯坦等中亚国家也在中国开设了研究中心、文化中心等，双边的人文交流合作对促进双方民众的相互了解、奠定合作的社会基础发挥了重要作用。在多边层面，上海合作组织框架下提出的各种人文交流项目和各种形式的人文交流活动都取得了较大的成果。

整体而言，中国与中亚国家的合作从安全领域逐渐外溢到经贸领域和人文领域，在较短的时间内取得了较为显著的成果。目前，中国与中亚国家的医疗卫生合作在人文交流的框架内进行。中国与中亚国家在安全、经贸和人文交流等领域的成功经验，对中国与中亚国家的医疗卫生合作起到了示范作用。

第三，中国与中亚国家在先期开展的医疗卫生合作实践方面积累了宝贵经验。

在多边层面，中国与中亚国家的医疗卫生合作在上合组织框架内取得积极进展。2004年9月23日，在比什凯克举行的上合组织成员国政府首脑（总理）第三次会议发布的联合公报中就明确提出要加强卫生合作。2009年10月14日在北京举行的上合组织成员国政府首脑（总理）理事会通过《上海合作组织地区防治传染病联合声明》，奠定了卫生合作的法律基础。2011年6月15日，在上合组织阿斯塔纳峰会期间，各国元首签署《上海合作组织成员国政府间卫生合作协定》，加深了成员国间的医疗卫生合作。"一带一路"倡议提出后，国家卫计委、新疆维吾尔自治区政府创建了"丝绸之路卫生合作论坛"，将中亚国家作为"一带一路"卫生交流合作的重点国家，明确提出要"加强与中亚国家在棘球蚴病、鼠疫等人畜共患病防控方面的合作"。[1] 2018年6月10日，上合组织青岛峰会发表的《上海合作组织成员国元首关于在上合组织地区共同应对流行病威胁的声明》使各成员国在上合组织框架内的医疗卫生合作迈上了新台阶。从合作的形式和内容看，上合组织框架内中国与中亚国家的医疗卫生合作形式包括举办医药卫生合作的国际论坛和专业研讨会、建立上合组织医院合作联盟、举办各类人才培训等。主要内容涵盖传染病防治、流行病监测、妇幼保健、经验交流、传统医药合作、跨境远程医疗、灾害医学防治等方面。

在双边层面，中国与中亚国家的医疗卫生合作更为具体。2017年5月，中吉友好医院在吉尔吉斯斯坦奥什州国立医院挂牌成立；同年12月，中吉两国合作成立先天性心脏病研究中心，成为中吉不断加强医疗合作的标志性成果之一。2018年11月，中国科学院中亚药物研发中心在乌兹别克斯坦塔什干成立。近年来，新疆致力于建设丝绸之路核心区医院联合体，同中亚国家多所医院实现了跨境远程医疗会诊。在传统医药合作方面，2015年，中

---

[1] 《国家卫生计生委关于推进"一带一路"卫生交流合作三年实施方案（2015~2017）》，卫健委网站，http://www.nhc.gov.cn/wjw/ghjh/201510/ce634f7fed834992849e9611099bd7cc.shtml，最新检索时间：2021年10月10日。

吉中医药中心在吉尔吉斯斯坦成立。截至目前，中国与哈萨克斯坦已经合作建设了 3 家传统医药合作中心。① 2020 年 6 月，中国与乌兹别克斯坦合建的中乌传统医学中心和中乌友好医院试营业。

三　中国与中亚国家医疗卫生合作的发展前景

从中国与中亚国家医疗卫生合作的现状出发，后疫情时代，中国与中亚国家可在以下方向进一步加强医疗卫生合作。

第一，进一步加强中国与中亚国家对突发医疗卫生事件的信息通报和联防联控机制建设。

根据国家卫计委发布的"一带一路"卫生交流合作方案，合作机制建设、传染病防控以及卫生应急和紧急医疗援助等领域将成为中国加强包括中亚国家在内的"一带一路"共建国家卫生交流合作的重点领域。该方案明确提出要"积极推进与沿线国家在卫生应急领域的交流合作，提高与周边及沿线国家合作处理突发公共卫生事件的能力，开展联合卫生应急演练"。② 在卫生合作的实践中，中国与中亚国家在上合组织框架内开展了传染病联防联控机制合作，初步建立了跨境传染病疫情通报制度和卫生应急处置协调机制。新冠疫情流行后，疫情通报制度和应急处置协调机制在中国与中亚国家抗击疫情合作中发挥了重要作用。后疫情时代，中国与中亚国家将在以下两个方向加强合作。一是在上合组织框架内，设置公共卫生合作的议程，加强上合组织成员国公共卫生合作的制度化水平。上海合作组织成员国公共卫生安全合作的重要法律文件主要是声明、宣言等，如《上海合作组织地区防治传染病联合声明》《上海合作组织医院合作联盟北京宣言》《上海合作组

---

① 分别是 2017 年成立的中国—哈萨克斯坦中医药中心和同仁堂中医健康中心，2018 年成立的三亚市中医院—阿拉木图中医中心。

② 《国家卫生计生委关于推进"一带一路"卫生交流合作三年实施方案（2015～2017）》，卫健委网站，http：//www.nhc.gov.cn/wjw/ghjh/201510/ce634f7fed834992849e9611099bd7cc.shtml，最新检索时间：2021 年 10 月 10 日。

织成员国元首关于在上合组织地区共同应对流行病威胁的声明》等，从制度的法律化水平来看，这些文件的法律化水平较低。2011 年在阿斯塔纳签署的《上海合作组织成员国政府间卫生合作协定》确定了在科学和技术创新、药品安全与质量、妇幼卫生保健、在紧急状态及自然灾害发生时提供医疗卫生援助等方面加强合作，但并未涉及诸如应对传染病疫情威胁的合作。近年来，加强传染病信息通报和联防联控的机制建设成为上合组织公共卫生合作的重点，中国与包括中亚国家在内的上合组织其他成员国，可充分利用上合组织元首峰会、首脑会议和卫生部长会议等现有机制，加强顶层设计，提高上合组织公共卫生安全的制度化水平。二是在中国与中亚国家的双边合作层面，提高医疗卫生合作水平，创新医疗合作模式。独立 30 年来，中亚国家的经济发展水平不同，医疗卫生健康差异性明显，应对突发公共卫生事件的能力也有所不同。因此，中国与中亚国家在医疗卫生合作方面也应呈现差异化。如对医疗卫生条件较差的塔吉克斯坦、吉尔吉斯斯坦等国，应加强医疗卫生体制和医疗基础设施等"硬件"的建设，提高其应对突发医疗卫生事件的联防联控能力；对医疗卫生水平较高的哈萨克斯坦、乌兹别克斯坦等国，则应加强公共卫生治理合作，将医疗卫生科技合作，医疗设备、器械和药品研发，疫苗研发与供应，传统医药合作及实验室建设等作为重点合作内容。

第二，鼓励和支持中国与中亚国家医疗卫生人员进行经验交流与重点疾病防治合作。

在抗击新冠疫情期间，中国与中亚国家医疗卫生人员的经验交流对于提升中亚国家在疫情防控、疑似病例发现、病患隔离和救治等方面的能力有极大帮助。以中国援哈医疗专家组为例，在短短 15 天内，医疗专家组在哈萨克斯坦努尔苏丹、阿拉木图、卡拉干达三大城市与相关机构举行了 44 次视频和现场会议，并举办了 35 场培训讲座。医疗卫生人员之间的经验交流不仅促进了中国与中亚国家医疗卫生合作水平的提升，而且加强了中国与中亚国家应对突发公共卫生事件的能力。后疫情时代，中国与中亚国家可在多边与双边层面进一步加强医疗卫生人员的交流与合作，通过举办公共卫生国际

论坛和研讨会、合建友好医院和研究中心、进行公共卫生安全培训等各种形式的合作，推动中国与中亚国家在公共卫生安全领域的合作。在重点疾病防治合作方面，目前中亚国家面临的主要疾病威胁包括传染病、慢性病等，其中病毒性肝炎、艾滋病、心脑血管疾病以及儿童营养不良等对中亚国家民众的卫生健康威胁较大。在这些方面中国与中亚国家具有较高的相似性①，并在上述疾病防治方面积累了丰富经验，因此中国与中亚国家在重点疾病防治方面具有广阔的合作空间。

第三，发挥传统医药在防控疫情中的优势，进一步加强传统医药领域的合作。

中国与中亚地区传统医学交流有着悠久的历史。近年来，随着经济的发展，中亚各国政府对医疗卫生健康事业的投入力度加大，尤其是中亚国家普遍重视针灸、中草药等传统医药，为中国同中亚国家开展传统医学交流提供了广阔的空间。在政府层面，国家中医药管理局与中亚国家卫生部门已经在开展中医药领域的合作。在企业层面，中国中医药企业在中亚地区建设中草药生产基地和加工工厂，一批中医药诊所在中亚国家开办。在社会层面，中亚国家民众对传统医药接受程度较高。新冠疫情流行后，中医药在疫情的预防和治疗中发挥了独特作用，为中国与中亚国家在传统医药领域深化合作奠定了坚实基础。后疫情时代，随着中医药在世界范围内的不断推广，中国与中亚国家关于中医药的政府间合作将会明显增多。因此，双方医药行业主管部门可以加强沟通与协作，推动在传统医学领域的合作。针对个体中医诊所规模小、设施差、接诊能力有限等问题，中国可以同中亚国家合建具有示范效应的综合性中医医院或中医中心，邀请权威中医专家坐诊，扩大中医药在中亚国家的影响。中亚国家中草药资源丰富，具有规模化生产中草药的优势，中国在中医药生产方面具有资金、人才和技术的优势，双方可以合作建设大型中医药制药厂，既可增加当地的就业和税收，也可完善中亚国家的药

---

① 邱增辉、蒋祎：《全球卫生治理视域下中亚国家的健康状况及与中国的合作》，《俄罗斯东欧中亚研究》2020年第4期。

品供应。此外，中国与中亚国家在医疗人才培养、学术交流、联合项目开发等方面也应加强合作，推动传统医学的发展。

第四，以合作抗疫为契机，推进上海合作组织卫生健康共同体建设。

作为重大突发公共安全事件，新冠疫情的流行提高了公共卫生议题的显著性，公共卫生合作由此成为上合组织重要议程。2020 年 11 月 10 日，上海合作组织成员国元首理事会第二十次会议上，习近平主席在讲话中提出要"加强抗疫合作，构建卫生健康共同体"，同时也提出了"加强各国联防联控""支持世界卫生组织发挥关键领导作用""用好本组织卫生领域合作机制""倡议成员国疾控中心设立热线联系""发挥传统医学作用""加强疫苗合作"等卫生健康的合作重点①，为中国与中亚国家抗击疫情、加强卫生健康合作指出了发展方向和实现路径。上海合作组织元首理事会通过了《上海合作组织成员国应对地区流行病威胁联合行动综合计划》，并发表了《上海合作组织成员国元首理事会关于共同应对新冠肺炎疫情的声明》，表示将"统筹和协调应对卫生防疫领域突发情况的措施，加强在药物、疫苗、检测试剂等方面开展科技合作"。② 中国与中亚国家的医疗卫生合作将为推动上海合作组织卫生健康共同体建设奠定坚实的基础。

四　结论

中国与中亚国家在医疗卫生领域有较强的合作基础。一方面，中国与中亚国家政治互信的发展，安全、经贸领域的合作深化和人文交流的频繁推动了双方合作范围的不断拓展，为彼此在医疗卫生领域的合作奠定了牢固的物质和人文基础。另一方面，在具体的医疗卫生领域，中国与中亚国家在双边和多边层面取得了一系列先期成果，有利于双方在医疗卫生领域拓展和深化

---

① 习近平：《弘扬"上海精神"深化团结协作构建更加紧密的命运共同体——在上海合作组织成员国元首理事会第二十次会议上的讲话》，《人民日报》2020 年 11 月 11 日。

② 《上海合作组织成员国元首理事会关于共同应对新冠肺炎疫情的声明》，新华网，http://www.xinhuanet.com/world/2020－11/11/c_ 1126723434. htm。

合作。新冠疫情对中国与中亚国家的经济合作造成一定影响和冲击，也为中国与中亚国家加强医疗卫生合作提供了契机。

在当前国际社会疫情形势依然严峻的情况下，中国与中亚国家在疫情信息通报、抗疫联防联控、人道主义救援以及经验分享等方面积极合作，为国际社会应对疫情威胁、防止疫情蔓延发挥了重要的示范效应，为促进中国与中亚国家的民心相通、建设健康丝绸之路、构建上合组织卫生健康共同体打下坚实基础。

Y.17
后疫情时代中国与中亚国家
人文合作：机遇与路径

摘 要： 建交 30 年来，中国与中亚国家的人文合作对促进双方关系不断
深化发挥了重要作用。新冠疫情的流行给面对面的人文交流带
来负面影响，但疫情背景下中国同中亚国家的人文合作仍取得
积极进展，为后疫情时代的人文合作蓬勃发展打下良好的基础。
人文合作作为中国与中亚国家合作的重要组成部分，在后疫情
时代其"纽带"作用将更加凸显。中国与中亚国家应抓住机遇，
共同探索人文合作的新路径，为推动构建中国—中亚国家命运
共同体发挥积极作用。

关键词： 后疫情时代 中亚 人文合作 命运共同体

人文合作是中国与中亚国家合作的重要组成部分，是推动构建中国—中
亚国家命运共同体的主要助力之一。中国与中亚国家建交以来，人文合作进
展顺利，特别是在上海合作组织和"一带一路"倡议的推动下，双方人文
合作愈发蓬勃发展。2020 年初新冠疫情的流行，对中国与中亚国家的人文
交流造成一定的负面影响，但双方还是克服疫情影响，不断创新交流形式和
方法，取得了丰硕成果。展望后疫情时代，中国与中亚国家的人文合作将迎

---

* 韩璐，中国国际问题研究院欧亚研究所副所长，副研究员；李天毅，中国国际问题研究院欧
亚研究所实习研究员。

来新的机遇期，双方应在破解"顽疾"的基础上，挖掘人文合作的新潜力和新路径，为进一步提升中国与中亚国家关系水平注入强劲动力。

一 人文合作的新进展

新冠疫情背景下，中国同中亚国家的人文合作主要体现在抗疫、教育、文化艺术、扶贫、青年及科技交流等领域，并取得一定的成绩。

（一）抗疫合作

新冠疫情发生以来，中国与中亚国家患难与共，并肩抗疫，着力构建中国—中亚国家卫生健康共同体。

1. 机制先行，指导卫生健康与抗疫合作

2020～2021年，上海合作组织连续两年召开两次卫生部长会议，[1] 分别通过了《上海合作组织成员国第三次卫生部长会议成果声明》《上海合作组织成员国应对新冠肺炎疫情的有效措施综述》《上海合作组织成员国第四次卫生部长会议成果声明》《上海合作组织成员国卫生领域合作主要措施计划（2022～2024年）》，为中国与中亚国家卫生抗疫合作指明了方向。中国同中亚国家一致表示，要加强卫生体系建设，确保疫苗、试剂、药物等公共产品公平可及，共同构建地区卫生健康共同体。此外，2021年"中国＋中亚五国"外长会晤还发布了《关于共同应对新冠肺炎疫情的联合声明》，进一步强化了团结抗疫意识。各方表示将在扩大疫苗援助和出口的基础上，推动形成涵盖技术研发、成品贸易、联合生产三位一体的疫苗产业合作，实现健康码互认，打造全方位疫苗伙伴关系。同时，坚决反对"疫苗民族主义"和制造"免疫鸿沟"，反对将病毒溯源问题政治化。[2]

---

[1] 上海合作组织成立至今，只召开过四次卫生部长会议，其中，2020～2021年召开了两次。

[2] 王毅：《反对搞"疫苗民族主义"，不接受制造"免疫鸿沟"》，https：//baijiahao. baidu. com/s？id＝1693560410763848948&wfr＝spider&for＝pc，最新检索时间：2021年11月15日。

2. 积极开展抗疫与疫苗合作

新冠疫情在中国流行之初，中亚国家纷纷向中国表达慰问和支持，许多暖心之举令人感动。如2020年2月1日，哈萨克斯坦向中国提供了总计13.6吨的人道主义援助物资，包括100万双医用手套和50万只医用口罩等。当中亚国家遭受疫情冲击时中国也及时提供力所能及的帮助，多次举办专家视频会议分享防控经验，派出抗疫医疗专家组或联合工作组现场交流指导，援助急需的医疗物资等，有力支持了中亚国家抗疫。2021年，中国共向吉尔吉斯斯坦援助了8批抗疫物资，塔吉克斯坦接受的外国抗疫援助物资中的41.3%来自中国。[①]

中国还向中亚各国援助和出口多批中国新冠疫苗，中国新冠疫苗的安全性和有效性得到中亚国家的认可，也增强了中亚国家战胜新冠疫情的信心。截至2021年10月，中国已累计向乌兹别克斯坦提供2000多万剂疫苗。[②] 中国和乌兹别克斯坦还积极开展疫苗联合生产。2021年，由中国科学院微生物研究所和安徽智飞龙科马生物制药有限公司联合研发的重组蛋白新冠疫苗已在乌兹别克斯坦实现了本地化生产，日产约30万剂，年产约1亿剂，[③]极大地促进了疫苗在乌国及中亚地区的可及性。

3. 加强医疗卫生合作

医疗卫生合作主要还是聚焦人员培训、建设传统医学中心、开展远程医疗等现代医学领域合作。包括中国为乌兹别克斯坦培训医务人员，以便为该国开展大规模疫苗接种做好准备；2021上海合作组织传统医学论坛、2021中国服务贸易交易会国际卫生服务与医药创新合作论坛、第三届上海合作组织医院合作论坛、上合组织远程医疗合作平台等相继举办和成立，为中国与

---

① 王四海：《中国与中亚深化抗疫合作 守护人类生命健康》，https：//m. gmw. cn/baijia/2021 – 06/05/34901962. html，最新检索时间：2021 年 11 月 15 日。

② 《中乌是改革发展和谋求复兴的同路人——专访中国驻乌兹别克斯坦大使姜岩》，http：// www. cnr. cn/china/qqhygbw/20211031/t20211031_ 525647473. shtml，最新检索时间：2021 年 11 月 28 日。

③ 《携手推动新冠疫苗公平可及》，http：//www. china. com. cn/opinion2020/2021 – 11/02/ content_ 77846187. shtml，最新检索时间：2021 年 11 月 15 日。

中亚国家间远程医疗合作、应急医学救援、病毒监测预警等合作搭建了平台。上述活动不仅进一步充实了中国与中亚国家医疗卫生合作的内容，更为中国与中亚国家携手打造"健康丝绸之路"进行了有益探索。

（二）教育合作

教育合作是促进民心相通的重要领域。教育合作现已成为中国中亚双边合作中最成功、最引人注目的领域之一，双方依托上海合作组织大学和孔子学院等平台，为中亚各国学生提供奖学金赴华进修与接受培训，积极为深化中国与中亚国家关系培育后备人才。中国与中亚地区两个大国——哈萨克斯坦、乌兹别克斯坦的教育合作相对成熟。目前，中国是哈萨克斯坦学生海外留学的第二大目的地国，在中国学习的哈萨克斯坦留学生有近 1.5 万名。2021 年 1 月，哈萨克斯坦还成立了留华毕业生协会，表明曾赴华学习和工作过的哈萨克斯坦人已有一定规模。中国与乌兹别克斯坦高校以"2+2"模式合作办学，互认学历，2021 年 9 月 30 日，乌兹别克斯坦纳沃伊国立语言大学汉语文化中心的成立也使中乌两国教育合作再添新抓手。[1] 除高校合作，HI China 国际青年发展联盟、中华全国青年联合会等机构也是中乌两国教育合作的重要桥梁，在中乌多平台、多维度教育合作的背景下，每年有数千名乌兹别克斯坦留学生赴华交流学习。

汉语在中亚地区的推广并未因疫情而停下脚步。当前，中亚国家有 13 所孔子学院，其中哈萨克斯坦有 5 所，吉尔吉斯斯坦有 4 所，乌兹别克斯坦有 2 所，塔吉克斯坦有 2 所。[2] 在吉尔吉斯斯坦孔子学院和中文课堂就读的各类学生总数已突破 1.6 万人，乌兹别克斯坦有 1 万多名青少年通过孔子学院或孔子课堂学习中文。塔吉克斯坦则有 6700 名公民在孔子学院学习汉语。

---

① 《姜岩大使出席乌兹别克斯坦纳沃伊国立语言大学汉语文化中心成立活动》，https://www.mfa.gov.cn/ce/ceuz/chn/dszl/dszc/t1911694.htm，最新检索时间：2021 年 11 月 15 日。
② 作者根据孔子学院网站上的资料统计而得，http://www.ci.cn/#/site/GlobalConfucius? key = 0，最新检索时间：2021 年 11 月 28 日。

（三）文化艺术合作

2021 年中国与中亚国家主要以上海合作组织为平台开展了一系列人文交流活动，包括"同一梦想——上海合作组织国家美术作品展暨妇女儿童画展"、第五届上海合作组织国际美术双年展暨第八届"画说西湖"国际美术论坛、2021"中国—上合组织国家媒体云"、上合组织民间友好论坛、中国—中亚合作论坛、中国—中亚妇女发展论坛、"连云港：中国—哈萨克斯坦的友谊与合作之门"图片展等活动，进一步拉紧了双方人民友谊的纽带，为促进中国与中亚国家关系持续发展发挥了重要作用。

中国与中亚国家的影视剧合作也蓬勃发展。哈萨克斯坦电视台自 2020 年以来已连续播出三部哈萨克语译配版的中国电视剧，收视率和收视份额数据俱佳。2021 年 10 月，中哈又联合举办哈萨克斯坦中国电影月活动，陆续在哈展映 7 部中国影片，均赢得较高的口碑与人气。[①]

（四）扶贫合作

扶贫合作是近年来中国与中亚国家人文合作的新兴领域。中国通过专家交流、联合研究和提供技术援助等方式，帮助中亚国家摆脱贫困。2021 年 3 月，"中国奇迹——中国脱贫攻坚成就"图片展在哈萨克斯坦举行，展览主要展示中国取得脱贫攻坚胜利的经验以及帮助发展中国家破解发展瓶颈的真实案例，反响热烈。[②] 中亚各国积极学习借鉴中国减贫经验，其中乌兹别克斯坦的表现尤为抢眼。乌兹别克斯坦已借鉴中国"扶贫与扶智扶志相结合"的经验，在一些领域开展扶贫工作，包括开展农村经济体制改革、建立扶贫机制、提供财政支持、培养贫困人口创业致富能力等。[③] 2021 年 3 月 24 日，

---

① 《中国电影月在哈萨克斯坦开幕》，https：//www.mfa. gov.cn/ce/ceka/chn/sgxx/sgdt/t1912498.htm，最新检索时间：2021 年 11 月 15 日。

② 《驻哈萨克斯坦使馆举办中国脱贫攻坚成就图片展》，https：//www.fmprc.gov.cn/ce/ceka/chn/sgxx/sgdt/t1863394.htm，最新检索时间：2021 年 11 月 15 日。

③ 《中乌联合扶贫成就线上展览正式启动》，http：//www.xinhuanet.com/2021 - 03/25/c_1127251878.htm，最新检索时间：2021 年 11 月 15 日。

中乌线上共同主办"追求美好生活——中乌扶贫成就展",向两国人民展现了中乌扶贫的成就。2021年10月19日,中国国际扶贫中心与乌兹别克斯坦经济发展与减贫部正式签署《中国国际扶贫中心和乌兹别克斯坦经济发展与减贫部减贫合作谅解备忘录》,这将进一步推进中乌两国在扶贫领域的合作。

(五)青年及科技交流领域合作

青年是中国与中亚国家人文合作中的重要力量,是双方友好的未来。疫情背景下,中国与中亚国家继续致力于推动青年交流。如,"一带一路"青年创客国际论坛、上海合作组织青年交流营、"筑梦丝路"青年创业国际论坛、国际青年领袖培训班、"上合青年—2040"国际青年节研讨会等活动的举办,进一步密切了双方青年的交往,增进了彼此理解和互信。

在科技合作领域,中国与中亚国家克服疫情影响,继续有条不紊地向前推进。中哈、中乌合作委员会科技合作分委会正常运行,为下一阶段科技合作做出规划。2021年6月8日,中哈联合建立以哈萨克斯坦首任总统纳扎尔巴耶夫命名的科学创新实验室,将在大数据、区块链技术领域推动两国科技合作,进一步推动"一带一路"倡议与哈萨克斯坦"光明之路"国家计划对接。[1] 同时,中国与中亚国家在卫星导航领域的合作也取得新进展。2021年10月15日,中国—中亚北斗合作论坛在甘肃兰州举办,并发布《2021年中国—中亚北斗合作论坛倡议》,倡导中国与中亚国家在卫星导航领域加强交流与合作,共享北斗系统建设发展成果。[2]

二 人文合作面临的挑战与机遇

中国同中亚人文合作是双方关系的重要组成部分。当前,中国同中亚国

---

① 《中国首个以纳扎尔巴耶夫命名的科学创新实验室在南京落地》,哈萨克斯坦通讯社,https://www.inform.kz/cn/article_a3798142,最新检索时间:2021年11月15日。

② 《中国—中亚北斗合作论坛在甘肃兰州举行》,http://www.workercn.cn/34179/202110/16/211016154511483.shtml,最新检索时间:2021年11月15日。

家合作存在一些问题和挑战，如外部环境压力大、不够接地气、重视程度不足等。同时，世界百年未有大变局叠加百年未遇大疫情，在给双方人文合作提质升级带来机遇的同时也带来了挑战。总的来说，机遇大于挑战。

（一）面临的问题和挑战

1. 外部环境的变化给中国与中亚国家人文合作带来的负面影响

新冠疫情已持续两年，结束之期仍不明朗，这给中国与中亚国家人文交流与人员往来带来巨大冲击。各国采取"封国""封城"，以及关闭边境等隔离限行措施，对双方旅游、教育等领域的交流活动造成严重影响，这些活动甚至一度中断，如留学生互派、中方派遣教师等合作项目不得不暂停。

与此同时，地区环境恶化。2020 年至今，美国大幅调整对中亚战略，由过去以遏俄为主变成对中俄双遏制甚至以制华为主，由以往以政治安全渗透为主转向政经并重，尤其注重软实力的投放。在其渲染和煽动下，部分中亚民众存在反华、恐华的情绪，反华集会与示威游行也时有出现。同时，美西方借助强大的文化产业优势，更多地通过非政府组织在教育输入、人才培养等领域对中亚国家进行西方民主价值观的传播和渗透，与中国同中亚国家的人文交流与合作形成一定的竞争。

2. 人文合作不接地气

中国同中亚国家人文合作互动性不足，基本上是以中国为主，中国处于比较主动的状态，且形式和内容比较单一，基本特点是政府出钱出面统筹进行单向式文化输出，主要聚焦三件事：教中文、展示中国文化、宣传中国发展道路及取得的发展成就。这种单向式交流忽略了中亚国家的价值偏好、核心关切、文化特性，导致中亚人民对中国文化可能仅存有"异国情调"印象，并不能在价值观念、公共利益议题方面产生共鸣。此外，参与中国与中亚国家人文交流的主体和受众多为精英阶层，普通民众参与较少，双方人文交流更多停留在上层，尚未普遍地深入社会各个阶层，未能真正拉近双方人民之间的距离，双方人文合作也未真正发挥好促进"民心相通"的作用。

3. 对人文合作重视程度仍有待提高

近年来，虽然中国同中亚国家交流频繁，但总体上仍然与双方整体关系的现有水平不符。从中国方面来看，对中亚国家人文合作仍采用以政府为主导的模式，社会团体和非政府组织发挥的作用不够，同时，中国在中亚国家开展的文化产业也并未形成规模，国家扶持力度、文化品牌开发和建立、推广问题都亟待解决。从中亚方面来看，中亚国家从自身利益需要出发，延续着依附大国或选择大国文化圈的传统思维，更多地选择俄罗斯或西方的文化价值观和发展模式，而对于与自身历史文化传统、宗教信仰、社会政治制度差异太大的中国文化并不感兴趣，导致其对与中国人文交流重视不足，更多扮演着配合者、参与者的角色。此外，也正是因为不够重视，除了乌兹别克斯坦，中国与其他中亚四国并未做到互免签证，部分中亚国家依旧对中国实行比较严格且烦琐的签证手续，这对双方人员往来和交流造成极大的阻碍。

（二）人文合作面临的新机遇

1. 疫情为提升中国同中亚国家的人文合作水平提供了契机

新冠疫情期间，中国同中亚国家守望相助，并肩抗疫，携手应对这场公共卫生危机，彰显了中国与中亚国家珍贵的传统友谊。通过这场疫情，中国同中亚国家之间的情谊更加深了，这有助于推动双方今后进一步开展人文合作。同时，疫情也使中亚国家命运共同体意识更为强烈，为强化各成员国间的政策沟通、凝聚共识提供了重要契机，这为后疫情时代双方人文合作，包括加快建立医疗卫生健康共同体等提供了条件。中国在应对新冠疫情以及新冠疫苗全球可及性方面为全球公共卫生治理树立了新的标杆，彰显了负责任大国的使命与担当，赢得了国际社会的普遍赞誉，也赢得了中亚国家的肯定，进一步提升了中亚国家对中国国家治理方式和模式的认同感，这为双方下一阶段的人文合作提供了机遇。此外，疫情虽然给双方的人文合作带来负面影响，但同时也让各方对后疫情时代的人文合作抱有更高期待，特别是在旅游、教育等领域有望迎来新的高速发展期。如乌兹别克斯坦已宣布对中国公民实行10天免签政策，可以预见，后疫情时代将会有越来越多的中国游客访乌。

2. 双方人文合作已取得的成就为后疫情时代的人文合作打下良好的基础

建交 30 年来，中国与中亚国家人文交流与合作取得丰硕成果，相互认知水平有很大提高。双方建立了较为完善的人文交流合作机制，制定了双边合作文件和规划，形成了一批有影响力的定期文化交流活动，如文化日、"欢乐春节"活动等。教育领域合作成果尤为显著，近年来，中亚来华留学生数量大幅增加，截至 2020 年底，在华中亚留学生超过 3 万人，其中有 1.4 万余名哈萨克斯坦留学生，6500 名乌兹别克斯坦留学生和 4000 余名塔吉克斯坦留学生。[①]

旅游、考古、卫生医疗等领域的交流与合作也取得突破。在旅游领域，2017 年哈萨克斯坦开展"中国旅游年"系列活动，在此框架下双方合作举办旅游论坛、签署旅游合作协议，推出"友好中国"计划，中国每年赴哈国旅游的人次从 2015 年的 5000 人次增至 2016 年的 11.7 万人次，占哈外籍游客总数的 10%，并在 2017 年超过 20 万人次。[②] 2019 年中哈共同举办"中国旅游文化周"活动，当年中国名列哈国民众境外游首选目的地国家排行榜第二位。[③] 早在 2019 年，到访乌兹别克斯坦的中国游客就已达 5.4 万人次。乌兹别克斯坦丝绸之路国际旅游大学的成立以及全球南南发展中心项目"旅游业助推乌兹别克斯坦减贫、就业和女性发展"更是进一步推动中乌旅游深度合作。在考古领域，中哈吉成功联合申报"丝绸之路：长安—天山廊道的路网"项目，中国在中亚的首个援外文物保护修复合作项目——乌兹别克斯坦希瓦古城联合保护修复项目也已圆满完成。在卫生医疗领域，中国与哈、乌两国积极开展制药合作，在吉、哈、乌先后建立中医药中心，并

① 《汉语：开启中国文化宝库的金钥匙》，2021 年 11 月 23 日，http：//world. people. com. cn/ gb/n1/2021/1123/c1002 - 32290033. html，最新检索时间：2021 年 11 月 28 日。

② 王若雨：《中国与中亚国家旅游服务贸易基础与合作路径分析》，《对外经贸实务》2020 年第 10 期。

③ 《中国成为哈国民众境外游首选目的地国家排行榜第二位》，哈萨克斯坦通讯社，https：// www. inform. kz/cn/article_ a3537570https：//www. inform. kz/cn/article_ a3537570，最新检索时间：2021 年 11 月 28 日。

推进中医针灸在吉成为医保项目。新疆"丝绸之路经济带"医疗服务中心也为中亚各国人民卫生健康做出了贡献。如今，构建卫生健康共同体已成为中国与中亚国家的重要共识。

经过30年的人文合作，中亚国家民众基本摆脱了先期形成的对华印象，对中国的认识和理解越来越正面，双方睦邻友好合作的基础越来越牢固，更为重要的是，双方积累了比较丰富的合作经验，为后疫情时代中国同中亚国家人文合作的进一步开展创造了良好条件。

3.中国与中亚国家关系步入黄金期为双方人文合作深化提供了保障

中国同中亚国家建交30年来，在各领域的合作取得不俗的成绩，极大地巩固了政治互信，有力维护了共同的安全和发展利益。特别是近年来，中国同中亚五国战略伙伴关系的内涵不断丰富，共建"一带一路"成果日益充实，为各国人民带去实实在在的好处。[①] 2020年7月，中国同中亚国家启动"中国＋中亚五国"外长会晤机制，这是双方深化合作关系的新模式。这一机制的建立为中国与中亚国家开展更大规模、更高层次的合作提供了新平台。如在"中国＋中亚五国"外长会晤机制的框架下，中国提出教育培训计划，未来3年将再向中亚国家提供450个奖学金名额；提出减贫惠农计划，未来3年每年将为中亚国家举办扶贫官员百人研修班；宣布成立"中亚丝绸之路考古合作研究中心"，与中亚国家开展考古和文化遗产研究合作等。完全有理由相信，后疫情时代中国与中亚国家的人文合作必将迎来新的大发展，助力民心相通，为国家和人民世代友好奠定基础。

此外，上合组织作为中国同中亚国家人文合作的平台之一，经历了20年的辉煌发展，也进入一个新的建设时期，包括人文合作在内的各领域合作也将迎来转型升级，这必然为中国与中亚国家人文合作水平的提高提供新的动力。

---

① 《王毅向首届"中国＋中亚五国"智库论坛致贺信》，https：//www.fmprc.gov.cn/web/wjbz_ 673089/zyhd_ 673091/202111/t20211120_ 10450878.shtml，最新检索时间：2021年11月28日。

三　后疫情时代人文合作新路径

不可否认，中国同中亚国家人文交流增多的同时，中亚地区反华情绪也有所上升。近年来，哈、吉等地都爆发了反华集会，疫情期间也未停止，主要焦点多涉及中国在当地的建设项目。其中既有大国博弈因素，也有中亚国家内部民粹情绪增加、利益集团政治斗争的影响。当然，中亚地区的反华情绪只是个别现象和局部存在，并未弥漫整个中亚社会。但这也从侧面反映出中国与中亚国家间人文合作的工作并未做到位，还需要进一步加强。后疫情时代，中国与中亚国家应抓住机遇，解决好人文合作中的"顽疾"，进一步增强民间互信，真正将"民心相通"落到实处。

（一）从战略高度重视和规划人文合作

中国与中亚国家的人文合作应制定国家规划，进一步完善交流机制。根据中亚五国各自国情和特点，将人文合作进一步细化，在文化、教育、媒体、卫生等领域制定阶段性目标和实施步骤。同时，应建立相应的评估机制，考察和评估人文合作建设效果。虽然人文合作成果不容易量化，但可以通过舆情分析来考察人文交流工作的得与失。根据实施效果及时调整政策和方案。总之，要因地制宜、有的放矢，推进双方人文交流与合作机制化、长效化。

（二）着重做好文化、教育、科技、媒体、旅游、卫生等方面的合作

第一，文化艺术合作领域。应继续做好文化日、主题文化节、艺术节、电影节等定期政府主导的活动，持续增进成员国民众之间的相互兴趣、彼此了解和友好情谊。更为重要的是还须加强文化产业的商业性合作。从中国方面来看，应努力加快打造具有中国特色与核心价值观的文化品牌，提供符合国际标准的文化产品和服务，提升文化产品的国际竞争力，在深入融入中亚国家文化市场的同时，进一步加强与中亚国家文化产业的合作。

第二，教育科技领域。后疫情时代教育与科技的结合将是未来发展的新动力。① 中国与中亚国家现有教育合作机制需要通过调整适应这一进程，应充分考虑业已存在的合作特点，尊重彼此的文化传统和教育标准。可通过学分互认、教师互聘、短期讲学、专题科研报告、学术交流等多种形式，加强中国与中亚各国高等教育的合作，逐步扩大双方公派留学生规模，并逐步向理工和科技专业倾斜，培养更多的科技人员。此外，适情考虑建立合作办学认证机制，推动中国大学在中亚国家联合办学，并从语言教学向专业教育转变，这样更有利于扩大中国"软实力"在该地区的影响。

第三，新闻传媒领域。疫情期间，"云端对话"的增多为中国与中亚国家加强媒体合作创造了机会，这不仅有助于提升中亚国家的话语权，而且也有助于推动中亚国家数字化进程。目前中亚民众的新闻信息仍大多来自西方国家和俄罗斯媒体。不少信息是对中国的曲解，甚至是蓄意歪曲，包括疫情下的"中国病毒论""向中国索赔论"等，因此，后疫情时代有必要进一步加强双方媒体合作，特别是中国媒体要敢于持股或者控股当地的一些独立媒体，弥补信息真空，营造客观真实的舆情环境。

第四，旅游合作领域。后疫情时代必将迎来旅游高速发展期，中国与中亚国家应抓住这一机遇，加速旅游合作。包括支持中亚国家尽快实行"申根签证"；与中亚国家合作挖掘旅游文化资源，尽快推出合适的旅游线路，编制旅游手册；加速政府部门关于旅游签证，特别是团签政策谈判，提供最大便利；推动双方旅游公司的合作，以及酒店与旅游公司和旅游网站之间的合作，必要时还可以借助上海合作组织搭建合作平台。

第五，医疗卫生领域。医疗合作既是经济合作，也是人文交流，惠及面更广、更易得到民众认可。近两年来，中国与中亚国家依托上海合作组织平台在传统医学、医学创新合作方面取得突破。后疫情时代，中国与中亚国家应继续在上合组织传统医学论坛、国际医学创新合作论坛（中国—上海合

① 《后疫情时代金砖人文交流如何危中寻机》，https://www.chinanews.com.cn/gn/2020/12-05/9355184.shtml，最新检索时间：2021年11月29日。

作组织）框架下加强医疗康养等领域经验的交流与合作。疫情期间，中国同中亚国家密切协作、携手应对疫情，积累了丰富的医疗合作经验。后疫情时代，应在这些合作成果的基础上进一步加强医疗卫生和保健工作，特别是应对流行病威胁的防控。此外，在双边框架下，推动中国中医药大学、中医医院与中亚国家相关部门联合打造示范性医学项目。

（三）官民并举，让人文合作更贴近普通民众

中国与中亚国家的人文合作在政府层面已经建立起不同层级的联系，但后疫情时代双方人文交流不能仅限于政府之间。在文化、艺术、教育、媒体、旅游、青年等领域开展合作方面，在政府主导的同时，要特别重视发挥民间团体、群众组织、公民社会、非政府组织的作用。同时，还应视情同中亚国家的一些社会组织在其核心关切领域（减贫、医疗、就业、生活便利化、环保）一起工作，促进中国与中亚国家民间社会互动，赢得当地民众好感，从而增进彼此间的感情。此外，还应重视建设海外企业的形象。中国在中亚的企业不仅代表着中国形象，还背负着传播中国影响力的责任。应督促企业树诚信，提高公信力水平；主动承担社会责任，可将投资项目与当地民生需求相结合，同时积极参与当地政府、社会开展的教育、环保等公益活动；充分吸纳当地人就业，促进企业融入当地社会，潜移默化地发挥作用。

（四）寻找文化共性，讲好中国及中亚故事

一是在双方共性文化上多下功夫。中国与中亚国家虽然在宗教、文化方面有差异，但双方在价值理念、家庭伦理、传统习惯等方面有很多相通之处。如塔吉克斯坦吉萨尔博物馆展出的"纺车"、木展等与中国古代用品非常相似。乌兹别克斯坦也曾举办过"关爱老人年"等活动。因此，在中国与中亚国家的人文交流中，不必过于强调中华文化的独特性和文化差异，而应找出双方共性文化。中国与中亚国家博物馆可以发挥好作用，有意识地展出能体现文化共同点的展品。同时推动中国与中亚各国出版业的交流与联系，翻译出版中国和中亚历史、文学、语言、教育、政治、法律等方面有影

响的著作，以书为桥，构筑坚实的民心基础。

二是"中国故事"的内容要有针对性和时代性。一国一策，针对中亚各国讲对方关心的"故事"，这样才能引起共鸣，不能仅仅局限于介绍中国灿烂的历史文化，还应多宣示中国现代科技成就和无限发展潜力；也不能只涉及新中国成立以来取得的辉煌成就，也要讲中国在发展过程中所遇到的困难及教训，这样的"中国故事"才有血有肉，更易被广大中亚国家民众接受，让中亚国家更多的民众了解和理解中国。

国别形势
Country Review

Y.18
哈萨克斯坦

张 宁*

摘 要： 2021 年哈萨克斯坦形势总体稳定，国内没有出现重大动荡事件，各领域平稳向前发展。政治领域的大事件是议会下院选举，各派政治力量得以重新平衡。经济领域经济止跌回升，主要宏观经济指标向好。安全领域的刑事案件数量减少，但极端思想传播和极端组织的招募、网络诈骗等犯罪活动依然较活跃。外交领域在中俄美之间谨慎平衡，与突厥语国家合作是亮点。

关键词： 哈萨克斯坦 对外政策构想 新冠疫情 突厥语国家组织

2021 年是哈萨克斯坦独立 30 周年，全国围绕此主题开展多项庆祝活动。全年国内形势总体稳定，政局未有动荡，托卡耶夫总统执政平稳，各项

---

* 张宁，中国社会科学院俄罗斯东欧中亚研究所研究员。

工作有条不紊地进行。经济已触底回升，各项既定国家战略继续得到落实，但物价上涨给经济社会带来隐忧。安全形势因疫情管控而出现较大好转，案发数量下降，但网络诈骗和宗教极端思想传播仍较活跃。外交继续保持多元平衡，与大国和周边国家互动频繁。

一 政治

2021年哈萨克斯坦政局总体稳定，未出现大的骚乱和动荡。首任总统纳扎尔巴耶夫继续信任和支持现任总统托卡耶夫，干部变动总体幅度不大，以保持稳定为主，执政的"祖国之光"党牢牢把握议会，以总统为核心的三权分立体制稳定运行。

年内最大的政治事件就是年初（2021年1月10日）举行的议会下院选举（独立后第七届），1月15日举行首次全体会议，上届议长尼格马图林继续当选为新议长并兼任"祖国之光"党议会党团负责人，批准马明继续担任新一届政府总理，托卡耶夫总统致辞时提出新议会工作优先方向。从议会提前选举、新议会组成结构和人事布局、首次会议的内容中可以看出，哈萨克斯坦政策基调是"政局稳定第一，恢复和发展经济优先，民主化减轻国内矛盾，工业化和数字化带动转型复苏，多元化平衡外部力量"。下院选举总体平稳，部分地区的零星反对和抗议活动得到及时处理，未引发动荡，这说明哈执政当局具有足够控局能力，在民众中的支持度仍较高，足以保证国家稳定有序。

在议会下院全部107个席位中，执政的"祖国之光"党赢得76席，"光明道路"党赢得12席，人民党赢得10席，另有哈萨克斯坦人民大会推举9名议员，形成"政权党一党独大、三党合作"的局面。代表中左力量的人民党和代表中右力量的"光明道路"党进入议会，选前被认为可能进入议会的农民党和公正党未能进入议会，说明哈目前不想让农民党和公正党这两个政党冲淡或削弱人民党和"光明道路"党。另外，选举结果也在一定程度上表明，托卡耶夫仍遵循纳扎尔巴耶夫的心愿，开启的政党制度改革让议会更具代表性，比如降低政党成立门槛，政党进入议会的门槛从得票率7%降至5%，增加政党数量并给予反对派一定权利，如选票上增加"反对所有候选人"的选项，议会中的妇女和青年占比不能低于30%等。选前民间热议的关于托卡耶夫可能组建属于自己的政党、托卡耶夫和纳扎尔巴耶夫之间产生嫌隙等话题，也在此次选举后不了了之。

议会选举后，哈政治发展出现四个趋势。

第一，哈依然延续首任总统纳扎尔巴耶夫的政党制度思想，即政党数量不是越多越好，最好合并成3~4个，但不能威胁政权党的地位，必须维持"祖国之光"党在议会一党独大的局面，并占据议会2/3以上的席位，确保以总统为核心的行政系统和政权党的所有政策和法案能够顺利实施，维护政治稳定。哈2010~2014年曾在增加还是减少政党数量、合并还是分化政党的问题上徘徊，主要目的还是要巩固政权党地位。当政权党地位巩固时，通常会鼓励其他政党合并重组。未来不排除人民党和农民党合并形成左翼力量、"光明道路"党和公正党合并形成右翼力量、"祖国之光"党则继续坚持走中间道路的格局。

第二，反对派继续遭受挤压。从政党的主张看，"光明道路"党、人民党、农民党和公正党基本属于"建设性反对派"。哈国内成体系的真正的反对派只有两个：一个是合法注册的国家社会民主党；另一个是流亡海外的阿布利亚佐夫支持的民主选择党。后者未能在哈注册且被哈当局判为极端组织。真正的反对派目前在哈势力微弱，在哈当前政治生态中的活动空间很小，主要通过社交平台等网络工具组织活动。其支持者零星举行的示威抗议活动均被当局及时处置。国家社会民主党拒绝参加此次议会选举，也是一种自知结果的无奈，甚至是无声的抗议。

第三，去苏联化和去俄罗斯化加速。选举前，共产人民党改名为人民党，理由是"反映社会需求，符合形势发展需要"。反映出经过30年的独立历程，哈身份意识和历史意识大大增强，民族自豪感和主权观念提升。随着独立后新生代崛起，民众对苏联的印象和感情弱化，对俄罗斯和俄族人的心理依赖也在逐渐变弱。2020年11月因俄罗斯国家杜马议员关于"哈萨克

斯坦北部大草原原本不属于哈萨克斯坦"的不当言论，哈国内反俄情绪高涨。

第四，努力实现政权的代际更替，以适应独立后出生的一代已占哈人口总数一半的现实国情。尽管议会下院选前有媒体讨论可能撤换总理马明，人民党也在议会表决马明为总理人选时表示反对，但议会最后依然通过总统提名的马明为新一届政府总理，说明哈行政体系仍在努力寻求稳定，避免政府大调整引发政局动荡，同时也表明哈正在大力提拔年轻人，以政府总理马明为代表的"60后"和"70后"在政坛的地位愈加巩固。2021年，哈全国人口总数突破1900万这个心理关口，人口出生率为14.16‰，哈国人的自信心越来越足。与此同时，人口结构年轻化也让国家对就业问题愈加重视。哈人口出生率较高，2015~2019年平均每年净增人口26.7万。截至2021年1月1日，哈全国人口为1887.9552万（至10月1日已达1966万），其中60岁以上人口143.57万，15岁以下人口552万，30岁以下人口（独立后出生一代人）928万，45岁以下人口（独立时未成年＋独立后出生）1347万[1]，说明哈虽然没有老龄化问题，但未成年人口比重较大，家庭抚养负担重，适龄劳动力基数大，就业压力大。

二 经济形势

从宏观经济主要指标看，哈经济已止跌回升，已逐渐克服新冠疫情带来的负面影响，经济各领域的活动都呈转好趋势，但受外部环境影响，增长基础较脆弱，不确定风险依然较大。哈央行分析，促进经济增长的主要因素是疫情管控放松，经济各领域活动逐渐恢复，影响经济增长的不利因素主要有国际油价变动、通胀和本币贬值压力大、外资出走和融资难度加大等。

据哈国家统计委员会的信息，哈萨克斯坦2021年前三季度的经济发展

---

[1] Бюро национальной статистики Агентства по стратегическому планированию и реформам Республики Казахстан, «Демографический ежегодник Казахстана», Нур – Султан 2021, 3. Численность и состав населения, страница 20 – 30.

数据如下。[①]

其一，哈 GDP 总值 52.67 万亿坚戈（约合 7802 亿元人民币），同比增长 3.5%，其中建筑业同比增长 9.7%、工业同比增长 2.6%、服务业同比增长 2.9%、农业同比增长 1.4%。石油是哈支柱产业，油气企业纳税约占财政总收入的 1/10，约占国家基金（不列入预算收入）的 3/5。哈规定 2021 年度预算收支平衡基于年均油价 55 美元/桶和本币坚戈兑美元年均汇率 370:1 的参数制定。2021 年前 9 个月，国际油价平均 68 美元/桶，远高于哈财政部预期，拉动哈国家财政收入和 GDP 增长，也让哈油气工业发展获得喘息机会。哈经济部预测，2022 年哈 GDP 增长率将达到 4%~4.4%。

其二，通胀率（与年初相比）为 7.8%，其中食品价格增长 10.8%、非食品价格增长 6.5%，服务价格增长 5.1%。工业生产者出厂价格增长 28.2%，其中采掘业为 36.1%，加工业为 19%，水电气热等公共服务产品为 10%。2021 年，食品、服装和鞋类、成品油等价格上涨尤其显著，居民对此抱怨不止。哈央行分析物价上涨的主要原因是国内需求反弹、全球食品价格高企、供应链中断，以及运输、原材料和能源成本上升。哈央行年初时预测年内通胀目标是 7.5%~8.5%，但市场实际反应远超此预期。为控制物价，央行不得不两次提高再融资利率，以降低市场流动性，从 7 月 26 日起再融资利率由年初的 9% 提升至 9.25%，从 10 月 25 日起又提升至 9.75%。哈经济部预测未来通胀水平可能会逐步下降：2023~2024 年为 4%~5%、2025~2026 年为 3%~4%。

其三，劳动力市场正在复苏。截至第三季度，哈全国适龄劳动力人口有 926 万，其中有 881 万人就业，失业人数（根据国际劳工组织的统计方法）为 45 万人，失业率 4.9%（2020 年同期为 5%）。全国在职员工平均月收入为 24.3 万坚戈（约合 578 美元），同比增长 19%。名义工资增幅最大的是公务员，达 37%（约合 600 美元）；其次是建筑行业，增长 33%（约合 750 美元），

① Бюро национальной статистики, Агентство по стратегическому планированию и реформам Республики Казахстан, «Социально – экономическое развитие Республики Казахстан Январь – октябрь 2021 года», Нурсултан 2021.

说明政府兑现了增加公务员工资的承诺。另外，通过落实"光明之路"新经济政策二期的国家规划项目，以基础设施建设拉动经济也让相关领域的职工收入增加。

其四，国家预算收入为11.3万亿坚戈（约合270亿美元，同比增长10.4%），支出12.5万亿坚戈（约合298亿美元，同比增长8%），赤字（考虑净预算贷款和金融资产交易余额）1.65万亿坚戈（约合39亿美元）。收入增长快于支出增长，主要得益于国际油价大幅回升。预算收入中，税收占66.7%（以增值税、法人和个人所得税、关税为主），从国家基金的转移支付占30%。

其五，从国际收支平衡看，2021年上半年，哈经常账户为逆差9.54亿美元，资本账户顺差0.14亿美元，金融账户逆差25.96亿美元，错误与遗漏账户逆差16.75亿美元。吸收的外国直接投资减少19亿美元，减少的趋势尽管相比2020年有所减弱，但依然显示出资本外流和外资撤出的迹象，在一定程度上说明投资者对哈投资和经营环境的信心减弱，让哈未来项目融资不得不更多依靠企业自有资金和财政拨款，吸引外国投资难度增大。2021年1~9月，哈外贸总额为728亿美元（同比增长12.7%），其中出口433亿美元（同比增长20.6%），进口295亿美元（同比增长2.8%）。

其六，从货币规模看，哈货币总规模从2020年底的24.9万亿坚戈（约合593亿美元）增加到2021年9月底的28.8万亿坚戈（约合686亿美元），9个月增加3.9万亿坚戈（约合93亿美元，增幅16%）；基础货币同期从2.7万亿坚戈增加到2.9万亿坚戈（增幅7.4%）。尽管本币坚戈发行量不小，但相对于美元放水，前三季度兑美元汇率波幅不大，总体稳定；9月底汇率为1美元兑换425.5坚戈，比年初1月底的1美元兑420.2坚戈略有下降。分析认为，考虑到美元大概率会加息升值，未来坚戈兑美元汇率可能还会贬值。

其七，从外债和国际储备看，截至2021年上半年，哈外债余额1667亿美元，其中欠荷兰447亿美元，欠英国232亿美元，欠美国135亿美元，欠法国118亿美元，欠国际金融组织115亿美元，欠百慕大102亿美元，欠俄罗斯 97.7 亿美元，欠中国 97 亿美元，欠日本 55 亿美元，欠中国香港 43 亿美元，欠德国 22 亿美元。哈外债总额中，政府外债比重很低，只有 156 亿美元。截至 2021 年 9 月底，哈国际储备总计 355 亿美元（其中黄金储备 221 亿美元），另有国家基金 550 亿美元（比年初的 587 亿美元减少 37 亿美元）。这意味着，哈有足够的外汇储备应对本国债务。

三　安全形势

2021 年，哈萨克斯坦安全形势总体可控。尽管疫情形势相比 2020 年有所好转，但相关限制措施局部依然存在，使得哈国内治安形势相对好转，暴恐和极端主义势力也难以实施袭击活动，但极端组织宣传招募活动依然活跃。与此同时，信息安全越来越受到重视，由于网络诈骗犯罪高发，个人信息资料安全备受关注。

2021 年 6 月，哈萨克斯坦总统托卡耶夫签署批准《2021～2025 年国家安全战略》（简称《安全战略》），提出未来五年将集中精力应对新冠疫情和生物安全威胁、技术革命所产生的变化、外部市场危机以及全球和地区紧张局势升级等四大挑战。《安全战略》结合新形势、新国情，对"国家利益"概念做出新界定，并使用新的战略管理方法（指标体系），将规划的内容落实到具体事务中。《安全战略》尤其重视生物安全、公共卫生安全、生态安全、金融安全、粮食安全、能源安全、过境通道安全、信息安全、传统安全等安全内容，对各领域面临的新风险、新挑战、新机遇做出详细分析，制定具体应对措施，并确定各部门的任务。

自 2020 年 3 月 13 日发现首例新冠感染病例以来，截至 2021 年 11 月 18 日，哈国内共登记新冠感染病例 96.0609 万人，死亡 5104 人。2021 年上半年，疫情相对平稳，每日新增感染病例不足 1000 人；4 月受印度德尔塔病毒株影响，稍有增加（每日新增感染者 2000～3000 人）；6～8 月出现一个疫情感染高峰，每日新增 7000～8000 人，最高时的 8 月初每日新增 1.5 万多人；9 月开始回落到每日 2000～3000 人。与 2020 年不同的是，2021 年即

使遭遇新一轮疫情高峰，医疗资源也未出现紧张或挤兑现象，各部门和各地区应对有序，民众也习惯和接受了各种防疫防控措施。

在努力防疫的同时，哈也在积极发展本国生物科研。11 月 16 日，哈政府宣布将在南部的江布尔州科尔代区克瓦尔杰斯克镇建设一个属于 BSL - 4 级的生物实验室和地下储存库，用于研究和储存最危险的病毒样本。计划将于 2025 年底建成运营。BSL - 4 是安全等级最高的实验室，意味着其研究和储存的毒株没有可应对的治疗方法和疫苗，泄漏后果不可控，危害程度不可预测。哈政府认为该项目可完善本国的生物安全体系，但南部民众坚决反对，认为实验室所在的江布尔州位于天山地震带，一旦地震导致泄漏，后果不堪设想。

在反恐安全领域，哈萨克斯坦总检察长吉扎特 2021 年 9 月表示："如果说 20 世纪 90 年代勒索、谋杀、抢劫在独联体国家盛行的话，那么今天各国面临的主要威胁则是恐怖主义、极端主义、贩毒、跨国和网络犯罪、人口贩卖等。"① 独联体反恐怖中心负责人安德烈表示，疫情期间，暴恐案发事件有所减少，但极端组织宣传和招募活动明显增加。哈境内的恐怖分子正试图利用新冠疫情形势，利用人们未满足的需求，实现其招募目的。比如食品和药品价格上涨导致公民福利恶化、本国货币贬值、失业率上升等，从而引起民众的不满，一些极端分子便趁机做思想和宣传工作，挑唆民众用极端的方法实现个人目标，并加入极端组织。哈萨克斯坦安全部门负责人表示：上合组织地区反恐怖机构公布了成员国恐怖分子和极端分子名单，上面列有8000 多人，其中有 700 多人是哈萨克斯坦公民，他们大部分有在中东作战经历，其中一些人已经在作战中死亡，但也有消息说，其中部分人并未真正死亡，而是改头换面地流窜到其他地区继续从事恐怖活动。② 这些回流的恐

---

① Генпрокурор Казахстана назвал основные угрозы безопасности граждан，23. 09. 2021，https：//ru. sputnik. kz/society/20210923/18209544/Genprokuror – Kazakhstana – nazval – osnovnye – ugrozy – bezopasnosti – grazhdan. html.

② Спецслужбы рассказали, что стало с казахстанцами, которые уехали воевать в горячие точки на Ближнем Востоке，06. 02. 2020，https：//ru. sputnik. kz/society/20200206/12753757/knb – ekstremisty – kazakhstan – sudba. html.

怖分子和极端分子是哈反恐安全的主要威胁之一。尽管其中一部分人在回国后已被抓捕，但还有一部分人处于潜伏状态，成为"睡眠细胞"。2015 年以来，哈已抓捕 200 多名恐怖分子和极端分子。

在网络安全领域，哈最多的问题是个人信息泄露和网络诈骗。哈境内大约有 400 个信息储存和管理系统，各系统之间的交互很差，个人信息安全存在隐患。哈政府总理马明特别强调，哈政府正努力加强个人信息数据库建设，以保障个人数据安全。哈总检察院数据显示，2021 年前 10 个月，在哈强力部门登记的网络诈骗案件高达 1.78 万起，几乎是 2020 年同期的 2 倍。在努尔苏丹和阿拉木图市、卡拉干达州、科斯塔奈州和东哈萨克斯坦州等地登记的互联网欺诈案件数量最多。[①] 网络欺诈的常见方法是：欺诈者使用黑客软件将呼出号码替换为哈萨克斯坦移动运营商的用户号码，通过在线广告接收产品或服务的预付款或全额付款（8200 起案件）；在小额信贷组织的网站上发放虚构的在线贷款（2700 起案件）；以银行安全部门代表的名义打电话从银行账户窃取资金（2300 起）；为各种项目或游戏等提供有利可图的投资（1900 起）；通过虚假链接或其他方式获取个人数据或金钱（1300 起）。

在社会治安领域，据哈总检察院数据，2017～2021 年哈登记的犯罪案件减少了 60.4%。2021 年 1～9 月，哈国内共登记了 12.6499 万起违法犯罪行为（同比下降 1%），抓捕 4.7398 万名嫌疑人。罪行涉及中小型犯罪、危害财产罪、公安治安罪、流氓罪、交通肇事罪、严重伤害健康罪、抢劫、欺诈、盗窃等，其中除诈骗活动同比增长 39% 和抢劫活动同比增长 2.4%，其他罪行的案发率均呈下降态势。犯罪主要发生在车站、拥挤的低层住宅区和黑暗的小巷等处。经济相对活跃的阿拉木图市、努尔苏丹市、阿拉木图州、卡拉干达州以及东哈萨克斯坦州犯罪率最高，相比之下，克孜勒奥尔达州、曼吉斯套州和北哈萨克斯坦州是最安全的地区。从城市看，首都努尔苏丹、

---

① Вдвое выросло количество интернет - мошенничеств в Казахстане, 18 ноября 2021, https：//profit. kz/news/62084/Vdvoe - viroslo - kolichestvo - internet - moshennichestv - v - Kazahstane/.

阿拉木图、科克舍套、乌拉尔斯克和塔拉兹是最不安全的城市，而巴甫洛达尔、塞米和卡拉干达三个城市则比较安全。①

四 外交形势

哈于 2020 年 3 月发布《2020～2030 年哈萨克斯坦外交政策纲要》，提出要发展与俄罗斯的联盟关系、与中国的永久全面战略伙伴关系、与美国的扩大战略伙伴关系、与中亚国家的战略协作关系、与欧盟及其成员国的扩大伙伴关系和合作。在此战略指导下，哈继续实行多元平衡的实用外交政策。从 2021 年实践看，哈总体上在落实执行此政策，但鉴于国际环境变化，哈在中俄美欧夹缝间平衡的难度越来越大。

在地缘竞争加剧的环境下，哈将继续深化对俄关系置于重中之重。尽管心理上的去俄化在增强，但行动上对俄的依赖在加大，越发依靠俄罗斯主导的集体安全条约组织和欧亚经济联盟来维护自身的安全稳定与发展。越有危机越依赖俄罗斯，这已成为中亚国家共识，尤其是涉及领导人执政地位和人身安全等最核心的问题时，俄是其最后的安全保障。

2021 年，哈俄继续保持密切关系，口岸基本解除封控，各层级往来频繁，在集体安全条约组织和欧亚经济联盟框架内一体化日益深入。2021 年前三季度，哈向俄出口 50.8 亿美元（同比增长 43%），从俄进口 121.2 亿美元（同比增长 24.7%）。与此同时，哈俄两国媒体因哈国内出现排斥俄语的现象而相互批评，尤其是 8 月，哈民族组织"语言纠察队"要求人们说哈语，并命令说俄语的人道歉的视频播出后，一度引发哈俄关系紧张。尽管哈总统托卡耶夫强调哈反对一切形式的民族傲慢和民族歧视，所有民族一律平等，俄语是哈的族际交流语言，但俄媒却始终认为这不是简单的民间运动，而是背后有哈高官支持。

---

① Атлас преступлений: как изменилась уголовная статистика за последние пять лет, https://the - steppe. com/razvitie/atlas - prestupleniy - kak - izmenilas - ugolovnaya - statistika - za - poslednie - pyat - let.

哈美关系继续密切。美国总统拜登在 3 月纳乌鲁兹节前夕给托卡耶夫发贺电，表达美国愿以"5 + 1"合作机制为基础，继续落实 2020 年发布的中亚新战略，表明拜登的中亚政策重点已从特朗普时期以乌兹别克斯坦为重心重新转回以哈萨克斯坦为重心。美以哈为中亚核心，离间和遏制中俄的意图明显。哈时常对美做出一些示好行为，以维系与美西方的关系，同时平衡中俄压力。2021 年 11 月，哈政府宣布与美国合作，在哈南部建立 BSL - 4 级的生物实验室和地下储存库，此举被哈各界视为哈政府讨好美国。

哈在阿富汗问题上的立场始终如一。塔利班接管阿富汗政权后，哈外交部强调应向阿富汗提供人道主义援助，国际社会应共同努力维护阿富汗的稳定，塔利班应建立包容政府。哈外交部于 2021 年 8 月 19 日就阿富汗局势发表声明称："哈萨克斯坦正密切关注阿富汗局势的发展。这个国家历史上的另一个决定性时刻即将到来。长期的冲突必须由阿富汗人民自己解决。哈萨克斯坦呼吁有关各方确保权力的和平移交，将其作为国内稳定的主要先决条件。我们支持联合国安理会关于建立一个具有包容性和代表性的政府、尊重少数民族和妇女的权利、防止对其他国家构成威胁的群体的存在以及遵守国际法的声明。履行这些规定应成为与阿富汗新政府开始对话的先决条件。"[1]9 月，托卡耶夫总统在参加上合组织杜尚别元首峰会期间，建议在阿拉木图建立上合组织人道主义中心，向阿富汗提供国际援助。

哈与突厥语国家合作在 2021 年取得重大进展。一是 2021 年 3 月，突厥语国家合作委员会通过决议，确定哈萨克斯坦的图尔克斯坦市是"突厥的精神首都"，这相当于肯定了哈萨克斯坦在突厥历史文化发展进程中的作用；二是 2021 年 11 月 11 日，第八届突厥语国家合作委员会元首理事会会议期间，根据哈首任总统纳扎尔巴耶夫的提议，成员国一致同意将"突厥语国家合作委员会"升级为"突厥语国家组织"。这是哈在塑造国家意识形态、身份认同以及与突厥语国家合作进程中的重大事件。

---

[1]　МИД РК сделало заявление по ситуации в Афганистане, 2021.08.19, https：//forbes. kz/news/2021/08/19/newsid_ 256970.

Y.19
乌兹别克斯坦

包　毅[*]

摘　要： 在新冠疫情蔓延和全球经济持续低迷的背景下，乌兹别克斯坦国民经济的迅速复苏得益于总统米尔济约耶夫采取的积极有效的社会经济政策。尤其是零售业在疫情期间逆势上扬，成为拉动国民经济的富有活力的行业。在国内外投资增加、援助增多，以及国际贸易与国外汇款向好的推动下，乌兹别克斯坦的国民经济有望继续保持稳步增长的势头。为摆脱经济发展的外部依赖性，乌兹别克斯坦也在力图发展绿色经济与数字化经济，以创造新的就业机会，支持劳动力市场复苏，为乌经济的发展寻找新动力。

关键词： 乌兹别克斯坦　发展战略　米氏新政

2021 年适逢米尔济约耶夫总统第一届任期结束，其推进的以《2017～2021 年乌兹别克斯坦共和国的五项优先发展战略》为核心的政治现代化与经济自由化改革也行将完成。受新冠疫情的影响，乌兹别克斯坦经济虽从低迷中有所恢复，但活力有限，动力仍显不足。米尔济约耶夫以绝对优势获得总统连任，但面临疫情的持续反弹，以及促进经济发展的资金匮乏等负面影响，米尔济约耶夫总统的施政能力与改革的持续力都将经受严峻考验。

---

* 包毅，中国社会科学院俄罗斯东欧中亚研究所副研究员。

一 现任总统连任巩固了总统威信

2021年10月24日，乌兹别克斯坦举行了新一届总统选举。本届总统选举本应在12月举行，但受疫情与经济因素的影响，2021年2月初，米尔济约耶夫总统签署了一项经议会批准的法案，将选举日提前至10月24日。依据乌兹别克斯坦的宪法及选举法的规定，只有合法政党拥有总统候选人的提名权，同时该政党必须在宣布开始竞选活动的前四个月以及选举日期的前六个月到司法部注册登记。一个政党只能从其成员或无党派人士中提名一位候选人。这一规则有效地提升了政党在政治参与中的作用，也有利于进一步推进选举程序的规范化。但该规定也遭到了来自持不同政见者和国际观察员组织的批评。他们认为该规定限制了竞选总统的其他参与者，特别是无党派或独立候选人的参政意愿。

本届总统选举是乌兹别克斯坦独立以来的第六次总统选举，也是米尔济约耶夫总统上任以来的第二次选举。参加本届总统选举的候选人共有五人，他们是来自人民民主党的候选人马·瓦里索娃、"民族复兴"民主党的候选人阿·卡德罗夫、"公正"社会民主党的候选人巴·阿卜杜哈利莫夫、生态党的候选人纳·奥布罗穆罗多夫以及由议会第一大党自由民主党推举的候选人、现任总统米尔济约耶夫。最终，现任总统沙夫卡特·米尔济约耶夫以80.1%的得票率获得连任，并于11月6日宣誓就职，开启了其总统第二任期。

作为现任总统和议会第一大党自由民主党的候选人，现任总统米尔济约耶夫拥有其他候选人无法比拟的资源优势。

在社会政治领域，现任总统继续推进行政领域的改革，整肃干部队伍。2021年7月，米尔济约耶夫总统签署了有关进一步打击国家和社会管理机构中的贪污腐败行为、扩大公众反腐败参与的总统令。根据该法令，乌政府将于2022年1月1日起，对公务员、国有资产占比超过50%的国企和机构负责人及其副手，上述人员的配偶和未成年子女的财产和收入实施强制申

报，如公务员拒绝申报或提供不实信息将被停职并承担相应的法律责任。同时，公务员还被禁止在境外开设和拥有账户、持有现金和不动产及其他财产。此外，该总统令还将与刑法的相关规定挂钩，加大了对贪污腐败行为的严惩力度。

在社会经济领域，为进一步加强疫情期间对贫困家庭的物资支持、保障居民基本的生活水平，2021年2月1日政府将最低月工资标准由之前的67.93万苏姆（约合63美元）上调至74.73万苏姆（约合70美元），上调幅度为10%。2021年8月，在竞选宣传开始前夕，乌兹别克斯坦总统米尔济约耶夫再次签署《关于提高工资、退休金、助学金和补助》总统令，决定自9月1日起，将由财政负担的工资上调10%。同时对社会最低月工资、多类社会补助标准，如最低工资、养老金、特殊人群补贴等也进行了相应调整。一年内两度上调最低生活标准，惠及多数弱势群体，无疑将增加民众对现任总统的支持，这既有利于继续推进国家社会政治经济改革的战略，也可获得更高的民众支持。

此外，米尔济约耶夫的竞选纲领也是面面俱到，具有较强的可操作性，展现了国家领导人对于国家发展规划的战略视角。米尔济约耶夫总统在其名为《新乌兹别克斯坦战略》的竞选纲领中承诺，将继续实施政治改革、解决贫困问题、提高国民生产总值、提高工资待遇、减少公共债务等。该竞选纲领提出，在社会政治领域将继续维护国家和平稳定，加强各民族人民间和谐友好的氛围，进一步丰富和发展人民的精神世界以及保障公民的权利与自由，继续实施民主、人文、司法改革；在社会经济领域，致力于建立具有科学和创新功能的经济体系，通过提供积极的商业和金融支持来减少贫困，为医疗、住房和高质量的教育提供保障，改善医疗保健状况，平衡区域发展。针对未来五年发展目标，米尔济约耶夫提出，要将乌兹别克斯坦的人均GDP提高60%，到2030年居民人均年收入超过4000美元，进入中等收入国家行列。为此，要提高劳动效率，以知识和创新为基础在经济中引入新技术和新价值链，使工业生产规模增加40%，劳动生产率提高1倍，发展从原料到产品生产的工业体系。

  与米尔济约耶夫包罗万象的竞选纲领相比，其他四名候选人则从所属政党及其自身的特点和专业优势出发，从不同视角和领域对国家发展提出了自己的纲领。如"民族复兴"民主党候选人卡德罗夫在竞选纲领中提出了以"民族价值观作为发展的基础"的口号，以及建立国家教育系统的主张。人民民主党中央委员会副主席、候选人马·瓦里索娃作为议会议员，从女性的视角提出了旨在建设一个符合"社会平等和人民民主"标准的国家和社会的竞选纲领，并力主解决教育和医学方面的问题。她呼吁加强有利于居民的社会政策，对所有人群平等地提供高质量的公共资源设施，并建议借鉴北欧模式实现全民医疗和免费教育。此外，她还主张加强与独联体国家的关系，积极参与外交事务。"公正"社会民主党候选人巴·阿卜杜哈利莫夫的竞选纲领涉及国家机构、科学和教育、收入差距、社会网络、公共卫生和价格管控等多领域的改革主张，建议包括立法和地方代议机构在内的公共机构共同打击犯罪，并实现司法独立。生态党候选人纳·奥布罗穆罗多夫从环保的角度出发，提出了绿色政治的竞选主题。他主张向绿色经济过渡，实现可持续的经济发展，针对气候变化与咸海缩小的态势提高国家改革的效率，同时加强维护中亚地区和平与稳定的国际合作。

  从本届总统选举的结果看，米尔济约耶夫总统虽然以绝对优势胜出，但相较于 2016 年 90.29% 的得票率，其连任的得票率还是略逊一筹。这一结果与疫情的负面影响不无关系。两年的疫情掩盖了米尔济约耶夫总统最初取得的一些政绩，导致失业率上升、国民经济发展减缓以及生活成本急剧上升等。社会经济危机影响了选民对政府的信心，直接或间接地分散了选票，这也使米尔济约耶夫成为乌独立以来得票率最低的当选总统。当然，这也从一个侧面显露出乌兹别克斯坦政治生态多元化的端倪。自接任卡里莫夫总统职位以来，米尔济约耶夫始终积极地推进社会政治经济改革，因而深受国内民众和国际社会的赞誉。其在政治领域推行的行政改革，促进了政党与民众的政治参与和政治表达。其他候选人竞选纲领以及政党的政治动员作用也是选票分流的另一个重要因素。人民民主党候选人瓦里索娃和"民族复兴"民主党候选人卡德罗夫的得票率均超过了 5%，分别获得第二和第三名。虽然

二者微弱的得票率不足以对现任总统的连任构成威胁，但突破了独立以来非在任总统候选人的得票门槛，其实这也成为彰显米尔济约耶夫改革成效的又一例证。

国际社会对于此次选举结果褒贬不一。欧安组织等西方观察员认为，本届总统选举与卡里莫夫时期的选举无异，依旧是没有竞争的选举。欧安组织观察员在选举结束后发表声明指出，尽管乌兹别克斯坦近期表现出了改革的意愿，但本届总统选举中总统候选人"缺乏真正的竞争"，米尔济约耶夫领导下的改革"尚未带来真正多元化的环境"。特别是 2021 年 4 月，乌兹别克斯坦颁布的一项关于将在线侮辱总统的行为判定为刑事犯罪的法律，被视为乌兹别克斯坦政权对于言论自由的限制。米尔济约耶夫的政治改革也因此被西方媒体和持不同政见者视为对改革的逆转，甚至认为其无异于卡里莫夫，其改革也是"回避了允许任何替代他统治的政治改革"。独联体的观察员则从进步的角度肯定了选举的积极意义，指出本届总统选举是"竞争性、自由、公开和透明的"。俄罗斯总统普京也致电米尔济约耶夫，祝贺其取得了"令人信服的胜利"。尽管在本届总统选举中获得提名权的政党多为亲政权的政党，但从得票率和竞选纲领来看，米尔济约耶夫五年的政治改革已悄然推动了乌兹别克斯坦的政治多元化进程。在接受 BBC 记者采访时，乌兹别克斯坦参议院第一副议长萨法耶夫表示："米尔济约耶夫因启动了政治改革而获得较高的威望，因此他在竞选中没有真正的竞争者。"

以高票获得连任，表明米尔济约耶夫总统在其第一任期内推进的各项改革赢得了民众的信任，也树立了自己的政治威望。在第二任期内他将继续推动公共服务等行政管理体系的电子化和数字化改革，并进一步通过法治手段整肃干部队伍。

二 宏观经济恢复性增长与提高民生福祉并举

2020～2021 年是新冠疫情蔓延最严重的时期，全球经济处于停滞状态，乌兹别克斯坦的经济与贸易也遭受了重创。乌兹别克斯坦政府除继续实施

2020年8月颁布的《关于采取措施在2020～2021年恢复经济增长和继续进行结构性社会经济改革的政府令》，还将减贫置于2021年政府工作的重点位置。总统米尔济约耶夫在2020年12月底发表的国情咨文中提出，2021年经济工作的重点，将以减贫与提高民生福祉为社会经济的目标。米尔济约耶夫总统强调，政府将采用综合性措施推动减贫、加速国有企业转型、为商品和金融市场创造自由竞争环境、建立具备竞争力的生产链、保持宏观经济稳定、为中小企业发展创造有利条件、提升农业生产效率、推动基础设施建设、继续拓展出口市场并提升出口额等方面的工作。

具体而言，在减贫方面，政府将于2021年3月1日确定新的贫困标准，并据其制定社会保障系统化以及阶段性实施计划。同时，总统还提出计划在传统的社区组织马哈拉设立千余个职业培训中心，帮助贫困群体提升就业技能并为其创业提供补贴。在加速国有化转型方面，乌计划于2021年推动关键经济领域32家大型国企的转型工作，将在银行业全面推行数字技术并为多家银行的私有化进程做好准备，将进一步减少国家对经济的参与。在为商品和金融市场创造自由竞争环境方面，政府将推动电力、天然气供应市场化，为汽车制造企业提供公平竞争环境，取消食品、石油和电力等行业73种商品消费税，提升政府采购透明度等。在生产领域，乌将加大力度支持私营部门参与石化、冶金、工程、电气、制药、建筑和纺织等行业发展，政府将积极推进具有前景的产业集群招商引资项目的实施。在农业领域，乌将加快实现农村减贫和农民增收，积极引进和推广先进的农业技术以提升土地效益，加强土地使用权保障和流转工作，并在各地建立农业知识和创新中心以提供一站式农业服务等。此外，乌政府还将继续帮助疫情期间遭遇资金短缺困境的企业，将土地和财产税缴纳期限延长一年，还将为家庭创业提供更多的贷款支持，为中小企业发展创造有利条件。在推动基础设施建设方面，乌将挖掘各地工业发展潜力，成立地方基础设施发展基金以推动各地基础设施的建设，还将通过建设技术园区、小型工业园区、工业集群和区域物流中心等方式发掘各地的工业潜力。

在外贸领域，乌政府将继续拓展出口市场并提升出口额。政府将继续推

动加入世界贸易组织的相关工作，扩大与欧盟合作并充分利用欧盟超普惠制待遇，根据欧亚经济联盟要求调整技术法规以加强与欧亚经济联盟成员国间贸易。出口支持基金还将提供1亿美元支持出口企业购买原料以及扩大出口商品生产。2021年9月7日，米尔济约耶夫总统签署《关于支持出口企业的补充措施》法令，进一步加大对出口企业支持力度，挖掘出口潜力。该法令确定了向企业提供出口信贷和融资、延长进口海关税费支付期限、取消对一些粮食水果的出口限制、简化企业融资程序以及出口补贴等政策。10月20日，米尔济约耶夫于签署《关于进一步扩大竞争性产品生产的若干举措》总统令，规定2024年1月1日前对蓖麻油、石棉、氢氧化钠等82种进口原料和半成品实施零关税。这是继10月7日政府颁布对进口水果免征关税的政府令之后又一刺激进出口贸易和工业发展的新举措。

2021年7月，米尔济约耶夫签署总统令成立战略发展署，专门对各地区、各领域具有前景的投资项目进行战略分析和研究。同时规定，乌兹别克斯坦国内及驻外机构均应向该战略发展署提供数据信息支持。该署署长将由总统任免，同时成立隶属于总统的委员会和预算外基金，协助其工作。

得益于政府积极的反危机政策，2021年乌兹别克斯坦的宏观经济表现良好，多数经济指标已恢复到疫情前水平。乌政府通过延长进口食品关税优惠期来保障粮食安全以及食品价格稳定。根据央行的数据，在2020年GDP增速放缓后，乌兹别克斯坦的GDP在2021年上半年增长6.2%，已超过2019年同期5.8%的水平。持续的财政刺激政策、同等货币信贷条件下需求回升、经济自由化和结构性改革加速私人投资是经济快速增长的重要因素。依据乌兹别克斯坦国家统计委员会数据，2021年前三季度，乌GDP约为488.3亿美元，同比增长6.9%；人均GDP为1402.3美元，同比增长4.9%。各产业均实现正增长，其中，工业产值同比增长9%，建筑业同比增长4.5%，服务业同比增长19.5%，农业同比增长4.2%。2021年前三季度，乌零售额同比增长9.8%，固定资产投资同比增长5%，货运量同比增长12.3%，客运量同比增长7.4%。三大产业占GDP比重为：农业占比26.9%，工业占比（含建筑业）34.4%，服务业占比38.7%。截至11月1

日，乌官方储备 352.1 亿美元，环比增加 7.97 亿美元，增长 2.3%。其中，外汇储备 124.2 亿美元，环比增长 3.5%，占总储备的 35.3%；黄金储备量由 1230 万盎司减少至 1210 万盎司，而黄金储备额却因国际金价的上涨不降反升，约为 216.7 亿美元，环比增长 1.5%，占总储备的 61.5%；其余为国际货币基金组织特别提款权 11.2 亿美元，占总储备的 3.2%。

世界银行的报告显示，乌兹别克斯坦家庭收入的增加、国内投资额的上升、应对危机的措施初见成效以及税收减免政策等都有力地推动了经济的恢复与增长。通货膨胀率从 2020 年 6 月的 14.7% 降至 2021 年同期的 11%。世行报告指出，通货膨胀率保持两位数的主要原因是食品价格的涨幅超过了预期。乌兹别克斯坦食品生产领域生产的改善将有助于减缓食品价格的上涨。

在对外贸易领域，2021 年 1~10 月，乌外贸额为 326.57 亿美元，同比增长 8.5%，其中，乌出口 124.35 亿美元，下降 6.7%；进口 202.22 亿美元，增长 20.5%；贸易逆差 77.87 亿美元。中国是乌兹别克斯坦最大的贸易伙伴、最大出口目的地国以及第二大进口来源国，乌方对华贸易额约为 60.77 亿美元，同比增长 18.6%，占乌外贸比重的 18.6%。其中，中方出口 40.15 亿美元，同比增长 13.2%，占乌进口的 19.9%；中方进口约 20.62 亿美元，同比增长 30.6%，占乌出口的 16.6%；中方贸易顺差 19.53 亿美元。俄罗斯是乌第二大贸易伙伴和最大进口来源国，贸易总额为 58.66 亿美元，同比增长 29.3%，占乌外贸比重的 18%。其中，乌对俄出口 16.77 亿美元，同比增长 41.9%；自俄进口 41.89 亿美元，同比增长 24.9%。乌兹别克斯坦其他贸易伙伴依次为哈萨克斯坦、土耳其、韩国。

此外，为了摆脱经济对外部市场的依赖，乌兹别克斯坦积极推进绿色经济与新能源经济的发展。11 月 17 日，总统米尔济约耶夫签署了《关于完善电子商务管理、为进一步发展电子商务创造有利条件》的总统令，规定 2022 年 7 月 1 日之前，乌将正式启用开放式数字化电子商务信息系统，并陆续推出与数据库联网、电子商务平台相关的法律规定以及国家对于发展数字化电子商务的优惠税收政策。在发展可再生能源发电领域，乌总统早已于

2019 年批准了《2019～2030 年乌兹别克斯坦向绿色经济过渡战略》，提出加强光伏、风力、水力、沼气等可再生能源发电项目建设，到 2030 年将可再生能源发电量份额提高到 25% 以上。截至 2020 年，乌可再生能源电站总装机容量仅为 2 吉瓦，且全部为水力发电。2021 年 8 月，首个光伏发电项目即 100 兆瓦光伏电站在纳沃伊州并网发电，打破了可再生能源发电领域只有水力发电的局面。此外，乌兹别克斯坦还在建设 9 个新能源发电项目，其中太阳能电站 6 个、风能电站 3 个，总装机容量 2797 兆瓦，预计全部于 2024 年秋季投产。

乌兹别克斯坦是中亚国家中的人口大国，目前人口数量已超过 3500 万，预计 2026 年将超过 3800 万人。其中青壮年劳动力人口比重较大，就业问题是维护社会稳定和考验政府执政能力的重要问题。乌兹别克斯坦经济活力与劳动就业等关键问题的解决在很大程度上依赖于独联体市场与全球经济的复苏。乌兹别克斯坦政府采取的一系列失业补贴与减贫政策，有效地控制了失业率，使其从 2020 年上半年的 13.2% 降至 2020 年底的 10.5%，并继续下降到 2021 年上半年的 10.2%，虽然尚未回归到疫情开始前约 9% 的水平，但已足见政府政策的成效，多少缓解了失业造成的社会压力。

2021 年总统选举竞选进程中，政府为赢得选民支持而两度提高居民的工资待遇、补贴等社会福利，这些措施有可能使脆弱的国民经济陷入资金缺乏和通胀的艰难境遇。此外，疫情卷土重来和防控压力的增大将迫使政府继续收紧财政政策，导致投资等经济环境恶化，致使宏观经济面临较大风险和不确定性。

三 积极多边的外交与谨慎考虑加入欧亚联盟

疫情期间乌兹别克斯坦继续积极开展同地区及世界大国和国际组织的多边全方位外交。米尔济约耶夫总统将 2021 年乌兹别克斯坦的对外发展战略定位为：着力提升乌兹别克斯坦在国际舞台上的威信与形象，并积极参与阿富汗和平进程的谈判。在经济恢复时期，乌兹别克斯坦总统米尔济约耶夫一方面为经济的恢复寻求经济支持，另一方面加强乌兹别克斯坦在地区的政治影响力。

（一）与中亚国家构建新型经济合作关系

中亚地区是乌兹别克斯坦的核心利益区，也是其外交战略的优先方向。自上任以来，米尔济约耶夫总统便积极致力于维护中亚地区的稳定和加强中亚国家间的合作。2021 年 8 月，米尔济约耶夫总统出席了在土库曼斯坦"阿瓦扎"旅游区举办的第三届中亚国家元首磋商会议并发表讲话，提出了一系列构建新型合作关系的倡议。此合作倡议涵盖贸易、交通、农业、能源、防疫、生态等多个领域。米尔济约耶夫指出，睦邻友好、互利协作和可持续发展已成为中亚地区的主流，元首磋商会议对此发挥了巨大作用。米尔济约耶夫并未提出中亚国家一体化的目标，但其有关地区一体化的思想却明显地散见于其具体的倡议与主张中。如在中亚国家元首磋商会议上，他主张建立新型经济合作模式，消除现有壁垒，培育区域内部贸易；倡议挖掘地区交通运输潜力，充分利用现有交通走廊和基础设施，在遵守防疫规定的前提下全面恢复交通运输；同时，建立共同能源空间，有效应对能源安全问题，加快引进绿色能源；在农业领域，举办中亚国家农业部长会议，引进粮食安全监测系统；推行新冠肺炎检测结果和疫苗接种证书互认，加强医疗领域经验交流、人才培养和科研合作；扩大生态领域合作，采取一切措施减轻咸海生态灾难，推动制定《中亚绿色日程》规划；进一步发展统一文化文明空间，加强地区内各兄弟民族间的联系，定期组织各类人文领域活动，宣传中亚地区文化遗产，促进区域内部旅游交流等。

在地区安全问题上，乌兹别克斯坦主张积极参与阿富汗的和平进程谈判，并表示将不遗余力帮助阿富汗实现和平与稳定。2021 年 8 月，乌总统米尔济约耶夫受集体安全条约组织的邀请，以特邀嘉宾身份出席集体安全条约组织阿富汗问题特别会议。米尔济约耶夫向与会者通报了乌方采取的加强乌阿边界守卫等应对措施，并表示地区国家有关部门在阿富汗问题上的信息交流合作富有成效。10 月 16 日，乌兹别克斯坦副总理兼投资和外贸部部长

乌穆尔扎科夫与阿富汗临时政府代理副总理阿卜杜勒·萨拉姆·哈纳菲在乌兹别克斯坦的铁尔梅兹市举行会谈。双方就边境安全、贸易和投资、能源、国际货物过境运输、教育和人文等领域合作，以及提供人道主义援助、基础设施项目建设问题进行了重点交流，乌阿成立了联合工作组，明确了优先工作方向，将制定两国关系发展路线图。10 月 17 日，乌兹别克斯坦外交部发表声明，表示乌兹别克斯坦将密切关注阿富汗局势发展，承诺维护同阿富汗的传统友好睦邻关系和不干涉邻国内政的原则，支持阿富汗组建包容性政府，希望阿富汗在国际社会普遍共识和公认的国际准则基础上实现政权和平过渡，并在多哈会谈框架内实现全面和平。

（二）乌俄关系稳定升温

在米尔济约耶夫总统第一任总统期间，乌俄两国的务实互动达到了新水平。乌兹别克斯坦国际关系信息分析中心主任穆拉德·乌扎科夫在评价近五年的乌俄关系时指出，乌俄两国领导人的政治意愿造就了两国积极的动态关系，合作的有效性得益于双方高度的信任、合作的务实性与建设性，以及互利的战略利益。乌俄两国之间形成了独特的多层次互动关系。2021 年在新冠疫情蔓延与全球经济持续下滑的背景下，乌俄关系保持稳定升温的态势。乌俄两国在能源、基础设施建设、金融、交通、防疫等诸多领域的合作都得到了深化。乌俄两国还在积极筹备签署 2022～2026 年的合作规划，以确定新的优先合作方向和深化合作的具体措施、实施期限和落实机制等。

米尔济约耶夫总统上任后，乌兹别克斯坦的外交政策日益展露出参与地区事务、提升其地区影响力的意愿。2021 年，米尔济约耶夫总统在国情咨文中提出，要将提升乌兹别克斯坦的国际形象与政治威信作为 2021 年乌外交战略的主题。乌兹别克斯坦在 2020 年 12 月获得欧亚经济联盟观察员地位后，没有继续寻求身份的升级，而是对欧亚经济联盟的发展趋势持谨慎的观望态度。2020～2021 年，乌兹别克斯坦总统米尔济约耶夫几次应邀出席欧亚经济联盟的会议，并向联盟的成员国表达了加强合作的意愿。

乌兹别克斯坦外长卡米洛夫在 10 月接受采访时就乌兹别克斯坦推迟加

入欧亚经济联盟的问题指出，乌兹别克斯坦政府正在研究入盟可能面临的优势与风险。对于这个由俄罗斯主导的地区性经济联盟组织，乌兹别克斯坦并未显示积极的入盟态度，表现出乌在地缘政治角力中对俄存有一定的疑虑和政治戒心。乌兹别克斯坦忌惮于俄罗斯对中亚地区强大的政治与经济影响，担心被俄罗斯主导的欧亚经济联盟捆绑而失去自身的独立性。米尔济约耶夫总统在2021年11月发表的声明中提出，该国并不急于改变其欧亚经济联盟观察员国地位，成员国身份并不是其优先考虑的问题。依据乌兹别克斯坦《2030年乌兹别克斯坦社会和经济发展概念》的发展线路图，乌兹别克斯坦加入欧亚经济联盟的时间拟定为2022～2025年。事实上，乌兹别克斯坦看重欧亚经济联盟中潜在的经济发展机遇，希望能与联盟成员国开展更多的贸易和投资活动，为乌方的劳务移民提供更多人员流动和就业的机会。换言之，乌更希望以现有身份获得同联盟成员国在贸易、金融和劳务移民等方面合作的利益。分析家认为，米尔济约耶夫总统是在释放信号，即试图测试俄罗斯能给予乌方的特惠待遇，在完全承诺之前先体验加入欧亚经济联盟的好处。对此，俄方也表现出对乌入盟的尊重。2021年9月，俄罗斯外交部副部长安德烈·鲁坚科表示："我们不会急于让乌兹别克斯坦就是否入盟做出最终选择。该国可以在认为有必要时加入该组织。"乌方自首任总统卡里莫夫以来始终坚持加强中亚地区整体利益的一体化进程，米尔济约耶夫总统选择乌成为欧亚经济联盟观察员国，也是希望能通过该联盟推进中亚地区的整体利益。

（三）防疫与加强经贸合作依旧是中乌关系的主旋律

在新冠疫情蔓延与恢复经济的背景下，2021年中乌两国的务实合作继续在民生与经济多个领域深入进行。2021年4月，中乌两国元首进行了通话，就加强疫情防控与深化经贸务实合作达成了共识，为后疫情时代两国关系发展指明了方向。在两国元首战略引领下，中乌抗疫合作自上而下进展成效显著。为落实两国元首达成的合作共识，2021年8月，中乌两国联合举办了医药领域投资项目线上对接会。中乌双方在投资制药项目、投资政策、

中医药的使用等问题上交流了看法。2021 年中乌首批联合生产的疫苗投产下线。

2021 年 5 月，中国外交部部长王毅在会见乌兹别克斯坦外长卡米洛夫时高度肯定了中乌关系近年来取得成果。王毅表示，中乌关系始终保持健康发展势头，给两国人民带来重大利益。中方愿同乌方分享发展机遇，拓展各领域合作。乌外长卡米洛夫表示，乌方高度重视对华关系，全力支持中方维护国家主权和领土完整。希望双方在减贫、互联互通、打击"三股势力"方面加强合作，共同推进"一带一路"建设。在经贸合作领域，中乌双方都表达了加强战略对接、共同推进高质量共建"一带一路"的合作意愿。2021 年中乌双边经贸合作克服了疫情影响，取得了新进展，贸易实现了强劲复苏，投资稳步推进。2021 年中国再次成为乌兹别克斯坦最大的贸易伙伴国、最大出口目的地国以及第二大进口来源国。

中乌政府间正在商议签署经贸投资合作规划（2022～2026 年），旨在发挥中乌政府间合作委员会经贸合作分委会的机制作用，推动重点项目实施，创新融资模式，加快数字赋能和绿色赋能，推动中乌双方务实合作快速发展。

Y.20
吉尔吉斯斯坦

李睿思*

摘　要： 2021 年吉在政治领域主要事件包括举行总统大选和进行宪法改革。在经济领域，吉公布自独立以来的第一个五年发展计划，受疫情影响，吉仍在艰难中推行经济复苏计划。在外交和安全领域，吉对外联系与安全合作主要围绕边界冲突和阿富汗等问题展开。吉总统大选和宪法改革结束后，吉国内政治局势逐渐稳定，中吉关系未发生重大变化，双方仍保持密切沟通与政治互信，但受边界冲突和阿富汗问题影响，中吉"一带一路"合作项目仍面临较多风险。

关键词： 吉尔吉斯斯坦　宪法改革　总统选举　安全局势　经济复苏

一　政治形势

自 2020 年新冠疫情流行以来，吉国内政局多次出现波动和动荡。加上国家经济衰退、疫情不断反复和外部投资减少等不利因素影响，吉对内渴望政治稳定、对外希望改善在国际社会上的国家形象，多重政治诉求也成为对吉执政阶层的严峻考验。2021 年，吉在政治领域经历了总统选举和宪法改革，总体过程基本顺利，由此从 2020 年底开始的政治动荡局面得到缓解，尽管吉国内也出现了对选举结果公正性和有效性的质疑。

---

* 李睿思，中国社会科学院俄罗斯东欧中亚研究所助理研究员，博士。

（一）总统选举

2021年1月10日，吉尔吉斯斯坦举行总统选举。在总统选举期间，吉还举行了关于国家政体选择的全民公投。统计结果显示，扎帕罗夫以79.2%的得票率处于领先地位。2021年1月28日，扎帕罗夫正式就任吉尔吉斯斯坦总统。1月29日和2月9日，扎帕罗夫签署多项法令，内容涉及矿产开采、企业、投资、行政干部管理、公共卫生、法治建设、农业和金融系统改革、提高国家和市政的服务能力等。[①] 新任总统面对的是错综复杂的国内外发展环境：国家经济衰退严重，疫情形势严峻且变化不定，国内营商环境极度恶化导致外部投资乏力等。因此，扎帕罗夫上任后总体执政思路是首先改善国家发展的外部环境，在国际社会上树立吉坚持民主发展的国际形象，并通过促进国家发展来巩固自身执政地位。

2021年5月5日，扎帕罗夫发表的重要讲话被看作其上任后对自己执政理念和具体措施的全面阐释。主要内容涉及国情研判、恢复经济发展的主要措施、国家执法和司法机构改革、改善民生和社会保障等。

关于国情研判，扎帕罗夫提出吉正面临国家发展的严峻形势，这表现为政府机构、经济发展、外部环境、民族精神等多领域存在的问题都在加剧。

关于恢复经济发展，扎帕罗夫指出，当前吉经济发展的主要任务首先是扩大出口和吸引外资；其次是防止吉经济发展被孤立而落后于世界。为完成上述经济发展任务，吉将进行经济改革，内容涉及财政、司法、人权、运输和物流以及对外贸易政策。数字化发展将成为经济改革的首要推动力。吉将推出具体措施保障各项改革顺利进行，主要包括创造有利的营商环境，通过推行司法改革加强对私有财产权的保护，并发展仲裁法院制度，从根本上改善外贸结构，开发过境潜力，吸引投资和提高国有资产使用率等。在涉及具体发展领域时，扎帕罗夫强调要在能源、农业、采矿业和国土资源利用等领

[①] 《吉尔吉斯斯坦总统再签5项法令，涵盖卫生、金融、法治、农业、市政等领域》，中国驻吉尔吉斯共和国大使馆经济商务处网站，http://kg.mofcom.gov.cn/article/jmxw/202102/20210203038137.shtml。

域推行大规模的技术现代化改造，引进资金和技术进口将成为重点工作内容。

关于国家机构改革，扎帕罗夫在讲话中强调，吉现有执法和司法机构中存在的严重问题已威胁到吉人权安全，也违背了吉社会的基本价值观，亟须改革。扎帕罗夫认为，造成吉司法和执法系统问题频发的主要原因是有罪判定流程存在违规现象，以及吉社会广泛存在的腐败现象，改革应着眼于恢复法治、改变和完善人事制度、明确各职能部门和工作人员的职责与义务。

（二）宪法改革

在新宪法通过之前，吉举行了独立 30 年来的第一次全民公投，以确定国家的政体。在关于选择总统制还是议会制的问题上，吉近 80% 的选民选择了总统制。4 月 11 日，吉通过宪法草案。根据相关统计数据，吉 79.24% 的选民对总统制投了赞成票，13.66% 的选民投了反对票，不过，民众公投参与率仅为 36.25%。

新宪法的第一个特点是改革涉及多个领域，涵盖国家和公民生活的方方面面，是吉民主发展模式探索的一次重要创新。吉此次颁布的新宪法较之前的版本出现了根本性的变化，即约 2/3 的内容出现了变化和修订，主要涉及总统和议会的权力、司法系统、社会保障领域、人权和自由等内容。鉴于议会制冗长的工作程序，新宪法草案强化了政权等级和总统职责，为避免党派竞争和权力争斗、提高国家政治机关的工作效率提供了有力的法律依据。总统是国家元首，并直接领导行政部门。新版宪法首次提出，国家元首将对行政部门的工作效率和质量承担责任。根据新版宪法规定，总统将更多地参与行政机关的具体工作，总统的职能出现了由政治性向技术性的转变。因此，在组建内阁的过程中，总统也将注重对技术性官员的选拔和任用，内阁的主要负责人由总统办公厅主任担任。吉政府是多方政治力量组成的政治联盟，受政治利益不断变化与政治力量争斗的影响，政府更迭十分频繁，不利于保持政局的稳定。由于议会的地位较高、权力较大，吉总统必须在议会同意的情况下才能任命内阁成员、最高法院

和宪法法院的主席及成员。根据新版宪法规定，吉将在司法独立改革方面取得重要进展：一是地方法官将首先通过竞选，再由最高法院首席法官任命；二是司法部门的预算由从前的行政部门和立法部门协商制定，改为独立编制预算。

总统制在提高决策机制的效率上有较大优势。吉共有120名议员参与议会决策，由于意见很难达成统一，工作效率很低下。根据新版宪法规定，总统将统一负责所有决策，吉还将推出针对总统决策能力和工作效率的评价体系。在选举和国家决策问题上，新版宪法除修改了涉及总统和政府的条款，还对选民的意识培养进行了阐释，吉将致力于培养坚守公民立场和从国家利益角度进行提议和投票的合格选民。

关于人权和自由，吉颁布的新宪法凸显了对民族传统价值观的保护与传承。在扎帕罗夫颁布的系列法令中，关于社会精神和道德基础建设有了新的规定，关于个人精神文明和道德发展、体育教育等问题，新宪法指出应依据国民原有的价值观体系培养国家的青年一代，吉将更加注重恢复道德基础建设和保护民族传统文化。

新宪法的第二个突出特点是体现了吉政治民主化的重要进展。其中最主要的是引入人民代表会议机制。成立人民代表会议机制的动议最早在2006年提出，时任总统组织专门会议针对相关问题进行了讨论。议会本应作为选民的代表在国家政治生活中发挥重要作用，但因工作效率低下和腐败等问题，议会饱受吉国民诟病。为提高议会工作效率，加强选民和议会代表间的沟通与联系，吉需要成立一个服从宪法规定、能够根据吉国内社会发展方向行使协商和监督功能的新的组织机构，即人民代表会议。

吉目前非政府组织的注册数量已经超3万个，针对政党、工会和其他组织团体的财务与经济活动，新宪法也进行了详细规定。根据新宪法，非政府组织不能通过组织活动直接参与权力争夺，非政府组织应作为民间机构，以公民的标准约束自身行为。非政府组织应与政党相区别，专注于解决社会问题，向弱势群体提供资助，在民间从事涉及文化、教育和体育等方面的活动，而不是直接参与或影响国家政策。在非政府组织所从事的活动方面，根据新宪法，所有非政府组织在从事各类与资金和金融相关的经济活动时都必须秉持公开透明的原则，此外，宪法严令禁止非政府组织和民间社会活动人士从事各类破坏性的社会活动。

新宪法的第三个突出特点是充分体现了吉政治领域改革的社会性。新宪法颁布了多项新规定，内容涉及提高养老金待遇、提高社会补贴和其他社会福利等。民生问题涉及社会保障、教育、医疗保险和投资者保护等多方面内容。新宪法规定，将确保各类社会群体的机会平等，特别是妇女的作用和地位必须得到重视，村、市议会和国家机构将保障 30% 的妇女就业岗位。针对国家物质和非物质文化遗产，新宪法规定历史和文化遗产、建筑、考古文物和古迹是国家财产，受法律特殊保护。科学研究、现代技术和创新等内容也被列入新宪法中，新宪法规定，国家科研机构应遵守科研工作的延续性原则，充分协调基础科学和应用科学的关系，为社会和国家的发展提供智力保障。此次新宪法还突出强调了家庭和儿童的地位。

（三）推出首个"五年发展计划"

2021 年 10 月，吉遵照新宪法规定，推出《吉尔吉斯共和国至 2026 年国家发展纲要》（简称《发展纲要》）。《发展纲要》对吉今后五年的发展规划进行权威阐释，并对政府提出新的工作要求，即政府应在原有国家发展规划《吉尔吉斯共和国 2018 ~ 2040 年国家发展战略》的基础上，根据最新要求对现有投资合作项目进行更新，并提出具体落实措施；号召国家议会、司法机关和地方自治机构等相关部门协同合作，共同制订具体行动和落实计划以保障《发展纲要》的顺利实施。此次《发展纲要》内容丰富，涉及国家发展多个方向和领域，由十个部分组成，即前言、吉国情现状分析、反危机措施、改革重点、落实措施、经济优先发展方向、社会发展、外交和国家安全、优先发展事项、纲要实施机制。在涉及国家经济社会发展的具体目标方面，《发展纲要》明确指出今后吉经济应确保不低于 5% 的年平均增长率，此外在降低失业率、吸引外部投资、控制外债规模、减贫、提高国家竞争力和综合实力、发展电子政务和节能减排等方面，《发展纲要》也进行了明确

的阐释。五年发展计划的推出可以看作扎帕罗夫总统领导的执政阶层对吉国情的全面解读和综合判断,通过确定国家重点发展方向和核心任务,明确了吉尔吉斯斯坦今后五年内的发展理念与工作重点。

(四)社会问题依然严峻

社会治安问题、失业和贫困等问题是吉社会发展和民生福祉的主要威胁。受政局形势转好和疫后经济恢复有望的利好因素影响,社会治安状况较疫情期间有所改善。疫情导致吉中小企业大规模倒闭,受经济萧条影响,吉国内物价上涨,通胀严重,失业率一直保持在较高水平。在近期的吉社会民意调查中,吉民众对就业压力、日用品供应和药品供应等问题依然保持较高的关注度,这些也是民众满意度较低的几个主要方面。

二 经济形势

2021年初,吉经济形势受疫情带来的消极影响,多项指标仍呈现下滑趋势。随着吉新冠疫苗接种工作逐渐展开,疫情的严峻态势有所缓解。选举和宪法改革尘埃落定后,吉政局动荡得到一定缓解,外部经济环境和国内贸易条件逐渐改善,总体经济形势开始出现恢复发展的趋势。世界银行预测,2021年和2022年吉经济将分别增长3.8%和4.3%,预计吉还需要两年的时间才能将经济发展恢复到疫情前水平。[①]

(一)推进经济领域改革

根据吉总统5月发布的国情咨文,2021年吉经济领域改革主要包括以下几个方面。

第一,通过各项政策措施,尽快改善国内的营商环境,为国内生产经营

---

① 《世界银行预测,2021年和2022年吉尔吉斯斯坦经济将分别增长3.8%和4.3%》,中国驻吉尔吉斯共和国大使馆经济商务处网站,http://kg.mofcom.gov.cn/article/jmxw/202104/20210403050297.shtml。

者和国外投资者创造最有利的营商环境。措施将主要包括杜绝未经任何权威部门授权的检查、干扰、突袭和暴力攻击。吉将致力于消除官僚主义带来的负面影响，简化获得许可的手续流程，缩短办理相关许可所需的时间，确保资金自由周转，为企业减轻负担。通过改进管理、简化程序、推广数字化、减轻税负等方式进行财政体制改革。新的税法也将有助于改善国内营商环境，增大吉市场对外国投资者的吸引力。

第二，推行司法改革，采取有效措施加强吉市场的公正性、公平性和客观性，加强对私有财产权的保护，推行仲裁法院制度。

第三，促进外贸结构改革，实现外贸结构的根本性变化，扩大吉对外出口潜力。为实现外贸朝方便、快捷和快速的方向发展，吉将重点推进运输和物流一体化建设。在提升吉国内交通运输效率的同时，还要重视开发过境潜力。特别是在"一带一路"合作框架下，进一步加快建设中吉乌铁路。建设配备现代化设备的多式联运货运航空枢纽的发展构想也被提上日程。此外，新《劳动法》的制定也将有效改善劳资关系紧张的问题，对平衡雇主和工人权益、保障各方利益和改善投资环境都有重要意义。

第四，吸引经济直接投资，发展国际合作。在国家预算有限的前提下，吉将注重为实施新基础设施项目吸引直接投资和外部援助。

第五，改革国有资产管理系统，建立市场机制以减少国家对经济发展的干预。[①]

（二）疫情对经济发展的影响依然存在

2021 年吉疫情形势较 2020 年有所缓解，从年中的传播形势看，比较严重的区域为比什凯克市和楚河州。2020 年，当吉处于新冠疫情感染高峰期时，每日确诊病例在 1000 人左右，从 2020 年 11 月中旬起，随着免疫人群数量逐渐增多，确诊病例呈下降趋势，2021 年初，吉日确诊病例在 100 人

---

① 《吉经济财政部介绍国有资产主要改革方向》，http://kg.mofcom.gov.cn/article/jmxw/202105/20210503060191.shtml。

左右。据吉卫生部部长称，通过免疫测试研究发现，吉大部分居民已经得过新冠肺炎，从而产生了抗体。①

从2021年初的各项发展指标看，疫情对吉经济的影响依然存在。一是从总体形势看主要经济数据仍呈下降趋势。第一季度吉GDP同比下降9.4%，其中，1~3月吉工业产值、采矿业和固定资产投资同比均呈现下降趋势，1~2月对外贸易额同比下降18.3%，而3月的物价环比涨幅居欧亚经济联盟成员国首位。2021年上半年（1~6月），吉GDP约为2707亿索姆（约合32亿美元），同比下降1.7%。② 二是疫情导致的生产和物资供应紧张局面依然存在，特别是与民生相关的食品、药品价格不断上涨。吉总理农业领域顾问穆卡舍夫4月表示，因生产能力不足吉仅能保障居民的牛奶、果蔬和土豆供应。③ 1~5月，吉消费价格上涨5%，其中食品、饮料、烟草等涨幅较大，土豆涨幅超33%，居食品涨幅首位。④ 三是受疫情影响，建筑业、服务业等行业发展下降趋势仍十分显著。2021年上半年，吉酒店、餐饮行业营收为59亿索姆（约合6961万美元），同比下降4.8%。⑤

国际货币基金组织预测，吉经济有望出现复苏迹象，促进吉经济恢复发展的主要因素来自全球经济总体发展形势、吉国内经济发展动力、黄金开采和侨汇收入。其中来自国内的最大变数是疫情发展走势，如果疫情能够得到

① 《吉尔吉斯斯坦卫生部部长称，吉大部分居民已得过新冠肺炎》，中国驻吉尔吉斯共和国大使馆经济商务处网站，http：//kg. mofcom. gov. cn/article/jmxw/202101/20210103028777. shtml。

② 《2021年上半年，吉国内生产总值约32亿美元，同比略有下降》，中国驻吉尔吉斯共和国大使馆经济商务处网站，http：//kg. mofcom. gov. cn/article/jmxw/202107/20210703180378. shtml。

③ 《吉总理顾问表示，吉仅能保障3种食品自给自足，对植物油和砂糖两种食品规定最高的附加价》，中国驻吉尔吉斯共和国大使馆经济商务处网站，http：//kg. mofcom. gov. cn/article/jmxw/202104/20210403056275. shtml。

④ 《2021年1月至5月吉尔吉斯斯坦消费价格上涨近5%》，中国驻吉尔吉斯共和国大使馆经济商务处网站，http：//kg. mofcom. gov. cn/article/jmxw/202106/20210603135902. shtml。

⑤ 《2021年上半年，吉酒店、餐饮行业营收约合6961万美元，同比下降4.8%》，中国驻吉尔吉斯共和国大使馆经济商务处网站，http：//kg. mofcom. gov. cn/article/jmxw/202108/20210803183156. shtml。

有效控制，2021 年吉经济有望实现 3.8% 的增长，2022 年增速可达到 6.4%。[①]

（三）具体行业领域发展概况[②]

在工业领域，与 2020 年 1～7 月相比，2021 年 1～7 月工业生产有所下降，其原因是医药产品（下降 38.4%）、化工产品（下降 36.5%）以及基体金属和金属制成品的产量下降（机械和设备的产量并未下降，其产量增长 31.7%）。橡胶和塑料制品，其他非金属矿产品（增长 70%），精炼石油产品（增长 43.1%），木制品和纸制品、印刷品（增长 40.8%），食品（包括饮料）和烟草制品（增长 10.6%），纺织品、服装和鞋类、皮革和皮革制品（增长 9.3%）以及采矿业产品（增长 5.3%）的产量有所增加。电力的生产和输送增长了 5.8%，燃气生产和气体燃料的分配增长了 9.7%，蒸汽的供应增长了 7.5%。

在农业领域，与 2020 年 1～7 月相比，2021 年 1～7 月农产品总产值有所下降，主要是农作物产量有所下降（下降 13.3%）。

在建筑业领域，由于内部和外部融资来源有所下降（分别同比下降 0.5% 和 34.5%），2021 年 1～7 月固定资本投资额同比下降。此外，信息和通信行业、教育行业和住宅建设等大部分经济活动项目的固定资本投资额均呈现下降。

在贸易方面，与 2020 年 1～7 月相比，2021 年 1～7 月批发和零售贸易额分别增长 10.1% 和 9.1%，汽车和摩托车维修的交易额也有所增长。

在价格水平上，2021 年 1～7 月吉消费价格和税率同比增长 7%。同时，食品和非酒精饮料价格同比上涨 10%，酒精饮料和烟草制品价格同比上涨 8.3%，非食品类商品价格同比上涨 4.7%。

在对外贸易和相互贸易方面，2021 年 1～6 月出口供应较 2020 年同期有

---

① 《国际货币基金组织预测，若吉境内不再发生疫情高峰，则经济将有望复苏》，http://kg.mofcom.gov.cn/article/jmxw/202104/20210403049215.shtml。
② 根据吉国家统计局网站相关文件整理。

所减少，主要是黄金供应同比减少了 56.5%，贵金属矿石和精矿的供应同比减少了 30.2%，设备和机械装置的供应同比减少了 28.2%，水果和坚果的供应同比减少了 18.3%，牛奶和乳制品的供应同比减少了 2.9%。2021 年 1~6 月吉尔吉斯斯坦与欧亚经济联盟成员国的相互贸易额为 15.375 亿美元，同比增长 28.9%。

2021 年 1~6 月，从欧亚经济联盟国家的进口量同比增长 21.4%，其中设备和机械装置的进口量同比增长 60%，电机和电气设备的进口量同比增长 60%，水（包括矿泉水和气泡水、含糖水）的进口量同比增长 50%，木材和木制品进口量同比增长 49.6%，肥料进口量同比增长 45.7%，塑料和塑料制品进口量同比增长 37.9%，黑色金属进口量同比增长 27.9%，巧克力和其他含可可食品进口量同比增长 27.5%，葵花油进口量同比增长 26.5%，石油产品进口量同比增长 24.8%，天然气进口量同比增长 20.7%，纸张、纸板及纸制品进口量同比增长 1.7%。

在部分商品进口量增加的同时，黑色金属制品的进口量同比减少 64.29%，小麦粉进口量同比减少 58.3%，小麦进口量同比减少 20.1%，面包和面点进口量同比减少 17.6%，药品进口量同比减少 15.9%，蔬菜和根茎作物进口量同比减少 11.6%，肥皂和清洁剂进口量同比减少 3.6%，烟草制品进口量同比减少 1.5%。2021 年 1~6 月，吉与欧亚经济联盟成员国中贸易额最大的是俄罗斯（65.4%）和哈萨克斯坦（32.2%）。

（四）保障民生与绿色发展是恢复经济发展的重点

2019 年，吉加入了《巴黎气候协定》，这意味着国家在今后的经济发展中必须制订详细周密的计划以减少碳排放。为实现碳中和，国家将在不同层次和不同领域的经济活动中进行相关改革，保障国家能够应对未来各种气候风险事件，并对气候危机和其他生态环境问题进行快速反应和有效应对。随着新冠疫情形势趋缓，国家经济复苏成为国家关注的重要目标，将保障民生和实现可持续绿色发展与经济复苏相结合是吉今后若干年内经济工作的重要内容。

发展绿色经济、走可持续发展路线是对国家经济发展模式的重大改革，也将从根本上改变吉经济增长模式，改变国家能源结构，深刻影响吉国家今后经济发展方向和规划制定，是对人类生活和生存方式的根本变革。吉经济基础薄弱，受疫情影响经济实现恢复的压力较大。实现绿色发展，吉目前面临的最大困难来自气象学、气候学和水文学等专业领域的人才极度匮乏。国家级科研和技术机构对人才的专业技术要求较高，待遇却无法与私营企业相比，因此除缺乏经验丰富的专家级人才，青年人才的梯队建设也面临重重困难。

三　安全形势

2021 年随着吉国内政治形势相对平稳，吉国家安全主要受到与周边邻国的冲突和阿富汗问题的威胁，国家外部发展环境出现恶化，其中领土安全和地区安全问题成为主要不稳定因素。

（一）吉塔边境冲突频发

边境居民争执是冲突爆发的直接原因。4 月 28 日，吉塔边境居民因水资源分配发生冲突，后冲突演变为两国军方交火，造成 36 人死亡、180 人受伤、3 万多名居民被迫疏散。4 月 29 日，吉巴特肯州科克塔什村"戈洛夫诺伊"配水站一带多栋房屋疑似因塔居民纵火而燃烧。塔认为配水站所在地区为己方领土，并要求在边界地区安装摄像头，吉认为该地主权存在争议并强烈抗议安装监控设备。居民肢体冲突最终因军人的加入而升级，演变为武装交火。双方除在巴特肯地区发生交火，吉特种部队还占领了塔在边境上的霍查－阿罗边防站。吉塔双方在冲突发生后达成停火协议。但 6 月 4 日晚，塔方深入吉境内 1000 米，并在奥什州乔阿拉伊地区安置集装箱，再次引发争执。

两国边界划定不清楚是发生冲突的根本原因，这是历史遗留问题。吉塔两国边界线长约 980 公里，其中 375 公里尚未勘定，双方就领土问题一直存在激烈争议。位于乌、塔、吉三国交界地区的费尔干纳盆地，因历史问题和

地理条件有大量地段至今未划清国界。苏联解体后，吉塔两国边境线上有70余处地段归属不明，双方互有飞地位于对方领土内。包括巴特肯州在内的多个边境地区居民因争夺牧场、农田和水资源，屡次爆发冲突。2013年，吉发生40余起边境冲突，且不乏武装交火。2014年以来，吉塔边境地区共发生10起严重冲突。2019年，冲突再起，两国总统会晤未达成共识。2021年6月4日再次发生冲突后，吉塔双方派代表举行谈判并达成一定共识：一是吉方从边境撤回军队，并安置之前疏散的平民；二是双方达成由7~8个条款组成的联合协议。6月5日，吉国安委主席塔西耶夫称双方已签署联合协议，将妥善解决边境冲突。

双方诉求及对中国的主要影响包括以下几个方面。

在此次冲突中，吉塔各自的主张存在根本分歧，冲突对地区安全和"一带一路"建设推进均构成威胁。吉方认为，边境冲突威胁吉领土安全。5月3日，吉总统扎帕罗夫发表告全国人民书，指出吉领土完整和安全受到威胁。吉官方认为，吉一贯奉行和平友好的睦邻政策，吉在维护地区和平方面曾做出重要贡献：一是吉方曾积极促成1997年5月签订的《政治问题议定书和比什凯克备忘录》；二是吉曾积极协助塔解决国内战乱冲突；三是塔曾因运输受阻而出现能源和食品供应困境，经济发展一度处于孤立状态，吉及时相助，展现了最大善意。但是，塔却觊觎吉领土和自然资源，公然违反国际法则。不过，吉一直反对给当地青年发放武器，呼吁公民保持克制。吉总统称，为避免武装冲突失控，吉强力部门应保证避免平民参与军事冲突。吉主要诉求包括：第一，成立专门委员会解决边境问题纷争，成员由村庄族长组成。第二；通过法律途径解决边境冲突，维护吉国利益，根据国际惯例对冲突事件进行彻底调查，并根据吉国刑法对塔军事侵略事实启动预审程序；第三，寻求国际社会声援与支持，冲突发生后，吉积极与俄、中亚其他国家、土耳其、匈牙利、瑞典和国际组织（欧盟、联合国、欧安组织）等多方代表沟通交换意见；第四，恳请中方提供必要的援助。

塔方则认为，边境冲突由吉侵占塔领土而起。塔总检察院5月3日宣布，吉军方在边境地区的行动为"侵略行为"。塔政府始终认为，发展与地区邻国的关系是塔外交政策的优先事项。塔外长 4 月 30 日指出，塔与邻国自古以来就保持睦邻友好关系，将逐步解决与吉边界线的划定问题，但塔绝不会放弃应有土地。塔外长指出，塔将从国家利益出发，不接受任何涉及领土问题的挑衅。塔方在吉塔冲突问题上的主要诉求包括：第一，主张通过政治谈判和外交渠道解决双方诉求；第二，应尽快找到解决所有边界问题的有效方法；第三，塔保证遵守全面停火协定，并将军队撤回其永久部署地点，但不接受任何军事挑衅行为。

吉塔冲突对中国和中国在吉项目产生一定影响：一是对中国边境安全造成潜在威胁，吉塔均是中国在中亚地区的邻国，塔安置集装箱的地点离中国边境地区只有几百公里，武装冲突引发的房屋焚毁、居民疏散、炮弹袭击等均对中国边境地区安全与稳定构成威胁；二是影响中国在中亚地区重要战略出口的安全和"一带一路"建设的推进。此次领土争议地区是中国对外连接中亚地区的战略出口，冲突发生后，吉塔双方关闭边界，贸易被迫中断。奥什州和巴特肯州的停车场货运站滞留大批卡车和货物。费尔干纳地区因相对落后和封闭，发展经济和开展对外贸易的需求旺盛，但边境冲突和不稳定局面十分不利于推进"一带一路"建设。

（二）阿富汗问题对吉周边安全造成威胁

随着美国和北约军队撤离阿富汗，塔利班迅速掌握阿实际控制权，阿国内局势迅速变化，国际社会特别是周边中亚国家在感到震惊的同时，也对今后地区安全问题产生深刻担忧。阿富汗与中亚地区国家无论在历史过往还是当前现实上都有千丝万缕的联系。由于中亚多个民族都有族人在阿富汗生活，种族、宗教和文化等有高度的相似性。从地理位置上看，阿富汗地处中亚地区国家通往南亚的通道要地，对于迫切需要安全的周边地区环境以发展经济的中亚国家来说，阿富汗的地缘意义极其重要。

阿富汗问题对吉国家安全可能带来的影响包括以下几点。一是恐怖势力外溢，恐怖分子回流风险加剧。2021 年 8 月，中亚五国专门召开元首磋商会议讨论阿富汗局势及应对等问题。7 月 17 日，吉国安委称近期抓获国际

恐怖组织重要成员，该恐怖分子近期从阿富汗返回吉境内，正筹划实施恐怖活动。由于该恐怖分子在阿富汗接受过专业的培训，且在阿参与多次恐怖主义作战行动，对吉国家和社会安全威胁极大。据公开资料显示，阿境内现有20个恐怖组织且活动十分活跃，阿富汗局势动荡使恐怖主义外溢的风险直接冲击阿邻国塔吉克斯坦，并通过塔的通道向中亚内部渗透。二是阿富汗新政府的执政能力和治理能力仍有待观察，意识形态中的极端主义色彩存在蔓延风险。虽然塔利班已经成立政府，但新政府面临国家治理的多重挑战，崩溃的经济和战乱动荡使阿国内创巨痛深、百废待兴，如何巩固政权并获得阿国内民众和国际社会的认可是阿政府需要解决的主要矛盾。对中亚国家而言，阿执政阶层的执政理念和意识形态中隐含的极端主义风险是最大的外部威胁。三是阿难民潮可能给吉带来边境和社会治理风险。1996年，吉成为联合国《关于难民地位的公约》的缔约国，有义务接收难民。阿富汗危机中，吉主要接收来自阿的吉族难民，难民进入吉的主要路线是通过乌兹别克斯坦，但大部分难民不会在吉过久停留，最终会转道去往欧洲和美国等地。

四 对外关系

总统扎帕罗夫上任后，为实现疫情后恢复经济发展的目标，积极开展对外联络，寻求合作，并在多边框架下积极拓展出口渠道。总体来看，吉继续重视对俄关系，重视发展与中亚地区邻国和周边大国的睦邻友好关系，通过发展对外合作，创造有利的国际环境，集中精力恢复和发展国内经济。

扎帕罗夫总统曾在当选前对外表示，俄罗斯是吉最主要的战略合作伙伴，吉将在政治、军事、经济等领域加强与俄罗斯合作，俄罗斯仍是吉发展对外关系的重点方向之一。2月25日，吉总统扎帕罗夫结束了上任以来对俄的首次访问，双方在能源、国际信息安全、农产品合作等领域达成一系列合作协议，包括无人机使用、确定军事战略伙伴关系、建立商品识别标记系统和水资源利用等。扎帕罗夫在访问期间还会见了俄精英阶层人士、吉同胞和商界人士，与俄就新冠疫苗合作达成协议。吉重视对俄关系和对俄合作的主要原因：一是经济因素，在吉对外经济联系中，与俄的经济合作始终占重要地位；二是维护政权稳定和国家安全的需要，吉重要的地理位置决定了其在大国博弈中易成为在欧亚地区争夺的目标，受历史和现实等多重因素影响，俄罗斯对吉军事安全的意义强于其他周边国家，另外随着美国对吉民间组织和团体的意识形态渗透，吉社会动荡风险和隐患逐渐加大，要维护政权稳定和社会安定，俄是吉可依靠的主要力量。

扎帕罗夫上任后还访问了哈萨克斯坦和乌兹别克斯坦，与两国就今后各领域合作和边界划定等问题进行协商。吉与塔发生数次边界冲突后，双方虽立场和诉求有严重分歧，但冲突没有扩大和进一步升级，双方继续保持外交对话和沟通。6月27日，扎帕罗夫对土库曼斯坦进行正式访问。访问期间，双方的会谈主要聚焦经济领域合作问题。

此外，吉在主要国际组织和区域多边合作机制中继续保持合作姿态，通过保持和加强沟通与对话寻求疫情防控、医疗物资、经贸合作等援助。在经贸合作领域，吉主要合作伙伴为欧亚经济联盟成员。吉国家统计委员会网站数据显示，2021年1~8月吉对外贸易额为43.94亿美元，同比增长19.7%，与欧亚经济联盟国家贸易额为20.47亿美元，同比增长25.8%；其中对欧亚经济联盟国家出口4.81亿美元，同比增长29.9%；自欧亚经济联盟国家进口15.66亿美元，同比增长24.5%。[1] 年内，吉总理还就加强海关数字化合作与联合国相关负责人进行沟通。通过多方渠道寻求援助和资源以发展经济是吉2021年外交的重点方向。

五　中吉关系及"一带一路"建设合作

受国际环境和吉国内形势的变化影响，中吉共建"一带一路"框架下的部分合作项目被迫中断和延期。虽然吉政权更迭引发数次吉国内政局动

---

[1] 《2021年1~8月吉对外贸易额43.94亿美元，同比增长19.7%》，中国驻吉尔吉斯共和国大使馆经济商务处网站，http://kg.mofcom.gov.cn/article/jmxw/202110/20211003206631.shtml。

荡，但总统扎帕罗夫上台后表示，发展对华友好关系仍是吉对外合作的重要方向。除双边关系，中吉在多边外交场合和地区主要国际组织中也保持着沟通和对话，如上合组织和"中国—中亚"机制。中吉两国始终表示要坚定发展全面战略伙伴关系，为地区稳定和民生福祉共同努力。

近期，中吉关系发展特点包括以下方面。一是继续保持政治互信，尊重本国人民的政治选择，互不干涉内政。2020 年 10 月，时任吉代总统的扎帕罗夫公开表示，对华发展友好关系是吉对外政策优先方向。2021 年 1 月，中国外交部对扎帕罗夫当选吉总统表示祝贺，并希望能够继续加深中吉合作，深化双方全面战略伙伴关系内涵。2 月 22 日，习近平与扎帕罗夫通话，两国高层领导的直接对话标志着中吉关系在经历吉国内的政权更迭后，依然保持较高的政治互信。6 月 17 日，扎帕罗夫通过视频向习近平祝贺中国共产党建党一百周年，并对中国共产党引领中国人民取得的伟大成就表示由衷的赞赏和祝贺。扎帕罗夫表示，中方多年来一贯支持吉经济发展，帮助吉提高人民的生活水平，在新冠疫情席卷世界的背景下，中方向吉源源不断地提供物资和医疗援助，是吉可依靠的忠实伙伴。二是双方在多边场合保持接触和对话，双方均是维护地区安全与稳定的重要力量。5 月 11 日，"中国＋中亚五国"外长会议在西安举行。中吉外长表示中吉两国应加深各领域务实合作，寻求互利共赢，实现和谐发展，为地区安全与稳定贡献力量。在上合组织框架下，中吉两国在 9 月举行的上海合作组织成员国元首理事会上表示，将共同致力于促进上合组织健康稳定发展，团结地区各方力量共同推动构建新型国际关系和人类命运共同体。三是双方就继续推动共建"一带一路"达成共识，通过巩固中吉关系促进经贸、安全、人文等各领域务实合作。5 月，扎帕罗夫在国情咨文中指出，参与"一带一路"建设对吉实现国家经济发展有重要意义。"一带一路"建设合作将是吉今后重点合作领域。7 月，扎帕罗夫在接受采访时表示，"一带一路"建设惠及吉国家建设和人民，吉将全力保障合作项目的顺利实施。

2021 年，中吉两国在交通和基础设施建设方面的各个项目继续推进，主要项目有吉首都比什凯克的路面修复项目。该项目由中国路桥公司和中铁二院工程集团下属的两家公司承建，项目为修复城市道路约40公里。除道路修复，中国企业还承担多项道路建设项目，例如已经建成的比什凯克—纳伦—吐尔尕特公路和比什凯克—奥什公路项目，在建的项目为维修原北南公路和建设第二条北南公路，该项目除道路的维修和建设还包括两座桥梁的建造，这是吉历史上桥梁建造难度最大的项目。原北南公路由于常年缺乏养护和维修，加上地理条件恶劣和雪崩等自然灾害，公路沿途的多个路段被迫中断，影响当地经济发展和人员往来。

除交通和基础设施建设，中吉在其他领域的深度合作也在继续。在农业领域，合作的主要项目有吉北部地区玉米滴灌丰产栽培项目和南部棉花丰产栽培技术合作项目。在工业领域，双方继续合作建设工业园区，深化产业链合作。2021年8月，由丝绸之路集团负责的丝绸之路工业园项目顺利举行开幕仪式。在人文领域，由中央民族大学和奥什国立大学承办的中吉人文交流中心于北京顺利揭牌。该中心是吉在华开设的第一个联合人文交流中心，是中吉人文领域合作的重要项目之一。

根据双方高层达成的共识，今后中吉将在绿色农产品进出口、口岸过境运输和贸易、民族文化交流与传播、传统媒体和自媒体合作、特色旅游产品开发、职业教育等方向拓展合作项目和扩大合作规模。吉方将在维护外国投资者资金和人身安全方面加大工作力度，特别是在保护中方投资者的合法权益方面继续采取一切必要措施，为中吉合作保驾护航。此外，新冠疫情在全世界范围内依然没有得到有效控制，吉方也将继续在医疗抗疫合作和疫苗研发及生产方面与中方保持合作，为保障本国和地区人民福祉、夯实两国友好民意基础、提升国民生活水平贡献力量。

Y.21

塔吉克斯坦

杨 进 胡朝阳*

摘 要： 2021 年是塔吉克斯坦独立三十周年。在拉赫蒙总统领导下塔吉克斯坦各项改革进展顺利，社会平稳发展，独立三十周年庆典圆满举行。随着防疫管控措施放宽，经济呈现复苏态势，对外贸易往来逐渐恢复，农业生产再创新高。"线上外交"被替代，元首互访、现场会议等传统外交方式回归，2021 年，塔吉克斯坦担任上海合作组织和集体安全条约组织轮值主席国，主场外交使塔取得一系列重要成果。但阿富汗局势的骤变、与吉尔吉斯斯坦之间的边境冲突成为塔国家安全的主要威胁。塔继续推进与中国的全面合作，两国高层保持密切互动。中塔在经贸、抗疫等众多领域取得突出成绩，"一带一路"框架下多个项目建成落地，两国战略伙伴关系得到进一步巩固。

关键词： 塔吉克斯坦 独立三十周年 主场外交 中塔关系

2021 年对于塔吉克斯坦来说是一个重要的年份，塔吉克斯坦迎来了独立三十周年，国家进入新的发展阶段。在拉赫蒙总统领导下，塔国内政治维持了长期稳定，经济较内战结束之初有了大幅发展，与周边国家、世界大国建立了友好关系，这一系列重要成就奠定了塔吉克斯坦向前发展的坚实基

---

* 杨进，中国社会科学院俄罗斯东欧中亚研究所中亚研究室副主任，副研究员；胡朝阳，中国社会科学院大学俄罗斯东欧中亚研究系硕士研究生。

础。政治领域，各项政治措施有序推进，独立三十周年的相关活动给塔吉克斯坦的政治生活注入新活力。经济领域，反危机综合措施的成效开始显现，经济发展速度有所回升，对外贸易、侨民收入开始恢复，多项经济指标表现良好。外交领域，拉赫蒙访问了俄罗斯、土库曼斯坦、法国等不同地区的多个国家，中亚多国领导人也到访塔吉克斯坦，元首间的密切往来加深了塔与相关国家的双边关系。同时，塔吉克斯坦成功举办了上海合作组织成员国第二十一次元首理事会及集体安全条约组织成员国领导人会议，拉赫蒙多次在国际公开场合就冰川消融、粮食安全、阿富汗问题等事关塔吉克斯坦国家利益的议题发声，努力维护塔吉克斯坦的国家利益。

一 独立三十周年政治稳定

2021 年塔吉克斯坦政治平稳，各项政策措施有序开展，积极落实。拉赫蒙在又一次就任总统后对国家重要职能部门人员进行了调整，未来接班人愈加清晰。独立三十周年是塔吉克斯坦举国上下的大事，一系列庆祝活动的成功举办加深了塔吉克斯坦民众的国家认同，提升了国家凝聚力。

（一）既定政治举措顺利开展，政局维持稳定

2021 年是拉赫蒙第五次连任总统后的首年，以拉赫蒙为权力核心的高层继续推进落实在 2020 年选举纲领中提出的三大优先任务：确保国家经济发展并提高国家竞争力；扩大中等收入居民比例，将其在全国人口中的占比提高到 45%；将社会经济发展指标提升至中等国家水平。3 月，出台了《塔吉克斯坦 2021～2025 年中长期发展规划》，该规划涉及金额约 102 亿美元，涵盖的主要领域为经济领域，目的主要是实现国家经济增长、降低贫困率、扩大外贸中的出口比重。这与三大优先任务的内容相契合，是塔吉克斯坦未来几年国家经济发展的指南。

为此，塔吉克斯坦在世界银行的帮助下开启了税务改革计划，预计该计划将于 2026 年完成，主要是帮助塔简化税务系统，提高与纳税人相关的服

务，使人们自觉遵守税法。① 11 月，塔下议院审议通过了《税法典》修正案，据塔财政部部长卡霍尔佐达介绍，该修正案旨在使塔税收制度同全球数字化经济发展进程保持一致，推行电子税务系统，简化征税流程，增加税收。② 同时，还减少了税种数量，提高了个人所得税的免征额度。这项改革措施不仅对塔吉克斯坦的国家经济发展具有积极作用，而且有助于减少塔国内"影子经济"现象，增加国内税收，提高国家竞争力，使塔经济朝着数字化经济方向发展。

塔吉克斯坦的贫困人口有所下降，人均寿命达到历史最高水平，社会经济发展指标稳步提升。据塔经济发展和贸易部部长扎夫基佐达表示，目前塔吉克斯坦的贫困率为 26.3%，受新冠疫情的影响，减贫速度开始放缓，塔国内将面临新一轮的经济社会压力。近年来，随着塔国内居民生活水平及物质条件提高，社会医疗体系不断完善，塔居民寿命也在不断增加，人口平均寿命为 75.1 岁，为历史最高水平。③ 塔实施的一系列改革措施维护了塔吉克斯坦政治社会的稳定，逐步降低了各种潜在社会风险。

在社会政治稳定层面，塔国家政府高层人员的调整值得关注，这事关塔吉克斯坦未来政治发展走势。1 月和 11 月，拉赫蒙签署了多个关于国家重要政府部门官员的任免令，包括工业和新技术部门、建筑委员会、巴达赫尚自治区的法院院长及检察官、杜尚别市的检察官及法院负责人等。新任命的政府官员皆为年轻人，绝大多数人拥有国外学习经历。从这些人事变动中能够看出，塔吉克斯坦新一代领导团体正在形成，老一代精英正在逐步远离权力中心，这一改变符合拉赫蒙设计的接班人之路，有益于其长子、上院议长兼杜尚别市市长卢斯塔姆·埃莫马利组建自己的权力结构，为塔吉克斯坦实现权力平稳交接扫清障碍。

---

① 《世界银行资助塔税务改革》，http：//tj. mofcom. gov. cn/article/jmxw/202106/20210603109349. shtml。
② 《塔下议院通过塔吉克斯坦共和国〈税法典〉修正案》，http：//tj. mofcom. gov. cn/article/jmxw/202111/20211103214826. shtml。
③ 《塔人均寿命达历史最高水平》，http：//tj. mofcom. gov. cn/article/jmxw/202111/20211103213627. shtml。

（二）独立三十周年庆典圆满举行，国家发展迈入新阶段

2021 年，塔吉克斯坦政治领域的一件大事是庆祝国家独立三十周年，这意味着塔吉克斯坦国家发展进入新的历史阶段。塔国家有关部门组织了一系列庆祝活动。9 月 6 日，塔吉克斯坦议会通过了总统提交的大赦提案，根据该法案约有 1.6 万名塔吉克斯坦公民获得特赦，其中 5300 名罪犯被减刑。[①] 9 月 7 日，首都杜尚别举行了独立三十周年阅兵式，这次阅兵有 3 万多名塔吉克斯坦士兵和军官参加。拉赫蒙在阅兵式前发表演讲，肯定了武装部队人员和国家执法机构工作人员在维护国家宪法秩序、确保国家和平与政治稳定方面发挥的重要历史作用，同时指出一些地区和国家的不稳定局势正在变得更加严峻，军队要时刻保持高度战备状态。9 月 9 日独立日当天，首都一些重要场所举行了节日游行和文艺表演活动，共有 6 万余人参与其中。在独立日前夕，塔吉克斯坦总统向众多国家官员及杰出政治家颁发了荣誉勋章。其中有 88 人被授予塔吉克斯坦国家独立三十周年纪念勋章，2 人被授予塔吉克斯坦荣誉工人称号。获奖者中有拉赫蒙之子、上院议长兼杜尚别市市长卢斯塔姆·埃莫马利。从举办的各项活动来看，塔吉克斯坦特别重视三十周年独立日，特别是在国内社会受疫情冲击、境外安全威胁日益加剧之际，塔吉克斯坦希望借助这个特殊的日子增强国民凝聚力，提振民众信心，举国之力共同应对当前国家发展面临的危机。

二 防疫管控措施放宽，经济复苏

在防疫措施效果显现、管控措施放宽的情况下，塔吉克斯坦经济开始复苏，对外贸易逐渐恢复，侨汇收入较 2020 年有了大幅增加，多个经济领域产值实现增长。但受经济发展落后、经济问题积重难返等因素的影响，塔国

---

① Парламент Таджикистана принял закон «Об амнистии», https：//asiaplustj. info/ru/news/tajikistan/power/20210906/parlament－tadzhikistana－prinyal－zakon－ob－amnistii.

债总额再创新高，占 GDP 的 44%。塔吉克斯坦要摆脱国内经济发展困境还需要较长一段时间。

（一）宏观经济实现增长，外贸恢复正常

据亚洲开发银行年初公布的报告，随着塔主要贸易伙伴国放松与新冠疫情有关的管控限制，塔侨汇收入和引进的外国直接投资逐渐恢复，预计2021 年和 2022 年塔 GDP 增幅将分别达到 5% 和 5.5%。[①] 此外，世界银行、欧洲复兴开发银行等多个国际机构发布的报告显示，2021 年塔吉克斯坦的经济增幅在 5% 以上。这得益于塔吉克斯坦持续推行的经济发展政策和反危机措施。

塔吉克斯坦国家银行行长霍利克佐达表示，2021 年上半年塔 GDP 达 35亿美元，实际增幅为 8.7%。其中工业占比达 19.8%，贸易占比达 17.9%，农业占比为 15.4%，交通、通信和仓储占比 7.3%，税收占比 11.6%。从数据来看，各个经济领域正在逐步恢复，行业发展差距较小。根据塔国家发展战略，塔力争在 2030 年前实现国家工业化转型，届时工业在 GDP 中的占比将增至 21%，农业占比将降至 17%。目前塔经济正在朝这一目标发展。

塔吉克斯坦劳动、移民和就业部副部长沙赫诺扎·诺迪里表示，2021年前 10 个月，有超过 30 万名塔吉克斯坦公民出国工作，是 2020 年全年的2.8 倍。[②] 俄罗斯中央银行数据显示，2021 年 1~10 月，塔吉克斯坦的劳动移民往塔国汇款达 7.55 亿美元，且有逐月增加之势。侨汇收入恢复的原因主要有以下两点：一方面，俄罗斯新冠疫情防控措施正在放宽，众多中小企业开始恢复运营，劳动力岗位需求增加；另一方面，塔政府也在积极落实居民就业问题，考虑到约有 70% 的家庭靠境外汇款生活，塔政府从年初起就与俄罗斯方面进行沟通协商，恢复了 2019 年两国签署的关于有组织招募塔

---

① 《亚开行预测今年塔经济将增加 5%》，http：//tj. mofcom. gov. cn/article/jmxw/202105/20210503063585. shtml。

② Куда трудовые мигранты из Таджикистана едут на заработки，https：//khovar. tj/rus/2021/11/kuda – trudovye – migranty – iz – tadzhikistana – edut – na – zarabotki/.

公民到俄罗斯联邦从事临时工作的政府间协议，并恢复了两国之间的航班等。

外贸领域，2021 年前 7 个月，塔对外贸易总额达 35.5 亿美元，同比增长 44.7%。出口额为 13.33 亿美元，几乎比上年同期翻了一番，其中贵金属、宝石占出口额的 53.2%，达到 7.09 亿美元；紧跟其后的是矿产品、贱金属及其制品、纺织材料及食品。塔与 112 个国家开展了贸易，主要贸易伙伴是瑞士，其次是哈萨克斯坦、俄罗斯、中国和乌兹别克斯坦。[①] 其中，塔俄间贸易增长最为迅速，有望于 2021 年底恢复到疫情前的水平。2021 年塔出口势头强劲，主要得益于塔政府实施的反危机措施，以及扩大贵金属及宝石出口，塔经济整体呈现正增长态势。除此之外，塔吉克斯坦棉花、粮食、蔬菜产量创下新高，出口数量也有所增加。塔农业部数据显示，截至 2021 年 11 月，塔原棉收获超过 35 万吨，比 2020 年同期增长了 2.5 万吨；棉花收购价格是 2020 年的 2 倍以上，前 9 个月，塔出口了约 7.2 万吨棉花，价值 1.35 亿美元。

同时，塔 2021 年粮食、蔬菜产量较 2020 年都有所提高，据塔工业和新信息技术部公布的信息，2021 年前 9 个月，食品工业产值占全国工业产值的 18.8%，食品出口额超过 1350 万美元。水果蔬菜罐头、饮料、糖果、面粉、干果和蔬菜食品的出口量均有增加，出口的国家不仅有独联体国家，还有美国。

（二）外债规模再创新高，通货膨胀形势严峻

受经济发展基础和资金短缺的限制，长期以来，塔吉克斯坦政府一直依靠对外借贷来维持国内经济运转。截至 2021 年 10 月 1 日，塔国家债务总额达 38 亿美元，占 GDP 的 44.6%，其中外债约为 33 亿美元。在塔政府通过的《2022 年及 2023~2024 年对外借贷计划》中包括 62 份贷款协议，其中

---

① 《塔外贸额继续大幅增长》，http：//tj. mofcom. gov. cn/article/jmxw/202108/202108031920 80. shtml。

54 份正在执行，8 份仍在沟通中。根据该计划，2022～2024 年塔将先后对外借贷 2.928 亿美元、3.6 亿美元及 3.644 亿美元，这三年总额超过 10 亿美元的贷款将用于国家投资项目。目前，2021 年塔用于国家投资项目的贷款为 2.302 亿美元。这些贷款协议主要是同亚洲开发银行、世界银行、欧洲复兴开发银行和伊斯兰开发银行签订的。① 高额的外债比重是塔吉克斯坦经济转型过程中的痛点，随着塔政府对外债务的不断重组和经济发展措施成效的显现，塔国家经济开始稳定增长，国家外债状况将会有所改善，塔国家外债占 GDP 的比重将呈现下降趋势。

2021 年，塔吉克斯坦的高通货膨胀率依旧持续。据亚洲开发银行公布的《2021 年亚洲发展综述》显示，受食品和原材料价格上涨的影响，预计 2021 年塔通胀率在 9% 左右。11 月，欧洲复兴开发银行新公布的地区经济报告显示，除乌兹别克斯坦，所有中亚国家消费领域的通胀水平都在增长。塔国家银行数据显示，2021 年前 8 个月塔消费领域通胀率为 4.8%，前 9 个月塔消费领域通胀率为 5.2%，2020 年 9 月至 2021 年 9 月塔消费领域通胀率均值为 9.6%，② 通胀率上升的主要原因是食品和燃料价格上涨，特别是生活必需品和燃气油料涨幅较大。为应对国内的高通胀率，11 月 2 日，拉赫蒙召开了工作会议，副总理、总统办公厅主任、政府多个部门的负责人参会。会议讨论分析了塔国家经济和社会状况，拉赫蒙就做好冬季必要准备、保障充足的食物和燃料储备、为社会机构和人民提供足够的电力和暖气等方面做出重要指示。

在国际经济复苏乏力和全球经济发展形势复杂的大背景下，经济基础薄弱、资源相对匮乏的塔吉克斯坦面临的发展难题将会更多，这需要塔吉克斯坦综合评估国家发展优势，扩大对外开放，抓住机遇，努力改变国内经济现状。

---

① 《塔计划 2022～2024 年对外借贷 10 亿美元》，http：//tj. mofcom. gov. cn/article/jmxw/201111/20211103217020. shtml。

② 《2021 年前 9 个月塔通胀率达 5.2%》，http：//tj. mofcom. gov. cn/article/jmxw/2021/1103217020. shtml。

三 主场外交成果丰富

随着疫情的好转，2021年塔吉克斯坦恢复了元首出访，成功举办了上海合作组织和集体安全条约组织的两场峰会，积极进取的外交行动使其在外交领域收获颇多，这对促进国内政治稳定和经济发展具有重要意义。

（一）塔俄深化盟友关系

俄罗斯在塔吉克斯坦外交中一直处在优先地位，塔俄盟友关系是塔吉克斯坦国家安全的一大保障，特别是2021年阿富汗局势发生变化后，塔俄国家间联系变得更加频繁，塔俄盟友关系在外部环境的影响下进一步深入。

2021年塔吉克斯坦总统拉赫蒙出访的第一站就是俄罗斯，5月8日，拉赫蒙抵达俄罗斯并与普京在克里姆林宫举行会晤，两国元首就加强双边关系、地区安全问题及阿富汗局势交换了意见。[①] 5月9日，拉赫蒙观看了俄罗斯纪念卫国战争胜利七十六周年的阅兵仪式，并与普京一同向无名英雄纪念碑献花。这是拉赫蒙继2020年参加俄罗斯胜利日阅兵式后又一次参加阅兵式，深刻体现了塔吉克斯坦和俄罗斯密切又特殊的盟友关系。特别是在阿富汗局势发生变化后，两国领导人通话频次增多，仅7月以来就进行了7次电话交谈。在7月5日的通话中，两国总统就阿富汗局势、塔阿边境形势进行了详细沟通，普京在这次通话中表示，俄罗斯愿意在双边和集体安全条约组织的框架下为塔提供支持与帮助。例如，俄罗斯向塔吉克斯坦拨款用于修建塔国与阿富汗接壤地区的边防哨所；升级在塔第201军事基地的武器装备，并在该基地对塔吉克斯坦军事人员进行军事培训；向塔吉克斯坦提供无偿军事援助以提升塔国防能力等。

除了深化政治安全领域的合作关系，塔俄经济合作也有了较大突破。

[①] Встреча с Президентом Таджикистана Эмомали Рахмоном，http：//kremlin.ru/events/president/news/65543.

2021 年前 7 个月，两国贸易额达到 6.4 亿美元，同比增长 7400 万美元，[①]
俄罗斯经济特区协会还与塔吉克斯坦的丹加拉、索格特、库利亚布、喷赤、
伊什卡西姆自由经济区签署了经济自贸区发展备忘录，通过建设产业集群和
经济特区来吸引投资，增大塔吉克斯坦自由经济区的发展潜力，这一计划的
实施有利于塔当地经济的持续发展，解决当地就业问题。

此外，俄罗斯对塔吉克斯坦担任上海合作组织、集体安全条约组织轮值
主席国并举办峰会的一系列准备工作提供了支持与帮助。在抗疫合作、文化
交流、人道主义领域等方面的互动也取得了许多重要成果。

（二）积极推动与中亚周边国家战略协作

保持与中亚国家的密切关系、积极推进中亚政策是塔吉克斯坦外交的重
点。2021 年，塔与哈萨克斯坦、乌兹别克斯坦、吉尔吉斯斯坦、土库曼斯
坦互动频繁，这对发展双边关系、解决地区问题具有重要意义。

塔哈继续开展全方位合作，战略伙伴关系进一步发展。政治领域，两国
高层来往密切，5 月 19~20 日，哈萨克斯坦总统托卡耶夫访问塔吉克斯坦，
两国元首举行会谈，讨论了两国战略伙伴关系下的广泛问题，签署了一系列
合作协议。两国领导人出席 8 月 6 日在阿什哈巴德召开的中亚国家首脑峰会
和 9 月 17 在杜尚别召开上合组织峰会时也举行了单独会谈。2021 年拉赫蒙
和托卡耶夫的电话联系多达 7 次，主要涉及双边政治、经贸合作、地区安全
问题，以及阿富汗局势变化和人道主义救助等，同时包括祝贺及慰问等内
容。经济领域，哈萨克斯坦继续保持塔第二大贸易伙伴国的地位，2021 年
前 7 个月，两国贸易额为 6.43 亿美元，[②] 为推动双边贸易，两国是最早一
批互通航线的国家。3 月，塔哈两国举行了关于增加贸易和供应商品范围的
工作组会议，讨论了贸易和经济合作现状，并为确保粮食安全同意建立两国

---

① 《塔俄间贸易额大幅增长》，http://tj.mofcom.gov.cn/article/jmxw/202109/202109031996
60.shtml。

② 《塔外贸额继续大幅增长》，http://tj.mofcom.gov.cn/article/jmxw/202108/202108031920
80.shtml。

间的国际商品分销系统。安全领域，受阿富汗局势恶化的影响，3 月，哈萨克斯坦宣布向塔提供 320 万发 5.45 毫米子弹、2.07 万发 23 毫米子弹和 1 万发 82 毫米迫击炮弹，[①] 用以加强塔的边防力量。11 月 10 日，哈萨克斯坦议会下院通过了《批准哈萨克斯坦政府和塔吉克斯坦政府之间关于提供无偿军事援助协议法案》。人道主义援助方面，6 月，哈萨克斯坦人道主义委员会向塔提供了 1 万吨的小麦，以补充塔国内的粮食供应和应对疫情引发的社会危机。11 月，哈萨克斯坦向塔吉克斯坦提供 300 多万美元援助助其购买燃料油。

塔乌互动密切为两国关系发展带来新机遇。2021 年塔乌两国领导人积极进取的外交行动使两国关系出现新进展。2021 年，拉赫蒙和米尔济约耶夫举行了 3 次会谈。第一次会谈是在 6 月 10~11 日，米尔济约耶夫访问塔吉克斯坦，这是他就任以来第四次访问塔吉克斯坦，访问期间两国总统签署了联合声明和 35 份合作文件，联合声明提出了进一步建立和深化两国多方面互利合作和战略伙伴关系的长期任务，文件涉及能源、交通、汽车、电气工程、矿业和轻工、教育、体育等领域。[②] 第二次会谈是在 9 月 16 日，乌总统米尔济约耶夫来塔参加上合组织峰会，在抵达杜尚别后，米尔济约耶夫先与拉赫蒙举行了单独会面，双方讨论了阿富汗局势以及 6 月访问签署文件的落实情况。第三次会谈是在 11 月 28 日，两国总统出席在阿什哈巴德举行的经济合作成员国领导人第十五次峰会并举行了单独会晤，这次讨论的重点是两国经贸合作。此外，拉赫蒙总统和米尔济约耶夫总统年内通话次数多达 8 次，其中包括米尔济约耶夫祝贺塔吉克斯坦独立三十周年以及拉赫蒙总统祝贺米尔济约耶夫连任乌兹别克斯坦总统。密切的元首互动引领两国关系快速发展，为深化两国关系指明方向。

边界领土争端为塔吉克斯坦和吉尔吉斯斯坦的关系发展蒙上阴影。2021

---

① Казахстан передаст Таджикистану боеприпасы в качестве военной помощи. 3 июня 2021г.，https：//www. zakon. kz/5071117 – kazahstan – peredast – tadzhikistanu. html.

② Главы государств подписали Совместное заявление и выразили удовлетворение результатами переговоров，https：//president. uz/ru/lists/view/4415.

年 4 月 28 日，两国在边境地区发生冲突，起因是塔方人员试图在取水点安装监控设备，吉方人员表示反对并进行阻挠，之后双方互掷石块，数小时后，冲突升级，两国军队在边境地区交火。两国国家政府层面迅速做出反应，进行了沟通并达成停火协议。4 月 29 日，在俄罗斯参加欧亚经济联盟政府间委员会会议的吉总理马里波夫和塔总理拉苏尔佐达在喀山举行紧急会晤，双方均表示将通过谈判解决边境冲突。30 日，拉赫蒙总统和吉尔吉斯斯坦总统扎帕罗夫通电话，就通过和平的方式解决解决边境冲突达成一致。但这并没有改变两国武装力量在边境对峙的状况，冲突地区形势依然紧张。5 月 1 日，拉赫蒙再次与扎帕罗夫通电话，双方重申实现全面停火和将各自的武装力量从边境地区撤离的重要性。这是中亚国家独立以来规模最大、最为激烈的一次边境冲突，造成 44 人死亡、390 人受伤，其中塔吉克斯坦伤亡 118 人。争议地区的房屋、学校、医院等基础设施受到严重破坏。① 这场冲突引起了国际社会的广泛关注，冲突带来的余波也久久未能平息，尽管两国政府代表多次前往事发地区就划界问题进行谈判，但在 5 月、6 月、7 月、10 月、11 月均出现了冲突事件，造成不同程度的人员伤亡。6 月 28 日，吉尔吉斯斯坦总统扎帕罗夫访问塔吉克斯坦，两国总统在会晤中强调双方都希望找到解决问题的办法，保持睦邻友好合作关系，不应让武装冲突再次发生。可以看出，在国家和政府层面，塔吉克斯坦和吉尔吉斯斯坦都希望以和平的方式解决边界问题，实现两国关系正常发展。然而，影响塔吉克斯坦和吉尔吉斯斯坦边界问题的现实因素过于复杂，在切实利益面前双方又都很难做出让步。

塔土关系发展顺利，在双边和地区事务中展开积极合作。2021 年拉赫蒙总统和土库曼斯坦总统别尔德穆哈梅多夫举行了三次会谈：8 月 4 日，拉赫蒙对土库曼斯坦进行国事访问，两国签署了 19 份关于政治、经贸、人文领域的合作文件；9 月 17 日，拉赫蒙会见来塔出席上海合作组织成员国元

---

① Конфликт на границе Кыргызстана и Таджикистана：уроки для ОДКБ，https：//zen. yandex. ru/media/eurazia/konflikt－na－granice－kyrgyzstana－i－tadjikistana－uroki－dlia－odkb－60b87bc72802c10d5c3f0ccb.

首理事会会议的别尔德穆哈梅多夫总统，双方讨论了两国合作的现状、前景以及邻国阿富汗的政治形势；11 月 27 日，拉赫蒙赴土参加经济合作组织第十五次峰会期间与土库曼斯坦总统会晤，双方表示将进一步加强两国友好合作关系。此外，土库曼斯坦总统在塔吉克斯坦独立日之际与拉赫蒙通电话，祝贺塔吉克斯坦独立三十周年。塔土两国元首的密切互动为两国关系深化发展提供了保障，塔土关系进入新阶段。

2021 年，塔吉克斯坦与周边及独联体国家的关系也取得了新进展。塔吉克斯坦与伊朗、土耳其、白俄罗斯、阿塞拜疆保持了密切的外交关系，国家高层互访频繁，在多边框架下开展了广泛合作。塔吉克斯坦支持伊朗加入上海合作组织，拉赫蒙总统与伊朗总统莱希在上海合作组织峰会、经济合作组织峰会期间举行会晤，达成了涉及工业、能源、贸易、交通、信息技术等多个领域的合作协议。11 月 28 日，拉赫蒙总统与土耳其总统埃尔多安在土库曼斯坦首都阿什哈巴德举行会晤，双方讨论了加强和扩大两国在政治、经济、贸易、运输、投资和社会领域的合作，计划通过创建工业企业、设立政府间经济合作联合委员会、举办企业家论坛等来提高两国贸易额。双方计划加强高等教育机构间的合作，以推进两国友好关系。双方还重点讨论了两国在安全领域的合作。塔吉克斯坦一直重视与独联体国家的合作，9 月，拉赫蒙与白俄罗斯总统卢卡申科在上海合作组织峰会期间举行了会晤，讨论了双边、地区及国际关系等议题，双方表示将继续推动两国关系的发展与扩大。11 月 28 日，拉赫蒙与阿塞拜疆总统阿利耶夫在经济合作组织峰会期间举行会晤，拉赫蒙表示对两国目前的政治对话水平感到满意，希望两国继续扩大在工业、交通、通信、货物运输领域的合作，还提议于 2022 年在塔吉克斯坦举办阿塞拜疆文化日。①

（三）有序发展与美欧等西方国家关系

2021 年美国从阿富汗撤军成为影响塔吉克斯坦与美国关系发展的一件

---

① Встреча с Президентом Азербайджанской Республики Ильхамом Алиевым, http://www.president.tj/ru/node/27323.

大事。4月23日，美国国务卿布林肯和中亚五国外长举行"C5+1"部长级会议，塔吉克斯坦外长西罗吉丁·穆赫里丁出席，会议主要讨论了中亚国家与美国在经济领域的互动和进一步发展的问题、中亚地区安全问题、气候变化问题以及阿富汗和平问题。5月4日，拉赫蒙在首都杜尚别会见了到访的美国阿富汗和解事务特别代表哈利勒扎德，双方主要讨论了关于促进阿富汗和平的问题，拉赫蒙总统表示，塔吉克斯坦会支持阿富汗政府实现本国的和平与稳定，并会发挥自身优势，促进阿富汗和平进程。美国还宣布出资57万美元帮助塔吉克斯坦维修塔阿边境的边防检查站。除了在阿富汗问题上加强沟通与交流，塔美两国也在其他领域加强了合作，如美国在3月和7月分别向塔转交了19.2万剂和150万剂新冠疫苗。美国这么做的目的是保持与塔吉克斯坦的友好关系，这样即使在美军撤离阿富汗后也能在中亚地区有一个战略落脚点。但阿富汗局势变化是直接关系塔吉克斯坦国家安全的问题，美国在这次撤军中的种种做法让塔吉克斯坦有所顾忌，特别是9月美国总统拜登在访问宾夕法尼亚州的一个消防站期间，为美国从阿富汗撤军的行为辩护时提到了塔吉克斯坦，并发表了不友好言论，引起塔国内各界人士的抗议。可见，在阿富汗问题上，塔吉克斯坦和美国之间存在分歧，但碍于美国在塔对外交往中的特殊地位，塔吉克斯坦还是会继续奉行大国平衡外交政策，保持与美国的友好关系。塔吉克斯坦积极推进与欧盟国家的关系。8月26日，欧洲理事会主席米歇尔与拉赫蒙总统进行了电话交谈，主要讨论了阿富汗问题。10月12~14日，拉赫蒙总统到法国进行国事访问，拉赫蒙与法国总统马克龙讨论了有关发展两国多方面合作关系、国际和地区热点问题以及阿富汗局势及安全问题。访问期间，拉赫蒙还出席了"塔吉克斯坦——黄金河流之国"的文化活动，会见了联合国教科文组织总干事，讨论了塔吉克斯坦与联合国教科文组织的合作问题。在访问前夕，拉赫蒙与马克龙总统通电话，双方重点讨论了阿富汗问题和塔吉克斯坦当前的国家局势，并同意就阿富汗问题进行磋商，并指示两国外长就这些问题保持联系。法国是塔吉克斯坦在欧洲的重要交往国，正如拉赫蒙在访问中所讲，塔吉克斯坦将法国视为其在欧洲重要、可靠和值得信赖的合作伙伴。在欧洲其他国家中，瑞士近两年一直是塔吉克斯坦最大的贸易伙伴国，是塔贵金属及宝石的主要出口国，2021 年前 7 个月，两国贸易额达到了 7.23 亿美元。塔吉克斯坦和德国也在 2021 年保持了良好互动，8 月 30 日，拉赫蒙总统会见了德国外交部部长海科·马斯，双方讨论了塔吉克斯坦与德意志联邦共和国双边合作问题，以及地区和国际议程的热点问题，特别提到了阿富汗问题的现状。

（四）成功举办上合组织、集安组织两场峰会

2021 年，塔吉克斯坦是上海合作组织和集体安全条约组织的轮值主席国，塔吉克斯坦成功举办了两场峰会，赢得了有关国家的支持与赞扬，展示了塔吉克斯坦的外交风采，拓宽了今后的外交空间。

2021 年是上海合作组织成立二十周年，塔吉克斯坦做了一系列筹备工作。2 月 22 日，塔国家管理学院成立了塔吉克斯坦上海合作组织友好合作中心，该组织是在拉赫蒙总统的倡议下成立的，旨在发扬"上海精神"，促进塔吉克斯坦与上合组织国家关系的进一步深化，拓展成员国在科学教育、文化旅游、信息资源和媒体合作等方面的合作。[①] 6 月 15 日，拉赫蒙总统为上海合作组织成立二十周年撰写署名文章《上合组织二十年：为了稳定与繁荣而合作》。拉赫蒙在文章中肯定了上合组织在二十年的发展中为地区安全稳定做出的贡献，认为上合组织已经发展成为一个具有影响力的新型国际组织，是讨论解决国际和地区热点问题具有影响力的平台。他还提到组织成员国团结一致、相互支持应对新冠疫情和地区挑战。拉赫蒙还强调，塔吉克斯坦作为创始成员国之一，在上合组织成立和发展过程中发挥了重要作用。2021 年作为轮值主席国，塔吉克斯坦将继续强化上合组织在维护地区和平与安全、扩大经贸联系与人文交往方面的作用。塔方相信，上合组织的前景

---

① 《塔吉克斯坦成立上合组织友好合作中心》，https：//baijiahao. baidu. com/s？id = 1692481
745044523331&wfr = spider&for = pc。

十分广阔。①

9月16～17日，上海合作组织成员国元首理事会第二十一次会议在杜尚别成功召开，塔吉克斯坦做了一系列重要筹备工作。9月16日晚，塔吉克斯坦总统拉赫蒙在政府官邸为上合组织成员国元首以及会议主宾举行了非正式宴会和"友谊之夜"晚会，展示了塔吉克斯坦特色农产品及民族菜肴。9月17日，拉赫蒙总统主持召开了上合组织成员国元首理事会第二十一次会议，与会的各国领导人就地区和国际合作中的迫切问题交换了意见，新冠疫情成为重要的讨论议题，会议最后通过了《上海合作组织二十周年杜尚别宣言》及30多份协议。会议期间，作为新的官方标志，上合组织确定了会歌，并在拉赫蒙的提议下，在本次会议上首次演奏了会歌。杜尚别峰会对上合组织发展具有划时代的意义，杜尚别峰会的成功举办得到了各成员国的肯定与赞扬。

2021年，塔吉克斯坦还担任了集体安全条约组织的轮值主席国，9月16日，该组织成员国领导人会议在杜尚别举行，会议由塔总统拉赫蒙主持，他在会议开幕式上发言表示，塔方在担任集安组织轮值主席国期间，适逢地区安全面临巨大挑战与威胁，值得肯定的是成员国对地区安全问题的立场保持一致。会议谈论了国际和地区安全问题，阿富汗局势成为重点议题。会议结束后，拉赫蒙总统在政府官邸为参会的各国领导人举办宴会，圆满完成轮值主席国的职责。

四　安全形势面临挑战

2021年塔吉克斯坦的国家安全形势发生重大变化。4月以来，与吉尔吉斯斯坦发生频繁的边界冲突，造成大量人员伤亡，给两国正常往来带来障碍。7月以来，阿富汗局势骤变，美国及其盟友从阿富汗撤军和塔利班再度掌权给塔吉克斯坦带来极大的安全风险，增大了塔阿边界的安全压力。

---

① 《塔吉克斯坦总统撰文庆祝上合组织成立20周年》，https：//baijiahao. baidu. com/s？id＝1702709875363283696&wfr＝spider&for＝pc。

（一）塔吉边界冲突不断

塔吉克斯坦和吉尔吉斯斯坦的边界争议由来已久。一方面，在苏联时期塔吉克斯坦和吉尔吉斯斯坦两个加盟共和国之间就存在划界纠纷，苏联解体后，这一纠纷升级成为国家层面的领土争议问题；另一方面，争议地区生活着大量两国边民，国家认同、资源争夺等现实因素加大了解决这一问题的难度。

塔吉克斯坦和吉尔吉斯斯坦两国之间几乎每年都会发生边界冲突，一般在两国政府的沟通调节下冲突很快会得以平息。但2021年两国边界冲突的规模之大、频率之密是往年从未出现过的，4月28日，爆发了中亚国家独立以来塔吉边界最大的一次冲突，引发了国际社会的广泛关注，俄罗斯、中国、美国、欧盟等一些国家和国际组织呼吁塔吉克斯坦和吉尔吉斯斯坦采取和平方式解决问题。这次冲突过后，几乎每个月塔吉克斯坦和吉尔吉斯斯坦边境都会发生冲突事件。尽管两国领导层都高度重视这一问题，总统、相关政府部门领导人多次举行会议协调和沟通，努力寻找合适的方式解决这一问题，但是结果不尽如人意，冲突依旧不断。

2021年塔吉克斯坦和吉尔吉斯斯坦冲突增加的主要原因是中亚各国受新冠疫情的影响经济出现衰退，通胀率和失业率居高不下，居民生活受到很大影响，各类社会资源短缺造成多种社会问题发生，其中包括边民为争夺资源而发生的冲突。4月28日的冲突与水资源有关，11月21日的冲突起因是塔吉克斯坦"越界"的牛被吉尔吉斯斯坦边境居民扣押。

（二）阿富汗形势骤变威胁塔国家安全

2021年阿富汗局势的剧烈变化成为塔吉克斯坦国家最大的外部安全威胁。塔吉克斯坦和阿富汗有1400公里的边境线，与塔吉克斯坦相邻的阿富汗北部地区生活着占阿富汗人口46%以上的塔吉克族人，这种地理族群的联系使塔吉克斯坦极易受阿富汗内部局势变化的影响。

首先，边境防御就是塔吉克斯坦面临的最大难题。在美国及其盟友撤军

后，阿富汗政府军很快溃败，塔利班以破竹之势占领首都及阿富汗绝大部分地区。塔利班重掌政权后，释放了大量罪犯，其中就包括ISIS、"基地"组织和其他恐怖组织的成员，这很有可能使阿富汗再次成为国际恐怖主义的温床，加大了地区的安全威胁。塔吉克斯坦与阿富汗漫长的边境线使其面临巨大的安全压力，塔吉克斯坦再次成为打击恐怖主义、极端主义、激进势力、毒品走私、跨国犯罪的前沿。另外，阿富汗与塔吉克斯坦接壤的地区是阿富汗反塔联盟的阵地，塔利班和反塔联盟经常在此交战，频繁的战火让塔边境地区处在紧张状态，既增大了塔军的边防压力，又影响了边民的正常生活。

其次，难民问题。塔利班的再度掌权让一些阿富汗人感到恐惧，他们选择出逃国外，塔吉克斯坦就是他们的一大目的地。2021年1~8月，超过1.4万名阿富汗难民来到塔吉克斯坦，他们被安置在与阿富汗接壤的地区，可以得到临时住房、医疗救助及食品等生活用品。受欧洲难民危机的影响以及国内经济状况的限制，塔吉克斯坦在难民问题上非常谨慎，大量难民进入必然会给塔吉克斯坦社会带来灾难，为此，塔吉克斯坦不得不采取必要措施，如塔吉克斯坦立法规定寻求庇护者和难民只能在瓦赫达特市、法扎巴德、达尔班德、塔吉卡巴德、塔维尔达拉、加姆和雅万区居住，他们的签证到期后必须离开塔吉克斯坦或者申请难民身份。

最后，塔利班执政在一定程度上损害了塔吉克斯坦的国家利益。塔利班是一个由普什图族领导的组织，尽管塔利班表示将组建包容性政府，但就其9月公布的主要政府成员名单来看，普什图族已独揽大权，这在很大程度上影响了阿富汗国内塔吉克族的利益，塔吉克斯坦对此感到不满。9月24日，拉赫蒙总统在联合国第76届会议一般性辩论发言中提到，阿富汗有必要通过选举根据人民的意愿组建一个包容性政府，所有政治团体和少数民族都应参与其中，这有助于解决阿富汗的政治和安全问题。

五　中塔关系稳步向前

2021年中塔关系继续稳步发展，全面战略伙伴关系得到进一步巩固，在多个领域取得重要成就。

2021 年两国元首保持密切沟通，元首互动引领中塔两国关系不断向前发展，政治互信水平进一步提升。3 月 1 日，中国国家主席习近平和塔吉克斯坦总统拉赫蒙通电话，两国领导人肯定了在新冠疫情全球大流行和世界百年未有之大变局下两国团结协作在各个领域取得丰硕的合作成果，提到 2021 年是中国共产党成立一百周年、塔吉克斯坦独立三十周年、上海合作组织成立二十周年，在这一特殊的历史时刻，中塔两国要抓住机遇，加强"一带一路"倡议和《2030 年前塔吉克斯坦国家发展战略》对接，推动中塔关系不断向前发展。①

3 月 20 日，习近平主席在塔吉克斯坦传统节日——纳乌鲁兹节之际给拉赫蒙总统发去贺电，提到中塔两国人民齐心协力，共克时艰，为推动双边全面战略伙伴关系发展做出努力。6 月 1 日，塔吉克斯坦总统拉赫蒙来函祝贺中国共产成立一百周年，他在贺函中提到，中国共产党成立以来走过了光辉的历史道路，牢固确立了其在中国国内和国际舞台的地位。在中国共产党的英明领导下，友好的中国人民在社会经济发展和国家现代化建设进程中取得令世界瞩目的成就。拉赫蒙总统祝愿中国共产党在为中国谋求繁荣进步的辉煌事业中取得更多丰硕成果。同时，他还提到，长期开展党际对话是巩固塔中两国经济、政治等各领域合作的重要因素。塔方愿不断努力扩大塔吉克斯坦人民民主党同中国共产党的联系和合作。②

9 月 7 日，习近平主席与塔总统拉赫蒙通电话，祝贺塔吉克斯坦独立三十周年，通话中习近平主席提到，当前，中塔关系处于历史最高水平，2022 年中塔将迎来建交三十周年，中方愿同塔方一道努力，打造富有内涵的发展共同体、构建坚不可摧的安全共同体。

2021 年，中塔两国政府间的往来也有所增加。5 月 12 日，"中国 + 中亚

---

① Телефонный разговор с Председателем Китайской Народной Республики Си Цзиньпином, http://www.president.tj/ru/node/25167.

② 《塔吉克斯坦人民民主党主席、总统拉赫蒙热烈祝贺中国共产党成立一百周年》，http://tj.china-embassy.org/chn/xwdt/202106/t20210623_8912665.htm。

五国"外长第二次会晤在陕西西安举行，塔吉克斯坦外长穆赫里丁来华出席会议。其间，他分别与王毅外长、陕西省省长举行会谈。此外，2021年有多位中国政府高级官员出访塔吉克斯坦，并与拉赫蒙总统会面。7月13日，国务委员兼外长王毅出访塔吉克斯坦，拉赫蒙总统会见了王毅外长，就当前国际形势变化、发展中塔全面战略伙伴关系、抗疫合作等多方面的内容进行了交谈。7月27日，国务委员兼国防部部长魏凤和在杜尚别参加上合组织国防部长会议，拉赫蒙总统会见了魏凤和，双方讨论了在国际形势复杂变化的情况下，全力防范外部势力干扰破坏、维护国家安全与利益等问题。

2021年，中塔两国在各领域的合作都有所突破。首先，中塔两国经贸合作得以恢复，2021年前7个月，中塔贸易额为5.52亿美元，达到了2020年全年的水平。与道路桥梁、房屋建设有关的多个大型项目签约落地，中国电建承建的塔吉克斯坦DK40公路项目在2021年10月提前半年全线通车，该公路全长39.58公里，连接了塔吉克斯坦首都杜尚别与哈特隆州行政中心库尔干秋市，是塔交通要道之一。8月，中国北新路桥集团中标金额为1.286亿美元的杜尚别—库尔干秋别道路修复改建项目。6月，浙江交工集团股份有限公司承建的塔吉克斯坦Obogarm - Nurobod项目开工，拉赫蒙总统受邀出席开工典礼，该项目价值8.05亿元人民币，是塔吉克斯坦一项重要的基础设施建设项目，对塔吉克斯坦未来经济发展至关重要。除此之外，中国多家企业在塔吉克斯坦独立三十周年之际出资修建了一批基础设施项目，深刻体现了中塔两国之间的友谊。10月27日，中国电力建设股份有限公司出资并委托其全资子公司——中国水电塔吉克斯坦有限责任公司捐建的三所学校中的两所学校顺利竣工，建成的每所学校的总面积为3500平方米，是所在城市中最好的学校。塔总统拉赫蒙及多位国家政要出席竣工仪式，塔总统高度赞扬了中国公司的善举，对学校的设计和质量表示了赞赏。8月28日，中国塔中矿业有限公司全资援助了价值约662万美元的矿山—马琴区公路建设项目，该项目受到了所在州萨格金州的高度关注，该州州长、市领导等政府官员出席了开工仪式。这条公路设计全长38公里，预计2022年8月竣工。在共建"一带一路"框架下，中塔工业、农业、制造业的合作项目也在有序开展。6 月，中国扬州企业江苏迈安德集团承建的棉籽·葵花籽油脂精炼项目投产，塔吉克斯坦总统拉赫蒙出席开工仪式并视察了工厂生产线。他提到，中国是棉籽、葵花籽油脂精炼大国，食用油品质有充分的保证，中国企业是塔可靠的合作伙伴。该项目能为当地居民提供超过 100 个工作岗位，并且能够促进塔吉克斯坦国内消费市场的发展。在技术合作领域，中国在塔吉克斯坦萨雷兹湖大坝上建成了首个基于北斗三号全球卫星导航系统的大坝变形监测系统，这是在世界最深的堰塞湖首次建成北斗监测系统，标志着中塔国际减灾防灾间合作和北斗"一带一路"国际应用取得实质性成效。

其次，在对塔援助方面中国进一步扩大了援助范围及领域，展现了中塔全面战略伙伴关系的内涵。在抗疫领域，中国多次向塔援助防疫物资。3 月 3 日，包括 60 台呼吸机、2 万份检测试剂盒、10 万个 N95 口罩、40 万个医用外科口罩在内的一批价值 542 万元人民币的医疗物资在中塔边境卡拉苏口岸完成交接。11 月 7 日，中国援助塔吉克斯坦第五批医疗物资计 50 万剂新冠疫苗抵达杜尚别机场，中国向塔捐赠新冠疫苗共计 135 万剂。在其他援助领域，中塔两国政府于 7 月签署无偿援助协议，根据协议，中国政府向塔吉克斯坦提供 8 亿元人民币的无偿援助，用于道路修建和改造。

2021 年，中塔关系继续向前迈进，两国团结协作、相互支持，在政治、经济、安全、文化交流等多个领域取得丰硕成果。这一年，既是中国共产党成立一百周年，也是塔吉克斯坦独立三十周年，又是上海合作组织成立二十周年，在这样特殊的历史节点，中塔两国坚持平等协商、互利互惠的基本原则，在上海合作组织、共建"一带一路"框架下开展广泛合作，推动全面战略伙伴关系向更高水平发展，使中塔合作成为新形势下区域合作的典范。

Y.22
土库曼斯坦[*]

王四海　魏锦[**]

摘　要： 2021 年，土库曼斯坦国家年的名称为"和平与信任"[①]。2021
年，土迎来国家独立 30 周年，土举国高调庆祝。在"和平与信
任"口号感召和举国同庆气氛烘托下，土库曼斯坦防疫抗疫、
政治治理、社会建设、经济发展有序进行，GDP 逆势攀升（同
比增长 6.2%），国内局势保持平稳，谨慎"回归"突厥世界，
对外关系亮点纷呈。同时，与往年相比，土库曼斯坦的中立国
地位也备受关注，土独立 30 年来在各条战线上取得的成绩，获
得了国际社会广泛认可。2021 年，中土关系"破冰前行"，风
好再扬帆。

关键词： 土库曼斯坦　政治形势　经济形势　安全形势　对外关系

一　政治形势

近年来，土库曼斯坦被周边国家公认为最友好的国家，国际社会不断对

---

* 本文为国家社科基金冷门"绝学"和国别史等研究专项"土库曼斯坦通史"项目（项目编号：
19VJX059）阶段性成果。

** 王四海，兰州大学土库曼斯坦研究中心主任，兰州大学政治与国际关系学院教授；魏锦，
兰州大学土库曼斯坦研究中心助理研究员。

① 土库曼斯坦每年都给国家确立一个"年号"，即为年度定名，以确立年度国家主题奋斗目
标，如 2020 年土库曼斯坦国家年名称为"土库曼斯坦——中立国的故乡"、2019 年土库曼
斯坦国家年名称为"土库曼斯坦——成功与成就的家园"、2018 年国家年名称是"土库曼
斯坦——丝绸之路上的中枢"，2017 年土库曼斯坦国家年名称为"健康与奋进"。

土30年国家建设成就给予积极评价，如2020年10月，土库曼斯坦与新加坡一起被美国舆论研究所评为全球最安全的国家，这些客观事实为土国家建设增强了信心。2021年，土为确保内政稳定，积极深化各项政治改革与建设，同以往相比较，国家政治的治理力度明显加大。

（一）依法治国

2021年，土政府制定并生效了多项国家发展战略与规划，制定与修订生效的法律文件多达100余部，国家立法工作进一步完善，其中值得关注的有《2021～2025年土库曼斯坦能源外交发展战略》《2021～2030年土库曼斯坦对外贸易发展战略》《2030年前土库曼斯坦可再生能源发展战略》《2021～2025年土库曼斯坦化学科学与技术综合发展战略》《土库曼斯坦农村规划纲要》《2021～2025年土库曼斯坦国有企业管理和改革战略规划》《2021～2024年土库曼斯坦防止暴力、极端主义和打击恐怖主义国家战略及其行动规划》《土库曼斯坦传染病防治法》《土库曼斯坦可再生能源法》《土库曼斯坦国家文化法》《土库曼斯坦国家人口保护法》《土库曼斯坦国家外交服务法》《土库曼斯坦国家边境部队法》《土库曼斯坦国家企业法》《土库曼斯坦国家地籍法》等。

（二）改革机构

为了优化政府权力结构，发挥其最佳效能，2021年土成立了内阁直属的"土库曼斯坦交通运输总署"，将全国所有交通运输部门即原"土库曼斯坦铁路署""土库曼斯坦通信署""土库曼斯坦公路署""土库曼斯坦航空总公司""土库曼斯坦海河事务署"等机构合并统一归其管理。为优化国有企业职能配置，在土库曼斯坦石油康采恩、土库曼斯坦天然气康采恩、土库曼斯坦国家地质总公司、土库曼斯坦巴希石油加工综合体四个企业内部成立中央办公室，旨在提高其工作与生产效率。

（三）调整内阁

2月11日，土总统在内阁会议上解除了梅列多夫·梅拉特格尔迪·列

苏洛维奇副总理的职务，任命阿卜杜拉赫曼诺夫·沙希姆为副总理，接替前者负责国家燃料－能源综合体工作，同时解除了后者国际石油与天然气大学校长的职务；任命谢尔达尔·别尔德穆哈梅多夫为副总理，主管国家数字化与创新工作，此前其任国家工业与建筑部部长。

7月9日，土总统在内阁会上撤销了2个副总理职位：一是由拜拉姆格尔迪·奥维佐夫担任的负责国家交通与通信工作的副总理职位；二是由国家最高检察院主席与国家安全委员会成员担任的负责国家社会生活、技术创新与数字化工作的副总理职位。

8月25日，土总统在内阁会议上解除了格尔迪尼亚佐夫·马梅特梅拉德副总理职务（主管国家教育、科学、体育和医疗保健工作），同时任命萨帕尔杜尔迪·托伊雷耶夫为副总理接替前者工作，后者同时兼任土库曼斯坦科学院院长，2011年12月至2018年1月，其曾担任过副总理职务，主管过国家教育、科学、体育和医疗保健工作。

2021年，谢尔达尔·别尔德穆哈梅多夫被任命为土政府副总理，这在土国内外引起关注。谢尔达尔·别尔德穆哈梅多夫身兼数职（独联体成员国经济委员会土方主席、土－中合作委员会土方主席、土－俄经济合作委员会土方主席、土－日经济合作委员会土方主席等），其年近40岁，已满足土宪法规定的参选总统的最低年限条件，其职位频繁变动有助于其历练管理国家的能力及提升自身政治影响力。

（四）议会转型

2021年1月1日，土最新修订版《土库曼斯坦宪法》生效，土库曼斯坦议会完成转型，正式以两院制议会运行，别尔德穆哈梅多夫总统被授予终身参议员地位。

依据新宪法，土议会共由181名代表组成。土议会上议院（人民委员会或长老会）由56人组成，其中五个行政州与首都各有8名代表，另外8名代表由总统任命。土上议院的中坚力量主要由三个党派（民主党、工业家和企业家党联盟、农业党）的代表组成，所有代表都会始终、完全和毫无疑问地支持总统的各项提议。

土库曼斯坦议会下议院由 125 名代表组成，按照新修订的宪法，其成员、数量、任期均保持不变。

3 月 28 日，土举行了向议会两院制过渡后的首次上议院选举。4 月 14 日，根据公布的选举结果，土总统别尔德穆哈梅多夫当选人民委员会主席，原下院副主席巴巴耶夫当选人民委员会副主席。

2021 年，土议会与联合国专门机构、欧安组织议会大会、各国议会联盟（IPU）等议会组织建立了良好的合作关系，并同各国议会积极互动，外交活动十分活跃。例如，2 月，土下院副议长和三大政党主席都出席了"中国共产党的故事"新疆专题宣介会；6 月，下议院议长出席了经济合作组织第二次会议；8 月，土议会作为东道主成功举办了"中亚国家妇女对话会"①；9 月，土人民委员会副主席出席"中国全国人大与中亚五国议会研讨会"；10 月，土议会代表参加了"第三届欧亚妇女论坛"；等等。

二 医疗卫生与防疫

（一）卫生健康

土实施国家健康计划，用以改善国民健康、提高公民平均预期寿命、提供符合国际标准的医疗服务。2021 年，土政府出台、修订了多项国家健康战略及规划，其中主要有《2021～2025 年土库曼斯坦国家健康战略及其实施规划》《土库曼斯坦应对急性传染病准备计划》《2021～2025 年土库曼斯坦全民免疫力提升国家规划》《2021～2025 年土库曼斯坦母婴健康国家战略及其实施规划》《2021～2025 年土库曼斯坦预防和控制非传染性疾病国家战略》。此外，土政府还成立了"国家儿童基金会"，以资助儿童有偿医疗和

---

① Merkezi Azi ýa ý urtlarynyň zenanlarynyň dialogy, https：//mejlis. gov. tm/habarlar/merkezi – aziya – yurtlarynyn – zenanlarynyn – dialogy.

教育费用。土政府通过各种实践行动将国家健康规划落实到位。

1. 严厉控烟

土禁烟行动已历时 20 多年，土禁烟政策被世界卫生组织认定为世界上最有效的政策之一。2003 年土签署《世界卫生组织烟草控制框架公约》，2013 年土出台了《关于保护公民健康不受烟草烟雾和烟草消费影响的法律》。近年来，土不断通过提高烟草价格、改变包装设计、加大信息宣传力度及开展预防吸烟运动等方式将禁烟活动落实到位。目前，土国内烟民总数仅占总人口的 3.4%，按计划，2025 年前土将实现无烟化。2021 年，土依旧严格控烟与禁烟：政府设立了戒烟热线，为戒烟者提供资讯等服务；土贸易和对外经济联络部、卫生和医疗工业部与内务部联合制定了贩售烟草制品新规，以规范烟草销售，确保消费者的权利和健康；全面禁止销售电子烟及无过滤嘴香烟；严禁向 18 岁以下未成年人出售烟草制品；禁止在体育运动场所、医疗卫生机构、文化场所、公共餐饮场所、火车站、汽车站、机场、港口、酒店以及距离教育机构 100 米以内的范围内销售烟草制品；禁止通过互联网和任何其他远程交易方式及自动售货机销售烟草制品等。

2. 医疗设备设施获新保障

2021 年，国家应急医疗救援中心新增了 2 架医疗直升机、50 辆装有现代设备和 GPS 系统的救护车。土国家儿童基金会 6 月向列巴普州儿童医院捐赠 10 辆救护车，7 月向达绍古兹州儿童医院捐赠了 10 辆急救车，8 月向马雷州儿童医院捐赠了 10 辆急救车。2021 年，土库曼纳巴特尼亚佐夫化工厂开始自主生产医用氧，1~10 月共生产出 203916 立方米的医用氧和工业氧。欧盟在"中亚 COVID - 19：应对危机"规划框架内向土提供了一批制氧机，交付给各州医疗机构和工业企业使用。3 月，联合国项目管理办公室协同日本政府向土提供了价值 280 万美元的医疗设备，包括超声波机、移动 X 光机等。6 月，联合国儿童基金会向土提供了 1.7 万个生物危害品垃圾袋、2000 个小儿血压表和 1.5 万个安全箱。8 月，世界卫生组织向土库曼斯坦运送了一批用于测试 COVID - 19 的设备。9 月，土政府与联合国签署了《关于提高年轻人对全球大流行病的认识并降低年轻人患病风险的联合计划》，按照该计划，土方将获得相关设备与技术援助。10 月，联合国儿童基金会向土各医疗机构捐赠了价值 20 万美元的外科口罩；联合国儿童基金会驻土办事处向土援助了总价值 13.2 万美元的洗手液分配器。12 月，联合国儿童基金会又向土提供了一批价值 22.5 万美元的个人防护装备。

3. 医药技术有新突破

4 月，土成功实施了首例肾脏移植手术，土总统称此为土医学界的巨大成就。10 月，土总统别尔德穆哈梅多夫撰写的《土库曼斯坦药用植物》（第 13 卷）出版发行，书中称使用骆驼蓬烟雾、甘草根和乌纳什（辣椒面）可预防新冠病毒。目前，土医学团队正在对甘草根的抗病毒性进行研究。

4. 提高了医务人员待遇

2021 年土全国医务工作者工资普遍上调 10%，除此以外，土政府每月向在国家公立医疗机构内从事防止急性传染病输入和传播及参与加强公民健康保护工作的医务人员提供额外补贴（每月按工资的 15% 发放）；每月向在农村国家医疗机构工作的医务人员发放津贴（按月工资的 10% 发放），对于在边远乡村公立医疗机构中工作的卫生工作者，除了前项津贴每月还另外提供月工资 20% 的额外补助。

5. 加强免疫接种

免疫接种是土实施国家健康战略的优先方向之一。2021 年，土政府相关机构通过举行新闻发布会、圆桌会议、在电视和广播节目上设置咨询热线，向民众宣传国家免疫接种的重要性和必要性，医务工作者和专业教育机构积极组织学生进行免疫接种的专题竞赛，以提高民众对疫苗接种重要性的认识，建立对免疫接种的信任，尤其是对儿童严格按接种计划接种疫苗。目前，土免疫接种率很高，是世界上第一个也是唯一一个免费进行人群预防传染病疫苗接种的国家，土现在是无小儿麻痹症的国家，土境内已消灭或很少出现脊髓灰质炎、百日咳、白喉、破伤风、麻疹、风疹等传染病。自 2019 年起，土规定实施 14 种疾病疫苗接种，近来又开始了肺炎球菌感染疫苗、轮状病毒感染疫苗、甲型病毒性肝炎疫苗 3 种新疫苗接种。

（二）防疫抗疫

土总统自始至终高度重视传染病流行问题，多次强调国际社会未能及时有效应对新冠疫情这一全球新威胁，呼吁国际社会团结协作抗击冠状病毒大流行，反对将其用作影响国家间关系的工具，反对将抗疫政治化，反对国际上某些破坏抗疫国际合作的单边主义势力，重申抗击新型冠状病毒大流行的唯一途径是整合各国的智力与资源、通过联合国与世界卫生组织等权威机构进一步加强合作，极力主张国际社会应互帮互助、共克时艰。土是世界上首批批准使用"卫星-V"和"科罗纳"疫苗的国家。2021年，土政府多次召开卫健专题会议，部署防疫工作，土财政和经济部下拨专项资金，用以增加新冠疫苗购买与接种。1月，土总统下达了关于落实留学生接种疫苗的总统令；2月，土总统签署了关于建立病毒学、细菌学和流行病学研究中心的总统令；7月之前土境内高危群体以及老年人以自愿原则接种疫苗（土于5月和6月先后订购了两批中国疫苗），自7月开始，土政府针对18岁以上的群体全面展开疫苗接种工作，截至10月底土境内接种疫苗覆盖率达70%。10月，世界卫生组织欧洲区域办事处主任汉斯·克鲁格对土疫苗接种工作给予了充分肯定。在积极接种疫苗的同时，土政府持续向居民免费发放防疫物品（如发放羟氯喹等药物），到目前为止，土仍然在采取严厉的限制措施。此外，土还一直在国际层面积极推动在土境内成立中亚地区流行病学、病毒学和细菌学研发中心等事宜。

土反对派在其网站上称，2021年7~9月土境内遭遇了最新一波新冠疫情，从10月中旬开始缓解。[①] 但直至现在，土政府没有宣布过土境内有新冠确诊病例，这受到了外界质疑。11月，世卫组织高级卫生应急官员凯瑟琳·斯莫尔伍德在接受BBC记者采访时表示："世界范围内遭遇大流行病已近两年，从科学层面讲，很难想象土库曼斯坦没有出现过病毒。"[②]

---

① COVID‐19：в поликлиниках Ашхабада выборочно тестируют пациентов, чтобы принять решение об отмене ограничений, https：//www. hronikatm. com/2021/10/covid‐19‐testings/.

② В ВОЗ впервые публично засомневались в заявлениях Туркменистана об отсутствии COVID‐19, https：//www. hronikatm. com/2021/11/who‐doubts/.

三 经济形势

土经济以发展能源和交通运输为核心，同时兼顾其他领域。近年来，土积极优化经济结构，在保持多元化经济快速发展的基础上，大力发展绿色经济、数字经济、特色农业经济、里海海洋经济，积极推进农工一体化，逐步增加高附加值产品生产、进口替代产品生产与农副产品生产，经济发展持续稳定并呈现多元态势。

2021年，尽管受到新冠疫情不利影响，土经济发展却仍呈积极态势，成果显著，不仅表现出了抵抗负面冲击的韧性和抵御能力，同时也彰显了在新形势下土经济结构自主调整与适时转型的良好能力。

（一）宏观经济

近年来，在土GDP结构中工业占比达27%以上，交通和通信占比超过11%、农产占比11%～12%、贸易与公共餐饮业约占21%。

2021年，从整体形势上看，全年宏观经济指标呈递增趋势，第一季度土GDP同比增长率为5.9%，第三季度上升到了6.2%；工业产值第一季度同比增长5.5%、第三季度同比增长8.6%，工业在GDP中占比从第一季度的25.5%上升到第三季度的27.7%；农业产值第一季度同比增长3.1%，第三季度同比增长4.0%，农业在GDP中的占比从第一季度的6.6%上升到第三季度的12.8%；贸易第一季度同比增长10.5%，第三季度同比增长9.0%，在GDP中占比从第一季度的23.2%下降至第三季度的20.1%；运输与通信行业第一季度产值同比增长4.7%，第三季度同比增长4.5%，在GDP中占比从第一季度的12.3%下降至第三季度的10.5%；建筑业产值第一季度与第三季度无变化，在GDP中占比从第一季度的8.3%下降至第三季度的7.9%；外贸进出口额第一季度较2020年同期相比下降13%～14%，第二季度稳定上升，超过了2020年同期水平，第三季度外贸额超过105亿美元（其中出口额约62亿美元，进口额逾43亿美元），第三季度外贸总

额、出口额和进口额分别同比增长 14.6%、23.0% 和 4.4%，外贸顺差约为 19 亿美元。

1～9 月，土国内共有 81 家国有资产公司实现私有化改造，国家预算通过私有化收入逾 3.68 亿马纳特；国有资产有偿使用收入逾 1.46 亿马纳特；国家预算收入执行率达 109.2%，国家预算支出执行率为 98.1%；地方预算收入执行率达 102.2%，支出执行率为 98.8%；固定资产投资总额达 17.64 亿马纳特，占 GDP 的 16.2%，其中用于工业综合体项目的固定资产投资占 49.2%，用于社会和文化项目的固定资产投资占 50.8%；有 66 个大型项目已建成投用，已投入使用的住宅面积总计 75 万平方米。目前，土正在建设的大型项目有 2500 个，总价值 350 亿美元，覆盖燃料和能源综合体、交通运输及社会领域。

2021 年，土国家财政预算为 795.096 亿马纳特，其中中央财政预算为 720.75 亿马纳特，地方财政预算为 74.346 亿马纳特。前 10 个月，大中型企业工资比上年同期增长 10.5%，投资使用额度达 227 亿马纳特。

2021 年，在土国民经济实体中有 90% 以上的企业为非国有经济企业。

2021 年 8 月，惠誉国际评级给予土"B+"的长期外币发行人违约评级（IDG），该评级在一定程度上表明土经济发展较为稳定。

（二）能源领域

在能源领域，土 2021 年的重要任务是全面优化、协调油气领域上中下游发展，打造全产业链；加大对能源综合体领域的投资，开发新油气田（重点是里海区域）；推进油气原料深加工，实现多元出口，扩大能源产品出口地理范围；推进绿色能源国家战略，确保能源出口安全及国家能源安全等。

2021 年，土能源行业宏观指标完成情况如下。

1～9 月，汽油生产完成计划的 108.2%，聚丙烯生产完成计划的 108.4%，投资开发完成计划的 104.7%；天然气和伴生气开采完成计划的 123.5%，同比增长 23.3%；天然气出口完成计划的 136.2%，同比增长

37.5%；电力生产完成计划的113.3%，同比增长11.6%；电力出口完成计划的134.5%，同比增长78.1%。

2021年，土能源综合体领域建成和在建的重要项目有：列巴普州马莱伊气田增压站投产；复兴气田开发项目的"遗留工程"——阿联酋海湾公司未完成的施工难度极高的3气井建设工程，即"三口续钻井"项目重新启动，交由中国石油川庆钻探土库曼斯坦分公司实施；阿姆河右岸巴格德雷合同区总年产能18亿立方米的6个气田开发工程正式启动（中国石油工程建设公司负责实施）；总装机容量432兆瓦的列巴普新燃气发电站建成投产；巴尔坎州谢尔达尔区"金色世纪"湖首座太阳能－风力发电站建设工程正式启动；土库曼巴希炼油厂正式启动制氢项目；TAP（土—阿—巴）500kV高压输电线路中的"克尔基—希巴尔甘"段建成投产；土国家环形电力输送系统一期工程——"阿哈尔—巴尔坎"线路（长421公里）建成投产；环形电力系统"巴尔坎—达绍古兹"段仍在建设中；关联阿富汗的TAPI（"土—阿—巴—印"）天然气管道在建设中。

另外，特别值得关注的还有：2021年土天然气深加工高附加值产品——聚乙烯、聚丙烯、尿素生产和出口大幅提升；2月，土库曼斯坦与阿塞拜疆就里海水域双方争议油气田——"友谊"油气田达成联合开发协议，目前俄罗斯卢克石油公司正在实施该油气开发的相关事项；10月，伊朗决定偿还土库曼斯坦气款、恢复从土库曼斯坦进口天然气；11月，土库曼斯坦、伊朗和阿塞拜疆三方签署了天然气串供协议，即"掉期"供气协议，根据该协议，土每年将通过伊向阿输送15亿～20亿立方米天然气；2020年（1～11月）土对欧盟国家油气产品出口额达到了1.945亿欧元，共计向欧盟27个国家出口了27.09万吨油气产品，2021年土对欧盟国家的油气产品出口规模进一步加大；土向阿富汗、伊朗、乌兹别克斯坦、吉尔吉斯斯坦等国的电力出口量逐渐在加大。

（三）交通运输领域

土交通区位优势明显，在"复兴丝绸之路"大战略背景下打造现代化

的水陆空一体化交通与物流枢纽系统，为经济增长提供动力，这是土国家建设与发展的两大核心板块之一。土总统于 2014 年、2015 年、2017 年提出的有关"可持续交通"倡议，分别被联合国大会以决议形式通过。土总统提出的"加强所有运输方式之间的联系，确保在新型冠状病毒病流行期间和之后稳定可靠的国际运输，以促进可持续发展"倡议，2021 年再次在联合国第 75 届大会上以决议的形式被通过。土独立 30 年来，投入巨资建设与改造了一大批交通运输基础设施，如建成了关联国际货运的铁路 5 条（累计全长超过 2000 公里）、现代化里海绿色国际港 1 个（中亚"水上门户"——土库曼巴希港，从该港出发货船可抵达 4 个国家的 8 个港口）、现代化机场 6 座、大型跨河公铁大桥 6 座等，目前土方已就"哈萨克斯坦—土库曼斯坦—伊朗"南北国际铁路（土方主建，可抵达波斯湾）与中国、哈萨克斯坦、伊朗、乌兹别克斯坦签署了"中—土—哈—伊铁路干线对接丝绸之路经济带发展运输协议"，阿什哈巴德国际机场与土库曼巴希国际机场已经成为欧亚间航空物流与飞机中转加油的重要基地。2021 年，这些基础设施为土抵抗疫情负面影响、推动经济结构转型提供了强劲动力。

2021 年，土在交通运输领域的重要成就与亮点有：逐步实施了货票电子化与客票电子化服务、出租车电召服务、智慧出行一体化平台服务等，进一步简化了货物过境运输海关程序与手续，服务质量与效率显著提高；1 月，土、阿基础设施建设联合项目"阿基纳—安德霍伊"跨境铁路（30 公里，青金石走廊的一部分）建成投运；6 月，克尔基国际机场建成投运；7 月，启动卡拉博加兹戈尔湾跨海大桥及跨境公路建设项目；10 月，土开始筹备建造第一艘轮船——5300～8100 吨位的干货船，由巴尔坎造船厂承建；10 月，"阿什哈巴德—土库曼纳巴特"高速公路项目（600 公里，造价 23 亿美元，计划工期为 2019～2023 年）第一段"阿什哈巴德—捷詹"段建成通车，第二段"捷詹—马雷"与第三段"马雷—土库曼纳巴特"在建中，该干线与"阿什哈巴德—土库曼巴希"干线联通，二者可将土境内东西部主要城市连接起来，对优化过境运输系统具有重要意义；土借助"巴库—第比利斯—卡尔斯"铁路，上半年向土耳其方向运输 20 英尺标准集装箱

912 个，成为"巴库—第比利斯—卡尔斯"铁路第三大过境运输集装箱货源地；上半年通过土过境运输的货物数量比 2020 年同期增加了 1.5 倍以上。

此外，本年度土还加大力度推进"青金石""里海—黑海""乌兹别克斯坦—土库曼斯坦—伊朗—阿曼"等交通运输走廊的构建，为国际社会所关注，土获得的支持也越来越多。

目前，土在建的基础项目有 2500 余个，投资总额超过 370 亿美元，其中多数与国家交通运输与通信发展战略相关。

（四）纺织行业

纺织工业是土经济重要增长点之一，在工业产值中占比达 11.5% ~ 12.3%。土独立 30 年以来，对纺织行业投资逾 20 亿美元，重建与新建了 80 多家综合纺织与服装企业（多数现代化设备与工艺从西方国家引进），其中有 30 多家涉及出口贸易业务，土实现了由棉花原料生产国到棉纺织品出口国的转变。土每年 60% 以上的纺织产品用于出口，被销往德国、土耳其、瑞士、美国、俄罗斯、中国等数十个国家。截至 2021 年 11 月，土境内有外资参与的综合型纺织企业 15 家，其中瑞士 Rieter Management AG 与土合作已有 30 年历史。2021 年，比利时 Picanol 公司为卡阿赫卡区纺织厂提供了 100 台织布设备、为巴巴代汉区纺织厂提供了 110 台织布设备。

2021 年 8 月，由英国企业参与建设的阿哈尔州卡阿赫卡区纺织厂建成投产，该工厂占地 18 公顷，造价逾 1.47 亿美元，提供就业岗位 1300 个，设计年产棉纱 3650 吨、各类纺织面料 1200 万平方米、纺织成品 120 万件。2021 年 11 月，阿哈尔州巴巴代汉区纺织厂建成投产，该工厂占地 20 公顷，造价逾 1.5 亿美元，创造就业岗位 1150 个，设计年产细绒棉 5000 吨、纱线 3300 吨、各类纺织面料 2000 万平方米。两个新纺织厂的建成投运有利于落实土国家进口替代政策、节省资金、扩大产品出口。

2021 年土纺织品出口保持稳定增长。未来 5 年土还计划投资 3 亿美元用于纺织业的发展。

（五）农畜牧业

土独立多年来，已基本实现粮食自给自足，甚至个别年度粮食还有过出口。近年来，土多年生果园、葡萄园和温室面积有所增加，蔬菜、水果和浆果类产品的产量大幅增加，农业产品出口逐年递增。2021 年，土持续推进农业产业改革，从选种、播种到收割，农业生产逐渐向机械化、数字化转型，同时在国家战略层面积极实施农业产品进口替代计划，向农业生产者提供优惠贷款等。

2021 年，土棉花、小麦、水稻种植和收获与 2020 年基本持平，棉花收获 125 万吨（种植面积 62 万公顷）、小麦收获 140 万吨、水稻收获 8.17万吨。

2021 年 1~9 月，土农工综合体商品生产同比增长 8.3%，其中，蔬菜、瓜类、马铃薯、水果、肉类、奶制品分别超额完成计划 2.9%、1.2%、6.8%、2.6%、1%、0.4%。

2021 年，土温室农业发展势头强劲，得益于欧洲复兴开发银行等机构对土温室设施建设的投资，阿哈尔州卡卡市大型现代化农业温室建成投产（为土创造了 400 个就业岗位），同时又启动了 5 座现代化温室建设项目。2021 年前 8 个月，土温室番茄向俄罗斯出口 3.2 万吨（同比增长 92%）、向哈萨克斯坦出口 1.3 万吨（同比增长 73%）。此外，土番茄还在乌克兰、白俄罗斯打开了销售市场。

（六）投资与信贷

投资是土促进经济全面发展的重要手段之一，投资在土 GDP 中占比25%~30%，其中外资占比达 15%。30 年来，土国内经济基础投资额增长超过百倍，总额超过 2000 亿美元（建成近 3000 个社会与工业项目），66%~68% 的投资用于生产部门，这为改善经济结构、推进制造业现代化发展、引进新技术、加快发展进口替代和出口导向型产业创造了有利条件。

近年来，土积极改善国内投资环境，力求与世界接轨，并于 2020 年 7

月以观察员国身份加入世贸组织。为形成健全的投资监管体系，土在立法、财务报告审查和投资标准制定上做了大量工作，为优化投资结构和吸引外资创造了条件。目前，有 100 多个国家的外资企业在土有投资业务，土国内正在运行的外资项目有 1000 多个。2021 年，在土政府对企业的支持计划中，对私营企业信贷资金支持增加了 1.4 倍。2021 年上半年，土用于支持中小型企业发展的银行信贷量与 2020 年同期相比增长 2.6%。

（七）数字化经济

2021 年 2 月，土库曼斯坦制定出台了《2021～2025 年国家数字经济发展规划》。根据该规划，土将继续扩大数字系统在国民经济中的应用，将继续整合各类资源、优化数字经济发展环境。如，在建设和建筑部、能源部及土库曼斯坦化学康采恩内设立信息安全和数字技术部门，在土国立经济管理学院内部筹备成立科技创新支持中心，以提高科技成果转化率等。[①] 同时，土还借发展数字经济逐步推动就业模式创新。目前，编程、大众媒体、网络文案撰稿及翻译等自由职业已成为土国内就业新增长点。新冠疫情发生以来，在土总统倡议下，土已建成数十个互联网资源平台，简化了公民与政府机构的互动流程，使移动运营商摆脱了不必要的过度负载和财务支出，目前电子政务发展正如火如荼。

四 安全形势

自古至今，在大中亚地区的族群、民族及部族中，土库曼民族被公认为是友好与热爱和平的民族。土总统也在自己的著作中称，土库曼斯坦是丝绸之路上最安全的地段之一。2020 年 12 月，美国盖洛普民意测验所发布"全球最安全国家排行榜单"，土库曼斯坦与新加坡在排行榜上并列第一。2020

---

① В Туркменистане создадут центр поддержки технологий и инноваций，https：//e – cis. info/news/569/95465/.

年12月，澳大利亚经济与和平研究所发布2020年全球恐怖主义指数报告指出，土恐怖主义指数为零，排名第135位，是中亚和独联体地区恐怖指数最低的国家，也是独联体地区和世界上最安全的国家之一。① 目前，土被普遍公认为世界上最为和平与安全的国家之一。

2021年，土国内安全控制严格，社会比较平稳，无明显利益冲突，国内安全形势总体上保持稳定；土周边安全环境依然比较复杂，但相对也保持安全，阿富汗局势让土经受了巨大考验，国内自然灾害发生频率有所增加。

（一）国内安全形势持续保持稳定

1. 民众国家认同感持续增强

土库曼斯坦独立30以来建成投运3000多个与社会发展相关的项目，国家发生了翻天覆地的变化，如今土首都是中亚地区最奢华与最美丽的首都之一，土民族文化是中亚地区最艳丽的民族文化之一。2021年，适逢首都阿什哈巴德建市140周年、国家独立30周年，土境内又有100多个大型项目落成为"双庆"献礼，土政府高调打造各种亮点、举办各种大型活动进行"双庆"，如打造中亚国家最高新年枞树，隆重庆祝民族马文化节、犬文化节与地毯节，总统向416名土公民授予荣誉勋章，政府重奖东京奥运会获奖运动员，新学期开学第一天总统为小学一年级学生上爱国主义教育课，等等，这些都将土民众对国家的认同感推向历史高位。

2. 民众对政府满意度未下滑

土库曼斯坦是世界上唯一一个连续20多年对国民实施免费供水、电、盐、天然气和汽油的高福利政策国家。土全民免费医疗，土教育也是免费的（从幼儿园到大学，幼儿园和小学一律提供免费午餐），工资、养老金、助学金和政府津贴每年以10%的幅度上涨。2020年土GDP约为474亿美元，

---

① 中国驻土库曼斯坦大使馆经济商务处：《土库曼斯坦再次被澳大利亚经济与和平研究所评为世界上最安全的国家之一》，http：//tm. mofcom. gov. cn/article/jmxw/202012/20201203027 995. shtml。

人均 GDP 约为 7967 美元①，在全球排名中处于中等水平，按照世行"高收入、低收入国家标准"，土属于中等偏上收入国家。《土库曼斯坦宪法》规定"国家是为人民服务的"，土政府还为残疾人建小区、为儿童建疗养院、向多子女家庭发放救助金等。土的社会福利待遇政策甚至超过了某些欧洲国家，土国民生活幸福指数及民众对政府的满意度在中亚及环里海地区一直排名靠前。

3. 疫情引发的社会问题保持可控

受新冠疫情影响，2020 年土劳动力参与率低迷，2020 年该指标为 56.56%②，较疫情前有所下降。2020 年土国内失业率小幅上升至 4.4%③。2021 年，疫情负面影响在土国内逐渐凸显，如个别行业失业率有所升高、收入减少、间或性官价食品供应短缺等，但这些基本尚保持在可控状态。

（二）周边安全形势面临新挑战

土库曼斯坦与阿塞拜疆、哈萨克斯坦、乌兹别克斯坦、阿富汗、伊朗交界，陆上邻近塔吉克斯坦、吉尔吉斯斯坦，水上与土耳其隔海相望，周边安全环境复杂多变。土长期以来面临泛突厥主义与泛伊斯兰主义思潮及宗教极端势力、民族分裂势力、暴力恐怖势力等因素的挑战，但土政府对宗教问题实行强力管控，这些因素尚未对土造成致命性威胁。

2021 年，在周边安全环境方面，土库曼斯坦面临的最大挑战来自阿富汗方向。5 月，美从阿撤军之后，阿安全局势动荡加剧，土对土阿边境保持高度警惕。7 月，塔利班占领了与土接壤的赫拉特省地区，土关闭了阿基纳边防站，同时用军列向靠近土阿边境的塞尔赫塔巴特地区运送重型军事装备（包括坦克、大炮、重型卡车和装甲运兵车等），加强边界防御力量。④

---

① 数据来源：IMF2020 年世界各国和地区人均 GDP 排名，https：//www. 163. com /dy/article/G7DK0I0T0541HUWM. html。

② 数据来源：the Global Economy。

③ 数据来源：亚洲开发银行。

④ 《俄媒：几乎所有阿富汗邻国加强边境安全，土库曼斯坦新部署大批重型装备》，https：//mil. huanqiu. com/article/43uExCt3A1u。

多年来，土政府与塔利班保持良好关系。塔利班全面控制阿富汗以来，土以各种方式声援和支持阿富汗，作为感恩与回报，塔利班多次向土政府承诺不侵犯土边界，但土面临来自阿富汗方向的安全威胁不在于塔利班，而是因塔利班夺权诱发的阿动荡局势和激发的多种安全风险因素，如恐怖主义渗入、难民偷渡、贩毒走私等。目前，土当局依然紧闭口岸，严防难民进入。

另外，土主导的、关联阿富汗的大型国际经济项目实施受到了严重影响与威胁。11 月，巴基斯坦经济事务部部长对媒体称：因阿富汗局势，TAPI及 CASA - 1000 等项目已暂停，目前阿富汗没有在这些项目上进行任何工作，项目许多工作人员被撤离或疏散，世界银行也不再向阿富汗派驻代表。

（三）国内自然灾害风险有加强趋势

2021 年，土境内发生的自然灾害频率与次数明显多于往年：西土库曼盆地与首都地区发生 4 级以上的地震次数明显多于往年，给油气开发作业造成一定威胁；6～7 月，阿什哈巴德遭遇有史以来最高温的炎热天气，最高温度达 47.2 摄氏度，平均气温创 130 年来同期气温最高纪录（达到 32.4 摄氏度），高温炎热造成铁路和航空运输受限，如"阿什哈巴德—阿姆达利亚"铁路停运；受高温天气影响，降水减少（首都地区前 9 个月降水仅35.9mm），土境内多地出现极端干旱气候，导致城镇间歇性停水，生产与居民生活受到了严重影响，引发系列不良后果，如部分牧民因干旱缺水（同时又因受疫情影响饲料涨价等）不得不出卖牲畜；年初，卡赞吉克地区出现了冻雨、暴风雪异常天气，白天气温升高，夜间结冰且伴有冷雾，能见度在 50 米以内；1 月，西土库曼盆地科佩特山麓地区出现大雾（能见度小于200 米），巴尔坎州与马雷州部分地区遭遇暴雪（气温骤降，温差达 26 度）；3 月，阿什哈巴德地区遭遇沙尘雪天气；11 月，土乌交界地区被有史以来最强的沙尘暴袭击，土北部和东北部地区受到严重影响，输电被暂时中断；11月，土哈接壤地区出现了沙漠焚风现象；等等。

五　对外关系

土奉行"门户开放"政策，与联合国开展多元化合作是土保持"永久中立国"地位的国际战略保障。"中立、和平、睦邻友好"原则一贯是土对外政治的基础，"和平、睦邻友好、发展"是土对外政治与外交的逻辑主线，"促进地区与全球和平、稳定和持续发展"是土外交的崇高目标。对土而言，"经济外交"优先于"政治外交"。土外交内涵具有多元性与层次性：首先是"能源外交""交通外交""环境与生态外交"；其次是"体育外交""文化外交""人文外交"。"加强与周边国家的关系"是土外交优先方向，与联合国及其专门机构合作是土外交重点领域之一。

目前，土与世界上 100 多个国家保持有经济、贸易和投资关系。就近年来土对外经济与政治合作实践判断，亚洲（尤其是东亚）是土能源外交与交通外交的战略轴心。中国、伊朗、日本、韩国、马来西亚、阿联酋等国对土的现实意义大于欧美国家。中国是土最大的天然气买家，伊朗能为土油气产品出口南亚与欧洲市场提供过境通道，土天然气深加工高附加值产品生产与出口需要依靠日本、韩国的投资与技术，阿联酋、马来西亚油气企业为土里海油气开发夯实了基础。

（一）2021年土外交成就与亮点

2021 年，土国家年名称为"和平与信任"，同时也是国际"和平与信任年"。这是在第 73 届联合国大会第 106 次全体会议上依据土总统倡议以决议形式确立的。2021 年，在"和平与信任"口号感召下，土与联合国、国际权威组织、周边国家及其他国家在政治、经济、文化和人道主义领域开展和平、仁爱、互利的广泛合作，为维护全球和平、保护环境与确保经济、能源、生物和粮食安全及有效打击全球恐怖威胁贡献了积极因素，外交活跃度明确高于往年。一是元首外交力度加大，土总统与多国领导人举行视频会晤、与多国领导人通电话、与周边国家多位领导人实现了互访。二是土总统

出席第二届联合国全球可持续交通大会、联合国可持续发展论坛、第十四届 ECO 峰会、突厥语国家合作委员会理事会峰会、独联体国家元首理事会会议、伊斯兰会议组织科技峰会、上海合作组织成员国元首理事会会议、北方经济合作国际论坛等，土总统在第 76 届联合国大会上发表讲话，表明土方对解决全球迫切问题的立场并提出多项重要倡议。三是土派代表参加"中亚－美国"（"C5 + 1"）、"中亚－中国"、"中亚－俄罗斯"、"亚洲－欧盟"、"中亚－韩国"、"中亚－日本"和中亚国家外长会议，以及第六届亚信会议、第四届中亚气候变化大会、亚太地区高层论坛等会议。四是作为主办国举办第三届中亚国家首脑磋商会议、中亚国家经济论坛、"土库曼斯坦－欧盟"论坛等，作为轮值主席国主办第十四届经济合作组织首脑峰会。五是土内阁副总理谢尔达尔·别尔德穆哈梅多夫率团赴英国格拉斯哥出席《联合国气候变化框架公约》第 26 次缔约方大会，应美国总统气候变化特使克里邀请，土副外长哈吉耶夫参加了气候变化圆桌会议。六是土被突厥语国家组织接纳为观察员国，土被选举为联合国欧洲经济委员会副主席国等。

（二）与周边国家关系

1. 俄土关系：从升温到紧密，土产品开始向俄市场扩展

近年来，土俄双边关系沿着战略伙伴关系轨迹发展，两国不断推进政治对话及富有成效的合作，持续在独联体及其他国际机构框架内保持广泛而积极的互动。自 2019 年俄恢复购买土天然气之后，俄土双边关系呈现多面性。2020 年全球新冠疫情大流行期间，土俄双边贸易额非但没有下降，反而增长了 40%，达到 10 亿美元。2021 年双方高层互动频繁，政府和企业及民间层面的交流明显多于往年，土俄战略伙伴关系在多领域全面发展，尤其是在里海、媒体、石油转口运输等方面的合作明显加强。2020 年，俄从土采购了 47 亿立方米天然气（总价值 10 亿美元）；2021 年第一季度，俄从土采购天然气数量升至 22 亿立方米，同比增长 70%（2020 年第一季度采购量为 13 亿立方米）。从贸易额来看，2021 年 1~8 月，土俄两国贸易额同比增长 12.5%，达到 10.86 亿美元，值得一提的是土对俄水果和蔬菜出口量比

2020 年增长了 93%。截至 2021 年 7 月，土境内共有 39 家俄方注资企业，俄方资本在土国内注册投资项目达 335 个，金额已超过 35 亿美元。

2021 年，土俄关系最值得关注的是：俄卢克石油公司在土库曼斯坦油气市场的动向，为了开发里海油气田，2021 年土总统两次会见卢克公司总裁；土政府与俄地方政府——鞑靼自治共和国外交与合作异常活跃，1～9 月双边贸易额达到了 2 亿美元；2021 年以来，土产品开始向俄市场"扩张"，1～8 月土产品对俄出口量同比增长了 92%，出口总额达 6.8 亿美元，土对俄贸易顺差超过 2.7 亿美元；2021 年 1～10 月，土通过俄的石油过境量超过 150 万吨，仅次于哈萨克斯坦，居第二位。

2. 土乌关系："背靠背"互信，既是兄弟也是可靠伙伴

土库曼斯坦与乌兹别克斯坦是"背靠背"的兄弟伙伴关系，近年来两国首脑互动异常频繁，两国在各个领域的合作全面展开，两国外交"顺水又顺风"。2020 年，土乌双边贸易额为 4.11 亿美元，其中土对乌出口额为 3.3 亿美元。2021 年 1～8 月，土乌双边贸易额逾 4.18 亿美元，同比增长 25%。在 2021 年前 7 个月，两国共签署贸易合同 194 份，主要涉及轻工业、机械工程、石油化工、农业和建筑材料等领域。

2021 年 10 月，土总统访乌，两国签署了 23 份合作协议，几乎涵盖所有合作领域，依据所签协议乌方将从土方进口总价值为 3.07 亿美元的货物。其中最引人关注的是，此次访问土乌双方签署了在土库曼斯坦－乌兹别克斯坦边境设立贸易区的协议。

3. 土哈关系：在突厥语国家中步调一致，稳步前行

近年来，土哈关系发展较为稳定，双方在良好互信的基础上展开多元合作，以维护两国边境地区安宁及稳定。2021 年 2 月，两国签署了《2021～2023 年土库曼斯坦与哈萨克斯坦两国外交部合作计划》。10 月，哈总统托卡耶夫访土，两国签署 20 份合作协议，涉及边界、民防、农业、环保、公路铁路运输、贸易、教育、信息、文化以及劳务等领域，依据所签协议哈拟向土出口 60 种商品（总金额达 1.3 亿美元），其中包括面粉、小麦等农产品。

2021 年 1～5 月，土哈双边贸易额同比增长 49%，1～8 月两国贸易额

同比增长30%，1~9月哈对土小麦出口量同比增长27%（出口1.3万吨）。[1]土对哈出口的商品主要是农副产品（番茄、洋葱等）与工业产品（纺织品、聚乙烯、润滑油和石油等）。

目前，哈方欢迎土方修建跨加拉博加兹戈尔湾大桥及通往哈的公路[2]，哈方拟扩大进口土天然气；在跨境运输方面哈方愿意同土方一道激活阿克套港、库雷克港与土库曼巴希港的潜力，并提升"哈—土—伊"南北国际铁路的运输能力。

4. 土土关系："一个民族、两个国家"

土库曼斯坦与土耳其是"一个民族、两个国家"的关系，在双边关系上经济合作是重心，双边合作以企业间合作与民间合作居多。在土独立的30年间，土耳其承包商在土库曼斯坦境内实施的项目总投资额超过了600亿美元。目前，仅土耳其布尔萨一个城市就有80多家企业与土库曼斯坦企业保持有贸易往来，土库曼斯坦在布尔萨投资的企业也有7家。[3]

2021年，土耳其总统与土库曼斯坦总统实现了互访，两国签署了《2021~2022年土库曼斯坦与土耳其两国外交部合作计划》。1~6月，土耳其向土库曼斯坦出口了6378.2万美元的化工产品，同比增长22%，其中仅6月一个月出口总额就达到了1401.5万美元，同比增长34.5%。

2021年3月，土耳其外长查武什奥卢访问土库曼斯坦期间对媒体宣称："我们（土耳其方面）将尽一切努力，将土库曼斯坦的天然气经土耳其运往欧洲。"

2021年，土库曼斯坦以观察员身份加入了土耳其主导的突厥语国家组织，土库曼斯坦对突厥语国家组织的期望与目标主要还是在于发展经济，即

---

① Казахстан на 27% увеличил поставки зерна в Туркменистан, https：//business. com. tm/ru/post/7788/kazahstan – na – 27 – uvelichil – postavki – zerna – v – turkmenistan.

② Президенты Туркменистана и Казахстана провели брифинг для СМИ, https：//orient. tm/ru/post/34995/prezidenty – turkmenistana – i – kazahstana – proveli – brifing – dlya – smi.

③ Турецкие компании намерены развивать торговые отношения с туркменским бизнесом, https：//business. com. tm/ru/post/7366/tureckie – kompanii – namereny – razvivat – torgovye – otnosheniya – s – turkmenskim – biznesom.

发挥交通区位与油气资源丰富的优势，拓展交通物流合作与能源出口合作。

截至 2021 年 11 月底，约有 12 万名土库曼斯坦人在土耳其打工。

5. 土伊关系：重建互信，相向而行

2021 年，土库曼斯坦同伊朗关系有所改善。年初，伊驻土大使对外宣称，伊方非常重视与土方的全面伙伴关系及双边合作发展；2 月，伊宣布恢复土伊电力贸易谈判；4 月，伊外长访土，两国签署了《2021～2022 年土库曼斯坦与伊朗两国外交部外交合作计划》。5 月，两国水务机构就跨境交通运输合作达成共识；6 月，伊开始从土进口电力。7 月，双方就在两国边境设立自由经济区达成一致意见；10 月，土外长访伊，两国就油气开发与贸易、电力供应、港务服务、公路铁路运输等签署多项协议，随后伊方对外称，伊将偿还拖欠土的天然气债款，恢复从土进口天然气；10 月，因新冠疫情于 2020 年 3 月关闭的切布伦口岸重新开放；11 月，伊总统访土，土库曼斯坦、伊朗和阿塞拜疆三方签署了天然气串供协议（即"掉期"供气协议），依据该协议土每年将通过伊向阿输送 15 亿～20 亿立方米天然气。此外，2021 年春夏两季，伊朗通过铁路经谢拉赫斯口岸向中亚国家出口了 60 万吨货物，其中向土出口的货物占比达 41%。

6. 土阿（阿塞拜疆）关系：搁置争议，携手向前

阿塞拜疆是土库曼斯坦在里海地区最可靠的伙伴之一，两国具有共同的历史、文化和价值观基础，两国处在"安卡拉—巴库—阿什哈巴德"一个轴心上，"能源""交通""里海""经贸"是双边外交中的关键词。近 3 年来，两国元首实现了 6 次互访，双方签署了 70 多份合作文件，双边关系不断提升，并从量变到质变，上升到了新的历史高度。2021 年，阿总统访土，将两国关系推向历史高位。访问期间别尔德穆哈梅多夫总统表示："我们已经与阿富汗、土库曼斯坦、阿塞拜疆、格鲁吉亚和土耳其签署了运输协议，可以进入欧洲。这已经在东西线沿线发生了，或者我们能将整个中亚与欧洲完全连接起来。"阿利耶夫总统表示："东西交通走廊作为重要动脉，将为土库曼斯坦和阿塞拜疆提供新能源，加强安全合作。"

2021 年，土为了实现能源全面开发战略，将天然气输送到里海西岸，

385

土总统在 11 月下旬一周之内两次会见了阿塞拜疆经济部部长，与对方磋商能源与交通合作事宜。本年度土阿外交有两个具有历史意义的亮点：其一，双方搁置争议，1 月签署了有关共同联合开发里海"友谊"油气田的谅解备忘录；其二，两国与伊朗一起签署了土经伊朗向阿塞拜疆供气协议，按照该协议，2021 年 12 月 22 日土开始向阿出口天然气。

2021 年，土阿两国之间的贸易量呈现快速递增势头，同比增长率超过了 40%。

7. 土塔关系：冰释前嫌，以水为重

近年来，在水资源问题上，土库曼斯坦与塔吉克斯坦两国一直在进行具有建设性的对话。2021 年，两国总统实现互访，双边关系出现强劲向好势头，双方签署了 20 多份合作协议，合作涵盖外交、水资源、环境、能源、交通运输、通信、农业、社会、旅游和人文等多个领域。2 月，土塔两国举办咸海流域水资源利用问题专家会议，会上土方对塔吉克斯坦水利设施建设表示支持。

8. 土吉关系：能源引航，电力先行

土库曼斯坦与吉尔吉斯斯坦两国有着百年兄弟般的睦邻友好关系，土吉政府间合作委员会是双边合作的重要平台。与中亚其他三国相比，土吉两国贸易额相对较低，电力合作是双边关系的亮点。2021 年 6 月，吉总统访土，两国企业签署了总额约 2860 万美元的合作协议，双方就土向吉出口天然气、电力问题达成了协议。自 8 月 1 日起，土向吉输电，11 月中旬因紧急情况暂停供应，11 月 17 日恢复供应。根据供电协议，2021 年 8 ~ 12 月，土应向吉出口 5.019 亿千瓦时电力。① 2021 年 11 月，吉总统再次访土，进一步夯实两国能源与电力合作基础，双方达成协议，2022 年土继续向吉供电。据吉方透露，目前土对吉供电实行的是优惠价格，价格几乎是吉生产能源价格的一半。

---

① Туркменистан поставит в Кыргызстан 501，9 миллионов кВтч электроэнергии，https：//business. com. tm/ru/post/7436/turkmenistan – postavit – v – kyrgyzstan – 5019 – millionov – kvtch – elektroenergii.

9. 土阿（阿富汗）关系：和平对话，维稳优先

土库曼斯坦与阿富汗兄弟般的睦邻友好关系源远流长，具有厚重的历史与文化基础，阿是最早承认土独立和中立的国家之一，在阿长期内战中土库曼民族是"唯一手上没有鲜血的民族"，多年来土在教育、医疗、食品等领域多次给予阿富汗人道主义援助，阿富汗各部落与政派一致认为土库曼民族最为友好与可信。土一贯主张通过和平、政治和外交手段解决阿富汗问题，主张与中方"阿人主导，阿人所有"相似的原则。近年来，土一直努力推动大型涉阿国际经济合作项目，以此推动阿富汗实现和平进程与经济社会重建。

在塔利班新政府成立后，土方与塔利班保持积极对话，土持续向阿运送人道主义救援物资，土阿边境运输工作一直处于正常运行中，同时塔利班政府还降低了土对阿富汗出口货物的关税。塔利班发言人穆贾希德通过社交媒体表示，塔利班高度赞赏土库曼斯坦与阿富汗新政府建立联系、参与阿经济发展及继续向阿富汗人民提供人道主义援助。

2020 年，阿进口土商品贸易额近 4.8 亿美元，占阿总进口贸易额的 6.9%，土是阿第七大贸易伙伴。2021 年第一季度，阿从土进口的商品中油气产品占比达 70%，总值为 6400 万美元。

（三）中土关系：元首外交领航，风好正扬帆

中土互为战略伙伴，中国是土天然气最大的出口市场，能源合作是双边关系的压舱石和推进器。2021 年中土关系在两国元首领航下，进入了全面深入的新发展阶段。2021 年 5 月，国家主席习近平与土总统别尔德穆哈梅多夫通电话，为两国关系发展指明新方向。7 月，时隔 8 年国务委员兼外长王毅再次访土，落实两国元首通话新共识、推动中土全方位合作。11 月，中共中央政治局常委、国务院副总理韩正同土副总理谢尔达尔·别尔德穆哈梅多夫共同主持中土合作委员会第五次会议，会上韩正就深化中土各领域务实合作提出四点具体建议，本次会议中土双方签署了一揽子双边文件，包括《2021～2025 年中土政府间合作规划》《中土政府关于生物安全的谅解备忘

录》《中土政府关于合作确保国际网络安全的协定》《中土政府关于扩大经济伙伴关系的合作计划》。

2021年6月，《土库曼斯坦中立报》报道称，土方已按时全额还清了中国国家开发银行向土方天然气开发项目提供的81亿美元贷款。10月，土总统别尔德穆哈梅多夫会见中驻土大使钱乃成时表示，当前北京和阿什哈巴德已经形成了两国外交关系的最佳模式，这种模式符合两国的共同利益，同时也符合两国人民的利益和愿望。同月，土总统别尔德穆哈梅多夫应习近平主席邀请以视频方式出席在北京举行的第二届联合国全球可持续交通大会，别尔德穆哈梅多夫总统再次表态，土方将继续推进中土两国在交通通信、能源、农业、化工、医疗保健、信息技术等领域的合作。

2021年，土方各种官方媒体报道中国消息的次数与频率明显高于往年，同时中国学界与民间也开始关注土库曼斯坦，这无疑对构建中土关系的双边民意基础有益。

截至2021年10月31日，土方已累计对华供气3145亿立方米。

目前，中土双方正在全方位对接"一带一路"倡议与"复兴丝绸之路"倡议。

Y.23
亚美尼亚

高焓迅*

摘 要： 亚美尼亚所在的南高加索地区是连接里海和黑海的交通枢纽，历来就是大国地缘政治博弈的焦点地区。在后苏联空间中，南高加索是地缘政治环境最为复杂的版块。2020年爆发的纳卡战争导致亚美尼亚国内政治经济社会失序，未来发展面临极大的不确定性。中国是最早承认并与亚美尼亚建立外交关系的大国。2022年将迎来中亚两国建交三十周年。三十年来两国关系发展顺利，高层交往密切，各领域友好合作关系发展迅速，特别是在共建"一带一路"框架下，两国务实合作取得丰硕成果，也为亚美尼亚当局改善民生、增进民生福祉创造了条件。

关键词： 亚美尼亚 政经转型 纳卡战争 共建"一带一路"

2021年是亚美尼亚独立三十年。三十年来，亚美尼亚在各个领域均取得重要发展，同时也在政治经济转型过程中面临不少问题。自1992年中亚建交以来，两国秉持相互尊重、平等互利的原则，双边关系保持稳定健康的发展，各领域的合作不断取得新的成果。亚美尼亚是最早支持和参与"一带一路"共建的国家之一。多年来，中国一直是亚美尼亚的第二大贸易伙伴。2021年前10个月，中亚双边贸易额已经超过了2020年全年的贸易额，总额近12亿美元，同比增幅57%。在"百年变局"

---

* 高焓迅，中国社会科学院俄罗斯东欧中亚研究所副研究员。

和"世纪疫情"背景下，中国与亚美尼亚的合作展现出巨大韧性和广阔前景。

一 政治领域

在独立后三十年的发展进程中，亚美尼亚不断探索符合本国国情的发展道路，其中的一些教训不乏深刻。

2021 年开局亚美尼亚就遭遇严重政治危机。2020 年的纳卡战争结束后，国内要求政府总理帕什尼扬下台的呼声愈发高涨。2 月 23 日，帕什尼扬在接受媒体采访时，质疑俄罗斯提供的伊斯坎德尔导弹的有效性。① 次日，亚第一副总长哈恰特里安回应并讥讽帕什尼扬的说法，当天其就被免职，此举引发亚美尼亚军方强烈不满。② 亚总长加斯帕良集合 40 名高级军官联合签署声明"逼宫"。2 月 27 日，总统萨尔基相以违宪之名拒绝签署免职总长加斯帕良的法令，据外媒称，当天有 1.5 万人在首都埃里温游行示威，要求帕什尼扬辞职。3 月 28 日，帕什尼扬宣布他将于 4 月辞去总理职务以便参加 6 月举行的选举。③ 4 月，总统萨尔基相因隐瞒双重国籍被亚美尼亚检方提起刑事诉讼；5 月，帕什尼扬两次未通过议会总理提名，但"反帕"的政治力量如一盘散沙，尚未形成除"反帕"外的其他政治意志和改革愿景。6 月 20 日，亚进行议会选举，在 26 个政党中，帕什尼扬所在"公民协议"党以 53.92% 的得票率获胜，前总统哈恰图良领导组建的"亚美尼亚"政党联盟以 21.04% 的得票率落败。④ 议会选举之后，亚国内政局暂时恢复

---

① "Armenian Armed Forces Demand PM's Resignation," 2021 – 02 – 25, https：//jam – news. net/armenian – armed – forces – demand – pms – resignation/.

② "Armenian Military Demands Government's Resignation," 2021 – 02 – 25, https：//www. azatutyun. am/a/31121104. html.

③ "Armenian Prime Minister to Step Down in April," 2021 – 03 – 28, https：//www. dw. com/en/armenian – prime – minister – to – step – down – in – april/a – 57032226.

④ "Armenian Leader's Party Wins Snap Vote Despite Defeat in War," 2021 – 06 – 22, https：//apnews. com/article/europe – armenia – elections – parliamentary – elections – government – and – politics – 872f6aae9c5ef379f74f44ed20d6d11f.

稳定，但诸多隐患仍未消除。亚美尼亚外交和安全政策顾问在帕什尼扬胜出后曾评价，许多人投票支持帕什尼扬并不是出于认同帕西尼扬，而是担心前任政府的回归，前任政府的腐败和独裁给人们留下了太过深刻的烙印。[①]

独立至今亚美尼亚尚未找寻到符合自身发展的政治体制。独立以后，出于维护国家安全的考虑，亚美尼亚在很长一个时期内选择了总统制的政治体制，以确保有效应对纳卡冲突，维护国家安全。亚美尼亚先后有三位强势总统，分别是彼得罗相、科恰良和萨尔基相。三位在任时均成功保住了亚美尼亚在纳卡地区的利益，这从一个侧面说明了总统制对保障亚美尼亚国家安全的有效性。自 2015 年开始，萨尔基相强力推动修宪；自 2018 年起，亚美尼亚改行议会制，萨尔基相卸任总统转任总理，引发国内反对派强烈抗议，其就任七天后被迫辞职。随后，亚美尼亚议会进行新一届总理选举，反对派领袖帕什尼扬当选。政体改革非但未能如愿，反而引发政坛地震，导致萨尔基相不得不交出权柄，成为"国家象征意义"的总统，缺乏执政经验的帕什尼扬反倒成为拥有实权的总理。2020 年 7 月纳卡战争初现端倪，两个月后全面爆发，在战争、疫情叠加的背景下，亚美尼亚政治体制暴露出诸多弊端。总统、议会、政府、军方之间意见分歧很大、相互掣肘，国家上层精英与社会底层民众存在隔阂，严重削弱了国家对外御敌能力。

二　经济领域

2020 年的纳卡战争及 2021 年初短暂的政局不稳后，亚美尼亚经济虽逐步复苏，但优化经济结构仍是亚未来发展的关键问题。

经济发展止跌回升。2018 年亚当局通过政体改革，释放市场活力，经济呈良好发展势头。世界银行数据显示，2017～2019 年，亚美尼亚 GDP 年

---

① "Armenia's Governing Party Wins Election Seen as Vote on Peace Deal," 2021 – 06 – 21, https：// www. nytimes. com/2021/06/21/world/europe/armenia – election – peace – deal – nagorno – karabakh. html.

均增长 6.8%。① 2020 年初，新冠疫情肆虐加之纳卡战争爆发，亚国内经济严重萎缩，2020 年 GDP 同比下降 7.4%，同时，亚面临严峻的社会贫困和就业问题，2020 年，亚美尼亚的贫困率超过 51%，同比增长 7 个百分点；失业率为 18.1%，同比上涨 1.1 个百分点。② 2021 年 6 月，亚政局恢复暂时性稳定，各种疫情管控限制的逐步解除及经济活动的增强，使亚第二季度 GDP 恢复性增长 13.7%，第三季度又增长 2.7%。国际金融机构预测，亚 2021 年 GDP 呈现止跌回升态势，经济增速有望达 5.4%，2022 年 GDP 将进一步增长 4.8%。③ 尽管如此，当前亚经济增速仍低于帕什尼扬政府预期（年增长率 7%）的发展水平，仍未完成预定经济社会发展任务。

经济政策以吸引外资为主。亚美尼亚是较为典型的侨民国家，对外贸易投资政策相对开放，外国公司依法享有与本国公司相同的待遇；亚美尼亚人力资源优势明显，拥有大量受过良好教育的专业人才，在通信技术、高精制造等领域可吸引大量外商投资。亚国际商业环境指数较高，2018~2019 年，世界贸易组织和联合国贸易发展会议（UNCTAD）对亚的贸易和投资审查评价良好，为亚拓展贸易渠道、大力吸引外商投资创造了良好环境。根据亚官方统计，截至 2021 年 4 月，亚国内人口 296.8 万，而海外亚美尼亚裔人口达 1200 余万，侨汇收入是亚美尼亚国民经济的重要支撑。④ 2020 年在选情、战情、疫情叠加的背景下，亚美尼亚侨汇收入一度同比下降 5.9%，吸引外资流量同比下降 60%，极大地影响了亚国内经济社会发展。2021 年 6 月，帕什尼扬政府重组后，重点扶持和吸引外商在能源、粮食、交通基础设施和高附加值精密制造等领域的投资，进一步优化外国企业在亚投资审批程序，

① "The World Bank in Armenia," 2021 - 10 - 12, https：//www. worldbank. org/en/country/armenia/overview#1.

② 《亚美尼亚 2020 年贫困率超过 51%》，中国驻亚美尼亚共和国大使馆经济商务处网站，http：//am. mofcom. gov. cn/article/jmxw/202104/20210403049158. shtml.

③ "Armenia Economic Outlook," 2021 - 11 - 30, https：//www. focus - economics. com/countries/armenia.

④ https：//armstat. am/en/.

外商在亚美尼亚完成注册程序只需要 4 天。① 根据帕什尼扬政府规划，至 2026 年，亚将通过吸引外资解决 3.5 万个就业岗位，其中，高新技术产业为 1.6 万个。

经济发展是政治稳定的物质基础，居民贫困率和失业率不断升高是亚美尼亚国内政治危机频发的重要诱因。独立至今，亚政府严重依赖俄罗斯和国际金融机构的贷款，制造业、服务业、汇款和农业虽是亚经济发展的主要产业，但尚未建立可持续发展的支柱产业。俄罗斯是亚美尼亚的主要出口目的国。亚美尼亚于 2015 年加入欧亚经济联盟，2017 年又与欧盟签署了全面加强伙伴关系协议，两种完全不同规制的体系极大地制约了亚美尼亚的人力资源优势。亚美尼亚将纳卡问题的解决视为本国生存、复兴的前提条件，把有限的财政资金用于采购大量常规武器装备和发展本国军工领域，同时，纳卡问题久拖不决，导致外商对亚投资迟疑观望，也加剧了亚经济困境，给亚美尼亚政局稳定带来巨大隐患。2020 年 10 月，亚美尼亚债务规模一度接近 80 亿美元，远超国际警戒线。长远来看，外商在亚从事经贸活动存在一定风险。如亚美尼亚的市场容量小，能否面向更为广阔的欧亚经济联盟则取决于亚当局与俄罗斯之间的关系；外部周边环境不佳，与阿塞拜疆刚经历过战争，与格鲁吉亚关系摇摆，与伊朗和俄罗斯存在地理隔阂；内部法治建设尚须观察，虽与之前相比政府有较大改观，但腐败问题依然存在，境外直接投资流入量较低。

三 安全领域

疫情与战情是亚美尼亚当局面临的最为紧迫的安全挑战，围绕政局变化，始于 2021 年初的军政关系紧张也使亚美尼亚国内安全稳定存在巨大隐患。

---

① "2021 Investment Climate Statements: Armenia," https://www.state.gov/reports/2021-investment-climate-statements/armenia/.

约翰斯·霍普金斯大学的数据显示，2021年，亚美尼亚疫情几经反复，较大规模反弹发生在3月中旬和10月下旬，其中，10月下旬甚至出现每日确诊病例破千的情况。[①] 疫情反弹的主要原因：一是病毒不断变异，疫苗有效性存疑，加之接种覆盖率不高；二是民众逐步习惯并接受了与病毒共存。相较于2020年疫情发起之初，亚美尼亚没有出现防疫物资、生活用品等挤兑浪潮，民众对政府的不满多集中于政府在纳卡战争中的失利等政治及军事问题上。

纳卡战争余波尚存。2020年9月27日，纳卡战争全面爆发，亚阿两军沿纳卡交界线激烈交火，次日两国进行全国总动员。在欧安组织、俄罗斯、美国等多方调解的情况下，亚阿达成停火协议。根据该协议，亚美尼亚军队全部撤出纳卡地区，阿塞拜疆收复大部分纳卡及周边地区，剩余部分由俄罗斯派出的国际维和部队暂时监管五年，五年后再由俄亚阿三方协商解决。[②] 2020年的停火协议使阿塞拜疆获得打通与飞地纳希切万自治共和国陆上联系的可能，其安全价值远胜于收复纳卡及其周边附属地区。2021年4月7日，阿塞拜疆总统阿利耶夫表示，亚美尼亚需要提供一条从纳希切万经由亚美尼亚休尼克省通往阿塞拜疆西部的陆上交通"走廊"，否则阿塞拜疆将使用武力建立。[③] 5月12日，阿塞拜疆军队向西进入亚美尼亚南部休尼克省，占领了40余平方公里的亚美尼亚领土。[④] 美国和欧洲议会多次协调无果。随后，亚阿冲突由南部扩展至东北部，7月28日，亚美尼亚军队袭击了位于亚东北部克尔巴贾尔地区的阿塞拜疆军队防线，双方均有小规模

① COVID‒19 Data Repository by the Center for Systems Science and Engineering（CSSE）at Johns Hopkins University，https：//github.com/CSSEGISandData/COVID‒19.

② В Ереване выразили заинтересованность в продлении пребывания миротворцев РФ в Карабахе，ТАСС，https：//tass.ru/mezhdunarodnaya‒panorama/12799781.

③ Никол Пашинян ищет обходные пути，https：//www.rbc.ru/newspaper/2021/04/07/606c3ab59a79473e0de314f1.

④ "Armenia and Azerbaijan in New Border Crisis," 2021‒05‒12，https：//eurasianet.org/armenia‒and‒azerbaijan‒in‒new‒border‒crisis.

伤亡。① 11 月 16 日，亚阿军队再次在亚休尼克省附近爆发武装冲突，当日在俄罗斯调停下两军宣布停火。② 至今亚阿边界划分、领土归属等问题尚没有得到实质性解决，地区安全形势维持脆弱的平衡状态。

亚美尼亚当局在 2020 年制定的"国家安全战略"中确立了几大目标，包括主权安全，意识形态安全，建构统一国家民族认同，要求国际社会承认纳卡争议地区享有自决权、承认土耳其对亚美尼亚族的种族大屠杀等。③ 2020 年"国家安全战略"把阿塞拜疆和土耳其列为主要安全威胁：前者对亚美尼亚领土主权威胁严重，并试图通过武力解决分歧；后者则是长期对亚美尼亚奉行不友好政策，拒绝无条件建交原则，否认有过种族大屠杀，资助阿塞拜疆对亚使用武力解决争端，破坏地区安全稳定。

亚视土耳其主导的突厥语国家组织为地区安全新威胁。2021 年 11 月 12 日，在伊斯坦布尔举行的突厥语国家合作委员会首脑会议上，突厥语国家合作委员会理事会集体决议，将"突厥语国家合作委员会"更名为"突厥语国家组织"。突厥语国家组织首份决议声明："各国决定在打击恐怖主义、极端主义、分裂主义、种族主义、歧视、仇外心理、仇视伊斯兰和一切形式的仇恨言论方面展开合作，并在国际舞台上协调这些领域的努力。"亚美尼亚学者指出，2020 年纳卡战争爆发一年后，土耳其在高加索地区的影响力空前提升，忌惮于美西方和俄罗斯的同时反对，土尚不敢建立军事 - 政治联盟，但试图恢复历史上突厥语系民族走向联合的"梦想"已昭然若揭，并有实现的可能。④ 哈萨克斯坦首任总统纳扎尔巴耶夫在首届突厥语国家组织

---

① Армения в ответ на обострение Азербайджаном ситуации на границе применит весь свой военно - политический инструментарий, 2021 - 07 - 28, https：//newsarmenia. am/news/ politics/armeniya - v - otvet - na - obostrenie - azerbaydzhanom - situatsii - na - granitse - primenit - ves - svoy - voenno - politich/.

② "Russia Mediates Ceasefire Between Armenia and Azerbaijan," https：//massispost. com/2021/ 11/russia - mediates - ceasefire - between - armenia - and - azerbaijan/.

③ Стратегия национальной безопасности Республики Армения, https：//www. gov. am/ru/ National - Security - Strategy/.

④ Что ждет Россию — судьба Византии или новое возрождение? https：//realtribune. ru/chto - zhdet - rossiju - sudba - vizantii - ili - novoe - vozrozhdenie.

峰会上指出，突厥语国家组织并非针对第三国。但阿塞拜疆外长指出，在2020年的纳卡战争中，突厥语国家合作委员会向阿塞拜疆提供了一系列支持，这些支持对阿获得最终胜利发挥了非凡作用。① 对亚美尼亚而言，周边突厥语系国家走向联合无疑对其形成包围之势，从巴尔干半岛经高加索地区再到中亚，"许多国家，一个民族"的"包围圈"正在形成。

国内安全稳定对外依赖严重。亚美尼亚虽国小力弱，但因具有重大地缘战略价值，一直是大国博弈争夺的对象。为巩固国家主权，亚美尼亚独立后的对外政策呈现"重俄重欧"的特点。亚美尼亚属于俄罗斯的传统势力范围，俄罗斯也是亚美尼亚在恶劣地缘环境下得以立足的保障，亚美尼亚是俄罗斯主导的欧亚经济联盟、集体安全条约组织的成员国，是俄盟友体系中重要的组成部分和抵御包括宗教极端主义和美西方思想文化渗透的"桥头堡"。美西方把亚美尼亚作为南高地区下一个"颜色革命"对象，不断对亚美尼亚施压、拉拢。一方面，积极吸引亚美尼亚向欧盟靠拢，并在亚美尼亚选择加入俄罗斯主导的欧亚经济联盟的情况下仍不放弃努力，欧盟于2017年与亚美尼亚签署《全面和加强伙伴关系协定》；另一方面，打着民主化旗号，推动亚美尼亚国内反对派和民众与当局作对，力图掀起"颜色革命"。帕什尼扬最终上台也与美西方的多年培植不无关系。

帕什尼扬政府上台后，在其主导设计的2020年"国家安全战略"中提出"亚美尼亚将继续参与集安组织安全合作，努力确保集安组织成员国履行其对彼此的同盟义务并提高该组织的有效性"，同时也指出，"亚致力于国防改革和国际维和活动，作为加强亚美尼亚防御能力的一个组成部分，亚将继续与北约在国防和安全领域进行政治对话"。亚不想把"鸡蛋放到同一个篮子"中，想同时与两个互为假想敌的军事政治组织交好，在较为恶劣的外部环境下，此举实际上恶化了其外部安全环境。在2020年的纳卡战争

---

① Джейхун Байрамов: На оккупированных Арменией азербайджанских территориях совершены акты урбицида, культурцида и экоцида, 11.11.2021, https：//azertag.az/ru/xeber/Dzheihun_ Bairamov_ Na_ okkupirovannyh_ Armeniei_ azerbaidzhanskih_ territoriyah_ soversheny_ akty_ urbicida_ kulturcida_ i_ ekocida－1923798.

中，俄与美西方均没有第一时间干预冲突，导致帕什尼扬当局承担了严重的战争苦果。

四　外交领域

2020 年爆发的纳卡战争深刻地影响了亚美尼亚的外交走向，外部安全环境恶化使亚不得不采取向俄"一边倒"政策。在 2020 年纳卡战争期间，阿土在战略上实施东西夹击，土耳其为阿提供的无人机几乎摧毁了亚美尼亚的防空体系；美西方的冷眼旁观，也让亚美尼亚认清现实，对西方的幻想破灭；民间团体对亚支持极为有限，无法左右官方立场。格鲁吉亚为阿土两国开放空中走廊以运输军需物资；伊朗官方奉行中立，但实际偏向阿塞拜疆。伊朗最高领导人顾问阿里·阿克巴尔·维拉亚蒂表示，亚美尼亚应从阿塞拜疆被占领土上撤出，并退回到国际公认的边界。在纳卡战争爆发后，伊朗多个大城市爆发声讨亚美尼亚、支持阿塞拜疆的游行。在此情况下，亚美尼亚只有依靠俄罗斯的保护才能不被灭国，尽管部分亚美尼亚人抱怨俄罗斯在战时不提供帮助导致亚美尼亚战败，但亚美尼亚的国家安全已从过去的与俄罗斯合作变为完全依赖俄罗斯保护。[①]

外部势力对亚战略认知显著不同。从外部环境看，外部势力对当前亚美尼亚政治危机各怀心思和盘算。俄为了确保在纳卡地区的军事存在，不愿看到亚美尼亚陷入内乱，希望亚局势尽快恢复稳定，但俄忙于国内抗疫和经济复苏，分身乏术，也不想因卷入亚美尼亚内部争斗而招致美西方新的更大规模制裁。美西方渗透无疑对亚美尼亚国内政治危机起到推波助澜的作用，美西方因国内事务暂时无暇顾及亚，只是呼吁各方保持冷静，缓和紧张局势，但尽力保住帕什尼扬之意不言自明。阿塞拜疆、土耳其出于保住纳卡战争胜利果实的考量，也不希望亚美尼亚局势动荡，以免影响纳卡停火协议的执行。外部势力在亚美尼亚都有各自的利益关切，一旦亚美尼亚国内局势出现

---

① 张宁：《纳卡争端：缘由、影响及前景》，《当代世界》2021 年第 1 期。

不利于己的变化，很可能会出手干预。

需要指出的是，亚美尼亚独立三十年来尚未选择出符合自身发展道路的政治模式，经济也未能成功转型并走出困境，外交在大国博弈中左右摇摆、飘忽不定。三十年来其国家实力和政控能力依然脆弱、低效。在"百年变局"和"世纪疫情"背景下，由疫情引发的全球经济衰退导致亚国内社会矛盾尖锐化、国家间关系复杂化，对包括亚美尼亚在内的"底子薄、基础差"的独联体国家产生重大影响。亚美尼亚是中国共建"一带一路"的重要伙伴，其也将中国视为平衡域内地缘大国博弈的重要外部力量。中国需要警惕亚美尼亚政治乱象在独联体国家中的"溢出效应"，同时也要防止中国在亚项目合作卷入地缘大国政治博弈。

首先，亚美尼亚始终重视对华合作，中国始终是南高各国重要的合作伙伴。南高国家对俄疑虑较深，俄也可能借地区冲突升级提高合作要价，如利用纳卡冲突获取直达伊朗的陆路走廊、阻碍亚对欧合作等。美西方则可能进一步推进南高地区"去俄化"进程，在打击亚国内亲俄势力的同时，激化民族主义者特别是年轻人的反俄情绪，削弱俄在该地区的民意基础。亚美尼亚在大国间艰难平衡之际，极有可能出台深化对华合作的措施。同时中国在亚美尼亚的既有合作项目有可能面临卷入地缘大国博弈的风险。

其次，警惕新型"颜色革命"发酵传播。从2020年8月发生在白俄罗斯的"街头抗议"，到吉尔吉斯斯坦议会选举时出现的"十月事件"，均是受到美西方在战略上将中俄视为竞争对手、在战术上在独联体地区自西向东构建地缘政治"动荡弧"预谋的影响。预计中俄周边国家间冲突频发将成为常态。与21世纪头十年的"颜色革命"相比，西方等外部势力干涉的手段更趋宽泛，通过威慑传统友好邻国、威胁他国经济命脉、制裁高级官员等"由外而内"地对当局施压。同时，反对派可采取的激进方式较多，从2020年在独联体爆发的"街头革命"到纳卡战争中民用装备军事化导致军事技术扩散，如利用无人机袭击等；同时大量使用社交媒体、短视频等高科技信息和传播工具影响社会受众，行为手段更趋多样。预计新型"颜色革命"正在中俄周边地区酝酿。

最后，亚美尼亚所在的南高地区历来是大国地缘政治博弈的"隘口"，中国在该地区推进"一带一路"建设项目面临较高的地缘政治风险。就当前而言，中国与亚美尼亚的经贸合作可圈可点。以 2020 年中亚经贸合作为例，2020 年亚美尼亚对外贸易同比下降 13.2%，但中亚经贸交易额同比逆势上涨 2%，是亚经济为数不多的"正增长"，中国稳居亚美尼亚第二大贸易伙伴国地位。但着眼未来一个时期，亚美尼亚国内不稳定因素增加，尤其是在 2020 年的纳卡战争之后，亚美尼亚面临严重的政治、经济和社会危机，国内尚未出现能够平息乱局的强有力的领导人物，大国利益争夺在亚更加凸显，亚美尼亚未来发展充满不确定性。

Y.24

阿塞拜疆[*]

刘　畅

摘　要： 2021 年是阿塞拜疆独立三十周年。经过三十年的发展，阿塞拜疆政治实现了从乱到治的转变，经济获得了较大发展，现代化程度不断提高，人口稳步增长，贫困程度大幅下降，在南高加索及周边地区的经济影响力不断上升，并成为地区可靠的能源合作伙伴之一。在 2020 年的纳卡冲突中获胜后，阿塞拜疆国内凝聚力进一步增强，政治形势稳定。尽管受到纳卡冲突和新冠疫情的影响，但在一系列经济振兴政策的支持下，阿塞拜疆经济在 2021 年依然维持了较高的增速，地区政治和经济影响力进一步提升，安全环境有所改善。可以说，阿塞拜疆走到了新的经济、社会、政治和文化发展的历史转折点。目前，阿塞拜疆正借助国内外形势变化带来的有利机遇，对内积极推进战后恢复与重建，努力防控疫情，发展经济；对外巩固胜利成果，大力推动区域交通联通和能源合作，力求成为南高加索地区乃至欧亚大陆腹地更具影响的国家。

关键词： 阿塞拜疆　纳卡冲突　战后重建

一　政治形势

2020 年在与亚美尼亚的纳卡冲突中获胜极大地鼓舞了阿国内各界，总统阿利耶夫的威望空前提高，国内凝聚力进一步增强。阿塞拜疆在积极推进

---

* 刘畅，博士，中国社会科学院俄罗斯东欧中亚研究所助理研究员。

战后恢复与重建、抗击新冠疫情的同时，推出了《阿塞拜疆2030：国家社会经济发展优先方向》，以期借助新的历史机遇推动阿塞拜疆经济社会进一步发展。

（一）政治形势总体稳定

其一，总统威望空前提升。阿在2020年纳卡冲突中获胜之后，总统阿利耶夫在国内的声望飙升至历史新高，被誉为民族英雄和"胜利的最高统帅"，其执政地位愈加稳固。

其二，政治体制进一步完善。阿塞拜疆国民议会于2020年2月9日进行了新一届选举，最终有8个政党进入议会。此届议会的一个突出特点是反对派有史以来第一次当选国民会议副主席并领导国民会议委员会，阿塞拜疆也由此迈出完善政党政治协商制度、建立健康政治关系、形成良好政治生态体系的重要一步。

其三，反对派影响力降低。这一方面是因为阿塞拜疆在纳卡冲突中的胜利让政治反对派也对阿利耶夫总统表示赞赏，很少有人愿意在这一时期对总统进行公开批评；另一方面是因为反对派批评政府的主要议题已不存在，即数十万名在20世纪90年代初被迫流离失所的阿塞拜疆人最终迎来了回国的机会。

（二）民族主义情绪大幅提升

其一，民族自信心空前提升。纳卡战争使阿塞拜疆领导人首次实现了社会和民族的高度团结。纳卡冲突停火协议签署后，阿利耶夫总统称其为"我们光荣的胜利"，并表示"这是我们人民三十年来一个夙愿的实现"。阿塞拜疆人民获得了"创造历史"的民族情感体验。

其二，设立国家恢复独立日。阿利耶夫总统在阿塞拜疆独立三十周年纪念日上宣布，从2021年开始，阿塞拜疆将每年的10月18日作为国家恢复独立日。

其三，对亚美尼亚采取强硬态度。在享受胜利果实的同时，阿国内各界

希望能够与亚美尼亚明确划定边界，加快纳卡问题的解决进程，甚至完全控制纳卡地区。阿利耶夫总统在 9 月接受采访时指出："如果亚美尼亚继续觊觎阿塞拜疆的领土，阿塞拜疆将做出相应的回应……我认为反复提及关于地位和纳戈尔诺-卡拉巴赫的话题是一个很大的威胁，最好不要激怒我们，只要我们的提议还摆在谈判桌上，他们最好同意。"①

（三）疫情防控依然是工作重点

2021 年 8 月以来，阿塞拜疆新冠肺炎感染病例开始激增，虽然进入 10 月后有所缓解，但每日新增病例依然维持在较高水平，且持续波动。据阿塞拜疆政府直属的疫情防控指挥部的消息称，12 月 4 日，阿塞拜疆有 1787 例新冠肺炎患者治愈出院，新增确诊病例 1406 例，新增死亡病例 18 例。截至目前，阿塞拜疆累计确诊病例 594994 例，治愈 562786 例，死亡 7947 例，现有活动性病例 24261 例。阿国内已进行了 5591270 次检测。仅 12 月 4 日就进行了 12869 次检测。② 在 2021 年 11 月 21 日举办的全国政府工作会议上，阿利·阿萨多夫总理表示，防治这一流行病的工作将作为优先事项重新列入国家议程，为此需要动员政府所有力量以应对这一问题。③ 同时，2021 年 10 月 29 日颁布的第 324 号内阁决议规定，为了防止新冠疫情的传播，阿塞拜疆的特殊检疫制度将延长至 2022 年 1 月 1 日晨 6 点。④ 12 月 23 日，阿塞拜疆总理阿利·阿萨多夫再次宣布将特殊隔离状态延长至 2022 年 3 月 1 日晨 6 点。⑤

① 《阿塞拜疆总统：我们愿意与亚美尼亚就和平协议开展相关工作》，https：//azertag. az/chn/xeber/china－1888785，最新检索时间：2021 年 11 月 30 日。
② 《12 月 4 日阿塞拜疆新增新冠肺炎确诊病例 1406 例》，https：//azertag. az/chn/xeber/china－1943272，最新检索时间：2021 年 11 月 30 日。
③ "The Current Pandemic Situation Is Discussed at the National Meeting of the Task Force，" https：//nk. gov. az/en/article/1233/，最新检索时间：2021 年 11 月 30 日。
④ "The Special Quarantine Regime Has Been Extended Until January 1, 2022，" https：//nk. gov. az/en/article/1872/，最新检索时间：2021 年 11 月 30 日。
⑤ 《阿塞拜疆延长特殊隔离状态》，https：//azertag. az/chn/xeber/china－1959302，最新检索时间：2021 年 11 月 30 日。

（四）积极推进战后恢复与补偿工作

尽管在战争中获得了胜利，但战争依然给阿塞拜疆造成了巨大的损失。截至 11 月 14 日，阿塞拜疆国防部确认有 2783 名武装部队军人在战斗中死亡。本次冲突还导致纳卡地区以及阿塞拜疆一侧控制线沿线的房屋和基础设施遭到大规模破坏，超过 130000 人流离失所。随着武装冲突结束，阿塞拜疆进入了战后恢复、重建和帮助逃难者重返社会的新阶段。维持和平、恢复和重建活动以及国内流离失所者的返回是阿塞拜疆当前绝对优先的事项。阿利耶夫总统在接受土耳其阿纳多卢社的采访时指出，战争一结束，阿塞拜疆便开始调动所有资源解决供电等相关问题，道路修建工作也在稳步推进。2021 年 12 月 17 日，阿内阁公布了关于执行阿塞拜疆共和国总统 2020 年 12 月 14 日法令的决议，根据该决议，最初用于战后恢复、重建的 907 万马纳特的资金将从阿塞拜疆共和国国家预算中的 2020 年储备基金中划拨。① 同时，阿塞拜疆外交部表示愿与相关国际伙伴合作，包括红十字国际委员会、联合国难民署和其他联合国机构以及所有愿意为该地区和平与稳定做出贡献的国家。②

（五）推出《阿塞拜疆2030：国家社会经济发展优先方向》

2021 年 2 月，阿塞拜疆出台了《阿塞拜疆 2030：国家社会经济发展优先方向》文件，计划在十年内让阿塞拜疆 GDP 增长 1 倍，并确定了今后十年国家社会经济发展的五个优先事项：稳步增长、有竞争力的经济；一个基于社会正义的充满活力和包容性的社会；现代创新和有竞争力的人

---

① Toughened Special Quarantine Regime Is Set to Start from 00：00 on 14 December 2020 until 00：00 on 18 January 2020，https：//nk. gov. az/en/article/1263/，最新检索时间：2021 年 11 月 30 日。

② Post Conflict Rehabilitation，Reconstruction and Reintegration，https：//www. mfa. gov. az/en/category/end - of - the - conflict - in - november - 2020 - and - post - conflict - situation/post - conflict - reconstruction - rehabilitation - and - reintegration，最新检索时间：2021 年 11 月 30 日。

力资本；被解放领土的回归与融合；清洁的环境和"绿色增长"。① 12 月 6
日，阿塞拜疆政府向总统提交《阿塞拜疆 2022 ~ 2026 年社会经济发展战略
（草案）》。

二 经济形势

近年来，受全球经济持续低迷、国际油价低位徘徊以及独联体国家经济
衰退等因素影响，阿塞拜疆经济运行面临严峻挑战，尤其是新冠疫情大流行
对阿塞拜疆经济产生了较为严重的影响。为应对这些问题，阿塞拜疆政府采
取了一系列措施，包括保持经济稳定，提高经济透明度，为商业活动提供税
收优惠，为创业提供国家信贷和担保支持，扩大以优惠条件获得信贷资源的
机会等。相关措施的实施降低了新冠疫情对阿塞拜疆经济发展和民众生活水
平的影响，遏制了阿塞拜疆经济的快速卜滑。

（一）宏观经济保持稳定，经济有所恢复

2021 年，阿政府采取的支持创业、疫苗接种等措施，以及国际大宗商
品价格上涨，推动了阿经济的恢复。② 据阿塞拜疆国家统计委员会统计，
2021 年 1 ~ 11 月阿塞拜疆 GDP 增长 5.3%，其中油气领域增长 2.7%，非油
气领域增长 6.4%；人均 GDP 为 8055.3 马纳特。2021 年 1 ~ 11 月，阿塞拜
疆名义国内生产总值为 806.882 亿马纳特，其中工业占比 41.6%，贸易和
运输工具维修业占比 10.1%，交通和仓储业占比 7%，建筑业占比 4.9%，
农、林、渔业占比 6.4%，信息和通信占比 1.8%，旅游和餐饮业占比

---

① 《阿塞拜疆政府向总统提交〈阿塞拜疆 2022 ~ 2026 年社会经济发展战略〉（草案）》，
http：//az. mofcom. gov. cn/article/jmxw/202112/20211203228412. shtml，最新检索时间：
2021 年 11 月 30 日。
② Macro Development （2021），https：//economy. gov. az/article/esas – iqtisadi – gostericiler –
2021/31676，最新检索时间：2021 年 11 月 30 日。

1.2%，其他占比 18.2%，进口税和商品税收入占比 8.8%。[①] 未来阿塞拜疆的经济将平稳运行，预计非油领域增长较快。阿塞拜疆经济部副部长 12 月 8 日出席职业发展论坛时表示，预计 2022～2026 年阿塞拜疆经济平均增速将为 3.9%，其中非油领域年均增速为 5%。[②]

（二）通胀和债务水平较高，但总体可控

受全球经济形势和大宗商品价格波动影响，阿塞拜疆的通货膨胀压力较大。2021 年 1～8 月，阿塞拜疆平均通胀率为 4.8%，其中食品价格平均上涨 5.4%。阿塞拜疆中央银行预测 2021 年平均通胀率为 5.4%～5.8%，2022 年平均通胀率将下降至 4%～5%。国际评级机构穆迪在其《银行——新兴市场 2022 年展望》报告中表示，阿塞拜疆银行贷款占总贷款的比例为 8%，贷款损失准备金占总贷款的比例为 9%，银行总资产与加权风险贷款比率为 25%，居独联体国家领先地位。[③] 阿塞拜疆总统阿利耶夫在阿什哈巴德举行的经济合作组织第 15 届峰会上表示，在世界银行的《营商环境报告》中，阿塞拜疆在 190 个国家中排名第 28 位。阿塞拜疆已吸引 2800 亿美元投资，其中一半为外国投资。阿塞拜疆的战略外汇储备是外债的 6 倍。2030 年前，阿塞拜疆计划将外债占 GDP 的比重下降至 10%。[④] 同时，阿塞拜疆也在积极推动金融和支付系统的现代化，目前正在制定"2022～2024 年数字支付发展战略"。该战略延续了此前的国家数字支付发展计划，旨在确保金融的包容性，让支付系统更易使用。[⑤]

---

① 《2021 年 1～11 月阿塞拜疆国内生产总值增长 5.3%》，http：//az. mofcom. gov. cn/article/jmxw/202112/20211203229099. shtml，最新检索时间：2021 年 11 月 30 日。

② 《预计 2022～2026 年阿塞拜疆经济平均增速为 3.9%》，http：//az. mofcom. gov. cn/article/jmxw/202112/20211203228418. shtml，最新检索时间 2021 年 11 月 30 日。

③ 《穆迪：阿塞拜疆银行问题贷款比重为独联体最低》，http：//az. mofcom. gov. cn/article/jmxw/202112/20211203223181. shtml，最新检索时间 2021 年 11 月 30 日。

④ 《阿利耶夫总统：阿塞拜疆计划在 2030 年前将外债占 GDP 比例下降至 10%》，http：//az. mofcom. gov. cn/article/jmxw/202111/20211103222243. shtml，最新检索时间 2021 年 11 月 30 日。

⑤ 《阿塞拜疆正在制定 2022—2024 年数字支付发展战略》，http：//az. mofcom. gov. cn/article/jmxw/202112/20211203228420. shtml，最新检索时间 2021 年 11 月 30 日。

（三）吸引外资与对外贸易稳中有升

阿塞拜疆中央银行数据显示，2021年1~9月阿塞拜疆吸引外国直接投资36.65亿美元，同比增长8.1%。其中，84.2%的投资流向油气领域，15.8%的投资流向非油气领域，油气领域依然是吸引外资的重点领域。[①] 据阿塞拜疆海关委员会统计，2021年1~10月，阿塞拜疆对外贸易总额为261.83亿美元，同比增长24.7%。其中，出口额168.49亿美元，同比增长37.7%；进口额93.34亿美元，同比增长6.4%。2021年1~10月，阿塞拜疆贸易顺差为75.15亿美元，较2020年同期增长1.2倍。[②] 俄罗斯、土耳其和中国是阿塞拜疆三大进口国。阿塞拜疆从俄罗斯进口额为16.482亿美元；从土耳其进口额为14.88亿美元；从中国进口额为13.089亿美元。[③] 除此之外，阿塞拜疆政府在10月与蒙古国和斯洛伐克签署了贸易和经济合作协议，以促进与这两国的贸易联系。

（四）能源行业有所恢复

其一，石油出口有所恢复。阿塞拜疆油气资源丰富，包括石油开采和石油加工等与石油有关的能源生产行业是其经济的支柱。根据与OPEC和伙伴国达成的协议，尽管阿塞拜疆完全履行减产承诺影响了石油部门的附加值，但该部门已经开始出现积极的发展趋势。阿塞拜疆国家海关委员会的数据显示，2021年1~11月，阿塞拜疆原油及其他石油产品出口量为112.87万吨，出口金额为5.919亿美元。2020年同期，阿塞拜疆石油产品出口量为99.49万

---

① 《2021年1~9月阿塞拜疆吸引外国直接投资36.65亿美元》，http://az.mofcom.gov.cn/article/jmxw/202112/20211203228424.shtml，最新检索时间：2021年11月30日。

② 《2021年1~10月阿塞拜疆对外贸易顺差增长超1倍》，http://az.mofcom.gov.cn/article/jmxw/202112/20211203223183.shtml，最新检索时间：2021年11月30日。

③ 《俄罗斯成今年1月至10月阿塞拜疆第一大进口国》，https://azertag.az/chn/xeber/1939632，最新检索时间：2021年11月30日。

吨，出口金额为 2.714 亿美元。①

其二，大力发展清洁能源。目前，可再生能源在阿塞拜疆全国能源生产总量中的比重为 17%。阿利耶夫总统宣布，阿计划到 2030 年将这一数字提高到 30%。目前已与三大国际能源公司签署了协议，在未来 3~4 年内投资建设三座总容量为 700 兆瓦的风能和太阳能发电厂，并宣布刚收复的卡拉巴赫和东赞格祖尔为阿绿色能源区。

（五）大力推进可持续发展

近年来，阿塞拜疆一直在积极推动经济结构转型，希望能够降低对油气行业的依赖，其中可持续发展是其关注的重点，阿领导层对此极为重视。阿利耶夫总统在第 76 届联合国大会一般性辩论上发表讲话时指出，阿塞拜疆特别重视实施联合国可持续发展目标，是世界上提交关于 2030 年议程落实情况的 12 个国家之一。② 阿塞拜疆制订了雄心勃勃的减排计划，现已批准《巴黎气候协定》，自愿承诺到 2030 年将温室气体排放水平与基准年 1990 年相比减少 35%。此外，阿塞拜疆正在研究根据《巴黎气候协定》设定 2050 年预定目标的可能性。《阿塞拜疆 2030：国家社会经济发展优先方向》也明确指出将建设清洁的环境和"绿色增长"作为阿经济社会发展的优先事项。③

三　安全形势

纳卡冲突后，军事上的胜利和达成的有利于自身的停火协议在一定程度

---

① 《阿塞拜疆石油产品出口量增加》，https://azertag.az/chn/xeber/china - 1962946，最新检索时间：2021 年 11 月 30 日。

② 《阿塞拜疆在 2021 年可持续发展报告中在 165 个国家中排名第 55 位》，https://azertag.az/chn/xeber/china - 1884725，最新检索时间：2021 年 11 月 30 日。

③ Order of the President of the Republic of Azerbaijan on approval of "Azerbaijan 2030：National Priorities for Socio - Economic Development"，https://azertag.az/en/xeber/Order_ of_ the_ President_ of_ the_ Republic_ of_ Azerbaijan_ on_ approval_ of_ Azerbaijan_ 2030_ National _ Priorities_ for_ Socio_ Economic_ Development - 1724707，最新检索时间：2021 年 11 月 30 日。

上改善了阿塞拜疆的安全环境，南高加索地区迎来了一段稳定期。但由于阿塞拜疆和亚美尼亚之间在纳卡地区的冲突未能得到根本解决，其矛盾可能在未来进一步激化，冲突所带来的人员伤亡、经济停滞、政治动荡和恐怖主义泛滥等问题也依然存在。

（一）纳卡问题迎来了政治解决的机遇

其一，阿塞拜疆恢复了领土完整。"第一次纳卡战争"中，面对亚美尼亚军队，阿塞拜疆几乎没有还手之力，结果是亚美尼亚军队占领了纳卡及其周边原属阿塞拜疆的 7 个州，在拉钦走廊周围地区形成了对亚而言可靠的"安全屏障"，确立了亚对阿的军事优势。1994 年，阿塞拜疆被迫屈辱地在全面停火协议上签字，从此双方一直处于敌对状态。2020 年亚美尼亚在军事上的溃败，使其被迫放弃了 1992～1994 年占领的纳卡周边 5 个区 80% 的土地，为政治解决纳卡问题开辟了道路。阿利耶夫总统宣布"纳卡冲突已经成为过去式"，其十分赞赏俄罗斯在纳卡地区执行维和任务，并认为纳卡地区的停火协议将会得到有效执行。① 同时，阿利耶夫总统也利用各种机会向国际社会表达自身诉求，争取国际社会的承认和支持。在第 76 届联合国大会一般性辩论上发言时，阿利耶夫总统表示："阿塞拜疆通过军事和政治途径解决了三十年的冲突，恢复了自己的领土完整和历史正义。纳戈尔诺 - 卡拉巴赫冲突已经成为过去。阿塞拜疆不再存在名为纳戈尔诺 - 卡拉巴赫的行政区域单位。根据 2021 年 7 月 7 日的总统令，我们建立了卡拉巴赫经济区和东赞格祖尔经济区。"他补充道："借此机会，我呼吁联合国成员国和联合国秘书处，在提到我国领土时，避免使用在法律上不存在、在政治上存在偏见的名称。"② 同时，阿塞拜疆也积极借助地区联合项目推动亚美尼亚对停火协议的支持。阿塞拜疆总统助理兼总统办公厅对外政策局局长希克梅

---

① 《阿塞拜疆总统阿利耶夫：纳卡冲突已成为历史》，http://news. china. com. cn/2020 - 12/19/content_ 77028518. htm，最新检索时间：2021 年 11 月 30 日。

② 《阿塞拜疆总统：纳卡冲突已成为过去》，https://sputniknews. cn/politics/20210924103 4528554/，最新检索时间：2021 年 11 月 30 日。

特·哈吉耶夫 11 月 7 日在第八届全球巴库论坛期间表示，目前，南高加索正在形成新的局势。阿塞拜疆在南高加索与格鲁吉亚实施联合项目，希望亚美尼也能加入这一进程。希克梅特·哈吉耶夫表示："赞格祖尔走廊的开通将确保恢复该地区的交通。阿塞拜疆希望与亚美尼亚划定边界，签署和平协议。"他补充道："我们希望阿塞拜疆和亚美尼亚达成和平协议，就像法国和德国一样。"① 随着阿塞拜疆优势的确立以及俄、欧、美的斡旋，阿塞拜疆同亚美尼亚的关系也有了一定的缓和。12 月 16 日，亚美尼亚总理帕什尼扬在政府会议上说，亚美尼亚和阿塞拜疆确认，将修建从阿塞拜疆经过亚美尼亚南部的休尼克省到纳希切万自治共和国的铁路。帕什尼扬表示，亚美尼亚将通过这条铁路连接俄罗斯和伊朗，而阿塞拜疆将以此建立与纳希切万自治共和国的铁路联系。帕什尼扬说，该协议是在俄、亚、阿副总理三方工作组会议上达成的，并在俄罗斯总统普京倡议的索契三方会晤上确定。在由欧洲理事会主席夏尔·米歇尔斡旋的布鲁塞尔会晤中，这一协议被确认。②

（二）与亚美尼亚的冲突还将以较低烈度方式维持

阿利耶夫总统在第 76 届联合国大会一般性辩论上的讲话中指出，自纳卡冲突结束以来，阿塞拜疆已表示愿意与亚美尼亚在划定边界、承认彼此主权和领土完整的原则基础上，就签署和平协议展开谈判。这样的和平协议有利于建成一个和平与合作的地区。但阿塞拜疆和亚美尼亚之间的边界依然未定，而且亚美尼亚在战场上的迅速失败，使其很难接受当时谈判达成的协议，阿塞拜疆对亚美尼亚的立场也并没有随着战场的胜利而改变。2021年 5 月以来，两国纷争再次激化。其间，俄罗斯再次发挥了调解人和安全保障者的作用。2021 年 11 月，普京、帕什尼扬和阿利耶夫在索契经过长

---

① 《总统助理：卡拉巴赫冲突已经结束，卡拉巴赫已是阿塞拜疆国内问题》，https：//azertag. az/chn/xeber/china－1919978，最新检索时间：2021 年 11 月 30 日。

② 《亚美尼亚总理：亚阿同意建设从阿塞拜疆到纳希切万的铁路》，https：//sputniknews. cn/20211216/1034985463. html，最新检索时间：2021 年 11 月 30 日。

达三个小时的会晤后发表声明表示：“我们商定采取措施提高阿塞拜疆－亚美尼亚边界的稳定和安全水平，并将设立一个双边委员会，负责划定阿塞拜疆共和国和亚美尼亚共和国之间的国界，随后应各方要求在俄罗斯联邦的顾问协助下进行标界。”① 同时，在欧盟的调解下，阿利耶夫和帕什尼扬同意于 12 月 15 日在欧盟“东方伙伴关系”峰会期间举行会晤，以讨论地区局势和克服局势紧张的办法。② 但两国冲突很可能仍只是暂时“冻结”，并以间歇性的低级别冲突反复出现，不排除未来爆发为新的大规模暴力冲突的可能性。

（三）战后重建与和平之路任重道远

首先，目前维持和平表象的限制因素可能是亚美尼亚在冲突后缺乏常规军事能力，以及俄罗斯的限制。纳卡冲突的出路要么是坚定的国际调解（前景黯淡），要么是阿塞拜疆政府承认存在新现状的替代方案。但缓和局势和建立信任都需要阿塞拜疆和亚美尼亚投入大量政治资本，并接受风险。③ 其次，在本次停火后，自 20 世纪 90 年代从纳卡及其周围地区流失的家庭可能有机会返回家园，但是大规模的人口回归需要政府进行大量投资。大部分冲突地区的城镇和定居点仍然处于不同程度的破坏或失修状态，战争遗留的地雷和未爆弹药的增加对难民的返回也构成了风险。④ 自 2020 年 11 月以来，在阿塞拜疆新获得领土上的地雷爆炸已导致 20 名阿塞拜疆公民丧生，其中包括阿塞拜疆国家排雷行动局（ANAMA）的成员。同时，这些领土上大规模的地雷污染也严重阻碍了阿塞拜疆政府已开始实施的恢复和重建

① 《普京、阿利耶夫总统和帕什尼扬就阿塞拜疆—亚美尼亚边境的安全措施达成一致》，https：//sputniknews.cn/politics/202111271034870591/，最新检索时间 2021 年 11 月 30 日。

② 《阿塞拜疆和亚美尼亚领导人同意 12 月在布鲁塞尔举行会晤》，https：//sputniknews.cn/politics/202111201034835334/，最新检索时间：2021 年 11 月 30 日。

③ Nick Reynolds，“The Aftermath of the Nagorno－Karabakh Conflict，”https：//rusi.org/explore－our－research/publications/commentary/aftermath－nagorno－karabakh－conflict，最新检索时间：2021 年 11 月 30 日。

④ Azerbaijan and Armenia，“The Nagorno－Karabakh Conflict，”https：//www.everycrsreport.com/reports/R46651.html，最新检索时间：2021 年 11 月 30 日。

计划。① 阿利耶夫总统曾表示，现阶段重建的主要困难是亚美尼亚在这一地区埋设了许多地雷。亚美尼亚拒绝向阿塞拜疆提供准确标有地雷埋设点的地图，而其被迫提供的三个雷区的地图准确率仅为25％。② 同时，活跃在阿塞拜疆的恐怖组织"伊斯兰战士"、Jamaat al – Muwahidun、"基地"组织高加索国际组织、北方马赫迪军、"森林兄弟组织"等可能趁机开展活动。2021年美国国家旅游局就在其官方网站上警告美国公民有可能在阿塞拜疆共和国遭遇恐怖袭击及疫情威胁。③

（四）推动阿塞拜疆军事发展战略的转变

首先，阿塞拜疆更加重视国防投入和获取先进军事技术。目前，阿塞拜疆正在重新思考国家安全的优先事项，并投资于最新的军事技术。虚拟世界的战争可能会有抬头之势。在2020年的冲突中，阿塞拜疆和亚美尼亚双方都使用了大炮、坦克、无人驾驶飞行器（UAV）和战斗机。在新冠疫情期间，局部的小规模冲突已经变成虚拟战争，这无疑会造成更多的平民伤亡。④ 其次，阿加强了与土耳其、巴基斯坦等国家的合作，这也加剧了地区紧张形势。与巴基斯坦和土耳其在军事技术、军事教育、军事生产领域发展双边和三边合作是阿塞拜疆的重点。⑤ 但三方愈加密切的军事合作可能会加剧地区军事关系紧张。

---

① 《阿塞拜疆共和国外交部关于4月4日国际防雷宣传日的声明》，https：//mfa. gov. az/en/news/no12121 – statement – by – the – ministry – of – foreign – affairs – of – the – republic – of – azerbaijan – on – the – 4th – of – april – international – mine – awareness – day，最新检索时间：2021年11月30日。

② 《阿塞拜疆总统：国际社会必须向亚美尼亚施压，使其为我们提供解放地区的准确地雷地图》，https：//azertag. az/chn/xeber/china – 1884023，最新检索时间：2021年11月30日。

③ 《阿塞拜疆批评美国》，https：//parstoday. com/zh/news/world – i67034，最新检索时间：2021年11月30日。

④ "The Conflict in Nagorno – Karabakh and the Impact of COVID – 19 on International Diplomacy," https：//blogs. lse. ac. uk/lseih/2020/11/11/the – conflict – in – nagorno – karabakh – and – the – impact – of – covid – 19 – on – international – diplomacy/，最新检索时间：2021年11月30日。

⑤ 《讨论阿塞拜疆与巴基斯坦军事合作发展的前景》，https：//azertag. az/chn/xeber/1943078，最新检索时间：2021年11月30日。

四 对外关系

阿塞拜疆独立之初，就推行实用主义外交，以本国的国家利益为出发点来制定外交政策，利用大国在南高加索地区的合作与竞争，积极发展同俄罗斯、美国、欧洲、土耳其、伊朗、格鲁吉亚等周边国家的友好关系，将解决纳卡问题作为国家外交的首要任务，大力推动国际区域合作和能源外交。2020年的纳卡冲突带来了阿塞拜疆周边地缘政治的变化，改变了大国在南高加索地区的力量格局和国家间关系。总体来说，俄罗斯和土耳其在南高加索的地位得到进一步巩固和提高，成为影响南高加索地区局势的主导性力量；欧美影响相对萎缩；伊朗与阿塞拜疆关系迎来了新的发展机遇，二者有望成为连接中东和南高加索地区的桥梁；地区交通、能源一体化有了新动力。① 阿塞拜疆在经历此次纳卡冲突之后，更加主动且有立场地开展全方位外交。

（一）坚持在三方声明的基础上实现与亚美尼亚关系的正常化

在俄罗斯的倡议和调解下，10月14日，阿塞拜疆外交部部长杰伊洪·巴伊拉莫夫与亚美尼亚外交部部长阿拉拉特·米尔佐扬举行了会谈。会议期间，杰伊洪·巴伊拉莫夫外长表达了阿塞拜疆对该地区冲突后局势和两国关系正常化的立场，强调全面执行2020年11月和2021年1月签署的三方声明的重要性，并表示阿塞拜疆愿意在尊重国际法原则，尤其是在尊重国家主权、领土完整和边界不可侵犯的基础上与亚美尼亚实现国家关系正常化②，他还强调了就阿塞拜疆与亚美尼亚划定边界开始谈判的重要性。同时，还提到了执行关于开放该地区所有交通运输协议的重要性。

---

① 张宁：《纳卡争端：缘由、影响及前景》，《当代世界》2021年第1期。
② 《阿塞拜疆和亚美尼亚两国外长在明斯克举行会谈》，https：//azertag.az/chn/xeber/china-1901815，最新检索时间：2021年11月30日。

（二）尊重并维持俄罗斯的传统影响

在历次纳卡问题上，俄罗斯一直承担着主要调停人和监督停火执行者的作用，此次停火协议也是在俄罗斯总统普京亲自斡旋下达成的。阿塞拜疆总统伊利哈姆·阿利耶夫曾表示，俄罗斯总统普京在 2020 年秋季纳卡冲突的解决过程中发挥了积极作用，并高度评价普京的政治智慧和对阿塞拜疆的尊重与理解。在对俄关系上，阿塞拜疆正在努力缓解地区紧张局势，营造睦邻友好氛围，支持进一步发展与俄罗斯在经济、政治、社会和文化领域的互利合作。阿同俄罗斯的关系整体呈向好态势，不断"升温"，表现在总统的互访，阿塞拜疆和俄罗斯在里海国家问题的分工合作等方面，包括安全领域。纳卡战争也进一步扩大了俄罗斯在南高加索地区的影响力。俄罗斯得以在南高加索地区部署更多军事力量，其南部安全环境有所改善，成功地使南高加索地区继续成为俄罗斯的"后院"。

（三）继续强化与土耳其的关系

纳卡冲突期间，土耳其的坚定支持推动了阿土关系进一步扩大和深化，已达到战略合作的水平，双方建立起了"友好兄弟关系"。同时，土耳其作为北约国家，也是阿塞拜疆与北约建立军事联系的一个纽带。阿利耶夫在给埃尔多安的信中称阿塞拜疆与土耳其两国人民间友好的兄弟关系基于共同历史和民族道德价值观，这也体现出双方的统一和团结。① 未来阿塞拜疆将继续维持与土耳其的亲密关系，尤其是在军事领域。在 2021 年前五个月的武器出口报告中，土耳其国防部将阿塞拜疆共和国列为该国仅次于美国的第二大武器出口目的地。② 俄罗斯卫星通讯社驻阿塞拜疆分社 2021 年 7 月 28 日报道称："土耳其大国民议会议长穆斯塔法·森托普（Mustafa Şentop）在占

---

① 《致土耳其共和国总统雷杰普·塔伊普·埃尔多安先生》，https://azertag.az/chn/xeber/china – 1913154，最新检索时间：2021 年 11 月 30 日。
② 《阿塞拜疆共和国是土耳其第二大武器出口目的地》，https://parstoday.com/zh/news/world – i68598，最新检索时间：2021 年 11 月 30 日。

贾的新闻发布会上说，土耳其和阿塞拜疆正在进行建立突厥联军的谈判。"①
土耳其议会于2021年11月10日通过了延长土耳其军人在阿塞拜疆驻留授
权的决定。该决定进一步强调了土耳其与俄罗斯在阿塞拜疆阿格达姆建立停
火联合监控中心并继续开展活动的重要性。② 同时，土阿也借助突厥语国家
组织、发起"3+3"合作等共同扩大地区影响力。③

（四）重视与美欧的沟通与协调，维护地区稳定

在2020年的纳卡冲突中，美欧并未积极介入，表面上也不偏袒任何一
方，并且不反对阿塞拜疆收复领土的行动，这与其第一次纳卡冲突后的立场
形成了鲜明对比。在冲突爆发后，美欧也未对阿塞拜疆进行过度批评，而是
敦促两国立即停止敌对行动，以尽快恢复地区形势。④ 但鉴于美欧在该地区
的传统影响力，以及阿塞拜疆对于美欧支持和援助的需要，2021年以来，
阿塞拜疆与美欧多次会晤，表现出了灵活且有立场的态度。11月6日，阿
塞拜疆外长杰伊洪·巴伊拉莫夫会见了美国负责南高加索、地区冲突和南欧
事务副助理国务卿埃里卡·奥尔森。⑤ 10月18日，阿塞拜疆国防部部长扎
基尔·哈桑诺夫会见了北约外交与安全政策副助理秘书长、南高加索和中亚
代表哈维尔·科洛米纳率领的代表团。哈维尔·科洛米纳指出，北约愿意为
确保地区和平提供相关支持。⑥ 9月16日，扎基尔·哈桑诺夫会见了欧盟南
高加索特别代表托伊沃·克拉尔率领的代表团。托伊沃·克拉尔指出，欧盟

---

① 《土耳其议长：土耳其和阿塞拜疆或建立突厥联军》，https://sputniknews.cn/military/
202107281034160302/，最新检索时间：2021年11月30日。
② 《土耳其军人在阿塞拜疆驻留授权被延长一年》，https://sputniknews.cn/military/
202111171034813590/，最新检索时间：2021年11月30日。
③ 《阿塞拜疆外长会见土耳其外长》，https://azertag.az/chn/xeber/china-1958942，最新检
索时间：2021年11月30日。
④ 张宁：《纳卡争端：缘由、影响及前景》，《当代世界》2021年第1期。
⑤ 《讨论阿塞拜疆与美国双边关系发展前景》，https://azertag.az/chn/xeber/china-1921794，
最新检索时间：2021年11月30日。
⑥ https://azertag.az/chn/xeber/china-1905812，最新检索时间：2021年11月30日。

愿意为保障地区和平提供支持。① 9 月 15 日，阿塞拜疆外交部部长杰伊洪·巴伊拉莫夫与欧盟南高加索特别代表托伊沃·克拉尔举行了会晤。欧盟特别代表指出，欧盟主张地区的和平、发展和繁荣，并愿意提供适当的支持。② 同时，对于美国发表的部分不利于阿塞拜疆的言论，阿也予以了坚决的反击。阿塞拜疆外交部发言人莱拉·阿卜杜拉耶娃 9 月表示，美国驻亚美尼亚大使称，"我们认为，纳戈尔诺－卡拉巴赫的地位问题并没有得到解决。这一问题已列入明斯克小组的议程"，美国大使的这一声明是不可接受的。美国官员的这一声明将让局势恶化，并给亚美尼亚方带来毫无根据的期望。在讨论欧安组织明斯克小组未来工作时，主席国代表的这种发言不利于明斯克小组未来的工作。③

（五）保持与伊朗的传统关系

阿塞拜疆和伊朗有着丰富的历史和文化共同遗产，与友好邻国发展关系是阿塞拜疆外交政策的主要优先事项之一，而且阿高度重视穆斯林民族团结问题。④ 阿塞拜疆外交部发言人莱拉·阿卜杜拉耶娃表示，两国关系处于最高水平，阿伊关系建立在牢固的历史关系、友好合作基础之上。双方能源领域合作进展顺利，据伊朗"石油能源信息网络"报道，阿塞拜疆与伊朗计划在未来几周内签署共同开发里海油气田协议，还就经伊朗自土库曼斯坦等邻国向阿塞拜疆供应天然气的交换协议达成共识。⑤ 但 2021 年以来，因为伊朗当局怀疑阿塞拜疆正在与伊朗的地区对手以色列在军事领域密切合作，

---

① 《阿塞拜疆国防部部长会见欧盟南高加索特别代表》，https：//azertag. az/chn/xeber/china － 1879611，最新检索时间：2021 年 11 月 30 日。
② 《阿国外长杰伊宏·拜拉莫夫会见欧盟南高加索特别代表》，https：//azertag. az/chn/xeber/ china － 1877301，最新检索时间：2021 年 11 月 30 日。
③ 《莱拉·阿卜杜拉耶娃：卡拉巴赫是阿塞拜疆不可分割的一部分，不存在任何地位问题》，https：//azertag. az/chn/xeber/china － 1873927，最新检索时间：2021 年 11 月 30 日。
④ 《阿塞拜疆共和国外交部发言人强调与伊朗发展双边关系》，https：//parstoday. com/zh/ news/world － i76910，最新检索时间：2021 年 11 月 30 日。
⑤ 《阿塞拜疆与伊朗计划签署里海油气田开发协议》，http：//az. mofcom. gov. cn/article/jmxw/ 202111/20211103219788. shtml，最新检索时间：2021 年 11 月 30 日。

两国紧张局势有所加剧。德黑兰指责特拉维夫企图利用纳戈尔诺－卡拉巴赫局势通过阿塞拜疆靠近伊朗边境，并试图挑起巴库和德黑兰之间的关系冲突。伊朗决定在与阿塞拜疆接壤的西北部地区举行大规模陆军演习，并同时指出，不会允许"第三国"和"外国入侵者"在南高加索地区存在。[①] 对此，阿塞拜疆多位高级官员公开表态，伊朗的指控不符合事实，且坚决反对。双方围绕该话题争议不断，关系也持续紧张。据伊朗塔斯尼姆（Tasnim）通讯社报道，10月初，伊朗最高领袖哈梅内伊代表处及其所在的位于巴库的清真寺被阿塞拜疆政府勒令关闭，并被查封。

五　中阿关系及"一带一路"合作

阿塞拜疆是中国在欧亚地区重要的贸易合作伙伴，也是最早积极响应并参与中国共建"一带一路"的国家之一。其特殊的地理位置和丰富的油气资源决定了阿塞拜疆对于"一带一路"建设具有难以替代的战略性意义。美国负责欧洲和欧亚事务的前副助理国务卿大卫·默克尔（David A. Merkel）称阿塞拜疆为"'一带一路'倡议跳动的心脏"。目前，阿塞拜疆各界都对与"一带一路"倡议的对接和合作充满热情，原因在于阿要成为欧亚大陆的区域交通枢纽，就离不开"一带一路"建设的帮助。后疫情时代，阿塞拜疆经济的复苏也离不开中国的投资。近年来，在两国领导人的战略引领下，双方克服疫情带来的不利影响，推动共建"一带一路"不断走深走实，取得了良好成效。

2015年12月，阿塞拜疆总统伊利哈姆·阿利耶夫总统访华期间，中阿双方签署了《中华人民共和国政府和阿塞拜疆共和国政府关于共同推进丝绸之路经济带建设的谅解备忘录》，双方以此为契机，积极开展产能合作，加强基础设施建设，并积极推动两国在能源、化工、农业、轻工、机

---

① 《媒体：阿塞拜疆当局关闭伊朗最高领袖代表办公室》，https://sputniknews.cn/20211006/1034595920.html，最新检索时间：2021年11月30日。

械制造、交通及通信等领域的合作。2019 年 4 月，两国元首在北京参加"一带一路"国际合作高峰论坛时，重申了加强两国互联互通和双边贸易的承诺，两国元首均认同中阿共建"一带一路"的前景广阔，并视对方为重要的合作伙伴。论坛期间，阿塞拜疆与中国企业签署了多项合作协议。这些协议的签订表明了两国对"一带一路"建设前景的信心，也帮助确立了阿塞拜疆欧亚大陆交通枢纽地位，使该国成为"一带一路"建设的桥头堡。

2021 年以来，中阿交通物流领域的合作逆势上扬。中国 – 上海合作组织地方经贸合作示范区成功开通了"齐鲁号"欧亚班列"上合快线"胶州—巴库线路，标志着山东青岛港与里海港口成功联通，"上合快线"辐射范围扩大至里海各港口及南高加索地区。中国电信公司也正在考虑投资建设连接阿塞拜疆和哈萨克斯坦的水下基础设施，这对跨欧亚信息高速公路（TASIM）项目至关重要。此外，中国电信运营商和领导阿塞拜疆数字中心发展的私营公司 Azer Telecom 签署了几项谅解备忘录。随着世界经济的逐步复苏，巴库—第比利斯—卡尔斯铁路的运输潜力将不断释放，中阿两国在交通运输、物流领域的合作前景愈加广阔。同时，面对新冠疫情全球大流行，中阿双方相互支持、共克时艰，都在彼此最需要的时刻向对方伸出援手，再次印证了"患难见真情"。2021 年 4 月，在国内疫苗供应十分紧张的情况下，中方克服重重困难，在短短一月之内连续向阿方提供两批疫苗，充分体现了两国高水平政治互信和深厚传统友谊。

但是，阿塞拜疆经济体量较小，且过度依赖油气产业，受国际市场影响较大，汇率和融资风险较高，且经济结构调整未达到预期，经济增长后劲不足。为推动经济结构调整，降低对油气产业的依赖，阿政府重点推动了三大非石油经济发展领域：交通基础设施建设、高品质农副产品生产和旅游业。但阿塞拜疆交通基础设施建设有待改善，农产品品种单一且产量有限，缺乏国际竞争力。同时，受疫情影响，旅游业的发展被迫暂停，未来经济发展内生动力不足。纳卡冲突后，大国和地区大国围绕阿塞拜疆的博弈愈加复杂。中国企业要想进入阿塞拜疆开展投资合作，必定会面临巨

大的竞争风险。因此,未来可进一步加强两国政策对接,推动阿优化投资和营商环境;加强物流网络设施建设合作;鼓励私人资本的参与,加强与当地企业的合作;以2022年庆祝建交三十周年为契机,加强在医疗卫生、全球减贫、中阿地方和企业交流等领域的合作,推动两国关系得到更大发展,更好造福于两国人民。

Y.25
格鲁吉亚

王泽宇*

摘　要： 格鲁吉亚位于南高加索地区，是欧亚地区具有地缘战略意义的国家之一。苏联解体以后，格国内政治、经济、外交和人文发展均发生较大变化。在新冠疫情影响和国际政治经济格局深刻变化的背景下，格在面对自身发展困境与挑战的同时，还面临严峻的地缘政治风险和外交压力。中格两国双边关系发展平稳，格是参与共建"一带一路"的欧亚地区国家。全面了解格自独立以来的发展变化和现阶段国内形势，有利于中国继续与格开展务实合作，推动中国与欧亚地区国家共建人类命运共同体。

关键词： 格鲁吉亚　南高加索地区　共建"一带一路"

　　格鲁吉亚地处南高加索地区中西部，是古代丝绸之路和现代欧亚交通走廊必经之地，地理位置和战略地位重要。自独立以来，格在各领域均发生较大变化，目前格国内形势总体保持稳定。分析研究格独立以来发展成就和特点，全面总结中格双边合作的成绩和经验，有利于继续推动中格关系向前发展，共建人类命运共同体。

＊ 王泽宇，深圳北理莫斯科大学俄语中心讲师。

一　独立至今格基本形势

（一）政治领域

目前，格国内政治改革在动荡中稳步进行。独立后，格在政治领域发生全方位的根本性变化。一是从加盟共和国变为主权独立国家。独立前，格作为苏联加盟共和国，最高权力机关是共和国最高苏维埃，共和国部长会议是国家权力的最高执行机关。二是通过宪法改革逐步完善国家新型政治制度。2020 年根据最新宪法修正案，格议会实行一院制，议员任期 4 年，共设 150 个席位，其中 120 席按政党得票数比例分配、30 席由选区直选产生。三是国内政局从动荡到相对稳定。动荡因素主要来自民族分立冲突和政权争斗。阿布哈兹、南奥塞梯和阿扎尔为格三大领土问题。阿布哈兹和南奥塞梯目前接受俄援助，尚未获取得到世界大多数国家承认的独立。阿扎尔因高度自治（脱离格文化、拥有武装军队、实现经济独立）与格中央关系紧张。格三大领土问题至今悬而未决，产生冲突与危机的原因主要包括：历史遗留的传统因素，缺乏强有力的主体民族和大国势力介入使问题复杂化。

格政局形势虽有波动，但能保持相对稳定。主要原因有以下几点。第一，"玫瑰革命"后，总统选举和政权交接基本能够实现平稳过渡。2021 年 10 月 2 日，格鲁吉亚地方选举正式结束。据介绍，本次选举投票率约为 41.35%，选民投票选举出全国 64 座城市的市议会和区议会的议员以及市长。格鲁吉亚执政党"格鲁吉亚梦想－民主格鲁吉亚"党获得 47.6% 的选票，处于领先位置；前总统萨卡什维利所属政党"统一民族运动"党获得 27.1% 的选票。[①] 第二，阿布哈兹和南奥塞梯未达成事实性独立，但近期发生大规模军事冲突的可能性较小。第三，执政党"格鲁吉亚梦想－民主格

---

① 《格鲁吉亚将大力发展经济外交》，https://sputnik – georgia. ru/20210809/Gruziya – budet – razvivat – ekonomicheskuyu – diplomatiyu – 252545140. html，最新检索时间：2021 年 12 月 7 日。

鲁吉亚"党在 2020 年选举中大幅度领先，政坛影响力优势明显。[①] 第四，多次修宪不断完善了国家法治基础。第五，实行外交平衡政策缓解了外部因素对国内政治的负面影响。

但需要注意地缘战略风险威胁国家安全的因素。格位于欧亚大陆咽喉部位且与俄接壤，地缘战略风险极高，政局形势和社会矛盾复杂，易受外部势力和意识形态影响。同时，为在后苏联空间输出民主和挤压俄战略空间，美对格是志在必得。随着大国博弈烈度增强，未来格地缘战略风险呈上升趋势。其直接影响体现在：俄格立场的根本分歧导致阿布哈兹和南奥塞梯问题悬而未决；格国内政界围绕领土和格俄美三方关系问题存在立场分歧，政局变数大。此外，格社会问题的突出也不容忽视。政局动荡和战争冲突导致格社会两极分化严重，格遭遇严重生活困难的人群占人口比重曾高达 86%。社会组织和民间团体多接受外部势力支持，意识形态冲突和民族对立问题加剧政局动荡，使社会问题更加复杂多变。2021 年，在格总人口中男性有 1796200 人，女性有 1932400 人。2021 年，格人口继续下降，虽然 2020 年移居国外的移民人数下降了 29.3%，只有 74264 人；但进入格的移民人数也下降了 7.1%，只有 89996 人。[②]

（二）经济领域

格正努力带动经济走出疫情带来的负面影响。格独立后，经济发展经历了几个主要阶段：严重的经济危机（1991～1995 年）、经济恢复性增长（1996～1998 年）和稳定保持增长（1999 年至今）。其中，在第三阶段，俄格战争期间和 2008 年国际金融危机导致经济环境恶化时，曾一度出现负增长。

据格国家统计局 2021 年初公布的数据，2021 年 1～2 月格 GDP 同比下降 8.3%。2 月，格建筑业、运输和仓储业、制造业、酒店和餐饮业、文化

---

① 《萨卡什维利落水：格鲁吉亚如何摆脱政治危机》，https：//www.gazeta.ru/politics/2021/04/20_ a_ 13566476. shtml，最新检索时间：2021 年 12 月 7 日。

② 《格鲁吉亚人口于 2021 年有所减少》，https：//sputnik - georgia. ru/20210512/Naselenie - Gruzii - v - 2021 - godu - sokratilos - 251612886. html，最新检索时间：2021 年 12 月 7 日。

娱乐业、房地产业产值同比下降；金融保险业、贸易、供水及污水处理业产值同比上升。① 2021 年 5 月，与上年同期相比，格几乎所有类型的活动均呈增长趋势，包括制造业、金融保险业、贸易、房地产业、酒店和餐饮业、建筑业、运输和仓储业，只有采矿业有所跌幅。2021 年第四季度，格 GDP 同比增长 29.9%。初步数据显示，按当前价格计算，2021 年第一季度 GDP 约为 48 亿美元，人均 GDP 为 1282.7 美元（2020 年为 952.9 美元）。② 第二季度的增长与旅游、食品、贸易和运输的恢复有较大关系。

2021 年 1 月，中国以 1.265 亿美元的贸易额成为格鲁吉亚最大的贸易伙伴。紧随其后的是土耳其、阿塞拜疆、俄罗斯和美国，贸易额分别为 1.143 亿美元、8620 万美元、7830 万美元和 3970 万美元。③ 在出口方面，格鲁吉亚最大的合作伙伴是阿塞拜疆，为 3440 万美元；其次是保加利亚、中国、俄罗斯和土耳其，分别为 2700 万美元、2690 万美元、2270 万美元和 2140 万美元。在进口方面，格鲁吉亚最主要的贸易伙伴是中国、土耳其、俄罗斯、阿塞拜疆和美国，分别为 9960 万美元、9290 万美元、5560 万美元、5180 万美元和 2540 万美元。④

格政府根据宏观经济指标和政府债务的减少修订国家预算，格议会代表批准了 2021 年国家预算修正案，根据该修正案，2021 年格国家预算收入将增加 1.611 亿拉里，达到约 181 亿拉里。⑤ 这一预测既考虑了 GDP 增长指标，也考虑了国际金融机构关于世界经济增长的预测数据。此外，格还设法

① 《2021 年 2 月格 GDP 同比下降 5.1%》，http：//ge. mofcom. gov. cn/article/jmxw/202104/20210403051424. shtml，最新检索时间：2021 年 12 月 7 日。

② 《统计数据：解除限制后格鲁吉亚经济增长指数》，https：//www. newsgeorgia. ge/，最新检索时间：2021 年 12 月 7 日。

③ 《中国超土耳其成为格鲁吉亚最大的贸易伙伴》，https：//eadaily. com/ru/news/2021/02/20/kitay – oboshel – turciyu – stav – krupneyshim – torgovym – partnerom – gruzii – gruzstat，最新检索时间：2021 年 12 月 7 日。

④ 《2021 年 1 月格鲁吉亚的对外贸易情况》，https：//www. apsny. ge/2021/eco/1613782058. php，最新检索时间：2021 年 12 月 7 日。

⑤ 《格鲁吉亚财政部部长关于全面执行 2021 年国家预算的报告》，https：//news. myseldon. com/ru/news/index/263195972，最新检索时间：2021 年 12 月 7 日。

减少了债务，到 2022 年，格外债从占 GDP 的 60% 将降至 51.1%。此外，总预算、综合预算将达 288 亿拉里。格总理在 12 月 6 日的政府会议上表示，到 2021 年底，格经济将达到两位数的增长，使政府能够增加 3.1 亿拉里（约合 1 亿美元）的预算。2022 年该国的总预算为 650 亿拉里，这意味着人均 GDP 将超过 5500 美元，这将是历史最高水平。实际上，格经济复苏面临较大的抗疫压力。2021 年，新冠疫情对格经济发展持续产生负面影响。为缓解负面影响，格当局取消了部分隔离限制措施。2022 年为防止新冠大规模感染而实施的限制和禁令导致经济衰退 5% ~6% 和数十万人失业。格总理面对经济复苏压力，不得不宣布提前取消部分防疫隔离限制措施和禁令，以力求能够缓解复苏经济和抗疫工作并行带来的双重压力。

虽然经济复苏发展取得成绩，但应该看到，格经济发展中存在的基本问题并没有得到根本改善。

一是经济危机影响深远，深刻根源为经济结构失衡。独立初期的经济危机表现为各项经济指标大幅度下滑、居民生活条件恶化、物资短缺和年通胀率高达 8500% 等。经济危机原因主要来自苏联模式下格经济结构严重失衡，苏联解体后格政局动荡、对外经济联系受到严重破坏，加之自然灾害多发，危机的深远影响至今没有得到根本消除。

二是体制改革虽初见成效，但发展模式尚未成型。现阶段，格经济结构性改革主要集中在资本市场的发展、能源部门和矿产部门的大规模改革以及提高国有企业效率方面。目前，格产业结构相对合理，农业、交通通信和旅游业是格重要产业。"玫瑰革命"后，格选择亲欧和亲西方的经济发展路线，由于缺乏实质性改革措施，收效甚微。格采取新加坡模式后，由于格与新加坡经济和制度体系存在根本差异，格的改革也未取得成功，反而使格经济与欧洲的发展模式渐行渐远。

三是问题和风险交织，形势不容乐观。格经济发展仍存在诸多问题。具体包括市场秩序混乱，腐败和"影子经济"泛滥，外债危机风险高，物价上涨，生产部门管理水平低下，民营领域市场竞争水平较低，市场化人才不足，企业融资困难和能源匮乏且开采难度大，地缘经济风险高，经济发展自

由度低，等等。格经济对俄依赖程度高，但与经济依赖形成对比的是格俄在政治上存在根本分歧，这进一步推高了格经济自由发展的风险。具体表现为：第一，格俄双边贸易往来频繁，2020 年，格俄贸易额为 11.86 亿美元，占格外贸总额的 11.6%，俄为格第二大贸易伙伴；第二，格境内有大量俄方资本投入能源合作领域；第三，俄是格劳务输出主要对象国，格的外汇收入主要来自格俄罗斯劳工的汇款。

（三）外交领域

格在外交政策上受地缘政治牵制的特征明显。格外交方向主要包括俄罗斯、美国、欧盟、土耳其、伊朗和国际组织等。

一是从完全封闭到奉行多元外交政策。独立初期，格实行闭关锁国政策，拒绝任何外交接触。目前格奉行多元平衡的外交政策，重视对外合作，避免对抗。

二是地缘困境使平衡俄美关系成为格外交重要内容。受地缘因素影响，格外交压力较大。一方面，美通过加大对格的经济投入、政治保障和军事渗透以实现"以格制俄"的目标。经济上，美鼓励公司在格投资，加大对格援助，通过解决石油运输难题加强能源合作，促成国际金融组织对格贷款；政治上，通过发展非政府组织推行多元化和民主化，助力亲美派执政；军事上，通过培训项目、注资军队建设和借北约联合军演造势等方式扩大在格军事影响。另一方面，俄为对抗美在格的影响力，加大对格施压。俄"软硬兼施"，采取增加双边高层接触、经济制裁、反对格加入北约、拖延撤出军事基地和在联合国安理会上提交涉格问题决议草案等方式控制局面，但俄格之间的根本分歧无法弥合。在大国博弈的背景下，格一方面借力美的安全保障和经济援助抗衡俄罗斯，另一方面又极力避免格俄关系极端化，力争保持"斗而不破"的局面，以实现本国利益最大化。格俄关系因高层重视、经济往来密切、传统的文化联系和维护地区安全的共同诉求等基本能够沿正常轨道发展。格的稳定也符合美的利益，因此维持格稳定局面或成为共识。

三是"融入欧洲"为格对外政策重要方向。格将发展与欧洲特别是与西欧国家和欧盟的关系作为外交重点，目的在于寻求政治支持、经济合作和军事援助。格"融入欧洲"的目的还在于希望借助西方力量解决阿布哈兹武装冲突问题。2021 年，格议会通过了一项"关于外交政策"的决议，其中提出该国的主要目标是加入欧盟和北约，以及通过和平手段和国际社会的支持恢复领土完整。政府将继续及时有效地实施欧盟－格鲁吉亚联合协议，并将继续推动格鲁吉亚与欧盟在立法和制度上保持一致，以便格鲁吉亚能够在 2024 年申请成为欧盟的正式成员。① 总体来看，2021 年欧洲外交在格鲁吉亚方向上取得了成功。在布鲁塞尔的调解下，执政的"格鲁吉亚梦想－民主格鲁吉亚"党代表和大多数反对党签署了《格鲁吉亚通往未来之路》的协议。该文件旨在结束当局与反对派之间长达数月的对抗。

四是重视与周边和独联体国家的联系。格重视发展与阿塞拜疆、亚美尼亚两国的关系与合作。格与两国交往的特点主要包括：双边合作的法律基础较完备；涉及经济、人文、科技和安全等多层次和多领域合作；三边合作磋商进展缓慢。土耳其是格对外贸易第二大伙伴，也是格重要的军事合作伙伴。伊朗因其宗教、地理和跨界民族优势，与格保持较密切的互动交往。但土、伊两国经济实力不强，对格投资规模有限。格与乌克兰在地区问题和对外政策目标（实现与欧洲一体化）方面存在共同点。双边关系更侧重发展战略伙伴关系和外交事务协同。与中亚国家交往则侧重发展经济合作，如与哈萨克斯坦发展能源和粮食运输合作，与乌兹别克斯坦发展空中运输、金融工业合作，与吉尔吉斯斯坦建设跨高加索走廊，与土库曼斯坦发展石油和天然气合作。

五是借国际和地区组织加强对外联系。联合国、独联体、北约、古阿姆集团和国际金融组织是格开展多边合作的重要平台。多边合作对格的主要意义在于寻求更广泛的经济领域合作与援助、在多边框架下寻求阿布哈兹问题解决方案、维护国土安全和实现经济发展诉求。2021 年 5 月 28 日，北约秘书

---

① 《欧洲决定格鲁吉亚的未来之路》，https://www.kommersant.ru/doc/4781611，最新检索时间：2021 年 12 月 7 日。

长斯托尔滕贝格在华沙举行的北约会议上表示，格鲁吉亚符合加入北约的所有条件。他说："格鲁吉亚已经具备成为北约成员所需的一切条件。"①

二 中格"一带一路"合作

中国是最早承认格独立并在格开设使馆的国家之一，两国自建交以来在多领域开展交流，在经贸、基础设施建设、互联互通、文化、教育、旅游等领域的合作不断深化。格是最早积极响应"一带一路"倡议的国家之一。认为该倡议建立在互利合作的基础之上，旨在拓展新的国际贸易通道，促进世界各国的经贸往来。

（一）双边各领域发展特点

一是在核心问题上互相尊重和支持。格对华政策的基本主张包括：第一，互相尊重主权独立和领土完整，支持和平共处五项原则和民族自决；第二，重视中国市场和改革开放的丰富经验，希望加强对华经贸合作；第三，在和平与发展、扩大双边合作等问题上拥有共识，在国际事务中谋求中方理解和支持。

二是高层和政府代表互访成果显著。从谢瓦尔德纳泽时期开始，格领导人和政府代表团经常访华，极大地推动和拓展了双边合作。中方也多次派代表团赴格访问，提供赠款和签署合作文件。高层推动成为双边关系顺利发展的主要动力。

三是双边贸易稳步发展，但总体规模尚小。格独立以来，中格双边经贸关系稳定发展。主要特点包括：第一，高层互访不断夯实经贸合作法律基础；第二，双边贸易额逐年增长，2018 年 1 月，中格自由贸易协定正式生效，2020 年，中格贸易额达 10.92 亿美元，占格外贸总额的 10.7%，稳居

---

① 《乌克兰和格鲁吉亚有望加入北约》，https：//www.ntv.ru/novosti/2023627/，最新检索时间：2021 年 12 月 7 日。

格第三大贸易伙伴地位；第三，基础设施建设和大型工程项目发挥引领作用，包括第比利斯绕城铁路项目、第比利斯—鲁斯塔维公路升级改造项目、新建 E60 高速项目和 KCH 水电站一期项目等；第四，在格中资企业主要从事电力、石油、通信、餐饮和零售行业，其中通信行业企业影响力逐年增强；第五，双方合作仍存在较多障碍，如地理距离遥远、格经济形势困难、两国经济互补性不强等因素使中格经贸合作规模不大。

四是军事安全和人文领域合作有待提高。双方在军事安全领域合作主要为代表团互访。在教育、文化和科技等领域的双边合作内容包括成立政府间合作委员会、建立友好城市、代表团互访、汉语教学、举办国际艺术节和饮食文化交流活动等。有待依托高级别人文交流机制推动区域人文交流，完善交流内容、形式、工作机制，扩大参与范围，并发挥该机制在区域人文交流中的辐射和带动作用。

（二）经济合作现状

经济合作持续发展是格中关系的一大特点。1992 年中格建交以来，两国始终秉持相互尊重、平等互利、合作共赢原则，深入开展友好交往和各领域合作。2018 年 1 月正式生效的中格自贸协定是中国与共建丝绸之路经济带国家签署的首个自贸协定。"一带一路"倡议提出后，格是最早响应、表示支持和积极参与的国家之一。一方面，"一带一路"倡议高度契合格多元平衡发展的国家发展战略和目标，符合执政党联盟巩固其地位的需要，迎合格国内发展经济、增进民生福祉的社会共识，具有多重现实意义；另一方面，格位于"一带一路"建设枢纽地带，对中国在欧亚地区推进"一带一路"建设、实现高质量发展有地缘战略意义。

现阶段格综合形势有利于中格双方拓展"一带一路"合作。从格方因素看，经过多年改革，格法律和营商环境相对较好。根据世界银行《2021 年全球营商环境报告》，格营商环境世界排名第 7 位。自贸协定的签订为双边合作奠定了基础，格现阶段良好的宏观环境有利于推进项目合作，格针对外资企业实行的政策有利于外资注入。中格两国保持友好交往，在 2020 年

抗疫斗争中互帮互助，各领域务实合作不断走深走实，经贸合作取得了新突破。据初步统计，2021年中格双边贸易额达到11.85亿美元，逆势增长9.1%。从中方因素看，该突破得益于中格自贸协定的签订。格方连续出席两届中国国际进口博览会，格从中国进口医疗物资需求上升，中方企业有较强的综合实力、成熟的技术和充足的资金以及具有竞争优势的产品价格也是助推中格经贸合作的有利因素。同时，挑战与风险并存。共建"一带一路"不仅为格中关系未来发展提供了新的强劲动力，也带来了挑战和风险。从格方因素看，挑战与风险主要来自政治、经济、文化和自然地理层面。其中，政治风险（大国博弈、战争和恐怖主义风险）所占比重最大；其次为经济风险（外汇、利率风险和经济自由度低）；也存在一定的文化风险和自然地理风险。对中方而言，风险在于对格国内的投资政策和法律规定尚不完全熟悉，缺乏在格境内投资的经验。

2015年，格申请成为中国倡导成立的亚洲基础设施投资银行创始成员国，并且是第一个在本国议会通过亚投行章程的国家。格是目前欧亚地区唯一与欧盟和中国均签署并实施自贸协定的国家，这对推动中格两国投资和贸易合作发挥了重要的作用。当前有20多家中资企业在格投资兴业，在格中资企业业务范围主要涉及能源与资源开发、农业、基础设施、通信、旅游、餐饮和金融等领域。

（三）人文合作

自新冠疫情流行后，中国始终秉持人类命运共同体理念，同格积极深入开展抗疫的国际合作。中国先后多次与格方交流凝结了中方一线专家心血的防控、诊疗、救治经验和方案，先后三次组织格方参加疫情防控经验视频交流会，第一时间向格方援助一批急需的新冠病毒检测试剂盒，多次向格方捐赠口罩、试剂盒、手套、防护服等医疗物资，为格方在华采购医疗设备物资提供积极协助和便利，推动格方采用中方标准和设备建成本国首条熔喷布口罩生产线。

两国人文合作前景广阔。自格政府于2019年将汉语教学纳入格国民教育体系后，汉语教学在格迎来更大发展，两国人民增进相互了解的意愿日益强烈。由于汉语人才就业前景广阔，格多所院校开设了汉语课，其中包括第比利斯国立大学。尽管全球疫情形势严峻，但中格教育、科学、文化领域的交流与合作仍不断深化，两国人民相互了解、互学互鉴的兴趣日渐浓厚。2020年，在中国驻格使馆的支持下，格汉学家协会计划出版《中国史》格语教材第一册。格国家图书馆设立了汉语图书角，中国驻格使馆向格国家图书馆捐赠了大量有关中国的图书文献，并支持开展电子图书馆项目。在格国家图书馆馆长的直接参与下，格正积极推动在中国国家图书馆和几所大学开设格鲁吉亚图书角。

三 中格合作前景展望

中格双方在贸易、农业、基础设施建设、资源合作开发、商贸物流等领域合作前景广阔。格独立以来，一直在持续稳步地走向民主，并推进民族经济的发展振兴。格区位优势明显，经济环境相对稳定，发展潜力大，但仍面临较多未解决的挑战与风险。今后，中格双方应综合研判现阶段形势，加强政治互信，重点挖掘双方在经贸领域合作的契合点；在国际和地区事务上保持沟通与对话，避免大国博弈与竞争和地缘政治因素危害中格关系；加强人文领域交流与合作，推进格中"一带一路"合作继续向前发展。重点合作领域主要包括以下几个方面。

一是在双边关系上，中国继续秉持国际主义和人道主义精神，倡导正确义利观和亲诚惠容理念，继续在和平共处五项原则的基础上发展中格关系，尊重格人民的立场和选择，巩固双方政治互信。在涉及格主权、民族和重大地区问题上，加强与格对话，倡导用和平谈判的方式解决各类争端，贡献中国智慧，体现大国担当。

二是在经贸合作领域方面，结合格鲁吉亚意在构建过境走廊的战略目标，打造中格基建重点合作项目。格地理位置显示了其作为从亚洲到欧洲货物运输枢纽的巨大潜力，包括其优越的自然环境、良好的地理区位、较好的

发展基础及充足的人力资源等优势。格阿纳克利亚港地处中国通往欧洲最短海运航线的咽喉要道，格也欲借自身独特的地缘战略位置，推动外资投资区域物流运输业、制造业、能源、业务流程外包、酒店和餐饮业、房地产业和旅游等行业，打造过境运输走廊，打通对外经贸通路。中国应审慎、全面调研格市场投资形势，构建新发展格局，创新机制，丰富业态，拓展功能，引导中方投资企业抓住机遇。在对格国内营商环境进行广泛调研和风险评估的前提下，引导目标行业企业参与双边经贸洽谈，推动"第比利斯丝绸之路国际论坛"成为促进中格企业交流的机制化项目。充分利用互联互通的交通运输红利，扩大双边贸易规模。随着交通物流通路逐渐打开，实现中格双边贸易增量和提质发展。格积极加入共建"一带一路"合作，进一步加强和促进了格境内的基础设施建设，增强了格作为欧洲—高加索—亚洲运输走廊的竞争力。

三是在外交领域，进一步细化中国涉格外交方针与政策，评估地区风险，制定危机应急预案。因历史传统和现实等多重因素，俄罗斯在格保持较大影响力。中方应与俄加强涉格问题对话，避免地缘政治纷争危害中格关系。格爆发战争和民族冲突的风险较高，针对格内政和外交的发展特点，中方应对可能发生的重大事件进行合理预警，并制定相应的应急预案。

四是在人文合作领域，加强人文交流与文明互鉴，实现民心相通。把握"一带一路"建设的历史机遇，充分发挥汉语教学在中格文化交流中的桥梁作用。积极开展社会公共活动，通过举办智库论坛、文艺演出、旅游推介会、国家特色文化展、青年师生互访学习等活动，增进双方民族和文明的相互了解。促进教育、文化、科技、旅游等创意产业的交流与合作，加强非物质文化遗产的继承与保护。

编委会后记

2021 年是南高加索三国独立三十周年，鉴于此，本报告拟在"国别形势"栏目中增设格鲁吉亚、阿塞拜疆和亚美尼亚国别研究论文三篇。主要原因如下。

第一，中国社会科学院出版的皮书报告既为推动科研，也为服务社会。皮书内容宜结合各研究所的学科布局，统筹考虑。目前，俄罗斯东欧中亚研究所中亚研究室负责对中亚五国和南高加索三国进行研究，因此，将南高加索三国的年度发展情况放在《中亚国家发展报告》的"国别形势"部分加以论述，符合俄东所的研究方向，有助于推动南高加索三国研究学科的发展。

第二，在国际学术界，南高加索三国属于"大中亚"概念范畴。各国基本把中亚和南高加索作为一个区域整体予以研究。对中国而言，与俄罗斯、欧洲、中东相同，中亚和南高加索也是一个较为独立的区域。美西方尤为积极推动从中亚到南高加索的区域一体化。在有关中亚的报告中如果缺失对南高加索三国的介绍，会造成地区形势研究的部分缺失，弱化区域研究的综合性。

第三，南高加索三国中有两个国家是上合组织的对话伙伴国，南高三国均是中国对外合作中的重要伙伴，更是"一带一路"的共建国家，增加对南高加索三国的介绍有助于以该报告为研究平台，对这一地区形势予以必要的跟踪和观察。

特此说明。

《中亚国家发展报告》编委会

Abstract

This report was prepared by the Institute of Russian, Eastern Europe and Central Asian Studies, Chinese Academy of Social Sciences. The authors are experts and scholars from the Central Asian Research Institute of China. The opinions and theories in the book have high authority and reliability, which are important references for readers to understand and study the national situation and international relations of Central Asia and the South Caucasus. This report consists of six parts: general report, sub-reports, regional Subiects, Central Asia and world, Central Asia and China, and country review.

The theme of this annual report is "Seeking Change in Stability and Planning Common Development". The content reflects the following characteristics.

First, it has distinctiveepoch characteristics. In 2021, Central Asian countries celebrate the 30th anniversary of their independence. Under the background of the double superposition of the changing situation in the century and the worldwide epidemic, the politics and security of Central Asian countries are generally stable, but the economic recovery is difficult and there are many cumulative social problems.

Second, to enrich basic research. This report focuses on the use of relatively mature theoretical tools, on the basis of integrating political science, economics, sociology and other scientific research methods, to achieve interdisciplinary research as much as possible, and focuses on building China's Central Asian discipline system, academic system and discourse system to serve the construction of Chinese schools.

Third, to highlight application research. 2021 is a year of frequent hot spots in Central Asia. In view of hot issues, this report adheres to the problem orientation and focuses on the main attack direction. Some soliciting experts put forward some suggestions that trigger in depth thinking.

On the occasion of the 30th anniversary of independence, some Central Asian countries ushered in presidential elections and some held parliamentary elections. Despite theside-shows, it was generally stable and smooth. The economies of various countries have achieved recovery and growth to varying degrees, and the anti-crisis measures to ensure people's livelihood and promote development have been effective, with growth highlights in relevant fields. Against the backdrop of the COVID – 19 pandemic, the global industrial chain and supply chain were blocked, international commodity prices fluctuated, and international trade and economic activities was decreasing. The economic recession triggered by the epidemic has led to an increase in unemployment and poverty rates and fraud, and other social security incidents, which triggered a series of chain reaction. There were no major security and violent terrorist incidents in Central Asian countries throughout the year, but after the "dropping boots" of Afghanistan, security issues such as drug smuggling, terrorist activities and the spread of radical and extremist ideas in the region have a rising trend. In 2021, Central Asian countries continue to pursue a diversified, balanced and pragmatic foreign policy, actively interact and cooperate with major countries and participate in regional governance. The Central Asian integration led by Kazakhstan and Ukraine shows vitality.

Looking forward to 2022, China and Central Asian countries will usher in the 30th anniversary of the establishment of diplomatic relations. The proposal and application of building a "community of shared future between China and Central Asian countries" will undoubtedly inject a "booster" of stability and harmony into today's era full of uncertainty. COVID – 19 play fast and loose, and the supply of public goods is insufficient. Central Asian countries just passed through thirty years of age will continue to explore the formation of a stable mechanism of power transfer, constantly improving the national political system and improving governance capability. The economy will continue to devote itself to the development of modern industry and manufacturing industry, pay attention to the constraints of the green development agenda, and actively meet the opportunities it brings. In the field of social security, we will continue to strengthen law enforcement and security, crack down on the Three Forces, transnational

organized crime and drug smuggling, and maintain a stable and harmonious social environment. In terms of diplomacy, we will continue to forge ahead, maintain good cooperative relations with major countries on the basis of strengthening unity and cooperation, and create good external conditions for our own development.

Keywords: 30th Anniversary of Independence; Parliamentary Election; Economy Recovery

Contents

I General Report

Abstract: In 2021, Central Asia will usher in its thirties with a more mature and stable attitude. The political heat of Central Asian countries doesn't decrease in 2021, which can be described as an election year. The presidential or parliamentary elections of various countries was basically carried out smoothly and orderly. In the novel COVID-19 epidemic situation has not yet subsided and repeated shocks, the Central Asian economies compared to 2020 still achieved recovery growth. The upheaval in Afghanistan has an important impact on the situation in Central Asia, and its impact and development prospects remain to be seen. The social security and stability of Central Asian countries have a certain degree of correlation with the spillover of the Afghan problem. Under the interweaving of old and new contradictions, new trends and extreme ideas have emerged in terrorist activities, and the infiltration has been strengthened, but the overall situation is controllable. The diversified, pragmatic and balanced diplomacy pursued by Central Asian countries has been continuously enriched, and continue to participate in the new multilateral cooperation framework led by major countries. The sense of unity and cooperation and action among countries in the

region were further strengthened.

Keywords: Central Asian Countries; Political Election; Economy Recovery; Unity and Cooperation

Ⅱ　Sub-Reports

Y.2　Political Transformation and System Construction in Central Asia in the Past 30 Years　*Li Ziguo* / 022

Abstract: Rebuilding the national governance system and exploring a development path suitable for their national conditions are the focus of the political transformation of Central Asian countries after independence. Over the past 30 years since independence, all countries have successfully completed the nation construction and realized political " de-religion " under the Islam background of society. The form of state structure adopts the unitary state system to restrain the breeding of separation thought. All countries widely adopt the separation of powers and multi-party system, but the most basic feature of the political system is the strong presidential system. Practice shows that the system is in line with the historical traditions and basic national conditions of regional countries. Although the road exploration has yielded results, there is still a long way to go to form a stable and efficient governance model and ensure political and social stability.

Keywords: Central Asian Region; Political Transformation; System Construction

Y.3　Analysis of Central Asian Macroeconomic Trend Since Covid-19: Take Kazakhstan as an Example

Xu Poling, Xu Jianhui / 038

Abstract: Affected by the spread of COVID-19, the sharp drop in external demand and the collapse of energy prices, Kazakhstan's macroeconomic volatility has fluctuated for 2020 −2021 years. Under the influence of the epidemic, the economy once experienced negative growth, foreign trade shrank sharply, the unemployment rate rose, the exchange rate continued to depreciate, the inflation rate remained high, and the fiscal deficit expanded. From the perspective of departments, the service industry was the most seriously affected by the epidemic, and the mining industry has a negative growth, but the agriculture and construction industry have grown rapidly. Under the background of anti-crisis policy, Kazakhstan implemented a loose fiscal and monetary policy, which effectively reduced the negative loss of COVID −19 to the economic and social formation.

Keywords: Kazakhstan; Epidemic; Macroeconomic; Inflation; International Balance of Payment

Ｙ.4 Foreign Policies of Central Asian Countries in the Context of Economic Recovery: Pragmatism and Pluralism

Qiang Xiaoyun / 061

Abstract: For Central Asian countries, 2021 is an important and memorable year. In 1991, the Soviet Union disintegrated and Central Asian countries gained independence one after another. Over the past 30 years, all Central Asian countries have experienced transformation and changes in social, economic, political and other fields, and the changes in some fields can even be described as earth shaking. In 2021, the whole world is still under the shadow of the global outbreak of Covid-19. Central Asian governments are gradually shifting their focus of work from controlling and dealing with the epidemic to plan for the economic recovery under the normal situation of the epidemic. Therefore, in 2021, efforts to create a good external environment for economic recovery has become the diplomatic focus of Central Asian countries.

中亚黄皮书

Keywords：Central Asian Countries；Pluralistic Diplomacy；Great Power Balance；the "Belt and Road"

Y.5 Central Asian Security in 2021：The Rising of Compound Security Challenges　　　　　　　　　　　*Su Chang* / 080

Abstract：In 2021, the security situation of Central Asian countries was generally stable, and no security incidents with significant impact occurred. However, non-traditional security threats continued to accumulate and had compound characteristics. It can be said that the challenges at home and abroad in the five Central Asian countries have increased, and they were in a period of high political risks, economic recession and difficulties for people's livelihood. The above-mentioned problems are projected into the field of security, which shows that nationalism is active and echoes with terrorism and extremism, and the problem of social security is prominent. At the same time, the change in Afghanistan has become a major factor affecting the security of Central Asia.

Keywords：Central Asia Countries；Security Challenges；Afghanistan

Ⅲ Regional Subjects

Y.6 Thirty Years of State Ownership Reform in Central Asian Countries　　　　　　　　*Zhao Changqing* / 093

Abstract：Ownership is the reflection of property rights, the core of production relations and the basis of economic system. Its change will affect all aspects of the country. The change of ownership in Central Asian countries began in the late Soviet Union and continued the reform process after independence. In the first two years of independence, the privatization transformation of commerce, service industry, small enterprises of local industry, agriculture and housing was initially completed. Since then, due to different national conditions, there are also differences in the way and process of reform, among which Kazakhstan reform is the most representative. This paper discusses the process and causes of ownership reform in Central Asian countries and its impact on all aspects of the country, points out the pulling effect of ownership reform on national development, and points out its negative impact. So far, the ownership reform of Central Asian countries has not ended, and its trend deserves attention.

Keywords: Central Asian Countries; Ownership Reform; Privatization

Y.7　Changes in Afghanistan and Security in Central Asia

Wang Nan / 110

Abstract: The year 2021 was a very unusual year for Afghanistan. The United States and its allies completed the complete withdrawal of troops from Afghanistan, and the former Afghan government supported by the United States and the West collapsed. The Afghan Taliban finally won the war and returned to power in Afghanistan. The Afghan Taliban finally won the war in Afghanistan and returned to power in Afghanistan. The change in Afghanistan has not only opened a new chapter in Afghanistan's history, but also has a realistic and far-reaching impact on other Central Asian countries adjacent to Afghanistan. The change in Afghanistan has caused some practical impact on the security of Central Asia, but its scale and scope are limited and generally controllable. The changes in Afghanistan have made it possible for Afghanistan to end the 40 years war and from chaos to governance. This is the first situation faced by other Central Asian countries since their independence, which is very different from Afghanistan before. Whether the security situation in Central Asia can be continuously improved in the future depends not only on the Afghan Taliban, but also on whether other Central Asian countries, especially the Central Asian neighbors bordering Afghanistan, can go against the Afghan Taliban regime.

Keywords: Changes in Afghanistan; Taliban; Security in Central Asian Countries

Y.8　On the Current Situation of Central Asia's Regional

Integration from the Three Summits　　*Xu Tao* / 135

Abstract: Regional integration in Central Asia has been a multilateral issue since the disintegration of the Soviet Union, but it has experienced twists and turns and ups and downs due to the limitation of historical conditions. Since the Central Asian countries after independence have outstanding common needs in the distribution of many regional resources, the fit in the direction of regional development, and the response to common challenges and risks. The idea of establishing a national level cooperation mechanism aimed at coordinating countries' response to some regional problems has always existed in the foreign policy objectives and regional cooperation options of Central Asian countries. After 30 years of independent founding of Central Asian countries, when the world has entered a major change that has not been seen in a century, rapid changes are also taking place in Eurasia. The leadership of Central Asian countries once again has the impulse to promote and foster regional integration. With the improvement of relations among Central Asian countries in recent years, the need to form a community of some nature and a dialogue and consultation mechanism has been transformed into action. In March 2018, marked by the first informal meeting of leaders of Central Asian countries, the five Central Asian countries officially launched their exploration of regional integration conducive to collective stability and common development. This is a regional process promoted by Central Asian countries with unprecedented autonomy and independence. Although it still faces very complex problems and obstacles, it has started to operate in the form of institutionalization and normalization after all. What this will bring to the future development of Central Asia and its relationship with the world is a problem worthy of continuous observation and analysis by the academic community.

Keywords: Central Asia Summit; Leaders' Consultation Meeting; Regional Integration; Regional Cooperation

Y.9   Development and Trend of Green Production Capacity

in Central Asia   *Li Juan* / 148

Abstract: Central Asia is not only a region rich in energy resources, but also an ecologically fragile region. Promoting the development of green production capacity and improving the utilization rate of green production capacity is an important measure for Central Asian countries to coordinate economic development and ecological protection. Since independence, Central Asian countries have issued a series of laws, regulations and policy documents aimed at improving green production capacity and promoting green, low-carbon, recycling and sustainable economic development. In recent years, Central Asian countries have achieved some results in "energy conservation and emission reduction", and the utilization rate of green production capacity has been continuously improved. However, they still face the problems of lack of top-level design of green production capacity, low proportion of renewable energy, large energy consumption and carbon emissions, and low utilization rate of green production capacity. Central Asian countries should strengthen top-level design, promote green transformation and strengthen regional cooperation to drive the development of green production capacity.

Keywords: Central Asia; Green Production Capacity Development; Green Capacity Utilization

Y.10   The Development Course, Current Situation and Future

Prospects of South Caucasus Since Their Independence

Deng Hao, Kang Jie / 172

Abstract: After the independence of South Caucasus, the country entered the process of independent development. Over the past three decades, the situation in South Caucasus region has gradually changed from chaos to relative stability. At

present, the situation in South Caucasus area is undergoing major changes and is in the transformation of the old and new order. The conflict on the border between Azerbaijan and Asia has risen, the competition and cooperation game between Russia, Turkey, Iran and other neighboring countries has intensified, and Georgia is deeply trapped in the dilemma of democratic transformation, resulting in the gradually complicated regional situation. In the future, the situation in South Caucasus will face multiple challenges, but the overall controllability is still fundamental.

Keywords: South Caucasus; Naka; Competition between Neighbering Countries

IV   Central Asia and World

Y. 11   Russia's Central Asia Strategy and Its Six Measures

Wang Xianju / 192

Abstract: Since the disintegration of the Soviet Union and the independence of Central Asian countries for three decades, Russia has always given priority to its strategy and diplomacy towards Central Asia. Through six major measures, the diplomacy of the head of state, the establishment of alliance or strategic partnership, security and military, economy and trade, people to people and cultural exchanges and international cooperation, Russia has maintained its leading position and special role in Central Asia. At the same time, Russia and Central Asian countries have differences and contradictions in history, political integration, economic and trade cooperation, language and culture, and foreign policies. Due to mutual needs, Russia's dominant position in Central Asia may not change for a long time in the future, and the close relationship between Russia and Central Asian countries will also be maintained.

Keywords: Russia; Central Asia Strategy; Implementation Measures

Ⅴ . 12   Biden Administration's Central Asia Policy:

Evaluation and Prospect in the First Year   *Kang Jie* / 212

Abstract: In 2021, the Biden administration's Central Asia policy basically continued the overall framework and key direction of the Trump administration's new Central Asia strategy, but it also had some new characteristics. In the context of withdrawing troops from Afghanistan, the United States has increased its political and security contacts with Central Asian countries. Labor, climate change and environmental protection have become new policy priorities. The soft power offensive against youth groups has continued to increase, and the means have become more diversified. The withdrawal of US troops from Afghanistan does not mean that the United States will relax its attention to Central Asia, nor will it change the existing mode of intervention and influence in Central Asia. The main line of the US policy towards Central Asia is still to strengthen its long-term influence on the politics and society of Central Asia with limited investment, so as to serve as a lever to compete with China and Russia.

Keywords: United States; Biden Administration; Central Asia Policy; "C5 +1" Mechanism

Ⅴ . 13   An Analysis of the Characteristics of Russia's Central Asia

Policy in 2021   *Zeng Xianghong , Pang Weihua* / 227

Abstract: As we all know, the influence of other major powers in Central Asia is difficult to compare with that of Russia In fact, Russia also believes that it enjoys "special interests" in Central Asia. At a time when the competition among big countries is becoming more and more intense, Russia will undoubtedly pay more attention to Central Asia. By reviewing the policy measures taken by Russia in Central Asia in 2021, we may try to summarize the main characteristics of Russia's Central Asia policy in 2021. However, it should be noted that the most

important feature of current international affairs is uncertainty, which means that our summary is only preliminary. With the serious riots in Kazakhstan in early 2022, Russia and the collective security treaty organization led by it quickly intervened by forming a peace-keeping force, which will not only bring changes to Russia's Central Asia policy, but also greatly affect the development momentum of the situation in Central Asia. It deserves close attention and follow-up research.

Keywords: Russia; Central Asia Policy; Adjacent Area; Superpower Games; Sino-Russian Coordination

V   Central Asia and China

Y.14   Economic and Trade Cooperation Between China and Central Asia in 2021   *Shi Lan* / 244

Abstract: This paper focuses on the economic and trade cooperation between China and Central Asian countries in 2021. In 2021, while continuously improving the cooperation mechanism, the economic and trade cooperation between China and Central Asian countries overcame difficulties and achieved sustained growth in bilateral trade volume. China-Europe trains and digital economy have become very prominent highlights in the cooperation. The distinctive features of bilateral economic and trade cooperation in 2021 are that all parties attach great importance to, actively innovate cooperation and adhere to mutual benefit and win-win results. Looking for opportunities for China's economic cooperation with Central Asian countries in 2022, we should seize the opportunities of major events such as the Winter Olympics in Beijing and create a favorable environment for cooperation. On the other hand, we should actively explore innovative cooperation and take the "Belt and Road" as the starting point to promote high-quality development.

Keywords: China and Central Asia; Economic and Trade; Cooperation and Win-win

Y.15 China and Central Asian Countries: the Process and Function of Political Party Association in the Past 30 Years

Tian Yongxiang / 258

Abstract: The year of 2021 marks 30 years of independence for the five Central Asian countries. With the reform and transformation in the political, economic, social and diplomatic fields of the five countries, the party politics has gradually developed and matured. At present, Central Asian countries generally implement a multi-party system, and political parties play an increasingly important role in national construction and development. The Communist Party of China attaches great importance to the development of political party relations with Central Asian countries. In the past 30 years, this relationship generally experienced three development stages, showing a situation of continuous development and continuous innovation of inter party exchanges. The political party relations between the CPC and Central Asian countries have played a positive role in strengthening the capacity-building of each party, consolidating the bilateral relations between China and Central Asian countries, and promoting practical cooperation in various fields.

Keywords: Central Asian Countries; Political Party Communication; Political Party Situation; Exchange and Mutual Learning

Y.16 Cooperative Epidemic Combatting: Medical and Health Cooperation Between China and Central Asian Countries and Its Development Prospects

Wei Jinshen, Li Fangling / 274

Abstract: Up to now, the medical and health cooperation of combatting COVID-19 between China and Central Asian countries is divided into three stages. The first stage was a sudden outbreak of COVID-19 in China until the decisive

victory of China's epidemic. The second stage was Covid-19 spread in Central Asian countries. In the third stage, the epidemic situation in Central Asian countries is still severe, but it has eased. In the first two stages, China and Central Asian countries' medical and health cooperation mainly focus on cooperative epidemic combatting, including epidemic information notification, joint prevention and control of epidemic, humanitarian relief and sharing epidemic combatting experience. The third stage is to strengthen the top-level design of medical and health cooperation between China and Central Asian countries and the construction of medical and health cooperation system. The medical and health cooperation between China and Central Asian countries will certainly lay a solid foundation for promoting the connection between the people of China and Central Asian countries, building a healthy Silk Road and building a SCO health community.

Keywords: Covid-19; Cooperative Epidemic Combatting; SCO Health Community

Y.17　Humanistic Cooperation Between China and Central Asian Countries in the Post Epidemic Era: Opportunities and Paths　*Han Lu, Li Tianyi* / 289

Abstract: Since the establishment of diplomatic relations 30 years ago, the humanity and cultural cooperation between China and Central Asian countries has played an important role in promoting the deepening of bilateral relations. The outbreak of COVID-19 has brought negative effects to face-to-face cultural exchanges. However, China's positive progress in cultural cooperation with Central Asian countries under the epidemic situation has laid a good foundation for the vigorous development of humanistic cooperation in the post epidemic era. As an important part of the cooperation between China and Central Asian countries, people-to-people and cultural cooperation will play a more prominent role as a "link" in the post epidemic era, and will usher in a major opportunity for development. China and Central Asian countries should seize opportunities, defuse challenges, jointly explore new paths of humanity and cultural cooperation, and play a positive role in promoting the construction of a community of shared future for China and Central Asian countries.

Keywords: Post Epidemic Era; Central Asia; Humanistic Cooperation; Community with a Shared Future

Ⅵ Country Review

Y.18 Kazakhstan *Zhang Ning* / 303

Abstract: In 2021, the situation in Kazakhstan was generally stable, there was no major turbulence, and all fields developed steadily. The major event in the political field was the election of the lower house of Parliament, and the political forces of all factions were rebalanced. In the economic field, the economy stopped falling and rebounded, and the main macroeconomic indicators improved. The number of criminal cases in the field of security has decreased, but criminal activities such as the dissemination and recruitment of extreme ideas and online fraud are still more active. The diplomatic field is carefully balanced between China, Russia and the United States, and cooperation with Turkic speaking countries is the highlight.

Keywords: Kazakhstan; Foreign Policy Conception; Covid-19; Union of Turkic States

Y.19 Uzbekistan *Bao Yi* / 314

Abstract: In the context of the spread of the epidemic and the continuous downturn of the global economy, Uzbekistan and other countries have benefited from President Mirziyoyev's active and effective socio-economic policies for the rapid

recovery of the national economy. In many production and operation fields, Uzbekistan's retail industry has flourished during the epidemic and has become a dynamic industry driving the national economy. Driven by the increase of domestic and foreign investment and aid, as well as the economic recovery of international trade and remittances, Uzbekistan's national economy is expected to continue to maintain a steady growth momentum. In order to get rid of the external dependence of economic development, Uzbekistan is also trying to develop a green economy and digital economy, create new employment opportunities, support the recovery of the labor market, find a new way out for its economy and employed population, and find a new driving force for the development of Uzbekistan's economy.

Keywords: Uzbekistan; Development Strategy; Mirziyoyev's "New Deal"

Y.20 Kyrgyzstan   *Li Ruisi* / 327

Abstract: In 2021, the main events in the political field in Kyrgyzstan included the holding of presidential elections and constitutional reform. This year, Kyrgyzstan announced its first five-year development plan since independence. In the economic field, affected by the epidemic, Kyrgyzstan's economy is still implementing an economic recovery plan in a difficult situation. In the field of diplomacy and security, Kyrgyzstan's national security and external relations this year mainly focus on events such as border conflict and Afghanistan. In the "Belt and Road" cooperation, the political situation in Kyrgyzstan gradually stabilized after the presidential election and constitutional reform in Kyrgyzstan. The relations between China and Kyrgyzstan have not changed significantly, and the two sides still maintain close communication and political mutual trust. However, China's "Belt and Road" cooperation with Kyrgyz, is still facing more risks, due to border disputes and the Afghan problem.

Keywords: Kyrgyzstan; Constitutional Reform; Presidential Election; Security Situation; Economic Recovery

Y.21　Tajikistan　　　　　　　　　　　　*Yang Jin, Hu Chaoyang / 344*

Abstract: The year of 2021 marked the 30th anniversary of Tajikistan's independence. Under the leadership of President Rahmon, various reforms in Tajikistan were progressing smoothly, social development was stable, and the celebration of the 30th anniversary of independence was successfully held. As the epidemic subsided and epidemic prevention measures were relaxed, the economy showed a recovery trend, foreign trade gradually resumed, and agricultural production reached a new high. "Online diplomacy" has been replaced, and traditional diplomatic methods such as heads of state visits and on-site meetings have returned. This year, Tajikistan assumed the rotating presidency of the Shanghai Cooperation Organization and the collective security treaty organization. Home diplomacy has made Tajikistan achieve a series of important results. However, the sudden change of the situation in Afghanistan and the border conflict with Kyrgyzstan have become the main threats to Tajikistan's national security. Tajikistan continued to promote comprehensive cooperation with China, and the high-level of two countries maintained close interaction. China and Tajikistan have made outstanding achievements in economy and trade, epidemic combatting and many other fields. Several projects under the frame of the "Belt and Road" were built and landed, and the strategic partnership between the two countries was further consolidated.

Keywords: Tajikistan; 30th Anniversary of Independence; Home Diplomacy; China - Tajikistan Relations

Y.22　Turkmenistan　　　　　　　　　　*Wang Sihai, Wei Jin / 364*

Abstract: In 2021, it is the year of "peace and trust" in Turkmenistan. It is also the International Year of peace and trust. In 2021, Turkmenistan ushered in the 30th anniversary of national independence, which was celebrated by the whole

country. Inspired by the slogan of "peace and trust" and set off by the atmosphere of the national day, Turkmenistan's epidemic prevention and epidemic combatting, political governance, social construction and economic development were carried out in an orderly manner throughout the year. GDP rose against the trend (a year-on-year increase of 6. 2%), the domestic situation remained stable, cautiously "returned" to the Turkic world, and there were many highlights in its foreign relations. At the same time, compared with previous years, the neutral country in 2021 has also attracted much attention. The achievements made by Turkmenistan on all fronts in the past 30 years of independence have been widely recognized by the international community. In 2021, China-Turkmenistan relations went further by breaking through the ice and set sail again with the perfect wind.

Keywords: Turkmenistan; Political Situation; Economic Situation; Security Situation; Foreign Relations

Y. 23   Armenia

Gao Hanxun / 389

Abstract: The South Caucasus, where Armenia is located, is a transportation hub connecting the Caspian Sea and the Black Sea. It has always been the focus of the geopolitical game of major powers. In the post-Soviet space, the South Caucasus is the most complex section of the geopolitical environment. The Nagorno Karabakh war in 2020 led to the disorder of politics, economy and society in Armenia, and great uncertainty of the future development. China was the first big country to recognize and establish diplomatic relations with it. In 2022, Armenia will usher in the 30th anniversary of the establishment of diplomatic relations between the two countries in Central Asia. Over the past three decades, bilateral relations have developed smoothly, high-level exchanges have been close, and the friendly cooperative relations in various fields have developed rapidly. In particular, under the "Belt and Road", the two countries have achieved fruitful results in practical cooperation, and have created conditions for the Armenia authorities to improve the people's livelihood and well-being.

Keywords: Armenia; Political and Economic Transformation; Naka War; the "Belt and Road"

Y.24 Azerbaijan   *Liu Chang* / 400

Abstract: The year of 2021 marked the 30th anniversary of Azerbaijan's independence. After three decades of development, Azerbaijan's politics has changed from chaos to governance, its economy has achieved great development, the degree of modernization has been continuously improved, the population has increased steadily, the degree of poverty has decreased significantly, its economic influence in the South Caucasus and surrounding areas has been rising, and Azerbaijan has become one of the reliable energy partners in the region. After winning the Nagorno Karabakh conflict last year, Azerbaijan's domestic cohesion was further strengthened and the political situation was stable. Despite the impact of epidemic and conflict, Azerbaijan's economy maintained a relatively high growth rate in 2021, with a further increase in regional political and economic influence and improved security environment under the influence of a series of economic revitalization policies. It can be said that Azerbaijan has reached a new historical turning point in its economic, social, political and cultural development. At present, Azerbaijan is taking advantage of the favorable opportunities brought by changes in the domestic and international situation to actively promote post-war recovery and reconstruction, strive to prevent and control the epidemic and develop the economy. Consolidate the victorious achievements externally, vigorously promote regional transportation and energy cooperation, and strive to become a more influential force in the South Caucasus and even the hinterland of Eurasia.

Keywords: Azerbaijan; Nagorno Karabakh Conflict; Post-war Reconstruction

Y. 25　Georgia　　　　　　　　　　　　　　*Wang Zeyu* / 419

Abstract: Georgia is located in the South Caucasus region and is one of the countries with geostrategic significance in the Eurasian region. After the dissolution of the Soviet Union, significant changes occurred in Georgia's domestic politics, economy, diplomacy, and cultural development. Under the background of the impact of the COVID −19 and profound changes in the international political and economic pattern, Georgia is facing its own development difficulties and challenges, as well as severe geopolitical risks and diplomatic pressure. Relations between China and Georgia have developed steadily. Georgia is a Eurasian country participating in the "the Belt and Road" initiative. Understanding the development and changes of Georgia since independence and the current domestic situation is conducive to practical cooperation between China and Georgia, and promotes the joint construction of a community with a shared future for mankind between China and Eurasian countries.

Keywords: Georgia; South Caucacus; the "Belt and Road"

社会科学文献出版社

皮 书

智库成果出版与传播平台

❖ 皮书定义 ❖

皮书是对中国与世界发展状况和热点问题进行年度监测，以专业的角度、专家的视野和实证研究方法，针对某一领域或区域现状与发展态势展开分析和预测，具备前沿性、原创性、实证性、连续性、时效性等特点的公开出版物，由一系列权威研究报告组成。

❖ 皮书作者 ❖

皮书系列报告作者以国内外一流研究机构、知名高校等重点智库的研究人员为主，多为相关领域一流专家学者，他们的观点代表了当下学界对中国与世界的现实和未来最高水平的解读与分析。截至 2022 年底，皮书研创机构逾千家，报告作者累计超过 10 万人。

❖ 皮书荣誉 ❖

皮书作为中国社会科学院基础理论研究与应用对策研究融合发展的代表性成果，不仅是哲学社会科学工作者服务中国特色社会主义现代化建设的重要成果，更是助力中国特色新型智库建设、构建中国特色哲学社会科学"三大体系"的重要平台。皮书系列先后被列入"十二五""十三五""十四五"时期国家重点出版物出版专项规划项目；2013~2023 年，重点皮书列入中国社会科学院国家哲学社会科学创新工程项目。

皮书网

（网址：www.pishu.cn）

发布皮书研创资讯，传播皮书精彩内容
引领皮书出版潮流，打造皮书服务平台

栏目设置

◆ 关于皮书

何谓皮书、皮书分类、皮书大事记、
皮书荣誉、皮书出版第一人、皮书编辑部

◆ 最新资讯

通知公告、新闻动态、媒体聚焦、
网站专题、视频直播、下载专区

◆ 皮书研创

皮书规范、皮书选题、皮书出版、
皮书研究、研创团队

◆ 皮书评奖评价

指标体系、皮书评价、皮书评奖

◆ 皮书研究院理事会

理事会章程、理事单位、个人理事、高级
研究员、理事会秘书处、入会指南

所获荣誉

◆ 2008 年、2011 年、2014 年，皮书网均
在全国新闻出版业网站荣誉评选中获得
"最具商业价值网站"称号；

◆ 2012 年，获得"出版业网站百强"称号。

网库合一

2014 年，皮书网与皮书数据库端口合
一，实现资源共享，搭建智库成果融合创
新平台。

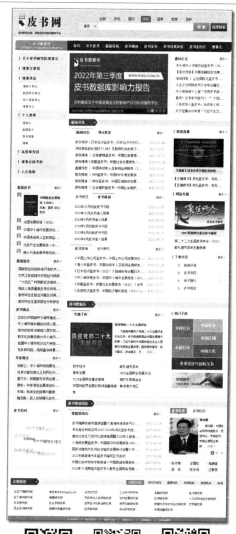

皮书网

"皮书说"
微信公众号

皮书微博

权威报告·连续出版·独家资源

皮书数据库
ANNUAL REPORT(YEARBOOK)
DATABASE

分析解读当下中国发展变迁的高端智库平台

所获荣誉

- 2020年，入选全国新闻出版深度融合发展创新案例
- 2019年，入选国家新闻出版署数字出版精品遴选推荐计划
- 2016年，入选"十三五"国家重点电子出版物出版规划骨干工程
- 2013年，荣获"中国出版政府奖·网络出版物奖"提名奖
- 连续多年荣获中国数字出版博览会"数字出版·优秀品牌"奖

皮书数据库

"社科数托邦"
微信公众号

成为用户

登录网址www.pishu.com.cn访问皮书数据库网站或下载皮书数据库APP，通过手机号码验证或邮箱验证即可成为皮书数据库用户。

用户福利

- 已注册用户购书后可免费获赠100元皮书数据库充值卡。刮开充值卡涂层获取充值密码，登录并进入"会员中心"—"在线充值"—"充值卡充值"，充值成功即可购买和查看数据库内容。
- 用户福利最终解释权归社会科学文献出版社所有。

数据库服务热线：400-008-6695
数据库服务QQ：2475522410
数据库服务邮箱：database@ssap.cn
图书销售热线：010-59367070/7028
图书服务QQ：1265056568
图书服务邮箱：duzhe@ssap.cn

社会科学文献出版社 皮书系列
SOCIAL SCIENCES ACADEMIC PRESS (CHINA)
卡号：715424979762
密码：

中国社会发展数据库（下设 12 个专题子库）

　　紧扣人口、政治、外交、法律、教育、医疗卫生、资源环境等 12 个社会发展领域的前沿和热点，全面整合专业著作、智库报告、学术资讯、调研数据等类型资源，帮助用户追踪中国社会发展动态、研究社会发展战略与政策、了解社会热点问题、分析社会发展趋势。

中国经济发展数据库（下设 12 专题子库）

　　内容涵盖宏观经济、产业经济、工业经济、农业经济、财政金融、房地产经济、城市经济、商业贸易等 12 个重点经济领域，为把握经济运行态势、洞察经济发展规律、研判经济发展趋势、进行经济调控决策提供参考和依据。

中国行业发展数据库（下设 17 个专题子库）

　　以中国国民经济行业分类为依据，覆盖金融业、旅游业、交通运输业、能源矿产业、制造业等 100 多个行业，跟踪分析国民经济相关行业市场运行状况和政策导向，汇集行业发展前沿资讯，为投资、从业及各种经济决策提供理论支撑和实践指导。

中国区域发展数据库（下设 4 个专题子库）

　　对中国特定区域内的经济、社会、文化等领域现状与发展情况进行深度分析和预测，涉及省级行政区、城市群、城市、农村等不同维度，研究层级至县及县以下行政区，为学者研究地方经济社会宏观态势、经验模式、发展案例提供支撑，为地方政府决策提供参考。

中国文化传媒数据库（下设 18 个专题子库）

　　内容覆盖文化产业、新闻传播、电影娱乐、文学艺术、群众文化、图书情报等 18 个重点研究领域，聚焦文化传媒领域发展前沿、热点话题、行业实践，服务用户的教学科研、文化投资、企业规划等需要。

世界经济与国际关系数据库（下设 6 个专题子库）

　　整合世界经济、国际政治、世界文化与科技、全球性问题、国际组织与国际法、区域研究 6 大领域研究成果，对世界经济形势、国际形势进行连续性深度分析，对年度热点问题进行专题解读，为研判全球发展趋势提供事实和数据支持。

法律声明

　　"皮书系列"（含蓝皮书、绿皮书、黄皮书）之品牌由社会科学文献出版社最早使用并持续至今，现已被中国图书行业所熟知。"皮书系列"的相关商标已在国家商标管理部门商标局注册，包括但不限于LOGO（　）、皮书、Pishu、经济蓝皮书、社会蓝皮书等。"皮书系列"图书的注册商标专用权及封面设计、版式设计的著作权均为社会科学文献出版社所有。未经社会科学文献出版社书面授权许可，任何使用与"皮书系列"图书注册商标、封面设计、版式设计相同或者近似的文字、图形或其组合的行为均系侵权行为。

　　经作者授权，本书的专有出版权及信息网络传播权等为社会科学文献出版社享有。未经社会科学文献出版社书面授权许可，任何就本书内容的复制、发行或以数字形式进行网络传播的行为均系侵权行为。

　　社会科学文献出版社将通过法律途径追究上述侵权行为的法律责任，维护自身合法权益。

　　欢迎社会各界人士对侵犯社会科学文献出版社上述权利的侵权行为进行举报。电话：010-59367121，电子邮箱：fawubu@ssap.cn。

社会科学文献出版社